西南政法大学刑法学术文库
国家社科基金项目（13BFX057）
特殊群体权利保护与犯罪预防研究中心成果

XINGFA SHIYONG GONGZHONG
CANYU JIZHI YANJIU

# 刑法适用公众参与机制研究

袁 林　姚万勤　尹振国　李晓磊　王 群／著

中国检察出版社

## 图书在版编目（CIP）数据

刑法适用公众参与机制研究／袁林等著． —北京：中国检察出版社，2020.1
ISBN 978－7－5102－2368－6

Ⅰ.①刑… Ⅱ.①袁… Ⅲ.①公民－参与管理－刑法－研究－中国

Ⅳ.①D924.04

中国版本图书馆 CIP 数据核字（2020）第 003322 号

### 刑法适用公众参与机制研究

袁 林 等著

| | |
|---|---|
| 出版发行： | 中国检察出版社 |
| 社　　址： | 北京市石景山区香山南路 109 号（100144） |
| 网　　址： | 中国检察出版社（www.zgjccbs.com） |
| 编辑电话： | （010）86423704 |
| 发行电话： | （010）86423726　86423727　86423728 |
| | （010）86423730　68650016 |
| 经　　销： | 新华书店 |
| 印　　刷： | 北京玺诚印务有限公司 |
| 开　　本： | 710 mm×960 mm　16 开 |
| 印　　张： | 20 |
| 字　　数： | 331 千字 |
| 版　　次： | 2020 年 1 月第一版　2020 年 1 月第一次印刷 |
| 书　　号： | ISBN 978－7－5102－2368－6 |
| 定　　价： | 60.00 元 |

检察版图书，版权所有，侵权必究
如遇图书印装质量问题本社负责调换

## 《西南政法大学刑法学术文库》
## 编辑委员会

主　任　梅传强　石经海
委　员　李永升　朱建华　王利荣
　　　　袁　林　高维俭　陈　伟
　　　　姜　敏　卢有学

# 总 序

七十载辉煌征程，七十载峥嵘岁月。当时光的脚步踏入2019年，我们迎来了新中国成立七十周年的历史性时刻。在这个洋溢着喜庆的美好日子里，全新打造的《西南政法大学刑法学术文库》（以下简称《西政刑法文库》）由中国检察出版社隆重推出，这既是庆贺新中国七十华诞和致敬新中国光辉成就的献礼，更是西南政法大学刑法学科再出发的前进号角，我们将伴随着新中国永不停息的发展脚步，迈入新征程，迎接新挑战，实现新跨越。

西南政法大学刑法学科是全国最早获得硕士学位授权的刑法学科之一，是我国西部地区第一个刑法专业博士学位授权点，早在1995年就被确定为省部级重点学科。在近七十年的发展历程中，西政刑法学人辛勤耕耘、默默奉献，以赵念非教授、伍柳村教授、黄观效教授、邓又天教授、董鑫教授、高绍先教授、赵长青教授、陈忠林教授、李培泽教授、朱启昌教授、邱兴隆教授、张绍彦教授、梅传强教授等为代表的一大批知名学者为刑法学科的建设和发展做出了重要贡献。改革开放以来，邓又天教授、赵长青教授、陈忠林教授、梅传强教授和石经海教授先后担任学科带头人（负责人）。时至今日，刑法学科的专任教师已达 38 人，形成了具有良好学历、职称、年龄和学缘结构的教学科研团队；拥有重庆市首批人文社科重点研究基地"毒品犯罪与对策研究中心"，与最高人民法院、国家禁毒办合作共建了"国家毒品问题治理研究中心"，此外还有"有组织犯罪研究中心""量刑研究中心""特殊群体权利保护与犯罪预防研究中心""少年法学研究中心""金融刑法研究中心""外国与比较刑法研究中心"等研究基地。经过几代人的薪火相传和不懈努力，西南政法大学刑法学科已经成为具有雄厚学科基础和优良学术传统、在全国发挥重要影响并且具有一定国际知名度的省部级重点学科。

科学研究与人才培养是学科建设的两翼。西南政法大学刑法学科具有数量规模庞大、年龄结构合理、学历水平优化、学缘结构合理的学科团队，他们积极投身于教学科研第一线，近年来在科研项目立项、学术论文发表、科研成果获奖等方面成绩斐然，在科学研究方面取得了优异的成绩。此外，在大力加强科学研究的同时，西南政法大学刑法学科也着力于人才培养。自 2001 年获得博士学位授权点以来，本学科已培养了近百名博士，他们活跃在法学理论和司法实务的各个领域，他们所取得的成绩在一定意义上也是本学科所取得的成绩。为此，《西政刑法文库》将立足本学科，主要出版本学科教学科研人员的优秀著作；同时，也将选择本学科培养且已经毕业的部分博士的学位论文或其他优秀学术著作出版。为了发挥《西政刑法文库》的学术价值和社会效应，体现学术丛书的性质，将采取不定期常年出版的形式，对于拟出版的著作由编辑委员会审定同意后出版，每本著作连续编号，力争将其打造成为规模较大、质量上乘、影响广泛的学术精品。《西政刑法文库》将秉承思想交流与学术创新的基本宗旨，着力打造学术精品，展示西南政法大学刑法学人形象，献力中国刑法学术发展。

学术的生命在于争鸣，思想的火花源于碰撞。《西政刑法文库》的出版将呈现每一个作者对当下中国刑法理论与实践问题的关注和思考，为学术交流搭建一个有益的平台，用文字和思考为中国法治发展贡献自己的绵薄之力。我们期待《西政刑法文库》的出版发行能够为国内外同行了解和认识本学科提供一个窗口，也期待国内外同行能够以此为平台加强与本学科的沟通交流，国内外同行和广大读者的真知灼见将是我们进一步加强学科建设的重要力量。

将西南政法大学刑法学科发展好、建设好，是全体西政刑法学人的使命和追求。处在新时代的激流之中，在"双一流"建设的大背景下，本学科的发展也面临着诸多新的挑战，加强学科建设刻不容缓。值此《西南政法大学刑法学术文库》出版之际，诚挚欢迎学界同仁以及各界朋友一如既往地关心和支持西南政法大学刑法学科的发展建设，共同促进我国法治事业的健步前行。

《西南政法大学刑法学术文库》编辑委员会
2019 年 10 月

# 目 录
CONTENTS

引 论 ································································· 001
 一、本课题研究的背景与价值 ································· 001
 二、本课题研究的核心概念界定 ······························ 003
 三、本课题研究的方法与内容 ································· 012

第一章 刑法适用公众参与的变迁与事实基础 ················ 015
 第一节 国外刑法适用公众参与的变迁及发展趋势 ······ 015
  一、英美法系国家公众参与制度一直没有衰落 ········· 017
  二、欧洲大陆法系国家公众参与制度方兴未艾 ········· 023
  三、日本、韩国公众参与制度的兴起 ······················ 029
 第二节 我国刑法适用公众参与的变迁及走向 ············ 034
  一、我国古代公众参与审判制度考察 ······················ 034
  二、我国民国时期公众参与审判制度考察 ··············· 038
  三、我国当代不同地区公众参与审判制度考察 ········· 039
 第三节 刑法适用公众参与的民意呼声 ····················· 043
  一、影响性案件频出显示刑法适用公众参与的热情 ······ 043

二、不断涌现的地方实践反映了民众参与的诉求 ……… 049
　　三、问卷调查显示公众参与的强烈愿望 …………………… 053
　第四节　刑法适用公众参与的政治意义与要求 ………… 056
　　一、革命根据地时期 ……………………………………… 056
　　二、新中国成立至"文革"前 …………………………… 057
　　三、1978 年至 1998 年 …………………………………… 058
　　四、1998 年至 2017 年 …………………………………… 060
　　五、2018 年《人民陪审员法》的出台 …………………… 063

第二章　刑法适用公众参与的理论基础 ……………………… 067
　第一节　协商民主理论发展的内在要求 ………………… 068
　　一、代议民主的式微与参与民主的兴起 ………………… 068
　　二、以参与为基础的协商民主需要社会公众广泛参与 … 072
　第二节　司法民主理论（思潮）发展的呼唤 …………… 078
　　一、司法民主的基本内涵和要求 ………………………… 078
　　二、司法民主需要落实公众参与 ………………………… 079
　第三节　刑法治理理论兴起的回应 ……………………… 084
　　一、社会治理范式的迭新与刑法治理理论的兴起 ……… 084
　　二、刑法治理理论的兴起对公众参与刑法适用的要求 …… 088

第三章　刑法适用公众参与的价值追求 ……………………… 092
　第一节　提高刑法适用结果的可接受性 ………………… 092
　　一、社会公众参与有助于事实的准确认定 ……………… 093
　　二、社会公众参与有助于刑法的理解与适用 …………… 095
　第二节　提升刑法适用的社会公信力 …………………… 101
　　一、公众参与有利于实现审判独立 ……………………… 105

二、公众参与有利于实现司法公正 …………………………… 107

　　三、公众参与有利于实现司法公开 …………………………… 115

## 第四章　刑法适用公众参与的制度化范围 …………………………… 119

### 第一节　决策型公众参与的制度化范围 ………………………… 122

　　一、设立决策型公众参与的刑法适用阶段 …………………… 122

　　二、决策型公众参与审判案件的类型 ………………………… 128

### 第二节　咨询型公众参与的范围 ………………………………… 137

　　一、刑事司法解释应纳入咨询型公众参与范围 ……………… 139

　　二、检察阶段应纳入咨询型公众参与范围 …………………… 149

　　三、审判阶段可纳入咨询型参与范围 ………………………… 155

### 第三节　监督型公众参与的范围 ………………………………… 158

## 第五章　刑法适用公众参与的方式及机制设计 ……………………… 162

### 第一节　决策型公众参与的方式及机制设计 …………………… 163

　　一、人民陪审员参与审判的模式选择 ………………………… 166

　　二、我国人民陪审员参与审判方式的改进 …………………… 174

### 第二节　咨询型公众参与的方式及机制设计 …………………… 188

　　一、司法解释制定公众意见征求制度 ………………………… 188

　　二、法院、检察院专家咨询委员会制度 ……………………… 193

　　三、检察公开审查制度 ………………………………………… 195

　　四、专家法律意见书制度 ……………………………………… 203

### 第三节　监督型公众参与的方式及机制设计 …………………… 209

　　一、刑事司法解释公众异议制度 ……………………………… 211

　　二、人民监督员制度的不足及完善 …………………………… 214

## 第六章 刑法适用决策型公众参与的主体选任资格与程序 …… 221

### 第一节 决策型公众参与的主体选任资格 …………… 223
一、域外及其他地区决策型公众参与主体资格考察 …… 223
二、我国决策型公众参与主体的选任条件 ……………… 228

### 第二节 决策型公众参与主体的选任程序 …………… 243
一、域外及其他地区决策型公众参与主体选任程序
考察 …………………………………………………… 244
二、我国决策型公众参与主体的选任程序 ……………… 249

## 第七章 刑法适用公众参与的信息与责任保障机制 ………… 266

### 第一节 刑法适用公众参与信息保障机制 …………… 267
一、信息主体保障 ……………………………………… 269
二、信息内容保障 ……………………………………… 269
三、信息渠道保障 ……………………………………… 273
四、信息反馈机制 ……………………………………… 274
五、信息公开考核与监督机制 ………………………… 276

### 第二节 刑法适用公众参与责任追究机制 …………… 278
一、公众参与者的责任追究 …………………………… 278
二、对司法机关及其工作人员的责任追究 …………… 289
三、对其他有关单位和个人的责任追究 ……………… 291

## 附：《刑法适用公众参与机制研究》调查问卷 …………… 294

## 后　记 ………………………………………………………… 301

# 引 论

## 一、本课题研究的背景与价值

### (一) 本课题研究的背景

刑法适用（或刑事司法），是指将刑法运用于个案的活动，具体包括刑事检察、刑事审判，在我国还包括刑事司法解释。近年来刑事司法常常受到公众质疑，已成为世界各国普遍面临的问题，西方国家曾经奉行的严格规则主义刑法适用理论及制度暴露出一些严重问题，被指责为"太多的法律，太少的正义"。我国近年频出的众多热点刑事案件如"许霆案""李昌奎案"等引起公众强烈质疑，显示出我国司法与民众存在距离，由于公众有序参与司法的制度还不健全，大多数人参与司法的形式属于体制外的参与，其不良后果即是形成舆论干预司法，司法的独立与权威受到影响。如何提升司法公信力是当今世界各国理论与实务亟需破解的一个难题。

从实践看，近几十年来各国司法改革的重要举措是构建公众参与司法的制度，保障公众实质参与司法。传统实行陪审制度的英美两国，虽然陪审率大大下降，但其改革措施则是在公众参与司法的民主性与有效性上着力，例如，英国改革了陪审的一致裁决原则，美国不断废除陪审员的限制条件、改革陪审员裁决的内容，美国联邦陪审员可以参与死刑裁决、超过半数的州法院陪审员可以参与量刑。而欧洲大陆法系主要国家公众参与制度方兴未艾，除德国和法国不断完善参审制度外，西班牙、葡萄牙等恢复陪审制度，俄罗斯建立陪审制度，长期实行职业法官制度的日本、韩国，建立了公众参与司法的制度。我国全国人大常委会于2004年制定了《关于完善人民陪审员制度的决定》，实践中人民陪审员"陪而不审"的现象突出，影响了司法效果。与此同时，如河南省、浙江省宁波市等地区的人民法院探索人民观审团、"大陪审"等制度，人民检察院探索人民监督员制度等。十八大及十八届三中、四中全会决定明确提出"拓宽人民群众有序参与司法渠道""保障人民群众参与司法"，为此，我国新一轮司法改革将人民陪审员制度、人民监督员制度等作为改革重点内容，作为保障公众有序参与司法的重要举措。2018年4月27日，第十三届全国人民代表大会常务委员会第二次会议通过了《中华人民共和国人民陪审员法》（以下简称《人民陪审员法》），标志着我国正式通过立法形式确定了这一改革成果。

与如火如荼的公众参与司法的制度实践相比，关于公众参与司法的理论研究却略显不足。第一，对于刑法适用公众参与的正当性问题，形成了司法精英化与司法大众化两种不同的理论观点，需要对公众参与的正当性进行理论阐述。第二，对于刑法适用公众参与的基础与根据，主要从司法民主理论探讨，从犯罪的本质及刑法的社会本位角度论证偏少，难以有力地阐明公众参与的权利来源及基础。第三，随着协商民主理论的兴起，刑法适用程序从强调对抗向对话转变，如刑事和解、辩诉交易等。缺乏公众参与的和解与辩诉交易，被称为背离了"刑事责任的正义原则"，是最不利于实现公正的制度之一（Alan Dershowitz）。第四，在我国从刑事程序法的角度探讨公众参与的范围与具体路径等，形成了外来知识与本土资源的争论，提出了移植外国的陪审制度或改造我国人民陪审员制度等诸多理论观点。第五，由于缺乏理论上的支撑，公众参与的价值目标定位存在偏差，难以合理界定刑法适用公众参与的主体、范围、路径、方式等具体操作性措施。鉴于此，本课题以"刑法适用公众参与机制研究"为主题，除引论外，分七章对公众参与的基础、价值目标、参与范围、参与方式、参与主体选任、保障机制等进行深入研究。

（二）本课题研究的价值

1. 课题研究的理论价值

（1）传统刑法适用理论以理性主义哲学为基础，坚持刑法的国家统治工具观，排斥公众参与。随着民主与法治文明的提高，传统刑法适用理论及制度模式的弊端日益显现，司法的相对封闭与神秘导致公众对司法的不信任。课题针对我国当前刑法适用公众认同度偏低及司法公信力不足的现实困境和传统刑法适用理论的缺陷,力图运用现代哲学、社会科学等领域的最新研究成果,如人本主义理论、现代社会治理理论、现代民主理论等,阐释公众参与的刑法适用机制的理论基础、价值目标,推动刑法适用理论的发展。

(2)引入新的理论范式和理论工具,探讨建立新型公众参与刑法适用模式的理论路径,拓展刑法适用理论的框架和解释视域,丰富刑法适用的理论体系。检讨我国刑法适用实践中存在的重要理论问题,分析现代民主理论、治理理论等对刑法适用公众参与机制的指导意义。

2. 课题研究的实践价值

目前我国公众参与刑法适用的正式制度是人民陪审员制度,路径有限且有诸多缺陷,不能有效回应公众的正当诉求,常常出现司法人员与社会公众意见对立的现象,当事人和社会公众借助媒体舆论等非制度化的方式影响刑法的有效适用。故此本课题研究具有重要的实践价值。

(1)本课题以消解社会公众对司法的不信任,及时回应社会公众参与刑法适用的强烈愿望为基本目标,提出构建刑法适用公众参与互动协商机制的制度设计。

(2)在理论创新的基础上拓展公众参与的正式制度的建构和路径完善,探索公众参与的理论基础、价值导向、参与范围和方式、主体类型、程序保障、沟通渠道、信息传递与反馈等机制,完善我国刑法适用公众参与制度。

(3)通过公众参与机制的创新实现国家司法机关与公众视域的融合,提升刑法适用及社会主义法治的权威性。

## 二、本课题研究的核心概念界定

研究我国刑法适用公众参与机制,首先便涉及对本课题的核心概念以及核心范围的有效界定。

(一) 刑法适用的界定

研究刑法适用公众参与机制,必须首先界定何为刑法适用。

刑法是规定犯罪与刑罚的基本法律,是确定公民哪些行为是犯罪以及应受到何种刑罚处罚的法律依据,国家通过限制或剥夺公民的财产、自由甚至生命,维护良好的社会秩序,保障包括犯罪人在内的全体公民的基本人权,从而实现社会的有效治理。因此,通过科学立法、民主立法,确保刑法的科学性、合理性,是实现良法善治的当然要求和基本前提。自改革开放以来,我国社会处于剧烈转型期，我国刑法及时回应社会变化及要求，适时地将一些严重危害社会的行为犯罪化，或将某些行为去罪化，从而发挥刑法在治理社会、促进经济社会发展中的治理功能与保障功能。自1979年刑法颁布以来，刑法的不断修改正反映了刑法为适应我国经济社会发展变化的需要不断完善。从1979年刑法颁布实施至1997年刑法，其间制定了单行刑法15个，1997年全面修订刑法之后，又制定单行刑法及修正案，对1997年刑法进行了10次修订，罪名从1979年的110个增至目前的400多个罪名。

为维护社会秩序和保障人权，刑法作为规范人们行为的基本规范，是通过划定犯罪圈的方式，给国民明示行为的刑法边界，要求人们在刑法给定的底线内行为，否则将给予严厉的刑罚制裁。因此，如果每个公民严格遵守刑法，不跨越刑法划定的边界，社会将永葆和谐有序。然而，违反刑法的现象总是大量存在：其一，为了维护社会基本秩序和尊重他人的自由与权利，必然对个体的自由与权利进行制约与限制，有的人为了更多的权利与更大的自由，侵犯国家、社会与他人的权利与自由，从而故意或过失地触犯刑法，需要特定机关依据特定程序对违反刑法的行为予以惩罚；其二，由于语言的模糊及歧义导致刑法的明确性不足，人们的行为是否违反刑法存在分歧，需要对其行为通过特定机关与程序予以确定，对确认违反刑法的行为予以惩罚，对确认不违反刑法的行为不予追究刑事责任。由此可见，刑法规范的实现包括两方面：一是公民（包括单位）自觉守法；二是特定机关强制执法。

那么，在刑法规范的实施过程中，哪些主体的哪些行为属于刑法适用？《中国大百科全书·法学》认为：法律适用是国家机关及其公职人员、社会团体和公民实现法律规范的活动。根据这一概念，法律适用包括国家机关及其公职人员、社会团体、公民个人三类，行为是实现法律规范的行为，即包括执法、司法及守法行为。通过前文的论述可知，学界对此有不同的观点，如有的学者认为只有国家机关可以作为法律适用主体；[1] 有的学者认为我国法律的适用主体是国家机关及其工作人员；[2] 有的学者则认为法律适用的主体包括所有国家机关及其工作人员、人民团体、社会组织等；[3] 有的学者认

---

[1] 孙国华主编：《法理学教程》，中国人民大学出版社1995年版，第416页。
[2] 刘翠霄：《试论法律适用的概念》，载《中国社会科学院研究生院学报》1982年第4期。
[3] 刘升平：《我国社会主义法律适用的基本原则》，载《现代法学》1980年第1期。

为只有司法机关才有权适用法律，其他国家机关无权适用法律。① 上述关于法律适用主体的争议涉及三个关键问题：一是公民与组织的守法行为是否属于法律适用？二是法律适用主体仅仅是国家机关还是包括其工作人员？三是是否一切机关及其工作人员的行为均是法律适用行为？我们认为，公民个人（包括机关、团体等单位）的守法行为不属于法律适用，法律通过确定公民的权利义务关系，划定公民行为合法与违法的边界，明确违反法律的后果，自觉守法行为只是遵照法律规范行事，不触碰法律底线时并不需要法律适用。而依照法律赋予的权力强制执行法律的机关依照特定的程序将法律具体适用于单位与个人时，其行为方能称为法律适用，因此，并不能将任何机关的任何行为均视为法律适用。而特定机关的法律适用行为必然通过其组成人员来实施，因此，法律适用应是指特定机关及其工作人员将法律适用于具体案件与个人的活动。在我国，依照刑事诉讼程序追究犯罪人刑事责任的全过程，包括立案、侦查、起诉、审判（定罪、量刑、审判监督）、刑罚执行等环节，涉及机关包括公安机关（国家安全机关）、人民检察院、人民法院、刑事执行机关。那么，是否所有机关及其工作人员追诉犯罪的活动责任的行为属于刑法适用？这需要结合各机关及其执法行为特点具体分析。

自刑法颁布实行之后，为保证刑法的实现，国家特定机关依照特定程序对涉嫌违反刑法的行为性质进行认定，并对构成犯罪的行为实施刑罚惩罚，因此，特定机关依照特定程序将刑法适用于具体案件以确定某行为是否触犯刑法、是否应给予刑罚处罚的所有活动即是刑法适用。在我国，刑事案件分为公诉案件和自诉案件，从公诉案件的追诉过程看，公安机关的侦查、提请逮捕、移送审查起诉等活动，仅是查证案件事实及提请检察机关启动追诉犯罪嫌疑人刑事责任的活动，并不直接适用刑法给予定罪处罚的问题，因而不属于刑法适用。尽管公安机关在追诉过程中，可以根据行为性质等认为不构成犯罪或虽已构成犯罪但根据法定的情形不予追究，但这不属于刑法适用问题，对于前者，如果根据行为性质不构成犯罪，那么该嫌疑人的行为并不违反刑法，不存在强制适用刑法的问题；而对于后者，则是依照刑事诉讼程序而执行程序法而已。

检察机关是代表国家以强制力保障刑法实施的机关，根据侦查机关提供的证据材料，判定犯罪嫌疑人的行为是否构成犯罪，是否有逮捕必要性，并

---

① 郭道晖：《法理学精义》，湖南人民出版社 2005 年版，第 271 页。

根据对其行为性质的判定或情节分别作出起诉、不起诉、暂缓起诉等决定，尽管根据我国刑事诉讼法的规定，未经人民法院审判，任何人不得被确定为有罪，确定行为人有罪的权力属于人民法院，人民检察院不具有确定行为人有罪或无罪的权力，但实质上，检察机关依法作出的起诉、不起诉或暂缓起诉的决定，是依据刑法对行为性质的判定并依法作出处理决定，人民检察院审查起诉、提起公诉的行为属于刑法适用。当然，人民检察院依法提起的抗诉也属于刑法适用。人民法院依法进行的刑事审判活动，是直接将刑法运用于个案的活动，包括一审、二审、再审、死刑复核等，皆属于刑法适用。

　　刑事司法解释活动是否属于刑法适用？在我国，刑事司法解释是由最高人民法院、最高人民检察院为消除各级人民法院和各级人民检察院理解与适用刑法存在的分歧从而统一定罪与量刑标准做出的具有法律效力的指导性解释，虽然司法解释仅是对刑法条文的解释，也在一定程度上属于抽象性规范，除个案批复外，本身并不直接运用于个案，但司法解释是为消除刑法运用于个案所出现的理解与解释分歧而作出的统一解释，属于刑法适用的一个重要部分，因此，司法解释应属于刑法适用。

　　刑罚执行是否属于刑法适用？有学者认为某种程度上讲刑罚执行也属于刑法适用，但我们认为这种观点有待商榷，刑罚执行并不是属于刑法适用范畴，而属于刑法适用的保障活动。当法院根据刑事诉讼程序将刑法具体适用于个案对行为人定罪量刑，刑法适用即告结束。而刑罚执行机关仅是依据审判机关的判决具体落实犯罪人的刑罚，因而刑罚执行本身不是刑法适用而是刑法适用后的保障活动。刑罚执行过程中的减刑、假释，则需要审判机关通过法定程序依据刑法确定，因而法院的减刑、假释活动属于刑法适用，而刑罚执行机关的报请减刑、假释，因仅是启动减刑、假释程序并不涉及刑法适用问题，不属于刑法适用问题。

　　由上述分析可知，刑法适用是指将人民法院、人民检察院依照刑事诉讼程序将刑法运用于个案的所有活动以及最高司法机关就如何适用刑法所作的司法解释等活动。具体而言，刑法适用公众参与的范围与环节具体包括：最高人民法院、最高人民检察院刑事司法解释制定的公众参与制度，如我国刑事司法解释制定过程中征求社会公众意见和建议；检察机关批准逮捕、审查起诉的公众参与制度，如英美法系的大陪审团制度、日本的检察审查会；人民法院个案审判（决定被告人是否有罪）的公众参与制度，包括定罪、量刑、刑罚执行过程中的变更及刑事申诉、再审中的公众参与制度，如国外的代表性制度是陪审制度，我国的代表性制度是人民陪审员制度；此外还包括对整个司法信息的了解与监督等公众参与形式。

（二）公众参与的界定

"公众参与"概念是随着参与民主理论的兴起而流行的，要对公众参与进行界定，需要结合参与民主理论产生及发展的历史进行分析。"参与式民主"（Participatory Democracy）的概念是由美国学者阿诺德·考夫曼于1960年首次提出来的，之后该概念被广泛运用于基层民主领域，但并没有被上升到国家政治生活层面。1970年卡罗尔·佩特曼在《参与和民主理论》一书中批判了传统以精英主义思想为核心的民主理论，卡罗尔·佩特曼认为，以熊彼特、乔瓦尼·萨托利等为代表的精英主义民主理论家，不再集中关心"人民的参与"，而是强调少数精英的积极投入政治生活和多数民众的政治冷漠和非参与为主要特征，"广泛流行的参与思想，在政治理论家和政治社会学家所普遍接受的民主理论中却只占有最为低微的地位"①，"在熊彼特的理论中，公民唯一可以参与的方式就是投票选举领导者和进行讨论"②。因而，佩特曼认为，当代精英主义的民主理论实质上是不充分的民主理论，真正的民主应当是所有公民直接地、充分地参与公共事务的决策民主，从政策议程的设定到政策的执行，都应该有公民的参与。在其看来，公众不仅仅是选民，也不仅仅是政府的管理对象，公民也是管理者、自治者，因此，公民应当具有公共精神，关心公共事务，遵循公共理性，参与公共事务的讨论、协商和决定。只有在大众普遍参与的氛围中，才可能实践民主所欲实现的基本价值如负责、妥协、个体的自由发展、人类的平等等。因此，在佩特曼的参与民主理论中，公众参与是指公众除选举以外参与社会治理、政府决策的活动。

20世纪90年代，参与民主理论传入中国，随即公众参与的概念广泛运用于立法、公共管理、政府决策等领域。但关于公众参与的概念却没有形成共识，"没有一个政治概念像'公众参与'这样在近几年的中国政治话语和学术中那样流行，而使用又是那样模糊混乱。"③ 专门研究公众参与的几位学者给出了内涵与外延相差很大的概念，如俞可平教授认为，公民参与，同

---

① ［美］卡罗尔·佩特曼：《参与和民主理论》，陈尧译，上海世纪出版集团2012年版，第1页。
② ［美］卡罗尔·佩特曼：《参与和民主理论》，陈尧译，上海世纪出版集团2012年版，第4页。
③ 蔡定剑：《公众参与及其在中国的发展》，载《团结》2009年第4期。

时又称公共参与、公众参与，就是公民试图影响公共政策和公民生活的一切活动。① 根据俞可平教授的观点，公众参与的外延很广，包括：投票、竞选、公决、结社、请愿、集会、抗议、游行、示威、反抗、宣传、动员、串联、检举、对话、辩论、协商、游说、听证、上访，等等。② 贾西津教授认为，经典意义上的公民参与是指公民通过政治制度内的渠道，试图影响政府的活动，特别是与投票相关的一系列行为。③ 而蔡定剑教授则认为，作为一种制度化的公众参与民主制度，应当是指公共权力在作出立法、制定公共政策、决定公共事务或进行公共治理时，由公共权力机构通过开放的途径从公众和利害相关的个人或组织获取信息、听取意见，并通过反馈互动对公共决策和治理行为产生影响的各种行为。④

从前述各定义看，在界定公众参与时，关于公众参与的主体范围、环节、阶段、方式方法等都存在不同的表述，导致公众参与的界定难以形成统一概念。首先，在法律适用中的公众参与的界定，首先需要对公众进行界定。根据百度百科的解释，公众是相对个人而言，公众的基本含义应有广义与狭义之分：广义上讲，公众是除自己之外的所有人，具有排己性；狭义上讲，公众是除自己及与自己有相当关系或一定交往的人（或团体）之外的人群，具有排他性。就个人而言，法律意义上的公众必须是狭义上的公众。⑤ 可见，公众是一个相对概念，由于相对的主体不同，公众的范围就有差别。如就立法而言，公众则指立法机关及其负有立法责任的人员之外的所有民众。而对于行政决策而言，除行政决策机关及其决策人员之外的人员均可视为公众。其次需要确定哪些行为是参与。在本课题中，公众参与特指在刑法适用过程中的公众参与。同样，公众参与也包括两个方面的内容。一是公众的范围。确定刑法适用中公众参与的"公众"范围，应从以下方面探讨：其一，"公众参与"中的"公众"部分要强调公众参与事务的公共性，"公众参与"的活动不是私人活动，而是关系到不特定公民或多数公民的公共事务。"公众参与"的主体是公民个体，公民或是单独参加社会公共活

---

① 贾西津主编：《中国公民参与——案例与模式》，社会科学文献出版社2008年版，代序第1页。
② 贾西津主编：《中国公民参与——案例与模式》，社会科学文献出版社2008年版，代序第4页。
③ 贾西津主编：《中国公民参与——案例与模式》，社会科学文献出版社2008年版，第3页。
④ 蔡定剑：《公众参与及其在中国的发展》，载《团结》2009年第4期。
⑤ 参见百度百科，https：//baike.baidu.com/item/%E5%85%AC%E4%BC%97，最后访问日期：2016年12月5日。

动,或是结成社会组织参加社会公共活动。总之,"公众"是由个体公民组成的。其二,作为司法领域的公众参与,利害关系人不应为公众,在行政、社会治理等研究领域,公众既指一般公众也指利害关系人。但利害关系人本身必然参与其中,由于"公众"一词具有相对性,必须明确相对的主体,从前述学者给出的定义看,有的用"公民",有的指"政府相对人"。从百度给出的定义看,"公众"是一个相对概念。应当是除特定机关及案件参与人之外的所有公民。其三,媒体等机构不应是主体,而应是自然人,因为媒体只是公众表达观点的媒介工具。二是参与的界定。作为代议民主的发展与补充,参与民主制度下的公众参与,不应包括选举,也不包括街头行动和个人、组织的信访、维权行动和集体申诉等。作为一种制度化的公众参与民主制度,应当是指公共权力在作出立法、制定公共政策、决定公共事务或进行公共治理时,由公共权力机构通过开放的途径从公众和利害相关的个人或组织获取信息,听取意见,并通过反馈互动对公共决策和治理行为产生影响的各种行为,公众参与所强调的是决策者与受决策影响的利益相关人双向沟通和协商对话,遵循"公开、互动、包容性、尊重民意"等基本原则。①

根据前面的分析看,实质上,"公众参与"的程度有强有弱,公众对决策影响力的强弱程度呈阶梯状排布。任何参与阶梯上的层次都有一定的功能和不同的参与形式,按照功能与参与的形式不同,可以将"公众参与"划分为三级,由浅入深分别是:监督、咨询、决策。其中,监督的主要功能是督促依法行使权力,形式主要表现为批评、建议等;咨询的主要功能是交流信息,其形式主要是咨询、听证等;决策的主要功能是增进决策的科学性和可接受性,其形式表现为公众与决策机构与人员共享决策权。在刑法适用中,某一公众参与方式应归入何种深度的参与方式,取决于该种方式本身的功能和刑法适用的需要,换言之,只有功能和需要相匹配的参与方式才是有效的。因此,在公众参与刑法适用中,应根据刑法适用的功能与需要,深入研究刑法适用公众参与的不同制度形式,从而有效提升公众参与的效果。

本课题将着重研究以下刑法适用的参与类型:第一,决策型公众参与。决策型公众参与是刑法适用中公众参与程度最深的一种参与方式,这意味着公众直接与刑法适用机关共同决定刑法适用。各国决策型公众参与制度主要是陪审制度或参审制度,在我国则是人民陪审员制度。第二,咨询型公众参

---

① 蔡定剑:《公众参与及其在中国的发展》,载《团结》2009年第4期。

与。在咨询型公众参与中,咨询者是决策者——公共权力的行使者,被咨询者往往是社会公众,公共权力的行使者在决策中起着主导作用,社会公众的意见和建议是否采纳,决定权在于公共权力的行使者,社会公众起着参谋、辅助决策的作用。因为咨询型公众参与主要以获取或交流信息为主要目的,所以并没有赋予公众参与决策的权利。通常而言,咨询型公众参与的目的是交换或者提取公众的意见或建议,公共权力的行使者并不以分享自己的权力作为交流或获取信息的代价。如美国的法庭之友制度,我国专家法律意见书、专家咨询制度等。第三,监督型公众参与。监督型公众参与的主要目的不是分享或取代国家机关工作人员刑法适用的权力,而是监督刑法适用的权力。其主要功能是增强公众对刑法适用过程或结果的可接受性,如我国人民监督员制度等。

(三) 刑法适用公众参与机制的界定

"机制"一词来源于英文"mechanism",2000年《现代汉语大词典》对"机制"一词的释义为:"原指机器的构造和工作原理。生物学和医学通过类比借用此词,指生物机体结构组成部分的相互关系以及其间发生的各种变化过程的物理、化学性质及其相互关系。现已广泛应用于自然现象和社会现象,指其内部组织和运行变化的规律。"① 虽然现在来看,"机制"一词的核心含义并未发生根本性的变化,现在汉语中都是运用主谓结构形成较为固定的用法,因而所表达的含义并不相同。就"刑法适用公众参与"来说,表达的是一种参与行为或者是参与现象,而就"刑法适用公众参与机制"来说,则表达的是一种由各方主体组成的较为稳定的关系。因此,在本课题研究中着力建构一种由多方主体参与并形成较为稳定的参与刑法适用的形式。因此,刑法适用公众参与机制,则是指通过法律等形式确立公众参与刑法适用的价值、范围、主体、渠道、方法、效果等,即将公众参与制度化。

公众参与包括制度化参与和非制度化参与。"刑法适用公众参与"中的"公众参与"指的是"制度化"参与,而不包括"非制度化"参与。亨廷顿指出:"制度化是组织和程序获取价值观和稳定性的一种进程。"② 制度化

---

① 《现代汉语大词典》编委会编:《现代汉语大词典》(下册),世纪出版集团、汉语大词典出版社2000年版,第2024页。

② [美]塞缪尔·P.亨廷顿:《变化社会中的政治秩序》,王冠华、刘为等译,生活·读书·新知三联书店1989年版,第12页。

有利于增强公民对社会生活的可预测性，有利于社会生活的规范、有序。法律就是社会生活制度化的重大成果，很难想象没有法律的世界是一个怎样的世界。"非制度化"是指"制度所蕴含的价值取向和角色期望没有内化为组织或公民个体的价值取向和角色期望"。① "非制度化"的表现就是非规范化、非法律化、非程序化、潜规则风行等，其背离了"制度化"所包含的规范化、法律化、程序化等要求，必然导致混乱和无序。"非制度化参与"表现为"非制度化行为"，是指"行为主体在遇到某种问题或处于某种状况时，借助权力、金钱、关系、面子、人情等，采用制度外的方式进行的利益博弈"。② 刑法适用中的非制度化参与的表现有：利用权力、金钱、关系、面子、人情、舆论、伦理、道德等，采用制度外的方式影响刑法适用。刑法适用本身应当是一种制度化的打击犯罪、保护人权的方式，公众参与也应采用一种制度化的方式，否则就会偏离法治的轨道。因此，"刑法适用公众参与"仅仅包括制度化、规范化的公众参与。同时，"刑法适用公众参与"要防止刑法适用的民粹化倾向，防止刑法适用沦为"多数人的暴政"。

改革开放以来，在重视法治的背景下崇尚"规则至上"的刑法适用理论占据主导地位，刑法适用一直强调逻辑、技术方法和精英司法，刑法适用公众参与范围、渠道有限，而司法裁判遭受公众质疑频出，司法的公众认同度降低，而刑法适用结果直接影响公众的人身权利、财产权利与民主权利。因此，基于刑法适用的重要性，随着民众的主体意识、权利意识日前增强，公众参与刑法适用的愿望日益强烈，并且随着现代网络技术的发达，公众参与刑法适用的范围越来越广、途径越来越多、热情越来越高，但由于公众参与的制度供给不足，公众参与机制不全，导致公众参与刑法适用呈现无序化，主要表现为以非制度化的方式参与司法。近年来，一些刑事案件经媒体曝光后被社会公众热议，成为热点案件，如"刘涌涉黑案""许霆盗窃金融机构案""邓玉娇杀人案""梁丽捡金案""肖传国雇人袭击方舟子案""天价过路费案"等，在这些案件中，公众对司法机关的法律适用和对法律的解释提出了质疑。因此，回应公众参与司法的强烈愿望，实现司法民主，提

---

① 郝宇青：《苏联政治生活中的非制度化现象研究》，华东师范大学2003年博士学位论文，第8页。
② 孟宪平：《法治语境中的非制度化行为治理》，载《中国社会科学报》2015年7月7日，第6版。

升司法公信力，必须将公众体制外的无序参与转化为体制内的有序参与。党的十八大及十八届三中、四中全会决定明确提出"拓宽人民群众有序参与司法渠道""保障人民群众参与司法"，新一轮司法改革中，将公众参与司法作为司法改革的重要内容，如完善人民陪审员制度、人民监督员制度等。

### 三、本课题研究的方法与内容

（一）本课题的研究方法

本课题的研究方法具有创新性，主要表现在以下三个方面：

第一，课题研究以实证研究方法作为基础研究方法。课题组采用问卷调查、重大影响性刑事案件分析、访谈调研等方法，分析现有刑法适用公众参与制度的缺陷和不足，检验人民法院具体案件的审判实践中公众参与的互动协商的制度效果等。主要实证方法包括：一是问卷调查。本次课题组成员共收集调查问卷 4121 份，对司法工作人员、人民陪审员、专家学者以及其他普通民众就公众参与司法问题进行问卷调研。二是实地考察与访谈。课题组深入重庆市、河南省、浙江省、广东省等省市进行人民陪审员改革试点及自行探索改革的各级人民法院实地考察，旁听案件审判，查阅相关资料与案卷，并与法官、检察官、律师及人民陪审员深入座谈交流，了解刑法适用中公众参与的情况、经验、问题及建议。三是域外考察与交流。为更好地借鉴其他国家与地区公众参与如陪审制度运行与改革的经验，课题组到美国、日本、法国、意大利等国家考察与交流，深入了解公众参与的法律制度，旁听法院案件审判，与法官、律师等交流。尤其是日本东京地方裁判所、立川裁判所安排全面考察陪审员参与案件审判流程，为课题组详细介绍了日本裁判员制度运行情况。在与实务人员交流的同时，与纽约大学、日本中央大学教授进行了深入的交流与讨论。以上实地考察与交流为本课题的研究提供了极其重要的参考价值。

第二，运用价值评判、人文理解和科学认知等建构性的方法。在课题研究中运用价值评判、人文理解与科学认知等方法探讨协商民主、参与民主及犯罪治理理论等对刑法适用的指导意义，论证在刑法适用中建立公众参与的互动协商制度的合理性，并通过比较及历史归纳的方法，分析公众参与的互动协商制度对刑法适用制度的发展。

第三，在研究方法上突出不同学科的交叉。本课题的研究涉及面很广，因此在研究方法上尤其注重不同学科的交叉,如社会学与法学、实体法与程序法等学科交叉,实现课题的综合性分析与研究,避免研究结论出现极端化和片面化倾向。

(二) 本课题研究的主要内容

本课题研究的主要内容分为理论与实践两个层面。在理论层面,论证公众参与是提高公众认同度和司法公信力的重要途径,引入协商民主理论、参与民主理论和犯罪治理理论等,论证公众参与的正当性,探讨公众参与的价值目标,对公众参与进行类型化研究,构建公众参与刑法适用理论新范式。在实践层面,根据公众参与的价值与不同类型的参与模式,构建多样化的公众参与制度方案和保障机制,在制度框架内实现公众与司法人员的良性互动,化解刑法适用中的价值与利益冲突,提高公众对司法裁判的认同度。本课题除引论外,共分七章对课题进行全面阐述。

"引论"部分。除对研究背景、价值、研究方法进行介绍外,主要对刑法适用公众参与机制进行界定。刑法适用是指将人民法院、人民检察院依照刑事诉讼程序将刑法运用于个案的所有活动以及最高司法机关就如何适用刑法所作的司法解释活动。公众参与是指除特定机关人员及案件参与人之外的所有公民通过参与决策、咨询、监督三种方式影响刑法适用的活动。为了防止非体制化参与对司法的不当影响,必须实现公众参与机制化,即应根据决策、咨询、监督参与方式的不同,为不同角色参与者构建不同的制度渠道,将体制外的公众参与转化为体制内公众与司法人员的良性互动。

第一章为"刑法适用公众参与的变迁与现实基础"。主要回应公众参与刑法适用的外来知识与本土资源、国际社会公众参与兴盛与衰败之争,考察了国内外的历史与现实,证明公众参与在我国有着悠久深厚的内生基础,公众参与司法已成为当今世界潮流。通过分析对当下民众的问卷调查、考察公众参与司法的地方实践及梳理中国共产党的政治主张,论证了我国刑法适用公众参与顺应了民意和符合党的政治要求。

第二章为"刑法适用公众参与的理论基础"。根据关于公众参与刑法适用的理论分歧及实践需要,分析代议民主等理论的缺陷,引入刑法治理理论、参与民主理论、协商民主理论等理论成果,从理论上证成公众参与具有坚实的理论基础。

第三章为"刑法适用公众参与的价值追求"。价值理念是科学构建公众参与制度的前提,在分析理论与实践对公众参与价值目标定位偏差基础上,根据参与民主、协商民主、社会治理理论等，论证提高刑法适用的可接受性和司法公信力是刑法适用公众参与的价值目标。

第四章为"刑法适用公众参与的制度化范围"。根据决策型、咨询型与监督型三种类型公众参与具有不同的特点与价值，阐明案件审判阶段应建立决策型参与制度，司法解释、检察、审判等阶段均可建立咨询型参与制度，而刑法适用整体情况、司法解释及个案检察、审判无疑均可适用监督型参与制度。

第五章为"刑法适用公众参与的方式及机制设计"。本着保障公众有序、有效参与的原则，借鉴国外公众参与的制度及我国公众参与的制度实践，根据决策型、咨询型及监督型公众参与的不同类型，具体设计我国公众参与的制度方式，即决策型参与方式应是完善人民陪审员制度。咨询型公众参与方式应建立司法解释公众意见征求机制、专家意见书制度、检察事务公开审查制度等。监督型参与机制应畅通针对所有公众监督与反馈的机制，同时针对特定司法活动构建与完善专门的监督制度，如构建司法解释异议制度、完善人民监督员制度等。

第六章为"刑法适用决策型公众参与的主体选任资格与程序"。借鉴国外制度和我国制度实践，决策型、咨询型、监督型参与主体的选任必须基于参与主体的广泛性和代表性原则进行选任，尤其对我国决策型参与模式——人民陪审员的选任资格和选任程序进行比较分析后，提出应合理确定如年龄限制、文化程度等资格条件、取消任期制等，实行随机抽取的选任程序。

第七章为"刑法适用公众参与的信息与责任保障机制"。公众参与机制的运行离不开必要的保障，针对目前我国公众参与实践保障机制不足的现实，提出构建信息公开机制及责任追究机制的方案及具体措施，保证刑法适用公众参与机制落到实处。

# 第一章
# 刑法适用公众参与的变迁与事实基础

　　研究刑法适用公众参与的事实基础，从历史与现实的角度探寻刑法适用公众参与存在的土壤，分析人类历史及不同文明中刑法适用公众参与的制度构建及制度运行情况，为我国当前刑法适用公众参与制度的选择提供事实根据。

## 第一节　国外刑法适用公众参与的变迁及发展趋势

　　早在公元前六七世纪，希腊许多城邦推翻了暴政采取民主政体，有证据显示，希俄斯岛早在公元前575—前550年就建立了公民的议会和大会，而最著名的雅典民主出现于公元前508年，延续至公元前323年。当时，雅典社会内部各等级和集团之间的矛盾十分尖锐，所有的司法大权都掌握在执政官和战神山议事会议员的手中。司法权力在雅典公民集体内部的分配严重失衡，垄断在上层氏族贵族手中的司法权力成为氏族贵族压迫平民的工具。梭伦对司法制度的改革措施之一就是设立了陪审法庭，与公民大会和五百人议事会共同成为雅典民主政治的三大机构。公民大会是城邦最高权力机关，由年满20岁的全体公民组成，负责审议并决定一切国家大事。五百人议事会属于公民大会的常设机构,任何公民都有权经五百人议事会向公民大会提出建议与议案。作为司法机构的民众法庭,法庭成员则是从公民中抽签选取组成,实行多数决定原则。公民大会也具有特别法庭的角色,如雅典的陶片放逐法。雅典人把陪审法庭看作是民主的标志。① 亚里士多德把民主制下的公民定义为一个有权成为陪审员和参与公民大会的人。② 然而,雅典民主消亡后,其民主传统就中断了。其后的 2000 多年时间,虽然世界上有的地方出现过不同形式的选举与议会,但都主要是限制王权,议会都是由贵族把持。罗马帝国灭亡后,欧洲进入了中世纪黑暗时代。关于雅典民主,从古希腊开始,很多思想家都对雅典式的民主政治持否定态度,如古希腊的苏格拉底、亚里士多德、柏拉图,罗马共和国时期的西塞罗等。文艺复兴时期,思想家们提倡科学,主张人权,反对神权,但仍然没有对民主予以肯定,如弥尔顿、孟德斯鸠、洛克、伏尔泰都不把民主看成是个好东西。从古希腊到 19 世纪上半叶的欧洲,社会上层精英一直把民主看作洪水猛兽。③ 有产者及其代言人普遍担心"多数人的暴政",千百年来,苏格拉底被雅典公民大会判处死刑被视为"多数人暴政"的典型事例。此外,雅典民主被认为仅适用于小国,"直到最近——大概在 18 世纪末,政治哲学家们对于民主制度或者共和国只能建立在小国家的基础之上,还几乎没有争议。"④ 1215 年英国《大宪章》规定:"任何自由人,都不得被抓捕、监禁、剥夺永久保有土地权或自由权……除非根据由同等地位者所作的裁决或根据英格兰的习惯法。"英国大宪章是新兴贵族为了限制王权而设立的陪审制度,虽然不是现代意义上的陪审制度,但却是现代陪审制度的开端,随后世界其他主要国家,都纷纷恢复或建立相应的陪审制度,保障民众参与司法,随着近现代民主制度的发展,以陪审制度为典型制度的公众参与司法已成为当今潮流。

---

① Hansen, M. H. *The Athenian Democracy in the Age of Demosthenes: Structure, Principles, and Ideolog*, Oxford, 1991. p. 178.

② [古希腊]亚里士多德:《政治学》,吴寿彭译,商务印书馆 1981 年版,第 114—115 页。

③ 王绍光:《警惕对民主的修饰》,http://www.iolaw.org.cn/showNews.asp?id=17750,最后访问时间:2018 年 3 月 17 日。

④ [美]罗伯特·A. 达尔、爱德华·R. 塔夫特:《规模与民主》,唐皇凤、刘晔译,上海人民出版社 2013 年版,第 4 页。

## 一、英美法系国家公众参与制度一直没有衰落

如前所论，公民参与审判的历史源远流长，但是作为真正现代意义上的陪审团制度的确立还是在英国。随着英国陪审团制度在其殖民地范围的广泛传播，北美以及欧洲等英属殖民地地区也相继确立了陪审制度。目前，澳大利亚、加拿大、丹麦、新西兰等主要英美法系的国家使用陪审制度，其中又以英国和美国的陪审制为代表。考察英、美等以陪审制为典型的公众参与制度后，可以发现，英美等国家公众参与形式多样，而陪审制也随着社会发展而发展。

（一）英国的公众参与制度

1066年诺曼底公爵威廉入侵英格兰后，为统治需要，虽然仍沿袭盎格鲁、撒克逊人的习惯法，但却将在法兰西已消失的陪审制度引入英格兰，即在争议所在地的居民中选出数人组成陪审团来审理案件。亨利二世于1164年颁布了《克拉灵顿宪章》，规定巡回法官在审理土地纠纷案件和重大刑事案件时，应找12名了解案情的当地居民担任陪审员。1166年又颁布第二个《克拉灵顿诏令》，规定在凶杀、抢劫、伪造货币、窝藏罪犯等刑事案件的审判中，对被告人的指控必须由陪审员提出。这些法令所确立的陪审员起诉形式即为以后的大陪审团的雏形。1176年的《北安普顿赦令》除"庄严重申了克拉灵顿诏令的基本精神外，还将伪造罪、叛逆罪和纵火罪一起纳入属于王室受理的刑事司法权利内"。亨利二世的继承人李察由于对外长期战争，对内为了征兵和征税实施高压政策，引起新兴资产阶级不满，李察王的弟弟约翰登基后，继续李察时期的政策，社会矛盾激化终致内战爆发，为了限制王权，1215年签署《大宪章》。现代意义上的陪审制度自此发端。

英国陪审制度不仅历史悠久，而且形式多样。英国的陪审制度有三种形式：（1）检尸陪审团。针对疑为犯罪致死、监狱中死亡、精神病院死亡、意外死亡、病死、死因不明等情况，即除非属于自然死亡，且死因极为明确者外，可依职权召集陪审团。检尸陪审团主要根据检察官提供的死因证明，评判死亡原因。此种陪审团成员的资格仅有抽象的条件即善良者守法者即可，其构成人数为7至11人不等。检尸陪审团现在适用范围有所缩小。（2）大陪审团。又称起诉陪审团，大陪审团主要适用于案件起诉是否有充分证据的审查。陪审团最初的形成即是以大陪审团的形式出现，由于陪审团

人数较多、召集不易等原因，大陪审团的适用逐渐减少，于1948年全面废止。（3）小陪审团。这是最常见的陪审团，是适用于审判阶段的陪审制度。在英国，并非所有刑事案件都适用陪审，而只是被告作无罪答辩时才启用陪审团审判。若属于重罪，如谋杀、故杀、强制性交、强盗等会被以正式犯罪的方式起诉，被告若为无罪答辩，即进入陪审程序，若为有罪答辩，即由法官审判，若属于轻罪，则由治安法法官审理。①

英国的陪审制从其诞生之日起就承载着"英国法荣耀"的特殊光环，以至于"普通法中的证据制度、诉讼程序、不同审级法院之间的分工、法官与社会的关系、审判独立、英国人民对自由的热爱等，无不受到陪审制度的塑造，甚至普通法中的实体法规则体系的成长，也与陪审制大有关系。"②进入20世纪以后，"陪审团在封闭的陪审室中仅几个小时以内就对重大事项做出裁决，但却不给出相应理由的做法"逐渐引发了英国陪审团制度的存废之争。③并且，虽然英国陪审团成员一般由平民构成，但其很长时间以财产资格为基准，因此，其公平性受到质疑，加之陪审团表决采用一致裁决原则的传统存在诸多缺陷，如导致多数人必须说服少数人的情况，且评议时间拖延等，英国近几十年来通过了一系列法律对陪审团制度进行了改革而不是废除陪审团，1972年废除了陪审员的财产资格限制，并在1974年的陪审法中，将陪审员的资格限定为有选举资格、18—70岁且在联合王国居住5年以上者。在晚近改革中，对陪审制度表决也可在某些场合采用过半数的多数表决制度。④"英国政府在2002年颁布的《刑事司法改革白皮书》对陪审制提出了具体的修改意见，并制定和施行了《2003年刑事审判法》，进一步对陪审制度的相关问题进行了修订。"⑤ 如2010年3月，伦敦最高法院⑥400多年来第一次在没有陪审参与的情况下对一起刑事案件做出判决，判处4名

---

① 吴景钦：《国民参与刑事审判制度》，丽文文化事业股份有限公司2010年版，第103—104页。
② J. H. Baker, *An Introduction to English Legal History*. 4th edn, 2002, London: Butterworths, p. 76.
③ 参见陈国文：《英国陪审制及其思考》，载《西北师大学报》2014年第2期。
④ 吴景钦：《国民参与刑事审判制度》，丽文文化事业股份有限公司2010年版，第103—104页。
⑤ See Gary Slapper. David Kelly, *The English Legal System*, Gavendish Publishing Limited, 2009, pp. 321—324.
⑥ 在2005年的宪法修正案中，取消了贵族院的司法功能，另成立联合王国最高法院，于2009年正式动作，成为联合王国的最高司法机构。参见吴景钦：《国民参与刑事审判制度》，丽文文化事业股份有限公司2010年版，第103页。

抢劫犯10年或10年以上有期徒刑。之前，法院驳回被告以"颠覆以陪审团进行审判的程序"为由要求进行陪审团审判的诉求，在驳回此上诉时，法院引用了2003年《刑事审判法》，该法案允许法官确定案件是否存在非法干预陪审团这一"真实存在的危险"。① 因此，尽管英国采用陪审制审判的案件数量呈现急剧下降的趋势，如在民事审判中大约有400件的案件适用陪审制，而在刑事审判中，也只有大约1%的案件适用陪审制，② 但这并未表明陪审团制度的衰竭，相反，英国陪审制度是随着现代民主制度的发展及陪审团适用案件范围、表决原则等合理性需要进行现代化改造，降低陪审员的资格限制扩大主体范围、将案件主要适用于争议较大的案件、改革一致裁决原则这种非民主的表决方式。③

除陪审团制度外，英国还有重要的民众参与司法的制度，即治安法院和治安法官制度，在治安法院中，完全由非专业的治安法官处理轻微案件。在英国，治安法院属最基层法院，其受理的轻微刑事案件数量超过整个刑事案件的90%。根据英国的法律规定，皇家刑事法院主要审理少数侵犯儿童和谋杀犯罪案件，对于那些被告人不认罪的轻微刑事案件以及刑期超过6个月的严重的刑事犯罪案件，需要先有治安法院进行处理，然后根据处理的具体情况看是否需要将案件移交给刑事法院进行一审。

（二）美国的公众参与制度

美国作为英国的殖民地，承袭了英国法的传统，移植了英国法律制度，在17世纪左右，作为英国殖民地的美国正式接受了来自英国的陪审制度，"陪审是早期英属北美殖民地的特点"，1623年12月，普利茅斯殖民地（ThePlymouth Colony）即宣布"所有犯罪、个人之间的侵权与债务均应由12个诚实的人作为陪审员誓言进行裁决"。除纽黑文（New Haven）领导者基于强烈的宗教信仰拒绝门外汉裁决未采用陪审外，其他所有殖民地都采用了陪审制度。④ 可以说，陪审团制度的建立不仅为殖民地带来了司法上的民

---

① ［美］约翰·加斯蒂尔、佩里·迪斯等：《陪审团与民主》，余素清、沈洁莹译，法律出版社2016年版，第235—236页。
② 参见陈国文：《英国陪审制及其思考》，载《西北师大学报》2014年第2期。
③ 因陪审团一致裁决原则，实质上导致个别陪审团的意见左右陪审团的情况，一致裁决原则看似最民主的原则实质上是最不民主的原则。
④ Dennis Hale. *The Jury in America: Triumph and Decline*, University Press of Kansas, 2016, p. 28.

主,而且也是殖民地对抗英国殖民统治的有力工具。

美国独立战争后,将陪审制度作为宪法原则规定下来。1791年通过的美国宪法第五、第六、第七条修正案均规定了陪审制度。第五条修正案规定:"任何人,除非根据大陪审团的报告或起诉,不得受判处死罪或其他不名誉罪行之审判。"第六条修正案规定:"在一切刑事诉讼中,被告有权由犯罪行为发生地的州和地区的公正陪审团予以迅速和公开的审判。"

陪审团制度和代议制政府通常被视为美国民主的两大支柱,约翰·亚当斯(John Adams)将"这两种人民的权力"喻为自由的心和肺,如果没有它们,"身体就会死亡"。① 陪审团审判之所以能和代议制政府一起被并列为民主的两大支柱,是因为它保障人民有权参与司法,防止司法不公和反对政府的压迫,体现了人民自己做主的民主制度的精髓。美国的陪审团也有大陪审团与小陪审团之分。然而,从19世纪开始,大陪审团制度在美国逐渐走向衰落,目前仍保留大陪审团制度的州已不多,即使有,也严格限制在重大犯罪时才使用。美国的小陪审团则是审判陪审团,由12人组成。由于美国有联邦与州两个不同的司法体系,联邦法院陪审团只对认定被告有罪、无罪有权力,而除死刑裁决外无权对量刑裁决。而州则有所不同,有的州陪审团对量刑无权裁决,有的州陪审团有量刑权力,如绝大多数死刑裁判中,陪审团有量刑权,而在非死刑的刑罚裁量中,约有过半数州如阿拉斯加、肯塔基、密疏里、德克萨斯、弗吉尼亚等。② "很少有国家像美国那样如此依赖陪审团审判,也没有一个国家像美国那样依赖得如此之深。"③ 陪审作为美国宪法的基本原则,且受陪审团审判是宪法保护的权利,因此,陪审团制度被广大民众作为宪法权利予以捍卫;且"在美国除了弹劾案件之外,任何案件适用陪审团审理被社会公众视为一项普遍的原则。"④ 美国律师协会(American Bar Associayion, ABA)于1998年度就美国对司法制度的运行情况进行了抽样民意测验,并将测验结果制作了《美国司法制度观察》(Perceptions of the U. SJustice System)的调查报告。该报告显示:"有78%的受

---

① J. KendallFew, *Trial by Jury* (Greenville, South Carolina: American Jury Trial Foundation), 1993, Vol. l. p. 169.
② Nora V. Demleitner, *Douglas A. Berman*, Marcl. Miller, Ronald F. WRIGHT 83.
③ 转引自[美]约翰·加斯蒂尔、佩里·迪斯等著:《陪审团与民主》,余素清、沈洁莹译,法律出版社2016年版,第215页。
④ 张培田:《陪审制和参审制的历史考察与比较》,载《西南民族大学学报》2006年第2期。

访者认为陪审团是判定刑事案件中被告人是无辜或有罪的最佳方式；另有 69% 的受访者认为陪审制度是美国司法制度最重要的组成部分。"① 美国律师协会将 2005 年命名为"陪审团年"。②

然而，进入 20 世纪，美国陪审团审判的案件数量大幅缩减，刑事案件中，2013 年联邦法院有 92000 个刑事案件，只有 2.3% 的案件由陪审团审判（2146 个陪审案件），90% 的被告人作辩诉交易或有罪答辩，仅 2170 个民事案件由陪审团审判，仅占总裁决数 202630 个的 1.1%；1962 年适用陪审的民事案件有 2765 件，占总案件数 50320 件的 5.5%；1982 年适用陪审的民事案件有 4771 件，占总数 184835 件的 2.6%，州法院陪审的案件数也大幅度下降：刑事案件中，1976 年陪审裁决的案件占比为 3.4%，2002 年则为 1.3%；民事案件中，1976 年为 1.8%，2002 年则为 0.6%。③

有学者将美国陪审团审判数量下降视为陪审团制度失去生命力的依据，从而作为我国应废除人民陪审员制度的理由之一。然而，美国陪审团审判率下降的理由是多方面的，影响民事案件陪审下降的原因主要是集体诉讼增加、案件越来越复杂、越来越多的法律与规则、法院更繁忙等。在刑事案件中，大量刑事犯罪联邦化尤其联邦法院的量刑改革，对案件陪审率情况影响甚大。如在 20 世纪 60 年代，绑架、武装抢劫由州法院审判改为联邦法院审判，而根据商事条款，国会将贩卖毒品、洗钱、有组织犯罪、劫持汽车、环境犯罪等超过 3000 种犯罪变为联邦犯罪，而且数量还在继续增加。而为回应发端于 1975 年参议员爱德华·肯尼迪提出的"解决量刑不公"议案，1984 年国会制定了综合犯罪控制法包括量刑改革法案，以控制法官的自由裁量权。然而，量刑改革对陪审的一个重要影响是检察官为了获得被告的有罪答辩而威胁对被告处以更重的惩罚。20 世纪 70 年代，被告有罪答辩的比例约占 2/3，陪审大约是 10%，而到 2014 年，被告有罪答辩接近 90%，而陪审率则是 2.2%。而且在 20 世纪 80 年代后期，法官较量刑改革前多花 25%—50% 的时间用于量刑，并且量刑改革法案将缓刑委员会的缓刑决定权

---

① American Bar Associayion, Perceptions of the U.S. JusticeSystem, M/A/R/C Research, 1999, p. 3.

② Jesse Rivera, The American Jury: We The People in Action, in The Houston Lawyer, May/June 2005, p. 89.

③ Dennis Hale. The Jury in America: Triumph and Decline, University Press of Kansas, 2016, pp. 326–332.

交给了联邦法院，法院还要花更多时间关注已决犯的情况。① 而美国陪审团仅适用于疑难、被告人不认罪等案件的审判，这正是充分发挥陪审团沟通法官与公众的作用，以寻求对疑难、复杂案件共识，提升裁判最大可接受性、充分保障公民权利。

在美国也确实出现众多批评美国陪审团制度的声音，如对陪审团的能力、效力等提出质疑，然而，近几十年来，美国法院和立法机构共同致力于确保每个公民都有机会成为陪审团的一员。如 1975 年联邦最高法院裁定路易斯安那州排除妇女入选陪审团的规定违宪，在其意见书中解释道：社区参与……不仅与我们的民主传统一致，而且对保持公众对刑事审判体系公正性的信任度至关重要。其后 20 年，联邦最高法院处理了一系列限制公民参与陪审团服务的其他做法，并毫无例外地将此类排斥裁定为违宪。1968 年国会制定了《陪审团选择与服务法案》，力图消除在陪审员选择过程中基于种族、性别、年龄、专业等各种限制，以确保最大限度地保障公众参与司法。各州也同样致力于终止一系列宽泛免除专业人员参与陪审工作的惯例。如在纽约州，1996 年《纽约时报》就报道义务免除名单扩大到了荒谬的地步，因而首席大法官领头努力提高民众陪审工作的参与度，确保之前免除义务的 100 万纽约人参与到陪审体系中。此外，为回应关于陪审员能力的质疑，提高陪审团能力的改革也在持续推进。例如，以前陪审员在陪审期间得不到任何背景资料或指导。20 世纪 90 年代，一些州开始进行改革，以提升陪审团能力，如亚利桑那州，一场闻名全美的改革项目对陪审制度进行众多改革，如审判期间允许陪审员记笔记、询问证人，在评议时可以更直接询问法官，尤其允许陪审员在其最终裁决之前讨论庭审中的争议点。此外，科罗拉多和印第安纳州也允许陪审员讨论庭审中的案件争议点。2005 年美国律师协会批准了一系列陪审团审判的规则，其中采纳了一系列提高陪审团能力的改革措施。② 总体上来说，无论是英国还是美国"陪审团是一项拥有几百年历史的制度，英美法系国家对陪审制度进行改革是时代的需要，并不意味着陪审团制度遭到了摒弃。"③ 发源于英国、发展于美国的陪审制度目前在英美法

---

① Dennis Hale. *The Jury in America*: *Triumph and Decline*, University Press of Kansas, 2016, pp. 332 – 348.

② 参见［美］约翰·加斯蒂尔、佩里·迪斯等著：《陪审团与民主》，余素清、沈洁莹译，法律出版社 2016 年版，第 218—228 页。

③ 高一飞：《上帝的声音：陪审团的法理》，中国民主法制出版社 2016 年版，第 26 页。

系的国家及世界各国的追捧有其历史的必然,因为陪审制度能保证普通的社会民众能够参与到司法实践中,从而有利于克服司法专断,发挥司法民主。甚至可以说,在美国,"作为一项宪法所赋予的陪审权利,目前已经深深根植于民众的心中,改革以及调整只会加强该制度的生命力。"[①]

除陪审制度作为公众参与司法这一基本制度外,在美国公众参与司法的制度形式有:一是治安法庭。美国也有治安法庭,其构成人员与英国有差异,主要由退休法官及律师组成,不过,作为退休法官与律师,虽然与现任法官等在职专业司法人员具有共同的法律职业素养、共同职业背景、相同的前见等,然而,作为退休人员其立场与视角显然与现任人员有差异,对打破司法的封闭具有较大作用。二是法庭之友制度。虽然美国的"法庭之友"制度可以追溯到古罗马时代,但是美国是在 1823 年联邦最高法院 Green V. Biddle 案件中以判例方式初步确立,其后通过联邦最高法院《联邦上诉程序规则》(Federal Rules of Appellate Procedure)第 29 条和《美国最高法院规则》(Rules of the Supreme Court of the U.S)第 37 条最终确立。目前美国实施的"法庭之友"制度的资格并未有所限定,"律师或者其他人都有资格成为法庭之友,此外,法院也可以根据案件的情况指定特定的人成为法庭之友,但是如果在上诉案件中,只有律师才有资格提交法庭之友意见书。"[②]在法院审理案件的过程中,如果是法庭之友提交的一些事实信息也无需遵循联邦证据规则的要求。如此,无论是从实体还是从程序层面均为当事人之外的其他人参与案件提供了重要的渠道。更重要的是,美国实行三权分立,司法镶嵌于民主政治中,整体上司法的民主程度较高,民众对司法的影响程度高。如州法官的产生有不同的方式:有些由州长任命州议会同意,有些采取间接选举,有些则由民众直接选举来产生。[③] 无论哪种方式,都一定程度体现了公众参与,法官司法必然考虑民众关切。

## 二、欧洲大陆法系国家公众参与制度方兴未艾

相对于英美法系国家而言,欧洲大陆法系国家的公众参与制度,则呈现

---

[①] 高一飞:《上帝的声音:陪审团的法理》,中国民主法制出版社 2016 年版,第 26 页。
[②] 参见肖永平、李韶华:《美国法庭之友制度的价值纬度与实证研究》,载《东方法学》2011 年第 4 期。
[③] 吴景钦:《国民参与刑事审判制度》,丽文文化事业股份有限公司 2010 年版,第 108 页。

出艰难的发展历程。在18世纪末或19世纪初,为回应人民民主要求,大陆法系国家纷纷移植英国陪审团制度,然而,陪审制度的实施却因各种原因遭到废止。随着民主的发展,欧洲各国陪审制度纷纷重建或恢复,整体上呈现出蓬勃发展之势。

（一）法国公众参与制度

陪审制度在法国有着深远的历史,1066年诺曼底公爵威廉入侵英格兰后吸收在法兰西已消失的审判制度,即在争议所在地的居民中选出数人组成陪审团来审理案件,从而开启了英国的陪审制历史。由于封建司法的纠问主义、秘密审判等严重侵犯公民的人权,因此,英国的陪审制度成为法国启蒙思想家推崇的对象,因而,1789年法国资产阶级在大革命胜利后,经过短时间的筹备便制订和颁布了1791年9月16日至29日的法律,全盘引入英国的陪审制包括审判陪审团及控诉陪审,仅将英国陪审制度一致表决原则改为2/3多数通过制度。1808年出台的《刑事诉讼法》以及《治罪法》对陪审制度进行了详细规定并加以改造,大陪审团被废除,仅保留小陪审团,同时根据民主要求对小陪审团改革,如表决改为简单多数通过原则。在其后的法国历史上,随着政治的变革,陪审制的构造及作用也随着民主与专制两种势力的斗争形势不同而不同,法国陪审制的发展史相当纷繁复杂,可以说,其既是一部司法发展史,又是一部政治斗争史。1941年11月25日,法国正式通过新法确立了参审制全面取代了陪审制。法国参审制度的适用范围限于一审可能判处10年以上监禁的重罪,而陪审员的资格条件宽松,即只要是年满23岁的法国公民,具备法语的阅读和书写能力,享有政治权利、民事权利和亲权,如果没有法律规定的其他禁止性的条件,就具备担任陪审员的资格。参审人员与法官具有相同职权,既参与定罪又参与量刑。而裁决原则通过采用简单多数原则,在裁决有罪的场合则采取超过2/3的多数表决原则。此外,法国还针对参审的案件设立了特殊的上诉制度,对参审的案件,则由最高法院指定一个重罪法院审理,并且由12名参审员与法官共同组成合议庭审理。

陪审制度在法国演变为参审制,可以说是法国陪审制度的发展和延伸,是其成功移植的标志。[1] 法国在充分吸收英国陪审制度所体现的平民司法的

---

[1] 参见施鹏鹏：《陪审制研究》,中国人民大学出版社2008年版,第65页。

精神基础上，重构公众参与审判的制度，职业法官与陪审员组成的审判团，共同对事实与法律、定罪与量刑进行裁决，形成一个"既相互合作又相互制约"的共同体，使法官与平民形成智识等方面的互补，消解民众对法官与陪审团的双重不信任，从而有效增强司法公信力。在法国从陪审制度的移植、改革到改造为参审制的发展、转变历程中，自始不变的是"平民参与司法审判"的思想。①

（二）德国公众参与制度

与法国的陪审制产生与发展不同的是，德国的国民参与审判制度更显曲折。德国的国民参与制度主要经历了三个阶段：第一阶段是法国征服德国后强制推行陪审团的实施阶段。1798年，拿破仑军队占领莱茵河西岸地区以后在该地区实行陪审制。虽然拿破仑在1814年被反法联盟军打败而不得不放弃对该地区的统治，但是作为司法遗产，在其离开后莱茵河地区各州依然继续运用陪审制。② 第二阶段是主动移植法国陪审制。1848年欧洲的大革命成为各国主动移植并建构法国陪审制的诱因。特别是随着德国革命浪潮的影响，昙花一现的法兰克福民族议会将陪审权利视为德国公民的一项基本权利，其后，德国的其他邦纷纷建立了陪审制度，如巴伐利亚、普鲁士等分别根据《刑事诉讼法》《陪审法令》确立了陪审制。1879年德国依据帝国议会颁布的刑事诉讼法、法院组织法等文件，在全国范围内正式确立陪审团制度。但德国对陪审制度又有改造，如陪审法院主要是由3名职业法官和12名普通民众陪审员构成。第三阶段是陪审制度的废除到参审制度的确立。以1923年海因兹向国会提交改革刑事法院的草案为契机，参审制取代陪审制的草案随即出台。然而，由于该法案遭到民主派人士的抵制而暂时遭到搁置，随后德国推进司法改革，于1924年通过《艾明格法》法案，正式废止了德国的陪审团制度，建立参审制度。纳粹上台后，则根据纳粹的需要对其进行了改革，1939年9月1日更是明令废止参审制度。"二战"结束后，西德根据《波茨坦协定》规定的民主与正义原则，于1947年恢复了参审制，但陪审团制度未再恢复。③

现行的德国参审制度有其自身的鲜明特色：首先，根据案件的性质不

---

① 施鹏鹏：《陪审制研究》，西南政法大学2007年博士学位论文，第37—54页。
② 参见吴军辉：《陪审制度在德国的移植和消亡》，载《甘肃政法学院学报》2007年第3期。
③ 林永谋：《德国参审制度（上）》，载《司法周刊》第336期第3版。

同，德国的案件被区分为两个不同的系统，分别为裁判参审制与特别裁判参审制，前者主要适用于一般的诉讼案件，后者主要是用于劳动裁判所等专门机构的案件。其次，德国的参审制不因审级的不同而被分别适用。根据德国《法院组织法》的相关规定，适用参审制的法院主要分为三类：第一类是区法院。在区法院内部主要设立刑事法庭和参审法庭。前者主要是刑事法官独任审理可能被判处 2 年以下有期徒刑的刑事案件；而后者则是审理被判处 4 年以上有期徒刑的案件，主要是由 1 名法官和 2 名参审员构成，法官任审判长。负责审理情节较为严重犯罪案件的地方法院，主要是由 2 名到 3 名职业法官及 2 名平民参审员组成。而高等法院主要审理的是间谍罪一类的犯罪，因而均是由法官参与审理，未设参审员参与审理。最后，德国的参审员的职权与英美法系的陪审员的职权存在较大差别，参审员不仅能够就程序问题进行表决，而且有权就待决定事项进行合议并共同决定定罪和量刑问题。① 其中，如果对重大程序问题进行表决的话，则需达到简单多数即可；如果涉及犯罪嫌疑人的罪责及刑罚问题，则表决需达到 2/3 多数。②

  在德国之所以呈现出如此曲折的发展历程——如由最初德国被动接受法国的陪审制到主动引入和建构陪审制，从废除陪审制确立参审制、再到废除参审制直至"二战"后恢复参审制——有其历史的必然。首先，政治因素的关联影响较大。俾斯麦统一德意志之前，近代欧洲大陆政局动荡频繁，普法战争等因素的影响更是将德国置于殖民统治之下，因而被迫接受法国的陪审制度，在法国撤退之后，陪审制度则成为各种政治势力相互角逐的政治资本，从而主动移植法国陪审制。其次，德国军国主义势力的抬头以及纳粹为了实现排除异己的政治目的，禁止国民参与审判便在意料之中。在纳粹战败后，恢复参审制度又成了情理之中的事情。整体上来说，政局的动荡以及战乱是制度变更跌宕的最重要原因。最后，德国国民对民主的渴望与追求是陪审制度不断改革、发展与恢复的根本原因。从更深层次来看，德国主动发起了第一次世界大战乃至第二次世界大战，给社会民众带来了严重的摧残。特别在纳粹统治时期，法制遭到严重破坏、人权遭到严重践踏，至于社会公众

---

① 值得注意的是，目前德国的参审制发生了一个重要的变化，即在庭审前，职业法官必须通读所有的侦查案卷，但参审员原则上不得通读案卷。但近年来，德国联邦最高法院开始允许参审员在审前阅读侦查案卷中的部分材料，以使他们更好地把握诉讼进程。

② 参见施鹏鹏：《德国参审制：制度与特色》，载《人民法院报》2014 年 9 月 19 日，第 8 版。

参与审判更是无从谈起。因此，"二战"结束后，对纳粹清算的同时，如何重建民主与法治秩序，如何保障公民基本人权，必然成为德国社会的基本共识，因此，恢复象征司法民主的公众参审制成为历史必然。

（三）俄罗斯、西班牙等国陪审制度的复苏

在第一次世界大战和第二次世界大战期间，很多欧陆国家也在政治和社会的压力下，废除了陪审团，如意大利在1931年墨索里尼统治时期废除了陪审团，葡萄牙、西班牙也分别于1927年、1936年取消了陪审团。近年来，俄罗斯、西班牙等国家陆续恢复或重建陪审制。这些国家曾经是当今世界上少数不实行陪审制度的国家之一，并且长期以来成为主张废除陪审制度的一条重要理由。但这些国家重建陪审制再次证明了陪审制旺盛的生命力。

19世纪中叶，由于沙皇的专制，引发了俄国国内农民革命，加之在克里米亚战争中失败，为回应民主化的强烈要求，俄国进行了深刻的政治、经济及司法改革，而司法改革的核心就是引入了象征民主精神的陪审制，1864年沙皇亚历山大二世颁布了《法院宪章》，正式将平民陪审制度化。1866年，俄国的圣彼得堡及莫斯科开始设立巡回法院，适用陪审团审判。由于沙皇统治末期的民主运动高涨，陪审制度也成为民主化运动的突破口，因陪审员往往由具有社会改革精神的社会精英组成，因此陪审案件的无罪率偏高，从而引发官方不满逐渐成为要被废除的对象，但由于抗议强烈，为了压制民主和缓和矛盾，则对内乱、妨碍公务等罪的审判改为参审制度，以防止无罪率的增加。1917年十月革命后，陪审制便在俄罗斯法律体系中不复存在，取而代之的是人民陪审员制度，即审理案件时需要人民陪审员参加，陪审员适用的范围仅限于民事、刑事审判的第一审，由1名职业法官与2位平民选出的参审员共同构成，为了防止法官任意，实现人民民主，规定陪审员的权利不仅可以确定被告有罪与无罪，而是与法官同权，也可参与量刑。但是人民陪审员制度在俄罗斯的实践并不如意，更无法发挥制约法官的作用，因此在戈尔巴乔夫改革人民陪审制时就有学者建议增加合议庭的人数来予以改善，但主张废除人民陪审制的学者也不在少数。苏联解体后，1991年10月，随着俄罗斯酝酿已久的深层次的司法改革逐步推进，将陪审团制度列为俄罗斯司法改革的核心的构想也得到了实现，俄罗斯最高苏维埃通过了《司法改革的构想》明确提出建立陪审团。1993年7月16日，俄罗斯联邦通过立法重建了陪审制。1993年12月12日，俄罗斯联邦现行宪法生效，正式将陪审团审判制度化,并在萨拉托夫进行了第一次陪审团审判。①

目前,俄罗斯的陪审团制度主要适用于被告人可能被判处 10 年以上监禁或者死刑的案件,不在其他刑事案件和民事案件中适用,并且必须是被告请求时才开启,陪审员从具有选举权、年满 25 岁且没有前科的公民中选出。陪审团由 12 人组成,另有 2 名候选人。陪审期间陪审员只有定罪权无量刑权,审判期间也无权向被告人发问,但可以向审判长提出证人询问、证据调查,请求审判长对法律进行解释等,在表决评议方面,构建了独特的制度。审判长必须对陪审员提出三个基本问题:行为事实是否已经证明;行为是否为被告所为;行为时被告是否有责。审判长也可就量刑问题附带询问陪审员。表决形式较为复杂,原则上采用一致表决,但一致表决必须在 3 小时内达成。若未能在 3 小时内达成,则采用特别设置的表决原则,如对三个问题过半数均为肯定,则必为有罪判决,只要有一个问题的回答不少于 6 位为否定,则必为无罪判决。票数相等时,以利被告为判决,其他附带的问题,则以过半数通过。②

原本属于罗马法系的西班牙,在陪审制度的引入以及发展过程中,不仅先后受法国、英国影响较大,而且经历了设立、废除及再恢复的曲折过程。西班牙从引入陪审团制度到废除陪审制度,与专制制度的确立密切相关。1807 年西班牙被拿破仑军队占领之后,法兰西的司法制度被带到西班牙,因此,西班牙的陪审制度的建立深受法国陪审制度的影响。西班牙 1810 年击败了法国军队,1812 年颁布了新的《宪法》确立了君主政体,但是作为司法制度重要组成部分的陪审制度保留了下来,1812 年、1837 年以及 1869 年颁布的《宪法》中对此作了规定,1872 年的《刑事诉讼法》也对陪审制度做出了具体规定,但是最终并未能得以实施。1888 年,西班牙又引入英国陪审制度,颁布了《陪审团法》后,使陪审团制度在西班牙中的运行得以实现。随着第二次世界大战的爆发,西班牙国内局势发生变动,西班牙政府走上独裁统治后,于 1923 年废除了陪审团制度,虽然在 1931—1935 年曾短暂恢复过陪审团,但是在 1936 年随着独裁者弗朗哥的上台,陪审团制度

---

① 施鹏鹏:《陪审制研究》,西南政法大学 2007 年博士学位论文,第 120—121 页。
② 参见吴景钦:《国民参与刑事审判制度》,丽文文化事业股份有限公司 2010 年版,第 117—119 页。

又被废除。① 其次，西班牙陪审制度从废除到恢复，与民主制度的发展休戚相关。随着独裁者弗朗哥的去世，西班牙的政治再次由专制转向民主，陪审团制度作为民主制度的重要表现被再次写入 1978 年出台的新《宪法》，并将陪审制度作为保障公民参与司法的一项重要原则。此后，相当长的一段时间内，西班牙的陪审团制度在实践中相当混乱，只有个别法院偶尔采取陪审团审理。直到 20 世纪 90 年代，西班牙陪审制度作为司法改革的重要内容，于 1995 年制定新的《陪审团法》，西班牙在刑事案件的审理中全面推行陪审团制度模式。② 目前，西班牙陪审制度主要适用于一些严重的刑事犯罪案件，如杀人罪、爆炸罪等都属于陪审团审理的范围；对陪审员的资格没有做出过多的限制，只要是年满 18 周岁且在当地登记的选民都可担任陪审员；陪审团由 9 名正选陪审员和 2 名替补陪审员组成，并由 1 名法官主持审判，而陪审员的产生主要采取"随机挑选"和"一案一选"的方式；表决方式上，做有罪裁定必须 9 名陪审员中的 7 人同意，而做出有利于被告人的裁决则只需 5 名陪审员同意即可。

### 三、日本、韩国公众参与制度的兴起

尽管英美法系国家普遍实行陪审制度，欧洲大陆法系国家随着民主进程发展也纷纷建立或恢复陪审制度，作为发达国家的日本、韩国，却长期实行精英司法，未建立代表司法民主的公众参与司法制度，因而陪审制度被认为不符合东方文化，然而，日本、韩国由于精英司法所造成的司法封闭与专断，冤假错案频出，司法公信力严重下降。为此，公众强烈要求建立公众参与审判制度，近年来，日本、韩国将构建公民参与司法的制度作为司法改革的重心，日本、韩国公众参与审判制度的建立，再次证明了陪审制旺盛的生命力。

（一）日本公众参与制度的改革

日本公众参与司法制度的建立、废止、再建立等，也体现了民主与专制较量的历程。日本受法国大革命的影响，早在明治时期制定所谓治罪法（刑事诉讼法）草案中即有陪审团的内容，但派往巴黎高等法院访问的使团

---

① 参见何家弘：《中国陪审制度向何处去》，中国政法大学出版社 2006 年版，第 8—9 页。
② 参见何家弘：《中国陪审制度向何处去》，中国政法大学出版社 2006 年版，第 221—222 页。

考察陪审团后却反对陪审团，因而治罪法最终没有规定陪审制度。明治宪法制定时，虽有建立陪审制度的呼声，但遭到反对。大正时，受民主思想影响，要求效仿英美建立陪审制度的呼声高涨，1890年，律师公会开始推动陪审制度，明治末期，最大在野党政友党基于保障人权、司法民主、审判独立等政治主张，也强烈要求在诉讼法中规定陪审制度。在各方力量较量下，1923年4月18日通过陪审团法，1928年10月1日正式实施。由于陪审制度自身的缺陷及法西斯主义的影响，1943年4月通过法律停止陪审团，日本陪审团制度被中止。

  第二次世界大战后，日本作为战败国，依据波茨坦公告第10项，日本必须完成民主化，并完全消除妨碍人民基本权利的一切障碍。为此，盟军司令部着手对日本进行民主化改造，1946年颁布的新宪法中没有规定陪审制度，在麦克阿瑟的宪法草案中，将死刑与重罪案件的陪审列入其中，但遭到帝国议会的否定而取消，仅在法院组织法中规定，可以特别法的方式制定刑事的陪审制度。但之后公众参与审判的陪审制度一直没有恢复或建立。由于"二战"前日本受德国影响，司法受行政权干扰严重，为了防止行政干预司法保障审判独立，战后建立了法官国民审查制度，即每十年由国民对最高法院的15名法官是否连任行使同意权。为了保证检察官能公正行使追诉权，盟军司令部建议引入大陪审团，但由于对民主缺乏信心，加之对"二战"中检察成为军国主义工具的痛苦记忆，折中后成立了检察审查会，从有选举众议员资格的选民随机选出11位选民组成审查员，主要审查检察官的起诉、不起诉是否妥当，一般采用过半数决，但对不起诉是否妥当则必须是8人以上的多数通过。然而，在战后，为了制约检察官而设立的检察审查委员会，以及为限制法官而设计的国民投票审查宪法条款等改革措施，均收效甚微。[①] 日本司法民主化的缺乏广泛受诟病，侦查机关侦查不透明、以取得自白为侦查目标等；检察垄断起诉权及滥用不起诉等权力逼迫嫌疑人认罪；法官封闭、专断，滥用自由心证等，在如此封闭的司法体系内，日本定罪率高达99%，因而日本司法公信力严重下降。20世纪80年代无辜者被错误定罪的案件更是频发，如1983年的免田案、1984年的财田川案、1985年的松山

---

① ［美］英格拉姆·韦伯：《日本新陪审制——在保留大陆法系司法传统的框架内赋权公众》，载《江西社会科学》2011年第8期。

案、1989年的岛田案①及90年代的足利事件②等。引入国外的陪审或参审制度的呼声日渐高涨,为此,重建公众参与司法的制度、实现司法民主化成为日本司法改革的重心。为回应国民司法改革的呼声,日本国会于1999年7月通过司法制度改革审议会设置法,设立了司法制度改革审议会,为了打破侦检法三机关自身改革的弊端,改革审议会成员由13人组成,内阁选任,经两院议会同意后任命。审议会成员来源广泛,包括2名法学教授、3名律师,其他8名委员则来自经济、劳工、商界、消费者团体代表等,以尽量反映民意。③ 审议会经过两年的深入调研与论证,于2001年6月提出了审议报告,建议在司法民主的前提下,构建国民参与审判的制度。2004年3月,在朝野协商下,提出了《关于裁判员参与刑事裁判法》(简称《裁判员法》)的草案,同年5月参议院通过,并定于2009年5月21日施行。至此,体现司法民主的国民参审制度在日本建立。

根据《裁判员法》的规定,裁判员制度主要适用于第一审案件中"有关死刑或无期惩役或禁锢之罪及法定合议案件中故意犯罪行为致人死亡之罪"。案件审判中由裁判员与法官共同组成合议庭,其合议庭一般由3名法官与6名裁判员组成,1名法官为审判长,但依次项之裁定者,则由1名法官与4名裁判员组成,法官为审判长。④ 裁判员在案件审理中可对被告人、被害人进行询问,案件评议由法官与裁判员共同评议,可以对定罪与量刑进行裁判。合议庭中必须兼有法官与裁判员双方意见且人数过半的意见作为裁判意见。如果量刑意见一不致时,兼含法官与裁判员之种种意见均无法过半数时,合议庭的判断,以最不利于被告之意见之数,顺次算入次不利于被告意见之数,直到兼含有法官及裁判员双方意见之过半数,并取其中最有利被告之意见作为裁决意见。

重新建立公民广泛参与的审判制度,有利于增强国民的主体意识,有利于打破司法活动的封闭性,在一定程度上有利于减少冤假错案。当然,日本自2009年正式实施裁判员制度也是经历了一段艰难的历程,更重要的是,当时社会公众对裁判员制度不了解以及法官对裁判员制度的抵制,致使其在

---

① [日]田口守一:《刑事诉讼法》,刘迪等译,法律出版社2000年版,第322页。
② 吴景钦:《国民参与刑事审判制度》,丽文文化事业股份有限公司2010年版,第51—63页。
③ 吴景钦:《国民参与刑事审判制度》,丽文文化事业股份有限公司2010年版,第77页。
④ 至2016年7月,日本审判实践中还未曾有使用1名法官与4名裁判员共同组成合议庭的情形。

相当长的一段时间内并未得到迅速发展。然而随着宣传力度的加大以及全国法院积极的推广，可以说，目前裁判员制度已然收获了广泛的民众基础。据课题组调研，日本法官普遍主张扩大裁判员参与审判的案件适用范围，普通民众对裁判员制度认同度也大幅提高。根据日本最高裁判所的统计，在裁判员选任之前，受访的群众中有 0.8% 的人态度不明之外，15.4% 的人表示"没有特别的考虑"，18.5% 的人表示"不想参加"，30.8% 的人表示"不太想参加"，25.3% 的人表示"想参加"，9.2% 的人表示"积极想参加"，其中"不想参加"和"不太想参加"的回答比例高达 49.3%；而与国民作为裁判员之后的感想却截然不同，其中，有 0.9% 的人表示"没有感到好的经历"、1.8% 的人表示"感到不太是好的经历"、0.8% 的人表示"感觉特别不好"之外，38.4% 的人表示"感到是好的经历"，57.5% 的人表示"感觉到是非常好的经历"，其中"感觉是非常好的经历"和"感到是好的经历"的回答竟高达 95.9%。① 可以说，日本的裁判员制度的建立已经得到了国民的积极认可，且司法效果逐渐呈现出良性的发展态势。

（二）韩国公众参与制度的改革

同样，作为亚洲国家的韩国也长期遭受司法公信力严重下滑问题的困扰，特别是从 20 世纪 90 年代开始，韩国行政干预司法的现象日渐减少，但是日益强大的司法权导致司法专断逐渐成为普通社会民众诟病的对象，如在政治人物收受献金这类敏感事件中，有些法官以政治献金或赠与为由判决无罪，而有的法官则是以受贿罪判重刑；对犯罪人的保释金多寡等的标准不是来源于法律，而是来源于被告人的身份与地位。法官恣意断案，却在审判独立的大帽子之下，既无法追究责任，也无法受到其他监督，在 20 世纪末，社会民众对司法的不满已经达到了临界点，韩国有八成的民众表示对司法不信任。② 韩国为了改善司法公信力严重下滑的现状，而进行了一系列的司法改革，但是长期以来并未取得突破性进展。2003 年，韩国总统与大法院院长达成商定协议，放弃行政机关在司法改革中的主导地位，专门成立"司法改革委员会"，其成员来源广泛，具体包括司法机关、学术性社团、政府、新闻行业、商业等社会各个阶层的 21 人。该改革委员会于次年（2004

---

① 参见日本最高裁判所印制：《裁判员制度》，第 55 页。
② 参见吴景钦：《国民参与刑事审判制度——以日本裁判员制度为例》，丽文文化事业股份有限公司 2010 年版，第 120—121 页。

年）出台了五项具体的改革措施，其中最重要的一项就是实现国民参与司法，然而在具体形式上是采用英美法系的陪审团制度，还是实行大陆法系的德国参审制度，尚未达成统一的见解，因此造成国民参与司法的改革未取得实质性进展。① 2005 年，韩国又成立了司法改革推进委员会，该委员会将国民参与司法制度重新提上日程并提出了具体的改革方案。

更为重要的是，2007 年韩国国会表决通过了两项重要的法令，其一是正式以立法形式确保国民参与司法的《国民刑事审判参与法》；其二是从诉讼制度中予以保障《刑事诉讼法部分条文修正》。两部新法自 2008 年实施以来就被寄予厚望，但是由于韩国宪法第 103 条明文规定，"法官依宪法及法律，凭良心独立审判，"从严格意义上来说，国民如果像英美法系陪审团制度一样能够影响判决结果具有违反宪法的嫌疑，因此，韩国国会暂定该制度试行 5 年，再根据其效果决定其存废。韩国将该项制度取名为"国民参与司法"，其性质为实验性的制度性尝试。换言之，该项制度赋予国民的权限极为有限，国民对参与的案件所做的评议仅仅具有建议的性质，而不具有法律强制性。

2013 年试行期满之后，韩国大法院向国会提交了进一步保留该制度的建议并具体提出了深化改革方案。其中，方案将韩国的国民参审制度实质化。第一，赋予了陪审员具体的权限。此时，陪审员具有定罪决议以及量刑决议的权限，其中，如果定罪决议没有违反宪法以及法律的相关规定，那么对法官具有拘束力，但是量刑决议一般对法官没有拘束力，只是具有参考价值。第二，保证陪审员的绝对参与权。按照韩国的法律规定，对于犯罪嫌疑人的法定刑可能为死刑或无期徒刑，而应当由国民参与审判的审理案件，必须由 9 名陪审员参与，除此之外的国民参与审判的案件，则由 7 位陪审员参与。但如果只是在被告人或者辩护人于准备程序为公诉事实的主要部分为认罪时，而为 5 名陪审员参与决定。第三，在表决上具体落实了"多数表决制"。也就是说，决议必须经过 3/4 多数通过，如果未达到这一多数，法官应当在参考陪审员决议的基础上最终做出裁决。②

---

① 参见陶建国：《浅论韩国陪审制度》，载《当代韩国》2010 年第 1 期。
② 胡夏冰：《韩国陪审制的基本内容》，载《人民法院报》2014 年 9 月 26 日，第 8 版。

## 第二节　我国刑法适用公众参与的变迁及走向

我国古代没有陪审制度，理论与实务界基本共识是作为公众参与审判的制度典型——陪审制度起源于欧洲，且主要是在清末作为西方法律移植的重要内容而传到我国，如清末出台的《大清刑事民事诉讼法草案》对此就有明确规定。① 陪审制度是民主思想的体现，而我国几千年的封建集权社会下体现民主思想的陪审制度不可能产生，甚至这方面的思想也很少，虽然我国古代有的思想家及我国古代刑法制度也注重刑法及适用中融入情理，强调断案倾听民意，如孟子关于死刑适用应征求国人意见的论述即是例证，孟子曰："左右皆曰可杀，勿听；诸大夫皆曰可杀，勿听；国人皆曰可杀，然后察之，见可杀焉，然后杀之。故曰，国人杀之也。如此，然后可以为民父母。"到清末，虽然沈家本主持完成的《大清刑事民事诉讼法》引入了西方国家的陪审制度，但《大清刑事民事诉讼法》在征求意见时遭到了全国上下的反对而未能实施。为此，有学者认为我国没有实行陪审制度的社会政治基础。那么，我国几千年的法制文明中是否有过类似陪审制度的公众参与刑法适用的制度？经过历史考察，我国不仅有类似制度，而且历史悠久，制度发达，我国公众参与刑法适用有着深厚的内生基础。

### 一、我国古代公众参与审判制度考察

考察我国古代历史，我国古代各朝代实行不同形式的集体审判制度，实质上就是公众参与审判的形式，② 因此，公众参与审判源远流长，贯穿于我

---

① 参见陈刚：《中国民事诉讼法制百年进程（清末时期第二卷）》，中国法制出版社2004年版，第458页。

② 在不同时代公众有不同的范围。在古雅典，陪审员是从全体公民中随机抽取，但公民仅约为16万人，而大约14万人的奴隶与约10万人的外邦人都不享有政治权利。作为现代陪审制度起源的英国1215年大宪章确立的陪审制度，但大宪章所确立的陪审只是为了保护贵族及自由民的人身及财产，其陪审员仅限于贵族与自由民。《大宪章》第21条规定："伯爵与男爵，非经其同级贵族陪审，并按照罪行程度外不得科以罚金"。第39条规定："任何自由人，如未经其同级贵族之依法裁判，或经国法判决，皆不得被逮捕，监禁，没收财产，剥夺法律保护权，流放，或加以任何其他损害。"

国整个古代历史。

据考证,有文字记载的公众参与审判始于周朝。《尚书·周官》明确记载"议事以制,政乃不迷。"在西周司法组织和诉讼制度上设有"司刺"。"司刺,掌三刺、三宥、三赦之法以赞司寇听狱讼。一刺曰讯群臣,再刺曰讯群吏,三刺曰讯万民;一宥曰不识,再宥曰过失,三宥曰遗忘;一赦曰幼弱,再赦曰老耄,三赦曰蠢愚。"也就是说,《周礼》规定的秋官司寇所属有司刺,辅助司寇断狱,重罪要反复征询群臣、众吏、万民,确定没有赦免根据后,然后依照当时的律例做出判决。从其规定之中不难看出,关于赦免的范围存在着一定的限制。那么,"讯万民"究竟指哪些人呢?限于西周当时社会阶层等因素的制约,普通的社会民众不可能具有很高的政治地位,因此,这个"民"当然排除了庶民百姓,因为判官断案决不会征求他们的意见。据此,诉讼中的"讯万民",如果不是来自后人的附会,"讯万民"的"民"当指贵族遗老们。其后,《礼记·王制》① 详细记述了"三刺之法","三刺"即为案件的必经程序,且一个案件从进入诉讼程序到最终判决较为复杂。"一个狱讼案件经过史、正、大司寇三审定谳后,再将案件上报给周王,周王再命三公共同听审,三公审结后,案件结果上报周王,然后制刑。"② 也即,如果要想对他人定罪,需要经过多方主体反复参与审理后,将结果上报周王后才能最终定罪。

西周的"三刺"制度在春秋战国时期影响较大,并被广泛且深入地运用到司法实践中。据《春秋繁露·五行相生》记载,孔子"为鲁司寇,断狱屯屯,与众共之,不敢自专,是死者不恨,生者不怨"。也就是说,孔子当时作为鲁国的司寇,断案的数量较大,但是他都是与众人商议共同断之,不敢一个人自作主张,如此达到的效果是"死了的人不生恨,活着的人没有怨气"。又据《史记·孔子世家》记载:"孔子在位听讼,文辞可与人共者,弗独有也。""文辞"意为诉讼文书、证据等;"可与人共者"意为与他人商量。

秦汉时期的"杂治"及"廷议"成为公众参与审判的主要形式。就"杂治"来说,首先,其对象主要涉及有罪的判决,③ 而涉及的人员范围较

---

① 《礼记·王制》。
② 程政举:《先秦和秦汉的集体审判制度考论》,载《法学》2011年第9期。
③ 虞云国:《汉代"杂治"考》,载《史学集刊》1987年第3期。

为广泛,上至皇亲国戚、下至黎民百姓都可能运用杂治进行处断。其次,"杂治"的参与主体主要包括两类:"其一是不同部门官吏共同杂治的案件;其二是中央官吏与地方官吏共同杂治的案件。"① 普通民众不能直接参与到案件的审判之中。最后,运用杂治处理的案件类型较为多元,有"宗室王、候等人员犯内乱、谋反等重罪案件;谋反不道的大案;以及普通案件。"② 1983 年湖北江陵张家山汉墓出土的《奏谳书》对杂治案件共记载案例 22 件,其中涉及众人参与审判的杂治案件多达 10 件,记载的内容包括三种:"记录审判集体中意见分歧的案件;记录参与审判案件官吏名称的案例;在案件行文中体现多人参与审判的案例。"③

廷议议罪制度是秦汉时期另一种集体审判形式。《奏谳书》记载了秦朝时期已开始正式实施廷议议罪制度的案例,这则案例的记载也是最早关于廷议议罪完整案件的记载。该案涉及"女子甲与男子丙合奸该如何适应法律的问题"。"女子甲居住杜沪县,其夫公士丁病故,其与婆母素夜间守丧期间,与男子丙在棺后房里和奸。次日,素将此事告官,甲被捕。杜沪县官吏对此案疑不能决,奏报朝廷,由廷尉处理。"④ 起初参与廷议的 30 人均认为女子在其丈夫死后不悲伤反而与其他男子通奸,其行为按律应当判处舂的刑罚。但因廷史申提出了不同的意见,申认为虽然有人告发该女子,但没有当场捉到通奸的事实,且在其丈夫去世之后,该女子有重新结婚的自由,因而判处有罪与律不符。最后廷尉采纳了该意见判处女子甲无罪。廷议议罪与"杂治"相似:首先,涉及的对象相近,上至皇亲国戚、下至黎民百姓,均可适用廷议议罪制度。例如,汉代赵王太子刘丹"以与同产姊及王后宫奸乱"被立案廷议议罪,⑤ 淮南王刘安父子谋反案亦被廷议议罪。其次,参与廷议议罪制度的主体同样较为广泛。根据《汉书》和《后汉书》记载,"有权参与议罪的人员有三公(指丞相、太尉、御史大夫)、廷尉、公卿、列侯、吏中二千石、吏二千石、将军、博士、诸大夫、议郎等。但是,从整体的参与人数来看,廷议的人数多于杂治的人数。例如,据《汉书·王嘉传》

---

① 程政举:《先秦和秦汉的集体审判制度考论》,载《法学》2011 年第 9 期。
② 参见虞云国:《汉代"杂治"考》,载《史学集刊》1987 年第 3 期。
③ 参见彭浩:《谈〈奏谳书〉中秦代和东周时期的案例》,载《文物》1995 年第 3 期。
④ 参见彭浩:《谈〈奏谳书〉中秦代和东周时期的案例》,载《文物》1995 年第 3 期。
⑤ 《汉书·江充传》。

记载,参与王嘉案议罪的人数高达 60 人之多。"① 最后,对于廷议议罪意见的采纳,一般采用的是多数人的意见,但个别情形下,也可能采取少数人的意见,甚至由皇帝或有权者按照自己的意见另行处理。

唐朝在吸收秦汉集体审判制度的基础上,创造出内部会审和外部会审两种集体审判形式。内部会审主要是由掌管司法权的内部人员参与集体审判,而外部会审则由不同的司法机关分别派出有关人员组成联合审判组织行使审判权。其中,外部会审在唐代主要包括两种类型:其一为"三司推事"制度。又称三司会审,是由三法司共同审理重大案件的制度。三司会审是汉朝之后的各个朝代都具有的合议制的表现形式之一,唐朝的三司推事是后世这一制度的典型代表。唐代以刑部、大理寺和御史台为三法司,在遇有重大疑难案件时,由三法司会同审理。其二为"都堂集议"制度。《旧唐书·刑法志》中有载:"伏奉今月五日敕:复仇,据礼经则义不同天,征法令则杀人者死,礼法二事,皆教之端,有此异同,必资论辩,宜令都省集议闻奏者。"都堂集议是唐朝最高级的集体审判组织,一般司法官吏无权过问该组织审理的案件。根据唐律的规定,凡"八议"之人犯死罪时,先由审判组织讨论罪名和有关宽宥的情节提出意见,并将其所犯罪行及应议理由奏请皇上,皇上再召令公卿都堂集议,议定后奏上,由皇上根据"集议"的内容最后裁决。至宋元时代,合议审判制度得以延续。

至明清时期,在集体审判制度上又有较大发展,形成了别具特色的会审制度。主要存在以下几种形式:第一,九卿会审。九卿会审是指由三法司(刑部、大理寺、都察院)会同吏、户、礼、兵、工各部尚书和通政使组成会审机构共同审理。九卿会审制度是从明朝的"九卿圆审"发展而来,也为清代最为重要的会审制度。这一制度始于明太祖时期。据《明太祖实录》载:"洪武三十八年戊戌,都察院奏:'狱囚律应死者二十四人,请以时决之。'上曰:'尔等仓卒论决,其中岂无情可矜、法可疑者?古人云求其生而不得,则死者与我皆无憾也。苟遽置于法,一有不当,误伤人命。'""遂命群臣审录,果得其不当死者,皆徙戍边。"② 按照清朝的法律规定,凡全国性特别重大的案件实施九卿会审,判决结果奏请皇帝审核批准。第二,秋审。明清时期,设有每年秋后复审各省死刑案件的制度。第三,朝审制度。

---

① 程政举:《先秦和秦汉的集体审判制度考论》,载《法学》2011 年第 9 期。
② 《明太祖实录》卷二五四。

朝审制度主要是明清时期由朝廷派员会审死刑案件的制度。"始于明英宗天顺三年，每年霜降后，三法司同公、侯、伯会审重囚，称为'朝审'。"朝审在复审的对象上只限于刑部判决的案件和京师附近的斩监侯和绞监侯案件。

清朝末年，西方的坚船利炮粉碎了清政府闭关锁国的天朝美梦，西方国家对我国司法主权实施侵略，在我国攫取了领事裁判权，陪审制度也作为一项重要的审判制度随之引入中国。1868年清政府与英、美驻上海领事议订《洋泾浜设官会审章程》规定，在租界设会审公廨，受理租界内除享有领事裁判权国家侨民为被告外的一切案件。根据当时不平等条约的规定："会审公廨是由道台任命中方专职会审官（谳员），与外方陪审官（领事）会同审理租界内与华人有关的诉讼案件。根据中外双方的约定，如果案件涉及洋人或洋人雇佣的华籍仆人，由外国领事参加会审或观审；纯粹华人案件，由中国谳员独自审断。"当然，无论从何种角度来看，会审公廨并未从真正意义上传播西方的陪审制度。其后，清末沈家本修法正式将西方的陪审制度引入中国，为了打消当时保守派的抵制，沈家本具体考察了西周的"三刺"制度并认为与西方的陪审制度具有异曲同工之妙，因而主张可以采取先行试点逐步推行的方法。① 在《大清刑事民事诉讼法草案》中涉及陪审制度的条文占据27条，具体规定了陪审员责任以及适用案件的范围，陪审员选用的程序、资格以及权利、义务，陪审员的回避等内容。虽然该法并未真正实施，但其是首次以法律形式引入西方陪审制度。

## 二、我国民国时期公众参与审判制度考察

1912年南京临时政府成立，终结了统治中国200多年的清政权。为了捍卫革命胜利的果实，南京临时政府颁布了宪法性文件《中华民国临时约法》，规定了人民的权利义务，确立了法官独立审判原则等，在《中央裁判所官职令草案》中明确规定了陪审制度，但因袁世凯窃取革命果实而未能实施。然而，尽管此时期公民参与审判的制度并未形成，但实践中却有运用陪审团制度的案例。如"1912年审理姚荣泽等人对江苏山阳县令灭口案件就邀请了当地的知名人士参加陪审"。② "1912年3月23日，姚荣泽案公开

---

① 参见黄静嘉：《沈家本——我国法治现代化之父》，陕西人民出版社2003年版，第18—20页。
② 参见张警：《中国法制史》，四川社会科学院出版社1987年版，第278页。

审理的过程中，就完全按照伍廷芳拟定的西方法律程序进行，允许被告聘请律师出庭辩护，允许所涉外国人出庭指证，同时也允许陈其美派人出任裁判官并选派部分陪审员，接受沪军都督府参与案件审理的全过程。"① 其后，武汉国民政府在1927年正式颁布施行《武汉国民政府新司法制度》，明确规定"参审员可以参与法律及事实的审判，在县市及中央法院设立陪审员，参与案件的审判"。同年出台的《参审陪审条例》则将参审与陪审制度共同运用于案件的审判中，该《条例》还明确规定了参审员或陪审员的任免、奖惩、回避等。该条例规定：只有中华民国身份的人才具有参审的资格；担任参审员除工作表现优异之外，还需要具备一定的法律知识；参审员的年龄为25周岁以上60周岁以下。由于蒋介石发动政变并成立南京国民政府，武汉国民政府制定的《参审陪审条例》未能实施。为了严厉镇压革命，1929年南京国民政府颁行的《反革命案件陪审暂行办法》，在反革命案件的审判中适用陪审制度。1929年时任司法院长的王宠惠将采用陪审制度列入13项工作之列及1934年司法改革中重提实行陪审制，但终因国民党专治以及司法党化等因素的影响，国民政府时期的陪审制度并未能有效推行。

### 三、我国当代不同地区公众参与审判制度考察

由于历史原因，我国形成了两岸四地不同的法域，考察我国香港特区、澳门特区及台湾地区公众参与刑法适用的历史与现实表明，尽管现有司法制度不同，公众参与刑法适用具有民意基础与历史基础。

（一）香港特区公众参与审判制度考察

香港公众参与刑法适用的制度主要是陪审团制度。香港陪审团制度自1843年从英国移植而来，经过一个多世纪的融合与发展，现已经成为香港司法体系的重要组成部分。② 香港陪审团主要依据《陪审团条例》设置与运行，该《条例》是从《陪审员及陪审团管理条例》多次修改而来，共有38个条文。1997年中华人民共和国对香港恢复行使主权后，作为司法制度重要组成部分的陪审团制度仍继续实施。香港的陪审团虽然源自英国陪审制度，但香港陪审制度却形成了自己的特点。

---

① 韩秀涛：《司法独立与近代中国》，清华大学出版社2003年版，第356页。
② 高一飞：《上帝的声音：陪审团的法理》，中国民主法制出版社2016年版，第19页。

首先,陪审团的适用范围。香港法院分为裁判法院、地区法院、高等法院以及终审法院四个等级,而高等法院的案件又分为原诉庭以及上诉庭两种类型的案件,其中只有高等法院原诉庭的案件适用陪审团,且在案件性质上也只限于非常严重的刑事案件,如谋杀、强奸、抢劫等犯罪,因而香港陪审团的适用数量极为有限。① 其次,关于陪审员的选任以及资格。"香港主要是由'人民入境处'协助高等法院司法常务官制作陪审员名单,然后遇到陪审案件后再从该份名单中召集陪审员参与审判。"② 关于陪审人员的资格与范围,《陪审团条例》第4条予以明确规定。再次,陪审团组成人数。英美法系的陪审团分为大陪审团与小陪审团两种,大陪审团的人数为23人,小陪审团人数为12人,而香港与之存在较大差异,根据香港《陪审团条例》第3条,在所有民事及刑事审讯,以及就任何人是否白痴、精神错乱或精神不健全而进行的所有研讯中,陪审团(如有的话)须由7人组成,但如聆讯或可能聆讯任何该等审讯或聆讯的法庭或法官命令该陪审团须由9人组成,则属例外。最后,案件的表决原则。传统上英美法系的陪审团采用一致裁决原则,而香港《陪审团条例》第24条则明确规定实行多数裁决制。

(二) 澳门特区公众参与审判制度考察

澳门成为葡萄牙的租借地之后,承袭了属于大陆法系葡萄牙的司法制度,而起源于英国的陪审团制度也被引入澳门。1877年《华政衙门章程》第41条规定,在商事审判中适用陪审团制度。然而,由于陪审团制度在实施中存在诸多问题,1881年成立了新的委员会着手修改《华政衙门章程》,取消了澳门的陪审团制度。该委员会废除陪审团制度主要是基于以下理由:其一,认为华人存在普遍撒谎等不良现状,即便进行了法庭宣誓,也不能有效杜绝证人撒谎等状况。其二,华人无法接受"天主教陪审员"参与他们的诉讼。③ 作为葡萄牙殖民文化输出的重要部分,天主教传入澳门,华人基于"家仇国恨"排斥天主教,故澳门没有恢复陪审制度。实际上,在葡萄牙殖民时期,"法律作为精英阶层的重要工具一直被葡萄牙人垄断,澳葡政

---

① 高一飞:《上帝的声音:陪审团的法理》,中国民主法制出版社2016年版,第19页。
② 姚莉:《香港与中国内地陪审制度比较研究》,载《法商研究》1999年第6期。
③ 参见何志辉:《近代澳门司法:制度与实践》,中国民主法制出版社2012年版,第88页。

府不希望民众通过参与司法针对当局形成司法权力的制约监督"。①

1999年澳门回归祖国后,在澳门特别行政区基本法的框架下,对原有过时、落后的法律进行了修改,形成了以《澳门特别行政区基本法》为根本法、"司法组织纲要法"为载体、"刑法"与"刑事诉讼法"为核心,其他相关单行法规为补充的刑事法律体系,但《澳门特别行政区基本法》没有规定陪审制度,而2014年1月1日生效的修订后的"刑事诉讼法"也没有确立陪审制度。尽管如此,《澳门特别行政区基本法》所确立的民主原则,对澳门实行陪审制度提供了制度方向,也是澳门司法民主的基础。《澳门特别行政区基本法》确立的"澳人治澳、高度自治"等是澳门民主的必然要求,澳门长期实行法官精英化,而法官因自由心证导致法官社会责任的缺失、独特的审级制度导致部分合议庭案件程序倍受质疑等,澳门司法公信力下降的现实也需要民众参与司法。②

(三) 台湾地区公众参与审判制度考察

台湾地区长期实行职业法官制度,但由于职业法官制度的任意与封闭的弊端,民众要求司法民主的改革呼声不断,为回应民众要求,"早在1987年台湾地区就开始拟定人民参与审判的草案,历时7年于1994年完成《刑事参审试行条例草案》,但是未能付诸实施。"③ 1999年又通过了司法改革会议决议,规定在2000年6月30日前,"司法院筹组委员会"必须研究专家参与审判的可能性,并具体负责相关法案的修正,而在2000年6月29日,台湾"司法院"组成"专家参审试行条例研究制定委员会"并召开了第一次会议,2000年9月28日至10月11日,赴欧洲其他国家具体考察专家参审制度,收集相关资料,研究台湾的具体情况,历时6年,2006年7月"司法院"公布了《专家参审试行条例(草案)》。④ 该《草案》的目的在于"增进法院关于法律外之专业知识及技能,期能发现真实、促进诉讼,确保

---

① 刘思佳:《澳门刑事司法之变革:对陪审制度的探讨与借鉴》,载《"一国两制"研究》2014年第4期。
② 刘思佳:《澳门刑事司法之变革:对陪审制度的探讨与借鉴》,载《"一国两制"研究》2014年第4期。
③ 参见李太正:《陪审与参审》,载《检察新论》2007年第2期。
④ 吴景钦:《国民参与刑事审判制度——以日本裁判员制度为例》,台湾丽文文化事业出版有限公司2010年版,第309页。

裁判之公正性,保护当事人实体利益与程序利益,提高国民对司法之信赖。"①

在1999年司法改革的过程中,尽管有主张国民参与审判的呼声,但"司法院"积极推动的却是专家参审制度,历时6年之久出台的《专家参审试行条例(草案)》仅限于专家参审,以外国法为参考对象,台湾专家参审制度与司法民主化并无太大关联,更令人不解的是,该制度也未能付诸实际。② 之后台湾发生的几个倍受瞩目的刑事案件,如国务机要费案,进一步引发了公众对法官专断的质疑。因此,"司法院"又开始着手论证国民参审的可行性,并拟定了《国民参审试行条例草案》,但令人不解的是,该草案依然搁置。直到2010年,台湾民众强烈抗议法官对三起性侵儿童者轻判。短短几天就有28万人在社区网站联名,要求罢免办案法官,多个儿童权益保护组织进行了各种抗议活动。9月25日晚间,上万民众在台湾凯达格兰大道举行了"白玫瑰运动集会",要求改革司法,抗议法官对几起性侵案判太轻,要求淘汰不适任法官。③ 有的民众指责法官是"恐龙法官",完全违反基本常识常情,强烈要求普通民众参与司法审判。基于民众的司法改革诉求,台湾当局再次着手司法改革,积极引入民众参与司法。

为尽快落实社会公众参与审判的期盼,台湾地区于2012年出台了《人民观审试行条例》,将专家参审制改为民众观审制,并送交立法机关审议。④ 至此,台湾地区糅合大陆法系的参审制以及英美法系的陪审制,创立的"人民观审团"制度登上历史舞台。人民观审团制度的适用范围只限于第一审案件,且在案件的性质上有所限制,一般为法定刑在7年以上有期徒刑、无期徒刑以及死刑的案件;人民观审员的选任采取的是年龄以及居住期限相结合的方式,即年满23岁且连续居住满4个月的公民即可担任;案件审判则由法官和人民观审员组成的合议庭进行,合议人数较为固定,只能由3名法官和5名观审员共同组成;案件的裁决实行多数制,但人民观审员的表决只具有劝告之效力,如果法官与人民观审员的意见不一致,人民观审员的

---

① 参见《专家参审试行条例(草案)》第1条。
② 吴景钦:《国民参与刑事审判制度——以日本裁判员制度为例》,丽文文化事业出版有限公司2010年版,第313页。
③ 参见中国台湾网:《不满幼童遭性侵案轻判台湾上万民众和平集会》,http://news.sina.com.cn/c/2010-09-26/081618161027s.shtml,最后访问时间:2018年3月10日。
④ 参见李太正:《陪审与参审》,载《检察新论》2007年第2期。

意见只能作为参考且需要记录在案即可，人民观审员对案件事实认定与法律适用都具有建议权，但无决定权。

我国台湾地区实行的司法精英化越来越远离民众、司法封闭与专断越来越引起民众的强烈不满、民众强烈要求司法从精英化向大众化转变的现实表明，如果在当前司法民主化已成世界趋势的情形下，固守司法精英化，排斥民众参与，是逆世界潮流的，也违背民众意愿，同时也表明，我国台湾地区实行民众参与具有民众基础与社会基础。

## 第三节　刑法适用公众参与的民意呼声

刑法适用公众参与的主体是公众，公众是否有参与的要求与愿望是刑法适用公众参与的根本。无论古今中外，公众参与审判的制度建立，都是对民众强烈要求的回应，中国共产党有关保障公众参与的纲领性和政策性要求，都代表了人民群众的愿望与诉求。不过，作为研究与构建我国刑法适用公众参与机制课题研究，必须对我国公众参与意愿进行基本考察与评估，准确了解民众诉求，为党的政治决策及相应的制度提供事实支撑。课题组分析认为，我国民众参与刑法适用的意愿越来越强，参与的深度与广度要求越来越高。在当下，法律所确立的公众参与刑法适用的路径主要是人民陪审员制度，尽管存在应废除人民陪审员制度的观点，更多的人还是指出人民陪审员制度存在影响民众实质参与案件审判的弊端，并提出改革建议。我国目前司法改革的一项重要内容是人民陪审员制度改革，对这一制度改革完善的实践，本身即是回应民众呼声与诉求。除此之外，还表现在以下几个方面：第一，近年来影响性案件频出显示对刑法适用公众参与的热情；第二，众多公众参与刑法适用的地方实践反映了公众参与的现实需要；第三，问卷调研结果证实公众参与刑法适用的强烈愿望。

### 一、影响性案件频出显示刑法适用公众参与的热情

全国法院每年审理的刑事案件的数量巨大，2016年各级法院审结一审刑事案件高达109.9万件，判处罪犯123.2万人。一般而言，刑事案件的处理主要受到代表国家的控诉方、辩护方、被告人、被害人等人的关注，然

而，近年来，我国刑事案件的处理越来越受到公众的高度关注，并且公众通过各种形式参与其中，形成强大的舆论，最终影响司法裁判结果，甚至有的案件改写了法制进程，其中突出的表现就是刑事热点案件频出，如"刘涌案""许霆案""邓玉娇案""梁丽案""方舟子打假被袭案""偷逃过路费被判无期徒刑案"等。"影响性刑事个案之所以被民意普遍关注，大都因为其包含了公共元素，如公共道德、公权滥用、公民生命、社会民生、公共秩序等。"① 其实，刑事案件的处理本身就是最大的公共元素，法官通过对行为人行为性质的认定及对法律的解释，实质上是民众行为边界的确定，所有刑事案件的处理都关涉公民权利与自由甚至生命。因此，对公众高度关注与积极参与刑事案件的处理是公民维护其自身权利的必然结果，如何回应民众参与司法的呼声，如何引导民众理性、确保公众有序参与是当代法治建设必须解决的重要议题。下面就公众对刑事案件个案的参与及影响进行分析：

（一）公众参与范围广

在信息网络技术高速发展的今天，案件的传播速度呈现出"点—状"放射网络式传播，一旦司法判决与社会公众预期相背离，借助信息网络技术，案件迅速传播并吸收众多民众参与讨论。"邓玉娇案"从受到社会关注到最终裁决，短短 37 天的时间社会公众参与广泛，来自社会各行业、各阶层的民众高度关注该案，参与人员数量巨大。如巩献田等人的公开信开篇就是："关于湖北省巴东县邓玉娇一案，6 月 13 日下午 4 时 45 分，Google 搜索有 3020000 项符合查询结果，同时，在百度找到相关网页约 4270000 篇，也就是说互联网上有三四百万人次关注这个案件。"② 又如，李启铭（又名李一帆）酒后驾驶黑色迈腾轿车在河北大学新校区（位于保定市北市区）生活区，将女生陈晓凤、张晶晶撞伤，陈晓凤因抢救无效死亡。由于目击学生称李启铭撞人后称"我爸是李刚（保定市北市区公安局副局长）"（以下简称"我爸是李刚案"），此案受到社会广泛关注。也正是由于行为人父亲是公安局领导的特殊身份，公众关注该案能否得到公正处理。因此围绕该案构不构成交通肇事罪以及是否具有法定的从重处罚情节在网络上展开了激烈的讨论。自事件发生后的 2010 年 10 月 18 日，网友在猫扑网上发表了该事

---

① 周安平：《涉诉舆论的面相与本相：十大经典案例分析》，载《中国法学》2013 年第 1 期。
② 《那些因邓玉娇案被痛骂的法学家》，http://focus.news.163.com/09/0626/10/5CNQQ74H00011SM9.html，最后访问时间：2016 年 12 月 13 日。

件的帖子迅速引爆网络，截至当天傍晚，点击量已达 143 万。再如，"许霆案"中，针对许霆于 2006 年 4 月 21 日利用 ATM 机故障漏洞取款 17.5 万元的案件，从该案被一审法院判处无期徒刑之后，网易不仅建立网页供网友参与讨论，而且还设置了赞成法院判决还是反对判决供网友投票选择。该投票系统从 2007 年 12 月 17 日开始设立开通，截至 12 月 24 日下午 5 点，短短一个星期就有 120100 名网友参与，其中 112357 名网友认为法院对许霆的量刑过重，比例高达 93%，只有 7742 名网友认为法院对许霆的判决妥当。①

（二）公众参与程度深

在这些影响性案件中，公众参与程度不仅仅是关注，更直接的是针对案件的定罪、量刑、事实与证据、案件处理背后的深层原因等都表达了自己的诉求。在"刘涌案"中，一个被外界称为沈阳黑社会头目（沈阳嘉阳集团董事长）涉及组织、领导黑社会性质组织罪、故意伤害罪、妨碍公务罪、非法持有枪支罪等多项罪名，一审法院判处其死刑。2003 年 8 月 15 日，辽宁省高级人民法院以近乎相同的罪名改判死刑，缓期二年执行。"刘涌案"改判一经公布，社会各界高度关注。铁岭市中级人民法院对刘涌判处死刑立即执行并没有多少争议，二审期间，辩方提交一份中国 14 名刑法和刑事诉讼法学专家出具的《专家论证意见书》，指出案件"由于证据方面存在严重瑕疵"等意见，辽宁省高级人民法院改判刘涌死刑缓期二年执行，但曾作为刘涌下属的多名被告人却被判处死刑立即执行，因而引发社会各界对二审判决的普遍质疑，普通民众纷纷猜测刘涌改判死刑的原因，例如，认为刘涌花钱买通了有关部门，因而最终免死；② 刘涌在"慕马"大案中有立功表现，专案组和刘涌作了某种辩诉交易；甚至民众广泛质疑为刘涌出具专家意见书的专家学者的公正性。在"许霆案"中，针对法院的量刑是否过重进行网友投票，在一个星期内投票的 120100 名网友，有 112357 名网友认为法院对许霆的量刑过重，比例高达 93%，只有 7742 名网友认为法院对许霆的判决妥当。③ 河南"天价过路费案"一审判决（判处被告人无期徒刑）一

---

① 网易新闻：《网友激辩"许霆案"》，http://news.163.com/special/00012GR1/xutingan.html，最后访问时间：2016 年 12 月 12 日。
② 参见林楚方：《沈阳刘涌案改判调查》，载《南方周末》2003 年 8 月 28 日。
③ 网易新闻：《网友激辩"许霆案"》，http://news.163.com/special/00012GR1/xutingan.html，最后访问时间：2016 年 12 月 12 日。

出,迅速引起社会广泛关注。公众不仅关注量刑本身,更对本案量刑所依据的事实认定的不合理性进行了详细分析。如网友质疑高速公路通行费计算及对被告人的过重量刑。根据网友提供的河南收费标准计算,微博网友"安徽蒋涛"认为:2 辆车,8 个月,240 天,5760 小时,过路费 368 万元,每天每辆车交过路费:3680000/240/2＝7667 元;河南省高速公路车辆通行费收费标准:0.45 元/公里,每辆车每小时里程数:7667/0.45/24＝710 公里。车速至少 710 公里/小时,据此可以得出,该货车是以飞机的速度在高速公路上行使,显然与客观事实不符。即便是按照诈骗罪论处,在被告人只获利 20 万元的情况下,却要支付 368 万的过路费,并最终被判处无期徒刑,显然不具有合理性。人民网所做的舆情报告显示,质疑此案司法不公、量刑过重的网友占到 36%;认为通行费过高、呼吁公开收费标准的网友占到 33%;质疑内外勾结、希望严查的网友占到 14%;支持严惩政府责任人、严厉问责的网友占到 11%;支持平顶山中院、知错就改的网友占到 6%。"李昌奎"二审判决一出,舆论哗然,因为二审改判,云南省高级人民法院一度陷入史上最严重的舆论危机。有的网友分析云南高院改判的原因,形成了"司法理念说""内控指标说""高官穷亲戚说"。腾讯网"今日话题"所做的民意调查显示,共有 43264 票认为应当重审,仅有 1289 票认为不应当重审,两者的比例为 98∶2。针对第二个问题,到 7 月 5 日午后,腾讯网"今日话题"所做的民意调查显示,97.78%的网友认为本案的作案手段极其残忍,二审将原判死刑改为死缓属明显的量刑畸轻,李昌奎该杀。

(三) 公众参与结果影响大

近年来众多影响性案件中,之所以成为影响性案件,均因这些案件影响巨大而深远。具体表现在以下几个方面:

其一,影响司法判决。绝大多数影响性案件中,公众对案件事实、适用法律以及案件是否存在腐败与不公正等方面的强烈质疑具有针对性,司法机关难以有效化解民众的质疑,如果不对公众的质疑给予有效正面回应,必然有损司法公信力。因此,面对公众广泛而深入、有力而有据的意见表达,绝大多数案件促使了司法判决的改变。如"刘涌案",在公众广泛的质疑下,最高人民法院罕见提审,再审改判死刑立即执行,刘涌于 2003 年 12 月 22 日被处以死刑。再如"河南天价过路费案",面对公众的质疑及案件诸多难以服众的不合理因素,法院最终重审此案判处被告人时军锋犯诈骗罪,判处有期徒刑 7 年,并处罚金人民币 5 万元;被告人时留申、王明伟犯伪证罪,各判处有期徒刑1年，缓刑1年。"许霆案"在公众的质疑声中，广州市中级人民法院根据《刑法》第63条的规定，通过特别程序再审，并改判许霆5年有期徒刑。"李昌奎案"中，随着社会公众一边倒的舆论现状，7月16日，云南省高院决定对该案另行组成合议庭进行再审，8月22日，云南省高院再审判决李昌奎死刑。

其二，影响立法。近年来众多的影响案件中，有的案件不仅改变了司法判决，而且影响了立法，成为法治进程的标杆。"吴英案"一审、二审及判决结果（死刑立即执行），在全国上下各种媒体上展开了广泛讨论，公众不仅质疑对吴英的定罪与量刑，而且质疑我国民间融资政策、集资诈骗罪的死刑配置等，以至于时任国务院总理温家宝也对此案予以高度关注，并在谈到吴英案时指出："对吴英案的处理一定要坚持实事求是……应当引导、允许民间资本进入金融领域，使其规范化、公开化，既鼓励发展，又加强监督。"① 其后，针对一审判决结果，凤凰网财经在《争议吴英案》专题中进行了民意调查，截至2011年6月12日14：19，共收获6532份投票，第一个问题："你觉得吴英是否判死刑？"其中，认为"应该"的仅为225票，占总数的8.4%；认为"不应该"的为2361票，占总数的88%；认为"说不准"的为98票，占到总人数的3.7%。第二个问题："以吴英的借贷行为为样本的民间融资是否应该合法化？"其中，认为"应该合法化"的3073票，占总人数的47%；认为"坚决取缔"的566票，占总人数的8.7%；认为"依旧尴尬"的2893票，占总人数的44.3%。② 在二审维持一审判决的结果一出，仅仅短短几天的时间，新浪网上针对吴英案终审的评论多达20451条，共378986人参与其中，网友纷纷表示不应该对吴英判处死刑。2012年4月20日，最高人民法院未核准吴英死刑，后发回浙江省高院重审。2012年5月21日，浙江省高级人民法院经重审后作出终审判决，以集资诈骗罪判处被告人吴英死刑，缓期二年执行。而该案的全民讨论，推动了法学界对金融刑法的反思，推动了《刑法修正案（九）》对集资诈骗罪中死刑的废除。

---

① 《在十一届全国人大五次会议记者会上温家宝总理答中外记者问摘录》，载《甘肃金融》2012年第3期。

② 《吴英案调查：88%网友反对判死刑超9成人反对取缔民间集资》，载凤凰网财经 http：//finance.ifeng.com/opinion/dcj/20100612/2310302.shtml，最后访问时间：2016年12月16日。

其三，引起全社会高度重视公众参与司法问题。影响性案件的频出，其影响不仅表现在个案的改判甚至法律的修改，更深远的意义还在于引起全社会对公众参与的关注，进而影响我国公众参与制度的建立，有力推动司法民主进程。审判独立原则作为我国一项重要的原则，司法机关在案件的审理过程中不受其他机关、个人的不正当干扰。而社会公众参与刑法适用，并促使法院改变判决，是否是舆论干扰司法？这种现象引起了全国上下广泛而深入的讨论，为此形成了两种对立的观点：一种观点认为，司法回应民意而改判，是民众的胜利，是司法的进步，因为确实能够通过社会公众的参与纠正司法机关不适当的判决；另一种观点则认为，民意或媒体干扰了司法，因而主张司法不应理会民意，应坚持独立裁判。在我国现有体制下，上述两种观点都存在不足，前一种观点强调司法判决尊重民意、司法判决符合民意这一司法判决的正当基础与前提无疑是正确的，但却忽视了目前典型个案中民意表达主要是体制外、信息不对称下的表达，因此，民意的表达可能是基于非理性，或被操纵、被误导的可能。因此，任由体制外的民意影响司法，的确存在干扰审判独立的问题。如"药家鑫案"，药家鑫在撞上他人后向被害人连捅八刀致其死亡，有的媒体渲染其犯罪情节极为恶劣，应当被判处死刑，而后又传言药家鑫系官宦子弟，法院可能不会判决其死刑，加之法院通过向主要为药家鑫所就读学校的大学生构成的旁听者发放问卷，了解旁听民众是否认为应判处药家鑫死刑的不当做法，更加深了对传言的不疑，甚至有网友们称"药家鑫不死，中国法律死"。然而，在药家鑫判处死刑以后，民众逐步了解药家鑫的相关信息并非如媒体炒作或传闻那样，但在强大的舆论下药家鑫被判处了死刑立即执行。而后一种观点仅从民意可能干扰司法从而影响审判独立的情况出发，否定司法对民意的考量，忽视了判决的权威性来自民众认同的实质。

无论影响性案件中民众意见是否影响司法判决，在现实中其弊端都是明显的，缺乏司法民意有效表达机制，公众与司法机关本应在体制内的互动却在体制外进行，无论什么结果都缺乏正当性，如"刘涌案""许霆案""李昌奎案"在民众质疑声中启动再案程序等而改判，虽然其改判具有实质合法性，却缺乏程序正当性，民众意见表达成为不当干扰司法的负面印象，而司法机关改判却成为丧失审判独立性的屈从民意。如"方舟子学术打假被袭案"，司法机关不理会民意坚守所谓的审判独立，虽然显示了程序的正当性，却失去了民众认同的合法基础。总之，无论哪种情形，其结果都严重影响了司法的权威。正因为如此，构建公众有序参与司法、理性表达意见的机制成为影响性案件最重要的结果。

## 二、不断涌现的地方实践反映了民众参与的诉求

在人民陪审员制度改革试点前，我国各地方法院鉴于影响性案件频出、公众质疑司法判决现象日益增加的现实，一些地方法院不断探索公众参与的地方实践，而这些地方司法实践正是对民众强烈的参与要求的回应。代表性的制度实践有以下几种：

（一）河南省人民法院的人民（陪）观审团制度实践

近些年来，河南省法院系统在公众参与司法方面积极创新。2009 年河南省高级人民法院出台了《关于在刑事审判工作中实行人民陪审团制度的试点方案》，根据《人民陪审团试点方案》规定，试点法院邀请人大代表、政协委员、律师代表、媒体代表和普通公众等旁听人员参与重大影响力、疑难复杂案件的审理过程。之后，河南省法院系统推行人民观审团制度，2013 年 9 月 17 日，适用人民观审团审理第一案在安阳开庭。[①] 2014 年 5 月 16 日出台的《关于适用人民观审团机制的规定（试行）》（以下简称《人民观审团规定》），标志着河南省人民观审团运行机制的基本建立。在人民观审团成员（以下统称"人民观审员"）的选任机制上，其与我国人民陪审员不同，根据《人民观审团规定》，人民观审员的选任主体为村（居）委会、乡镇或街道办事处。具体而言，组建人民观审团成员库的途径有三种：一是从人大代表、政协委员、人民陪审员、廉政监督员中直接选任；二是当地党委、乡镇或街道办事处、村民委员会或居民委员会推荐，基层法院审定，并报中院备案；三是基层法院公布人民观审团成员条件，人民群众自愿报名参与。入选的人民观审员有一定聘期，一般为 1—3 年。

人民观审员的选任资格分为积极资格与消极资格两种。就积极资格而言，人民观审团成员应当符合下列条件：拥护中华人民共和国宪法；23—70 周岁的中国公民；一般具有初中以上文化程度；品行良好，公道正派，未受过刑事处罚；身体健康；热心参与审判活动，并有时间参与人民观审团工作

---

① 《全国适用人民观审团审理第一案在安阳开庭》，http：//www.hnr.cn/news/dj/201309/t20130918_627205.html，最后访问时间：2017 年 4 月 7 日。

等。就消极资格而言,以下人员不具备入选人民观审员的资格:党政机关工作人员;现役军人、人民警察,法官或曾任法官的人;检察官或曾任检察官的人;正在被执行刑罚或者依法被剥夺、限制人身自由的,曾被判处有期徒刑以上刑罚的;曾被开除公职、撤职,生理上、精神上有缺陷的,与适用人民观审团审理的案件有利害关系的人等。此外,人大代表、政协委员、人民陪审员、当地执业律师和媒体代表等具有优先入选人民观审员的"权利"。人民观审员的选任也有其特点,传统的人民陪审员的选任方式属于层层行政审批模式,人民观审员的选任方式一定程度上弱化了行政的力量,人民观审团成员由村民委员会或居民委员会推荐的群众组成。根据《人民观审团规定》,人民观审团不仅可以对案件事实进行判断,而且还可以对法律适用和量刑提出意见和建议,在全体讨论后给出最终的意见。而人民观审员的意见只具有参考价值,而不具有法律效力。河南人民法院陪审团或观审团试点,取得了较好的效果,据河南省安阳市中级人民法院统计,截至2014年5月,安阳市基层人民法院与中级人民法院,引入人民观审团参与审判案件63件,生效判决50件,除1件案件当事人提出上诉维持原判外,其他案件中的当事人均服判息诉。

(二)浙江省宁波市中级人民法院大陪审模式探索

2012年,宁波市中级人民法院开始探索审判权分权制约,即将"合理分权、公开示权、有效控权"作为审判权、执行权配置改革的目标,开始探索审判权、执行权分权制约,将审判权中的事实认定权和法律适用权在合议庭内适度分离、分工行使。在审判权方面,宁波市中级人民法院民事审判第四庭(知识产权审判庭)和宁波市江北区人民法院探索在民商事案件中赋予人民陪审员以事实确认权的改革。在执行权方面,宁波市海曙区人民法院、鄞州区人民法院和奉化市(现奉化区)人民法院三家法院试点执行分段改革等。

2013年8月,宁波市江北区人民法院在全国首创了由人民陪审员确认事实的"1+4"大陪审模式,即在审理法律关系清晰、但事实争议较大的民商事案件时,由1名法官和4名人民陪审员组成合议庭。在庭审中把案件的事实认定和具体的法律适用相分离,人民陪审员的主要职责是在参与庭审的基础上,以少数服从多数的方法,票决确认案件的基本事实,再由法官据此作出判决。"大陪审"制度将法官和陪审员的职责进行了区分,将案件的事实认定交给陪审员,法官只根据陪审员认定的事实,适用法律。只有当票决出现 2∶2 的情况时，法官才参与对事实确认的投票。手握案件事实决定权的人民陪审员，将全面参与案件调查、证据交换以及庭审等诉讼环节。

2014 年 11 月，宁波市镇海区人民法院试行让当事人自主选择人民陪审员组成合议庭审理案件。

2015 年，宁波市中级人民法院综合前期改革经验，明确提出在全市法院推行以"2+N"为主的多种形式的适度分权大陪审制。"2"代表法官人数，"N"代表人民陪审员人数。在"2+N"模式中，将 N 设定为 3 及以上的奇数，目的在于赋予人民陪审员更大的事实认定权限，确保对案件事实认定能够形成多数意见。

2012 年 7 月，宁波市中级人民法院在浙江省率先引入减刑、假释案件人民陪审员参审制，出台《关于人民陪审员参与减刑、假释案件审理的实施办法（试行）》。主要内容有：一是明确人民陪审员的产生办法。参加减刑、假释案件审理的人民陪审员，根据减刑、假释审判工作特点从基层法院已经确定的人民陪审员中产生，并将人员名单书面通知辖区各监狱、看守所等相关工作机构及本人所在单位或住所地基层组织。二是明确合议庭组成形式。人民陪审员参加减刑、假释案件审理的，由 2 名法官和 1 名人民陪审员组成合议庭，每名人民陪审员每年须参与 5 件以上减刑、假释案件的审理。三是明确人民陪审员参与案件范围。人民陪审员重点参与因罪犯有重大立功表现提请减刑的、提请减刑的起始时间或间隔时间或减刑幅度不符合一般规定的、在社会上有重大影响或社会关注度高的、公示期间收到投诉意见的、人民检察院有异议的、人民法院认为有开庭审理必要的等六类案件的审理。

2015 年 8 月，宁波市中级人民法院在总结试点经验的基础上，出台《宁波市中级人民法院关于建立适度分权陪审机制的若干意见》建立适度分权陪审机制。主要内容有：一是明确适用案件范围。主要适用于涉及重大公共利益或公共政策的环境侵权、群体性消费者权益保护、群体性劳动者权益保护以及涉及道德伦理、风俗习惯等事实争议大、法律关系明确、社会关注度高的一审民商事案件。二是规范陪审员选取。合议庭由 5 人以上的单数组成，且人民陪审员人数应多于审判员人数。随机抽取人民陪审员名单应包含备选名单，且不少于正式名单的一半。随机抽取过程全程录音录像，并可视情况邀请当事人到场参与监督。三是细化合议表决程序。案件事实认定由人民陪审员先发言，法律适用意见则由审判员、审判长先行提出，合议庭根据少数服从多数原则表决。2012—2016 年，宁波市法院完成人民陪审员"倍增计划",人民陪审员人数由 632 名增至 1956 名。人民陪审员共参审案件 103241 件,占同期普通程序案件的 98.92%;其中具有人大代表、政协委员身份的 288 名人民陪审员参审案件 1978 件。尝试 1 名或 2 名法官 + N 名人民陪审员的大合议庭制,已运用适度分权陪审模式审理案件 126 件。① 浙江省宁波市法院人民陪审员制度的改革实践既是对社会公众参与司法要求的回应,也是司法需要公众参与的体现。

(三)其他地方法院、检察院听证制度实践

长期以来,涉法涉诉案件能否得以及时解决,也是实现社会公正的重要体现。为了能有效及时化解涉法涉诉矛盾,地方法院或者检察院创新听证制度。众所周知,听证本身就是一种程序制度,并非实体规范,建立明确的制度来理顺听证程序,是提升司法权威与公信力的有效途径,也可以实现化解社会矛盾与维护公平正义的有机统一。在司法实践中,多数地方进行了有益的尝试。例如,临沂市平邑县紧密结合涉法涉诉案件"处理难""终结难"实际,以法治思维和法治方式,探索建立起当事人及其近亲属、案件当事司法机关和人大代表、公益律师、专职调解员等三方参加的听证会制度,初步建立起一个互动协调、动态平衡的纠纷解决机制。再如,河北省广平县检察院日前根据有关法律和规定,制定了《邀请人大代表、政协委员、人民监督员参与涉法涉诉信访接访和听证会制度》。根据该制度,每月 15 日、30 日(节假日顺延),由特邀人大代表、政协委员、人民监督员各 1 人轮流参与接访;在审查刑事申诉案件、答复信访人时,一律邀请人大代表、政协委员、人民监督员担任听证员,举行听证会,使案件处理做到公开、透明。广泛吸纳社会公众参与该类型的案件之中,无疑将有助于进一步促进社会矛盾化解,增强办理涉法涉诉案件透明度,充分发挥社会监督力量,维护涉法涉诉当事人的合法权益,提高司法机关司法公信力。

(四)其他形式的社会公众参与审判的实践

除了前述制度探索外,在一些地方还存在其他形式吸纳社会公众参与刑法适用的制度实践。例如,庭审现场向旁听人员发放问卷形式吸纳社会公众参与。该种类型的社会公众参与案件主要是基于一些热点案件,当司法机关

---

① 以上数据来源于浙江省宁波市中级人民法院院长于 2017 年 4 月 11 日在宁波市第十五届人民代表大会第一次会议上所作的《宁波市中级人民法院工作报告》,该工作报告的摘要发表在《宁波日报》2017 年 4 月 21 日 A4 版上。

在定罪或者量刑时，为了慎重起见，采取在庭审现场向旁听人员发放问卷，征询他们对该案件的具体看法。由此可见，如果以这种方式吸纳社会公众参与案件审判的话，则存在以下几个明显的特点：第一，社会公众人员存在固定性。即是当日在审判现场的社会公众。第二，社会公众参与的权限比较有限。主要是针对问卷上已经设置好的问题做出回答。第三，问卷调查只是作为刑法适用的参考，因而不具有法律效力。例如，西安市中级人民法院在开庭审理药家鑫故意杀人一案的过程中，曾向500名旁听人员发放调查问卷，征求关于药家鑫刑罚的意见和建议。虽然对于这种做法存在较大争议，因为不仅没有法律依据，而且旁听人员的代表性也未能得到有效保障。尽管存在上述问题，但发放问卷了解民众的意见仍然是社会公众参与刑法适用的一种探索形式，反映了法官以开放心态听取民众对刑法适用的意见，有利于合议庭在听取控辩双方意见的基础上，参考调查问卷结果，更好地适用刑法以促使判决更加公正。当然，制度实践必须注重制度的科学性与合理性，如果制度缺乏科学性与合理性，则必然失去正当性。

### 三、问卷调查显示公众参与的强烈愿望

为了直观地分析我国的刑法适用公众参与的民意，此次课题研究采用问卷调查的方式。本次课题组成员共收集调查问卷4121份。首先，统计数据主要涉及司法工作人员（法官、检察官、公安人员、律师）、人大代表、人民陪审员、专家学者以及其他的普通民众，学历主要涉及初中、高中、大专、本科、研究生及以上，年龄为18周岁以上。因此能够反映调查对象的广泛性。其次，本次问卷的发放以及回收采取了现场与网上收集相结合的方式，其中现场发放涉及河南省、广东省、江苏省、浙江省、陕西省、重庆市等省市，其中网上收集是针对全国范围内群体，因此，问卷的收集具有代表性。以下对本次问卷调查的结果进行分析。

（一）社会公众参与司法审判的愿望较为强烈

根据问卷的设计项"如果选择您参与案件审判，您是否愿意参与？（法官、检察官外的人员填写）"，排除了法官、检察官未回答的702份问卷之后，回答的人数为3419。通过问卷的数据显示，表示愿意参与的人数占绝大多数。从问卷的情况来看，表示愿意参与的为1872人，表示比较愿意的为928人，有效百分比分别为54.8%、27.1%，两者的百分比总和为

81.9%。明确表示不愿意参与的为111人，有效百分比为3.2%，没有考虑过该问题的为265人，有效百分比为7.8%。由此可见，社会公众参与审判的愿望较为强烈（参见表1）。

表1：是否愿意参与审判问卷调查统计表

| | | 频率 | 百分比 | 有效百分比 | 累积百分比 |
|---|---|---|---|---|---|
| 有效 | 愿意 | 1872 | 45.4 | 54.8 | 54.8 |
| | 比较愿意 | 928 | 22.5 | 27.1 | 81.9 |
| | 不太愿意 | 202 | 4.9 | 5.9 | 87.8 |
| | 不愿意 | 111 | 2.7 | 3.2 | 91.1 |
| | 没有考虑过 | 265 | 6.4 | 7.8 | 98.8 |
| | 其他 | 41 | 1.0 | 1.2 | 100.0 |
| | 合计 | 3419 | 83.0 | 100.0 | |
| 未回答 | 系统 | 702 | 17.0 | | |
| 合计 | | 4121 | 100.0 | | |

（二）针对主审法官、合议庭负责审理的案件，大多数民众认为仍然需要社会公众参与

虽然主审法官负责制是新一轮司法改革的重要内容，不仅赋予了法官较大的权限，而且还要对案件的质量终身负责。但是，就此进行调研的数据显示，本次共获得有效问卷4106份，有15份问卷对该问题未回答。其中有1850份问卷认为需要公众参与，1292份问卷认为可能需要公众参与，有效百分比分别为45.1%、31.5%，累积百分比为76.5%。而只有609份问卷认为不需要社会公众参与，有效百分比只为14.8%（参见表2）。

表2：针对主审法官、合议庭负责审理的案件是否需要公众参与问卷调查统计表

| | | 频率 | 百分比 | 有效百分比 | 累积百分比 |
|---|---|---|---|---|---|
| 有效 | 需要 | 1850 | 44.9 | 45.1 | 45.1 |
| | 可能需要 | 1292 | 31.4 | 31.5 | 76.5 |
| | 不需要 | 609 | 14.8 | 14.8 | 91.4 |

续表

| | | 频率 | 百分比 | 有效百分比 | 累积百分比 |
|---|---|---|---|---|---|
| 有效 | 不清楚 | 329 | 8.0 | 8.0 | 99.4 |
| | 其他 | 26 | 0.6 | 0.6 | 100.0 |
| | 合计 | 4106 | 99.6 | 100.0 | |
| 缺失 | 系统 | 15 | 0.4 | | |
| 合计 | | 4121 | 100.0 | | |

（三）希望公众参与刑事司法的理由多样，且监督司法与提高司法民主占比较高

课题组就"您希望公众参与刑事司法的理由是（可多选）"进行调研。从问卷情况来看，公众希望参与的理由多样，其中监督司法与提高司法民主两项选择最多，其中监督司法有效百分比达69%，而提高司法民主一项有效百分比达56.9%（参见表3）。

表3：希望公众参与刑事司法的理由（可多选）问卷调查统计表

| | | 频率 | 百分比 | 有效百分比 | 累积百分比 |
|---|---|---|---|---|---|
| 有效 | 监督司法 | 2826 | 68.6 | 69.0 | 100.0 |
| | 提高司法民主 | 2330 | 56.5 | 56.9 | 100.0 |
| | 以大众化弥补职业化 | 1386 | 33.6 | 33.8 | 100.0 |
| | 最大限度地实现共识，增加裁判的可接受性 | 1743 | 42.3 | 42.5 | 100.0 |
| | 反映民众诉求 | 1629 | 39.5 | 39.8 | 100.0 |
| | 其他 | 153 | 3.7 | 3.7 | 100.0 |
| | 合计 | 4098 | 99.4 | 100.0 | |
| 缺失 | 系统 | 23 | 0.6 | | |
| 合计 | | 4121 | 100.0 | | |

## 第四节　刑法适用公众参与的政治意义与要求

在我国，公众参与刑法适用，不仅符合世界潮流，有深厚的历史传统、强烈的民意基础，同时也是中国共产党的政治要求。新中国成立后，为了提升司法公信力，在不同的历史时期都在不同程度上提出了保障公众参与的政治要求。本节则主要针对中国共产党在不同时期保障公众参与刑法适用的政治要求进行考察。

### 一、革命根据地时期

在革命根据地时期，公众参与司法的典型制度是人民陪审员制度、人民公审以及马锡五审判方式的创造及推行。

在土地革命时期工农民主政权即实行陪审员制度。1931 年，中央苏区颁布施行的《中华苏维埃共和国军事裁判所暂行组织条例》第 12 条明确规定："初级军事裁判所审判时的法庭由三人组织之，以裁判员为主席，其余二人为陪审员。"高级军事法院审理案件也须实行陪审制。1932 年，中央苏区颁布的《中华苏维埃共和国裁判部暂行组织及裁判条例》对法庭的构成等进行了明确的规定，"法庭须由三人组织而成，裁判部长或裁判员为主审，其余二人为陪审员。"人民陪审员从职工会、雇农工会、贫农团及其他群众中有选举权及被选举权的人员中产生。抗战时期，有的根据地还制定了专门的陪审法规，如《晋西北陪审暂行办法》《晋察冀边区陪审制暂行办法》等，除了涉及秘密的案件以外，其他的民事、刑事案件均可适用陪审制度，陪审员的产生方式有聘任制和选任制两种，但参加陪审的人员主要有三类："由群众团体代表陪审；参议会驻会委员会代表陪审；地方公正人士参加陪审。"①

人民公审则是抗战时期对重大刑事案件和典型民事案件广泛适用群众参与的审判方式。其形式有群众公审、代表公审、巡回公审和宣判大会。公审

---

① 徐学超：《新民主主义革命时期人民陪审制度的历史考察》，载《学理论》2009 年第 12 期。

法庭主要由以下人员组织：庭长 1 人（政府首长）、主审 1 人（司法机关负责人）、公诉人 1 人及人民代表 1—2 人（参议员或群众推选代表）。各根据地规定，公审法庭对人民群众或人民代表的意见，在没有原则性错误的情况下应当尊重，若不能采纳，应做出合理合法的解释。① 人民公审制度在 1943 年以后则改为巡回审判、就地审判，"马锡五审判方式"就是抗战时期陕甘宁边区巡回审判、就地审判的典型方式。马锡五自己总结其审判方式的特点是："总的精神就是联系群众，调查审讯均有群众参加，竭力获得全面正确。是非曲直摆在明处，然后把调查研究的情形在群众中进行酝酿，使多数人认识一致，觉得公平合理，再行审判，既合原则，又近人情，不仅双方当事人服判，其他人也表示满意。"②

1949 年 4 月 23 日南京解放，6 月南京市法院成立，对典型的、富有政治和社会教育意义案件，召开群众大会公开审理。审理时，常邀请陪审员参加。例如，在 10 月 30 日市法院举行公开审理国民党特务管森保、卜贤武大会中，工会、农会、学联、妇联、工商业界和民主党派的陪审员 6 人参加审判，人民团体、机关、部队代表 800 余人到庭旁听。但是，这段时间并未对公民参与审判活动予以制度化。

## 二、新中国成立至"文革"前

这一时期即 1949 年新中国成立至 1966 年。中华人民共和国成立后，中国共产党高度重视人民群众参与司法工作。1951 年中央人民政府制定的《中国人民共和国人民法院暂行组织条例》首次将人民陪审员制度正式确立下来，该条例第 6 条规定："为便于人民参与审判，人民法院应视案件性质，实行人民陪审制。陪审员对于陪审的案件，有协助调查、参与审理和提出意见之权。"在新中国成立之初就急迫创立人民陪审员制度不仅符合人民的期待，而且体现了党和国家的意志。首先，基于国内严峻的司法现状，党或国家需要吸纳公众参与其中。我国在新中国成立之初最大程度地借鉴了苏联社会主义的经验，再加上当时国内治安以及敌我矛盾激烈，司法案件频发，有必要利用公众的力量参与法律的适用。其次，是为了充分发挥人民民

---

① 曾代伟：《中国法制史》，法律出版社 2012 年版，第 347 页。
② 马锡五、乔松山：《陕甘宁边区高等法院工作报告》，载《民事诉讼法参考资料（第 1 辑）》，法律出版社 1981 年版，第 63 页。

主思想。1954年颁布的《中华人民共和国宪法》（以下简称1954年《宪法》）将人民陪审员制度写入宪法，人民陪审员制度因此成为我国宪法的原则，1954年《宪法》第75条明确规定："人民法院审判案件依照法律实行人民陪审员制度。" 1954年《中华人民共和国人民法院组织法》（以下简称1954年《人民法院组织法》）第9条规定："人民法院审判第一审案件，由审判员组成合议庭或者由审判员和人民陪审员组成合议庭进行，但是简单的民事案件、轻微的刑事案件和法律另有规定的案件除外。"同时，1954年《人民法院组织法》第35条、第36条、第37条还就人民陪审员的任职条件、权利义务及履职保障等作了规定。

1956年司法部又根据实际工作的需要，出台了《关于人民陪审员的名额、任期和产生办法的指示》，明确人民陪审员采取两种方式产生：其一原则上是由各级法院辖区的人民代表大会选举产生；其二是由该居民所在的居民委员会等机关推举产生。1963年最高人民法院为了纠正"少数人民法院由于怕麻烦，在应当实行陪审的案件时不通知人民陪审员参加审判"的现象，颁布了《关于结合基层普选选举人民陪审员的通知》，再次重申了"各地的人民陪审员，一般都是在选举基层人民代表的同时，结合进行选举的。"据此可见，如果说新中国成立前的人民陪审员都是临时邀请的，那么1954年《宪法》和1954年《人民法院组织法》实施后，则多由选举产生。

根据相关资料显示，在中国共产党积极推动公众参与司法实践中，我国从新中国成立之初到1956年这段时间适用人民陪审的案件数高达20万件，① 相对于当时诉讼率偏低的时代，这个数据无疑昭示着我国人民陪审员制度得到了很好的贯彻和实施。特别是在贯彻群众路线的方针之下，人民能够真正作为国家的主人参与到司法实践中，密切联系了党与人民群众的关系。

### 三、1978年至1998年

1966年，随着"文化大革命"的爆发，我国民主和法制建设遭受到前所未有的破坏。公检法被砸烂，整个国家处于动乱状态。代表司法民主的人民陪审员制度被严重践踏。因此，"文革"十年间，虽然存在军管会领导下的审判组，许多案件也有群众参与，但所谓的审判实质上是任意出入罪的工

---

① 参见王敏远：《中国陪审制度及其完善》，载《法学研究》1999年第4期。

具,人民的财产、生命安全得不到应有的保障。而1975年《宪法》更是彻底废除了人民陪审员制度。因此,"文革"结束后,党和国家立即着手恢复全国司法秩序,重建公检法等司法机关,代表司法民主的人民陪审员制度也相继得以恢复。1978年3月5日,全国人民代表大会颁布了《中华人民共和国宪法》(以下简称1978年《宪法》),在1978年《宪法》第41条规定:"人民法院审判案件,依照法律的规定实行群众代表陪审的制度。对于重大的反革命案件和刑事案件,要发动群众讨论和提出处理意见。"人民陪审员制度再次被确立为宪法原则。为落实宪法确立的人民陪审员制度,1978年3月27日最高人民法院颁布发行了《关于人民法院陪审的群众代表产生办法的通知》规定:"陪审的群众代表如何产生,在没有新的规定以前,可参照1956年7月10日国务院批准前司法部《关于人民陪审员的名额、任期和产生办法的指示》和1963年2月11日本院颁布的《关于结合基层普选选举人民陪审员的通知》的精神,选举产生陪审的群众代表,也可在审判案件时,采取临时邀请的办法。"1979年相继制定的《人民法院组织法》第9条、第10条、第38条、第39条,《刑事诉讼法》第105条都规定了人民陪审员制度。

然而,改革开放初期恢复重建的人民陪审员制度,却因实践存在的执行困难①,在随后相关法律的制定与修改中逐渐被软化。1982年3月制定的《民事诉讼法(试行)》第35条对人民法院庭审中陪审员的参审做了灵活规定,将"人民法院审判第一审民事案件,应当由审判员、陪审员共同组成合议庭"之后增加规定了"或由审判员组成合议庭",1983年9月修订的《人民法院组织法》规定了人民陪审员制的可选择性,即"人民法院审判第一审案件,由审判员组成合议庭或者由审判员和人民陪审员组成合议庭进行"。1982年12月修改的《宪法》不再把人民陪审员制作为一项基本制度加以规定,1989年《行政诉讼法》、1991年《民事诉讼法》、1996年《刑事诉讼法》对人民陪审员制均做出了灵活规定,由法院自主决定是否采用人民陪审员制。

---

① 全国人大法制委员会副主任王汉斌解释陪审制度为何没有再被规定在宪法之中,"不少法院提出,第一审都要有陪审员参加,在实践中有许多困难,特别是请有法律知识的陪审员困难很大,严重影响审判工作的进行,要求作比较灵活的规定。根据这种情况,民事诉讼法已规定,新宪法也已将原宪法中关于实行陪审制度的规定删去。"参见吴玉章:《我国陪审制度的兴衰》,http://www.iolaw.org.cn/showarticle.asp? id=447,最后访问时间:2018年4月2日。

### 四、1998 年至 2017 年

1997 年 12 月，党的十五大报告明确提出："依法治国，就是要广大人民群众，在党的领导下，依照宪法和法律规定，通过各种形式和途径管理国家事务，管理经济文化事业，管理社会事务，保证国家各项事务都依法进行，逐步实现社会主义民主的制度化、法律化。"报告明确指出："中国共产党执政，就是领导和支持人民掌握管理国家政权的能力""实现民主选举、民主决策、民主管理和民主监督"。自此，民主与法治，成为党和国家的基本方略。党的十六大、十七大、十八大报告，都将民主与法治作为党的工作重要任务，将扩大公民有序参与作为实现民主与法治的重要形式。2002 年，党的十六大报告强调"共产党执政就是领导和支持人民当家作主，最广泛地动员和组织人民群众依法管理国家和社会事务，管理经济和文化事业，维护和实现人民群众的根本利益""健全民主制度，丰富民主形式，扩大公民有序的政治参与"。2007 年，党的十七大报告确立了以人为本为核心的科学发展观，尊重人民的主体地位，发挥人民首创精神，明确提出"坚定不移发展社会主义民主政治""坚持国家一切权力属于人民，从各个层次、各个领域扩大公民有序政治参与""推进决策科学化、民主化，完善决策信息和智力支持系统，增强决策透明度和公众参与度，制定与群众利益密切相关的法律法规和公共政策原则上要公开听取意见。"2012 年，党的十八大报告提出，不断扩大人民民主，"民主制度更加完善，民主形式更加丰富""全面推进依法治国""健全社会主义协商民主制度"，推进协商民主广泛、多层、制度化发展，"就经济社会发展重大问题和涉及群众切身利益的实际问题广泛协商，广纳群言、广集民智，增进共识、增强合力"。可见，从党的十五大报告到十八大报告，民主、法治建设越来越成为党的工作重心，民主与法治实现路径越来越明晰，从总体强调民主法治，推进协商民主广泛、多层、制度化发展。为此，探索司法民主的形式，拓展司法民主的渠道，成为司法改革的一项重要任务。

为落实中国共产党民主与法治建设总要求，司法民主进程不断加快。1998 年 9 月 16 日，李鹏委员长在全国人大召开的一次会议上提出："要实行人民陪审员制度，这也是促进司法公正的重要制度。"人民陪审员制度再次作为社会公众参与刑法适用的重要制度得到应有的重视。1999 年，最高人民法院公布的第一个《人民法院五年改革纲要（1999—2003 年）》第 23

条明确规定,将完善人民陪审员制度作为一项改革内容,提出将对担任人民陪审员的条件、产生程序、参加审判案件的范围、权利义务、经费保障等问题进行研究,向全国人大常委会提出完善我国人民陪审员制度的建议,使人民陪审员制度真正得到落实和加强。1999 年 5 月 8 日,最高人民法院向全国人民代表大会常务委员会提交了《关于提请审议〈关于完善人民陪审员制度的决定(草案)〉的议案》。2004 年 8 月 28 日,十届全国人大十一次会议通过了《关于完善人民陪审员制度的决定》,该《决定》成为新中国成立以来全面规定人民陪审员制度的第一部单行法律,对人民陪审员的适用范围、任职条件、权利义务、履职保障等都进行了完善,尤其是取消了之前相关法律对适用人民陪审员制度的选择性规定,为保障人民陪审员制度的运行提供了更强的制度保障。为确保人民陪审员制度的有效运行,有关部门相继出台了一系列配套制度,如最高人民法院、司法部于 2004 年印发《关于人民陪审员选任、培训、考核工作的实施意见》,财政部和最高人民法院于 2005 年联合发布《关于人民陪审员经费管理有关问题的通知》等。为了回应人民群众对检察机关的监督要求,增大检察工作透明度,最高人民检察院于 1998 年发布了《关于在全国检察机关实行"检务公开"的决定》,决定在全国检察机关普遍实行"检务公开"。《检察工作五年发展规划(1999—2003)》,对如何扩大民主提出了相应的改革措施,如大力深化检务公开、建立专家咨询制度、司法解释征求意见制度、主动接受人民群众和舆论的监督等。2003 年,最高人民检察院制定了《关于人民检察院直接受理侦查案件实行人民监督员制度的规定(试行)》,在山东等 10 个省、自治区、直辖市部分检察机关试点人民监督员制度。2005 年,最高人民检察院出台了《关于人民监督员监督"五种情形"的实施规则(试行)》。2010 年,最高人民检察院制定了《关于实行人民监督员制度的规定》,对人民监督员制度的适用范围、人民监督员的任职条件、选任、职责、监督工作程序及履职保障等作了具体规定。

尽管自 2004 年通过《关于完善人民陪审员制度的决定》及创立人民监督员制度以来,人民陪审员制度及人民监督员制度在保障公众参与司法、监督司法等方面发挥了重要作用,但制度本身设计仍存在一定缺陷。尽管最高人民法院实施人民陪审员倍增计划,对案件适用陪审率进行考核等,人民陪审员制度的运行仍然受到广泛质疑,被认为形式意义大于实质意义,人民陪审员在法庭中并未发挥其应有的作用。因此,如何保障公民有序、实质参与,成为司法改革要解决的一个重要难题。而这一难题,最终仍需通过顶层设计来破解。

2013年，党的十八届三中全会通过的《中共中央关于全面深化改革若干重大问题的决定》指出："更加注重健全民主制度、丰富民主形式，从各层次各领域扩大公民有序政治参与，推进协商民主广泛多层制度化发展……广泛实行人民陪审员、人民监督员制度，拓宽人民群众有序参与司法渠道。"2014年，党的十八届四中全会通过的《中国共产党第十八届中央委员会第四次全体会议公报》提出："保障人民群众参与司法，在司法调解、司法听证、涉诉信访等司法活动中保障人民群众参与，完善人民陪审员制度，构建开放、动态、透明、便民的阳光司法机制。"党的十八届四中全会通过的《中共中央关于全面推进依法治国若干重大问题的决定》不仅明确提出"保障人民群众参与司法""在司法调解、司法听证、涉诉信访等司法活动中保障人民群众参与"，而且对如何完善人民陪审员制度等提出了改革的基本框架。2015年2月27日，中央全面深化改革领导小组第十次会议通过《深化人民监督员制度改革方案》，4月1日中共中央深化改革领导小组召开第十一次会议通过《人民陪审员制度改革试点方案》，为了贯彻党的十八届三中、四中全会精神，4月24日十二届全国人大常委会第十四次会议做出了《关于授权在部分地区开展人民陪审员制度改革试点工作的决定》，授权选择法院开展人民陪审员制度改革试点工作，试点期限为2年。人民检察院、司法部于2015年4月24日联合下发了《深化人民监督员制度改革方案》，最高人民法院、司法部于2015年4月24日和2015年5月20日分别印发《人民陪审员制度改革试点方案》和《人民陪审员制度改革试点工作实施办法》。改革的主要内容是：人民陪审员选任方式主要采用随机抽选，人民陪审员的参审职权只参与审理事实而不审理法律问题，人民陪审员参审方式由3人合议庭模式向5人以上大合议庭陪审机制转变，人民陪审员审理案件更关注陪审案件"质量"而不是数量。经过1年多的试点，人民陪审员制度改革初见成效，人民陪审员来源更广泛、作用发挥更加充分。① 但由于有些问题还需要进一步研究，如事实审与法律审的区分、陪审员随机选任不尽合理、大陪审机制还需要进一步研究等，2015年4月24日第十二届全国人民代表大会常务委员会第十四次会议授权在部分地区开展的人民陪审员

---

① 最高人民法院副院长沈德咏于2017年4月24日在第十二届全国人民代表大会常务委员会第二十七次会议上对《关于延长人民陪审员制度改革试点期限的决定（草案）》进行说明。

制度改革试点工作,试点期限延长1年,至2018年5月。

为了打破减刑、假释制度长期以来较为封闭的局面,2014年发布的最高人民法院《关于减刑、假释案件审理程序的规定》第3条规定了减刑、假释案件的公示制度,此外,也在积极探索减刑、假释听证制度。例如,2014年4月,重庆市第二中级人民法院、重庆市第二分院驻监狱检察室与重庆市三合监狱,联合举行服刑人员减刑、假释听证会,首次邀请人大代表、政协委员参加该听证会。

为了打破司法机关长期以来对司法解释权的"垄断",近几年来,我国也在积极探索社会公众在司法解释中的角色和地位,最高人民法院、最高人民检察院在有关司法解释的规定中也规定,一定条件下,司法解释制定过程中可以征求公众意见,并且在制定司法解释时公布相关司法解释的草案,吸纳社会公众参与。就目前来说,主要有两种途径:一是司法机关在网络上公布相关草案征求意见。司法机关在相关平台公布草案后,社会公众可以在相关平台上就其条文提出意见等。二是以论证会的形式征求意见。例如,组织者要求相关主体参与其中,如法律专家、部门代表、权威专家等。

2017年10月,党的十九大报告提出:"发展社会主义协商民主,健全民主制度,丰富民主形式,拓宽民主渠道,保证人民当家作主落实到国家政治生活和社会生活之中。"显然,落实社会公众参与司法是人民平等参与社会治理的重要内容。

### 五、2018年《人民陪审员法》的出台

如前所论,党的十八届三中、四中全会对推进人民陪审员制度改革做出重要部署。多年来,根据中央统一部署,在全国人大及其常委会有力监督下,最高人民法院会同其他司法部门所进行的一系列改革举措在各试点地方不断推进。"各试点法院认真落实党中央决策部署,按照最高人民法院工作要求,主动向当地党委、人大报告改革试点情况,积极争取相关政府部门支持,加强与司法行政机关、公安机关的协作配合,推动人民陪审员制度改革试点工作顺利开展。"① 在人民陪审员制度的改革过程中,不仅积累了很多

---

① 参见最高人民法院《关于人民陪审员制度改革试点情况的报告——2018年4月25日在第十三届全国人民代表大会常务委员会第二次会议上》,http://www.npc.gov.cn/npc/xinwen/2018-04/25/content_2053573.htm,访问日期:2018年4月25日。

经验，也取得了重要的成果，为了将这一成果巩固下来，在立法进程中，《人民陪审员法》的制定逐步被提上议程，并于 2018 年 4 月 27 日第十三届全国人民代表大会常务委员会第二次会议正式通过。

通过的《人民陪审员法》共计 32 条，其内容主要有以下几点：

第一，明确人民陪审员法的立法目的，确定了人民陪审员的权利与义务。此内容规定在《人民陪审员法》第 1—4 条。第 1 条明确了《人民陪审员法》的立法目的为"保障公民依法参加审判活动，促进司法公正，提升司法公信"。第 2 条明确规定公民有依法担任人民陪审员的权利和义务。同时规定了人民陪审员在案件审判中的权利和义务，人民陪审员不仅具有"除法律另有规定外，同法官有同等权利"，而且"依法享有参加审判活动、独立发表意见、获得履职保障等权利"。同时规定担任人民陪审员也是公民的一项义务，在参与案件审判中依法享有权利，也应履行相应义务。因此第 3 条规定："人民陪审员应当忠实履行审判职责，保守审判秘密，注重司法礼仪，维护司法形象"。人民陪审员是基于法律的规定履行审判的职责，因而受到法律保护，为此，人民陪审法还规定，其他单位或组织（人民陪审员所在单位、户籍所在地或者经常居住地的基层群众性自治组织）应当依法保障人民陪审员参加审判活动。

第二，人民陪审员的任职资格与限制条件。其中该法第 5 条对人民陪审员的资格条件进行了规定，且正式确立了人民陪审员"一般应当具有高中以上文化程度"。此外，第 6 条对因为职务原因导致的不适宜担任人民陪审员的范围进行了列举式的规定，第 7 条对因为"严重违法违纪，严重影响司法公信"而不得担任人民陪审员的类型进行了规定。

第三，人民陪审员的人数、选任以及任期。该法第 8 条至第 13 条对人民陪审员名额确定程序、人民陪审员的名额、人民陪审员的任命以及任期等内容进行了规定。其中，人民陪审员的名额是本院法官的 3 倍。对于人民审判员的选任采取的是在常住居民名单中随机选拟任命人民陪审员数 5 倍以上的人员作为人民陪审员候选人。确定人民陪审员的机关为：司法行政机关会同基层人民法院、公安机关进行资格审查并最终确定；任命的机关为：基层人民法院院长提请同级人民代表大会常务委员会任命；人民陪审员的任期为 5 年，一般不得连任。

第四，人民陪审员组成合议庭的类型、参与案件审理的范围以及具体案件的确定方式、人民陪审员的回避等。《人民陪审法》规定人民陪审员参与案件审判的合议庭组成形式有两种：一是人民陪审员与法官共同组成3人的合议庭；二是由法官3人与人民陪审员4人组成7人合议庭。《人民陪审员法》第15条主要规定了针对3人合议庭的事由，但是排除了"法律规定由法官独任审理或者由法官组成合议庭审理的"情形；第16条则规定了由人民陪审员和法官组成7人合议庭的情形。但是，如果第一审刑事案件被告人申请由人民陪审员参加合议庭审判的，人民法院可以决定由人民陪审员和法官组成合议庭审判。对于在具体案件中如何确定人民陪审员，无论是基层人民法院，还是中级人民法院、高级人民法院，都是在同一份名单（其辖区内的基层人民法院的人民陪审员名单）中随机抽取确定。关于人民陪审员的回避，适用审判人员的回避制度。

第五，人民陪审员的表决事项以及表决权等。对于人民陪审员表决事项的内容，《人民陪审员法》第21条、第22条根据合议庭的类型不同分别进行了规定。其一，如果是人民陪审员参加3人合议庭审判案件，那么人民陪审员对事实认定、法律适用，独立发表意见，行使表决权。其二，如果是人民陪审员参加7人合议庭审判案件，对事实认定，独立发表意见，并与法官共同表决；对法律适用，可以发表意见，但不参加表决。但是无论是何种合议庭组成形式，对于评议案件均实行少数服从多数的原则。人民陪审员同合议庭其他组成人员有意见分歧的，应当将其意见写入笔录。具有重大分歧意见的，人民陪审员或者法官可以要求合议庭将案件提请院长决定是否提交审判委员会讨论决定。

第六，人民陪审员奖惩等内容。其一，在奖励方面：根据《人民陪审员法》第29条、第30条的规定，就公民参与刑事审判活动，相关单位不仅不能克扣或者变相克扣其工资、奖金及其他福利待遇，而且由此产生的支出的交通、就餐等费用，还具有获得补助的权利，此外，人民法院还得按照规定按实际工作日给予人民陪审员相应的补助。其二，在人身保护方面：人民陪审员的人身和住所安全受法律保护。任何单位和个人不得对人民陪审员及其近亲属打击报复。对报复陷害、侮辱诽谤、暴力侵害人民陪审员及其近亲属的，依法追究法律责任。其三，在惩罚方面：根据《人民陪审员法》第27条的规定，人民陪审员如果存在"（一）本人因正当理由申请辞去人民陪审员职务的；（二）具有本法第六条、第七条所列情形之一的；（三）无正当理由，拒绝参加审判活动，影响审判工作正常进行的；（四）违反与审判工作有关的法律及相关规定，徇私舞弊，造成错误裁判或者其他严重后果的"等情形，经所在基层人民法院会同司法行政机关查证属实的，由院长提请同级人民代表大会常务委员会免除其人民陪审员职务。对于可能涉嫌构成犯罪的，应当依法追究其刑事责任。

随着《人民陪审员法》的出台，标志着我国公众参与刑法适用取得了实质性的进展，而且也标志着公众在参与刑法适用的过程中获得了更有效、更权威的法律保障，当然，《人民陪审员法》的实施效果还有待进一步验证。但是分析《人民陪审员法》的相关内容，也还存在一定不足，其不足的表现及改进建议将在下文中做进一步具体分析，此处不再赘述。

# 第二章
# 刑法适用公众参与的理论基础

  刑法是人类社会的产物,但并不是有了人类社会就有了刑法。"虽然关于法的起源,长期以来存在神源论、圣贤论、征服者论、统治阶级论、习惯论等各种学说,但是无论是哪种起源,都说明法律的产生来自于人的生存和发展的需要,是人们在社会生活过程中为了维护基本的社会秩序而共同遵守的规则。"① 近代刑法在启蒙思想家们的推动下,刑法已经摆脱了"刑不可知则威不可测"式的野蛮,但是,刑法作为统治阶级意志的集中反映和外化以及一定社会关系的法律化和制度化,表现为一种双重性。一方面,刑法要建立和维护有利于实现统治阶级根本利益的政治秩序、经济秩序和观念秩序。另一方面,刑法又必须执行社会职能。只有实现了刑法的社会公共职能,刑法才能实现其阶级统治的职能。② 显然,刑法目前已经成为社会治理的公共手段,抑或称为公共性的治理工具。其在适用过程中需要社会公众参与的根基何在,需要从民主理论发展的轨迹,一方面协商民主发展的内在要求需要社会公众参与;另一方面司法民主的必然趋向也需要公众广泛参与其中。

---

① 袁林:《以人为本与刑法解释范式的创新研究》,法律出版社2010年版,第158页。
② 曾明生:《刑法目的论》,中国政法大学出版社2009年版,第49页。

## 第一节 协商民主理论发展的内在要求

无论从我国刑法立法还是司法现状来看，显然都是社会精英居于主导地位的精英立法和精英司法模式，因而对于刑法的制定以及实施，均是由社会极少数人掌控，而导致这一现象的深层次原因，与代议民主的确立休戚相关。然而，随着社会政治体制的不断成熟以及发展，尤其是随着扩大民主范围的呼声此消彼长，逐渐形成了由代议制民主向参与民主发展的趋势，这深刻地影响到刑法学的发展。

### 一、代议民主的式微与参与民主的兴起

可以说，现代西方政治民主理论的源头可以追溯到古希腊和古罗马的政治思想家的理论论述之中，但是古代民主与现代民主相比，"不仅在地理和人口方面存在差异，而且在目标与价值上也存在不同。"[①] 早期的民主理论思想家认为，虽然古代西方实施的直接民主的历史源远流长，但也无法避免"暴民政治"的发生，而"暴民政治"与封建时代的专断权力运作并无差异，因而在近代政治社会中必须要予以避免。为了弥补长久以来在统治模式结构中占据支配地位的"直接民主制度"的弊端，代议制民主制度应运而生。此后，以自由主义为理论基础的代议制民主一直以来是西方社会的主流模式，其作为对古代直接民主的一种否定形式而出现，超越了古代直接民主的一种选择性制度的建构。当然，随着代议制民主制度的确立，其也不可避免地影响到立法和司法。从世界发达国家的经验以及我国立法、司法的实践来看，即便能够保证每一个社会公众能够参与到刑事立法或者司法的过程中，但这并不意味着社会公众对于立法以及司法都拥有表决权。全体公民拥有表决权不仅在理论中不现实，而且在实践中也无法操作。首先，我国人口众多，且国民素质参差不齐；其次，我国地域广阔，若要确保每一个公民能够参与到刑法的治理过程中，必然是以牺牲效率为代价，也不具有现实性。

---

① ［美］乔·萨托利：《民主新论》，冯克利等译，东方出版社1998年版，第314页。

所以最终较为理想的方案是：首先，在立法中，尽量保证社会公民能够参加到刑法制定过程的讨论，在广泛征求意见、尊重专家意见的基础上，再由通过选举产生的民意代表机关按代表制的多数表决程序表决决定。① 其次，在司法中，基于选举产生的人民法院行使案件的裁判权，为了确保社会大众一定程度的参与权，建立人民陪审员制度。总而言之，我国刑事司法结构都是以代议民主理论为基础的建构性产物。

在较早时期，在司法领域贯彻代议制民主之所以能够受到世界各国的热捧有其历史的必然，因为其所发挥的积极作用也最为明显。

首先，在司法中贯彻代议制民主理论能够满足一个政府理想的设置模式，不仅能够为其提供良好的管理运作体系，而且促进较好或较高形式的民族性格的发展。不仅能够克服简单民主的局限性，而且又能发扬民主制中"人民主权""少数服从多数""政府公开"三项最重要的原则。② 显然，将代议制民主理论贯彻到刑事司法过程中，无疑最能体现这三项原则。

其次，在司法中贯彻代议制民主理论能够实现对少数人自由和权利的最大程度的理解和包容。民主制度的发展核心就是使民主得到最低限度的发挥，而达到这一目标就是要重视和保障少数人的自由和权利，而代议制民主正好能够解决好这一难题，其具有的制度包容性使得少数人的自由和权利得到尊重，因而导致了20世纪的刑事立法由以国家本位为核心转向以社会本位为核心。③

最后，在司法中贯彻代议制民主理论能够较好地解决公民参与与体制效率之间的两难，有利于参与人员充分讨论、统一意见。古代社会中实行的直接民主制度认为每一个公民也应该可以直接参与所有政策的制订，而方法是由全体投票来决定，因而极易导致平时很小的社会问题往往会讨论很久，不仅效率低下，而且还难以就同一问题达成共识。而在代议制民主中确立了最为重要的议事规则，即多数决定规则。多数决定规则有一个直觉上特别强烈的吸引力，因为多数决定原则对在个人偏好结构的最大领域内循环（也就

---

① 参见梁根林：《刑事政策：立法与范畴》，法律出版社2005年版，第269页。
② 参见孙永芬：《西方民主理论史纲》，人民出版社2008年版，第106—107页。
③ 这在刑法领域，主要体现在法益地位的变化，虽然目前各国仍然将国家的法益视为最为重要的法益予以保护，但是重视程度有所下降，相反，突出个人法益保护的立法体系更是得到大多数国家的支持，在大陆法系的德国以及日本表现特别明显。

是说，规则是传递性的）具有免疫力，并且是唯一一个这样的规则。① 换言之，代议制民主一方面由通过竞争性选举产生统治阶层，因而确立了公民参与立法与司法决策的可能性；另一方面，正是由于多数决定规则的确立，有效克服了在立法或司法过程中贯彻直接民主所导致的机制效率低下的弊端，从而使立法以及司法的效率大大提高；此外，也正是由于多数决定规则的存在，对于待决议的事项（如法案的通过、待决案件的判决等），只要实现了多数人同意就能视为有效的决策，从而有利于提高统一认识。

虽然20世纪以来，以自由主义为基础的代议制民主在西方国家占据了主流地位，但是作为与其不同的参与式民主理论并没有消失。也正是为了克服代议民主的弊端，作为直接民主代表人物进行了一系列的尝试，最终确立了参与民主制度并基于此的协商民主逐渐成为西方民主制度发展的核心理论。

整体上来说，卢梭作为公民参与理论的主要代表人物之一，他一直主张并提倡复兴公民参与理论。总体来看，卢梭主张的参与民主主要包括以下内容：其一，卢梭主张的参与理论是建立在人民主权思想的基础之上，而公民参与是人民主权的必然要求。卢梭的人民主权理论是建立在社会契约的基础之上，因而在卢梭看来，"人民主权需要通过公民的结合，亦即通过公民的参与才能实现，没有公民参与就没有人民主权、就没有民主政治。"② 其二，卢梭所主张的公民参与理论是建立在独立、公平、正义的基础之上。卢梭认为要维持平等和独立的话，就需要使公民们作为平等而独立的个人集合在一起，并以独立参与的方式参与到民主决策中。③ 因而在卢梭看来，"在公民参与制度之下，每一个人都必然会服从他要求别人遵守的条件，这种利益和正义两者之间的可赞美的一致性，使公众的讨论具有一种任何其他个别事务都没有的公正性。"④ 其三，卢梭意识到只有建立在公共利益基础之上的公民参与，才能最终实现社会的公正。在卢梭看来，主权具有不可转让的特点，关于这点主要体现在个人作为社会集体的一个成员，在社会公益的决定时也能体现出社会的正义性具有等同的意义。"因为公意要成为真正的公

---

① 参见［美］伊恩·夏皮罗等主编：《民主的价值》，刘厚金译，中央编译出版社2015年版，第87页。
② 陈炳辉等：《参与式民主的理论》，厦门大学出版社2012年版，第20页。
③ ［美］卡罗尔·佩特曼：《参与和民主理论》，陈尧译，上海世纪出版集团2012年版，第23页。
④ ［法］卢梭：《社会契约论》，李平沤译，商务印书馆2013年版，第36页。

意,就应当在它的目的和本质上是公正的,它必须来源于全体,才能适用于全体。"①

然而,即便卢梭在启蒙思想运动时期所作的关于公民参与理论实质上是一种直接民主的倾向,但是在代议制民主的发达时期,其存在的合理空间自然受到压制而无法得到足够的关注。随着 20 世纪 60 年代代议制民主越来越陷入到巨大的危机之中,"人民和宣称代表他们的政治结构之间的距离日益扩大……迄今假定能充分实现民主的条件——普遍的公民权,多党制,言论及出版自由,甚至是比例选举制度——对人们自己来说都不够强大。"② 因而,在 20 世纪 70 年代参与民主又开始得到复兴并迅速崛起成为当代世界最为重要的民主制度。③ 而这一重大的理论复兴离不开一系列民主理论学家的推动。其中,科尔、佩特曼以及本杰明·巴伯等大大发展了卢梭的参与民主理论。科尔主要是以"社团理论"作为参与民主的突破口,他所界定的社会是由按照他们的成员意志结合在一起的许多社团所构成。因而科尔主张,"随着工业化发展,人们无论是生活还是生产,都必须通过团体合作满足各方面的需要。"④ 在具体的参与模式中,科尔认为每一个人都具有身份的多重性,因而通过团体的广泛参与来决定自己在社团中的事情,而不是由他人来代表自己是其"社团理论"的核心。随后的佩特曼也在积极呼吁参与民主的重要价值和意义,按照其分析来看,民主制度首先应当给社会中的一切人提供一个机会,只有人们能够切实参与到社会中来,才能对事务做出更准确的判断和理解,而这是参与民主所不能忽视的。⑤ 而本杰明·巴伯比科尔乃至佩特曼的视野更加广泛,其主张要在实践中发展一种参与式的政体的理论模式,因而突破了将参与民主限定在特定场域的做法,从而认为社会中的所有领域都能实现参与民主。⑥

毋庸置疑,社会物质大大得到丰富的同时,社会政治多元化格局的形成

---

① [法] 卢梭:《社会契约论》,李平沤译,商务印书馆 2013 年版,第 35 页。
② 应克复等:《西方民主史》(第三版),中国社会科学出版社 2012 年版,第 445 页。
③ 陈炳辉等:《参与式民主的理论》,厦门大学出版社 2012 年版,第 1 页。
④ See G. D. H. Cole: Self-government in Industry, G. Bell and Sons (London) 1913, p.157.
⑤ 参见 [美] 卡罗尔·佩特曼:《参与和民主理论》,陈尧译,上海世纪出版集团 2012 年版,第 45 页。
⑥ 参见 [加] 杰弗里·希尔墨:《参与式民主理论的现状(上)》,毛兴贵译,载《国外理论动态》2011 年第 3 期。

以及社会民众需求多元化的现实存在，为参与民主的复兴提供了重要的基础。仔细分析参与民主的发展，其有诸多的积极价值和意义。

一方面，与代议制民主相比，参与民主拓展了代议制民主的范围，能够较大程度地体现社会整体成员的意志。在代议制民主中，最能体现民主的莫过于选民投票制度，除此之外，即使有零零星星的全体公众参与的事项，但其范围也是十分狭窄。而参与民主的理论主张将民众参与的事项扩张到"大到国家、小到自治组织"等事项，因而在参与的范围上，参与民主比代议民主要宽泛的多。

另一方面，参与民主有利于培养公民的参与热情。对此，佩特曼主要从两个方面重点阐释了参与民主的价值，其一，只有个人直接参与到决策的过程和选择代表，他才有希望控制自己的生活前景以及自己周围环境的发展；其二，参与民主能够使参与的社会公众处理好公共领域与私人领域的关系，因为如果赋予每一个社会公众参与事务的权利，那么普通人都会对自己周围事务的决策感兴趣，因而也就会更加地评价政府官员的行为、更有能力做出全国性的决策。①

## 二、以参与为基础的协商民主需要社会公众广泛参与

显然，与代议制民主相比，参与民主更能切合现代社会的发展趋势，因而在现代国家越来越受到重视。然而，参与民主本身也存在较大的问题，同样受到其他学者的评判，例如，赫尔德对参与民主提出过批判，其认为，"目前没有学者更加系统的阐释参与民主的基础和特征；对于参与民主边界的论述也不够详尽彻底。"② 而萨托利则认为，"参与民主不仅存在概念含混不清的嫌疑，而且还存在将公民直接参与的范围扩大到宏观层面的非现实性。"③ 而沃伦更进一步指出，"参与制民主可能使个人发现决策的无效，因而使多数人退居到漠不关心的状态，由此可能会注定民主理想的失败。"④

---

① 参见［美］卡罗尔·佩特曼：《参与和民主理论》，陈尧译，上海世纪出版集团 2012 年版，第 103 页。

② 参见［英］戴维·赫尔德：《民主的模式（最新修订版）》，燕继荣等译，中央编译出版社 2008 年版，第 163 页。

③ 参见［美］乔·萨托利：《民主新论》，冯克利等译，东方出版社 1998 年版，第 129 页。

④ See Mark Warren: Deliberative Democracy and Authority, 《American Political Science Review》 1996 (90), p. 58.

曼斯布里奇更加直截了当地谈到，"参与民主在80年代已经衰落，从而导致提倡这一理论的学者以及关注民主发展的人士陷入了知识的泥潭。"① 因而导致了诸多学者基于参与民主的理论基础之上而进一步发展了参与民主，促进了协商民主理论的诞生。② 目前协商民主一词被广泛运用到各个领域，协商民主的主要支持者用它来标识一种致力于改善民主质量的政治途径。③ "因而协商民主主义者所关注的问题是：民主过程和制度是否应该建立在那些政治参与者实际的或经验性的意志上，或者是否应该建立在被称为'理性'的政治判断的基础上。"④ 在协商民主中强调理性的判断成为协商民主与代议民主最为重要的区别。也就是说，"协商民主强调在民主的体制下自由平等的公民及其团体对公共事务的积极参与，并在信息充分、机会平等与程序公平的条件下，对公共政策进行理性思考和公开讨论，依靠说服而非强制、控制或欺骗，达到个体价值和偏好的转换，形成公意和共识，从而赋予立法或决策以合法性。"⑤ 然而，在不同的学者看来，其协商的途径以及协商的方式均存在较大差异。

虽然马克思关于法（包括刑法）的起源的论述表明，法（当然包括刑法）是一定历史阶段的产物，是私有制和阶级形成及阶级斗争的结果。⑥ 然而，在近代刑法之中，特别是随着启蒙思想家推动，提出了刑法的产生是社会中的每个人基于契约而形成的观点，力图阐明社会公众因为生存和发展的需要而需要刑法，而非单纯的对社会其他个体进行惩罚。例如，以自然法为理论基础的格老秀斯认为，刑罚的目的在于促进个人自由或限制他人之间获得平衡。孟德斯鸠认为，"公民的自由主要依靠良好的刑法"。卢梭更为直截了当地指出，"社会秩序是为其他一切权利提供了基础的一项神圣权利。

---

① See Jane Mansbridge: The holding Pattern, Political Theory, 1999, 27 (5), pp. 706－715.
② 值得注意的是，目前在我国学界，对于参与民主以及协商民主的使用不大加以区分，其实参与民主与协商民主是一个既有联系又有区别的概念，具体的内容可参见郑慧：《参与民主与协商民主之辨》，载《华中师范大学学报》2012年第6期。
③ ［英］戴维·赫尔德：《民主的模式》（最新修订版），燕继荣等译，中央编译出版社2008年版，第266页。
④ ［英］戴维·赫尔德：《民主的模式》（最新修订版），燕继荣等译，中央编译出版社2008年版，第266页。
⑤ 应克复等：《西方民主史》（第三版），中国社会科学出版社2012年版，第456页。
⑥ 逄锦温：《刑法机能研究》，法律出版社2014年版，第45页。

而这项权利不是出于自然,而是建立在约定之上的。"① 因此,在刑法适用的过程中,刑法不再作为统治阶级进行专制的工具,而是需要社会大众基于平等协商的基础之上形成较为可靠的逻辑结论。

(一) 刑法适用公众参与是协商民主的新兴实践形式

最早使用"协商民主"一词的约瑟夫·毕塞特在 1980 年发表《协商民主:共和政府中的多数原则》一文中坚定地认定美国宪法以及由此而建构的美国宪政具有民主的特性,从而对其他多数人认为美国宪法中的精英和贵族统治的观点展开批判,其主要是在主张公民参与而反对精英参与的背景下使用"协商民主"一词。在其看来,审慎的民主必须既能够吸收最广泛的民意,就"共同体长久和整体利益"达成集体意志,又要具有知识储备广博、经验丰富的领导者。避免集体无意识或少数人的野心和暴政,协商民主这种制度就能达到以上的效果。② 当然,由于毕塞特提出的协商民主之时正值参与民主发展时期,但是其并未从根本上对参与民主的弊端提出质疑,所以其理论主张并未得到其他学者的重视。后来,曼宁发表了《论合法性与政治协商》一文,正式揭开并推动了西方协商民主论研究的热潮。③ 曼宁认为,历史上缔约国家的两种类型值得关注,"其一是作为'合法国家类型'的最弱意义上的国家,其主要职能在于维护社会的稳定和安全,其二是由罗尔斯力证的、理性的、被大多数人所普遍接受的争议理论,即国家是建立在广泛的职能之上,而不是虚弱的职能之上。"④ 当然,在曼宁看来,这两种形式都是失败的,其主张需要联系各主体并通过协商形式来建构一个合法的秩序。其后,推动协商民主极大发展的哈贝马斯主要是基于商谈理性之下,重在阐释如何建构一种理想的商谈模式。对此,哈贝马斯主要引述阿列克西的相关理论并阐释了一种理想的商谈模式,包括三个基本要求:"其一,就商谈的主体而言,每一能言谈和行动的主体都可以参加商谈讨论;其二,就商谈的内容而言,每一个人都可以将自己的主张作为商谈的问题,并将其引入到商谈讨论中且就其表示他的态度愿望和需要;其三,就商谈的平等性而

---

① [法] 卢梭:《社会契约论》,何兆武译,商务印书馆 2003 年版,第 8 页。
② 侯东德主编:《我国地方立法协商的理论与实践》,法律出版社 2015 年版,第 40—41 页。
③ 参见陈家刚选编:《协商民主》,上海三联书店 2004 年版,代序第 2 页。
④ 侯东德主编:《我国地方立法协商的理论与实践》,法律出版社 2015 年版,第 41—42 页。

言,其他任何人不应当以强势的地位压制或者妨害他人的商谈。"① 正如施塔姆勒所言:"一个处于社会义务中的个人不得被任意地逐出法律社会之外。"②"如果一个社会强制性地使个体受制于社会联合,而同时在给定情形下拿他当只承担法律义务的人对待,它就会陷入一种自相矛盾之中……避免法的基本理念与它的具体演示所可能产生的逻辑矛盾的愿望导致了参与的原则。"③

从上述协商民主的基本论述之中,"作为一种民主的实践样态,协商民主是以公共协商为内核,以公共利益为导向,强调参与、对话与共识。在基本精神上,协商民主张扬着普遍参与的精神,强调公民广泛而切实地参与到公共决策之中。"④ 然而,在实践中需要通过一系列的具体制度将协商民主落到实处,如基层协商、人大协商、政党协商、政府协商、政协协商等都是协商民主的基本实现形式或渠道。刑法适用的公众参与是广泛吸纳社会公众参与其中,强调在适用的过程中主要以共识为基础,强调参与的广度与深度来确保刑法适用的正当合理。据此可见,无论是基于协商民主的内在要求,还是基于刑法适用的公众参与的立场,均表达了需要重视多元主体参与价值。刑法适用的公众参与虽然在形式上与协商民主存在不同,但是实质上也是践行协商民主理论的重要渠道和途径,是协商民主在实践中的新兴实践形式。

**(二)协商民主所具有的程序性特征需要社会公众广泛参与予以保障**

虽然刑法作为实体法,但是在适用的过程中,如何保证适用的正确性以及得到其他社会公众的积极认同,不仅在解释上需要对刑法的规范含义做到阐释无谬误,在程序上也应当保证刑法在适用的过程中具有正当性。具体在刑法适用的过程中,与民事法以及行政法适用的情况存在较大差别。作为刑事诉讼主要是由国家代表被害人对犯罪人行使追诉权,所以在诉讼地位以及诉讼力量上代表国家的公诉机关与行使辩护权的个人存在较大差别。如果对国家威权的扩张不加以有效约束,那么极有可能导致刑法适用的不公,从而

---

① 薛华:《哈贝马斯的商谈伦理学》,辽宁教育出版1988年版,第14页。
② [德]施塔姆勒:《正义法的理论》,夏彦才译,商务印书馆2012年版,第121页。
③ [德]施塔姆勒:《正义法的理论》,夏彦才译,商务印书馆2012年版,第121页。
④ 张昌辉:《协商民主视角下网络民意参与司法的正当性阐释》,载《政法学刊》2016年第3期。

导致冤假错案。

商谈理性以怎样与交往共同体建立关系作为理论的核心,"如何实现在不受强制的情况下,人与人之间的关系通过语言能够得到相互理解"是商谈理性的目标,也就是以交往合理性取代主体中心理性。① 因而导致在主体模式的选择上,必然会对个人独白式的哲学基础产生质疑,从而主张建构一种主体间的哲学范式,即主体间基于平等的对话才是获得交往的基础。在哈贝马斯看来,"公共领域首先是人们社会生活的一个空间,公共意见在其中得以形成,而所有的公民都有机会进入到这一空间中。"② 在阿列克西看来,商谈理性作为一种程序性法律论证理论而存在,"依据该理论,当一个规范性陈述可能是一种特定的程序,即理性商谈的程序结果时,它就是正确或——在一种自由主义真理的理论前提下——真的。正确性与程序的关系是所有的程序性理论的典型特征。"③ 也就是说,正是商谈理性的程序性特征能够保证结论的正确性。法律在这一程序中"通过全体自由、平等的公民的一致性及联合性意志形成的社会整合力量"获得合理性。④ 在这一过程中,需要公民作为政治自治的权利主体参与来予以确保。因此,协商应当是平等的、话题的开放性、公共利益性和表达的自由性等。⑤

刑法适用不仅是正确适用刑法的实体性问题,同时也需要满足程序性要求来予以保障。长期以来,对于诉讼程序模式是采用职权主义模式还是当事人主义模式在不同的国家还存在较大的争议。职权主义的诉讼模式主要是以法院居于主导性地位,而当事人主义是法院或者法官居于中立地位,而对程序的启动、证据的调查等都交由当事人处理。无论是哪种诉讼模式,都存在一定的缺陷,例如,职权主义的诉讼模式导致当事人与法院的关系处于较为对立的状态,而在当事人诉讼模式之下,虽然法院中立的地位得到最大程度的保障,但是当事人之间的对立关系更加突出明显。即便刑事审判存在诉讼

---

① 刘峰:《商谈伦理之维——哈贝马斯的伦理学解决方案及其现实道路》,载《社会科学论坛》2010 年第 18 期。
② Jurgen Habermas, *The Public Sphere: An Encyclopedia Article* (1964), in Sara Lennox and Frank Lennox, eds., New German critique No. 3 (Autumn, 1974), Duke University Press1974, pp. 49–55.
③ [德] 罗伯特·阿列克西:《法·理性·商谈:法哲学研究》,朱光等译,中国法制出版社 2011 年版,第 88—89 页。
④ [德] 托马斯·莱塞尔:《法社会学基本问题》,王亚飞译,法律出版社 2014 年版,第 104 页。
⑤ Devid Miller, *Is Democracy Unfair to Disadvantaged Groups*, *Democracy as Public Deliberation: New Perspectives*, Edited by Maurizio Passer in Dent reves, Manchester University Press, 2002, p. 201.

力量不平衡的问题,但是参与诉讼的当事人都是平等的主体。协商性民主强调的是程序主体之间的合作关系而非单纯的对抗,合作就意味着对话与沟通,也就需要各方主体广泛参与其中,即各方当事人可以就案件的信息和理由在平等的基础之上进行有效的沟通和交流,例如人数众多的目击者显然比一个目击者的证言更具有说服力。如果当事人不能广泛参与到刑法适用的过程中,那么不仅程序的正当性得不到保障,而且由此所得出的结论也将不能深入人心。因此,协商民主所拥有的程序性品格使社会公众广泛参与能实现两个主要目的:一方面,能够缓解因为过分对抗所造成的强势方主体为了取得诉讼的有利结果而不择手段;另一方面,在刑事案件中,一个良好的案件信息共享以及充分的对话交流能够最大程度还原案件的本来面貌。

（三）基于协商民主之上的社会公众参与能够达成共识

"协商理论只是提供一种相对较合理与理性的方式,因而协商并不是万能的,也不能依据协商理论去解决任何问题,因此协商也就是为决策的达成和实现提供了一种最大的可能性。"[1] 曼宁所建构的协商民主更加倾向于从集体和个人两个维度进行阐释。"从个人的角度而言,个人是可以通过协商机制充分表达自己的意见以及为自己所表达的意志而寻找到恰如其分的理由;从集体的角度而言,协商是在众多个人意见中通过辩论和讨论的方式寻求达成一致的认识,是一种通过话语表达的理性归结。"[2] 将其反映到刑法适用的过程中,一方面,众所周知,刑法是一种剥夺性痛苦的法律,其规定的刑罚措施往往较为严酷,特别是在适用死刑等问题上,更是彰显出残酷的一面。所以,从个人的角度而言,必须充分保障行为人通过协商机制充分表达自己对行为性质的见解和辩护的理由。例如,行为人导致了某人死亡的结果,如果单纯从结果来看,可能涉及故意杀人罪、过失致人死亡罪或者是无罪。因而需要重点考察行为人的主观状态才能准确定性,那么在此过程中不仅需要客观的证据予以支撑,也需要对行为人的口供进行考察。另一方面,从集体的角度而言,将刑罚这种恶害的结果赋予具体的个人之时,只有充分吸纳社会公众参与其中,展开辩论和讨论而形成共识才具有说服力。例如,无论是英美法系中设立的陪审团制度还是大陆法系国家采用的参审制度,无

---

[1] 参见储建国:《非对称协商:中国的共和传统》,载《复旦政治学评论（第六辑）》,上海人民出版社2008年版,第199页。

[2] 参见陈家刚:《协商民主概念的提出及其多元认知》,载《公共管理学报》2008年第3期。

疑是吸纳社会公众参与其中并基于协商基础之上而形成共识,这是刑事裁判正确性的重要保障。

## 第二节 司法民主理论(思潮)发展的呼唤

目前,以陪审制度为代表的公众参与是公民直接参与司法过程,它与选举制度相提并论,被列为人民主权原则的直接体现以及民主政治参与的主要方式。① 与之不同的是,选举是人民通过选举权表达了抽象的政治愿望,而公众参与则是通过公众参与审判实现了具体的政治愿望。② 广泛吸纳社会公众参与刑法适用主要是参与民主的重要体现,是司法民主实现的重要途径,能够较大程度地体现社会整体成员的意志。

### 一、司法民主的基本内涵和要求

学者们对于"司法民主"的内涵没有达成统一的观点,陈忠林教授提倡"常识、常情、常理",认为司法的职业化必须与民主化相结合,民主化必须优于职业化,以民主化促进职业化。③ 再如,我国周永坤教授认为,司法民主应当与民主理论密切相关,且认为应当从综合的路径来分析。不能仅仅从司法的主体是谁来理解,而要考虑从结构功能的角度且需要一个相对复杂的指标系统予以评估。④ 另有论者认为,司法民主的内涵应当包含两个层次的内容:其一是司法能够反映民意;其二是司法程序本身也是民主的。⑤

抛开上述的争议不述,单就"民主"这一概念的运用进行分析,就会发现司法民主中的"民主"与司法过程中体现民主形式中的"民主"有着截然不同的意蕴。司法民主表达的范围较为宏观,其体现了人民的感受性。

---

① 参见钟莉:《价值·规制·实践:人民陪审员制度研究》,上海人民出版社2011年版,第60页。
② 参见汤维建:《英美陪审团制度的价值论争——简议我国人民陪审员制度的改革》,载《人大法律评论》2000年第2辑。
③ 参见陈忠林:《中国法制应该怎样向前走》,载《经济观察报》2008年7月21日。
④ 参见周永坤:《我们需要什么样的司法民主》,载《法学》2009年第2期。
⑤ 参见陈铭:《司法民主的概念和理论支点》,载《诉讼法论丛(第11卷)》,第186—190页。

具体而言，司法民主讲究司法的人民性，要体现人民当家做主的国家权力的本质，因而需要从根本上能够保证处理结论获得社会大众的认同。因此，司法民主就是要求在司法过程中体现多数人意见的表现形式，代表着大多数的意见最终主导着结果的理由形成。司法民主也需要通过一定体现民主形式来予以实现。从我国的现实情况来看，体现司法民主的组织形式多种多样，但是每一种方式都不能确保每一个社会公众均能参与其中，特别在落实具体的制度中，司法民主体现的仍然是以人民代表大会制度为核心的参与制度，即尽可能广泛地吸纳社会公众参与其中。虽然社会公众参与不能完全代表司法民主的全部内涵和内容，但却是实现司法民主的重要途径。①

体现司法民主的形式多种多样，然而这又源于政治民主制度的发展。"民主是一种社会管理体制，在该体制中社会成员大体上能直接或间接地参与或可以参与影响全体成员的决策。"在政治越民主的时期，司法越呈现出较大的民主性。例如，雅典民主政体由三个重要的机构组成：公民大会、五百人议事会及公民法庭。公民大会是城邦最高权力机关，由年满20岁的全体公民组成，负责审议并决定一切国家大事。一些法律的通过至少要6000票方能通过。五百人议事会属于公民大会的常设机构，任何公民都有权经五百人议事会向公民大会提出建议与议案。作为司法机构的民众法庭，法庭成员则是从公民中抽签选取组成，实行多数决定原则。随着我国政治民主化程度的不断提高，司法民主化也逐渐成为司法改革的重要内容之一，受到党和国家的高度重视。例如，2009年最高人民法院出台的《人民法院第三个五年改革纲要》对我国司法民主的现实走向提出了概括性要求。2010年，时任最高人民法院院长王胜俊首次将"司法民主"写入工作报告，即"完善司法公开和司法民主机制，进一步发挥人民陪审员作用，加强民意沟通，做到透明公开、阳光司法。"社会主义核心价值观倡导富强、民主、文明、和谐，是国家层面的价值目标，倡导自由、平等、公正、法治，是社会层面的价值取向。

## 二、司法民主需要落实公众参与

实现司法民主不是一项空洞的口号。如何衡量司法民主必须具有相应的

---

① 葛天博：《司法公信的发生学研究》，西南财经大学出版社2016年版，第92页。

判断标准。例如,有学者以陪审制度为例,认为陪审制度的实行是否落实了司法民主至少需要考察三个方面的因素:其一,陪审员的代表性;其二,陪审员体现的广泛性;其三,陪审员组成的随机性。① 但是作为司法民主而言,除了这三个方面的内容之外,还需要社会公众能够对最终的刑法适用真正产生影响和作用。因此,就刑法适用的公众参与是否能够实现司法民主,除了考虑上述三个因素之外,还需要考虑"社会公众对刑法的适用真正产生影响"来进行具体考察。具体而言,我国社会公众参与刑法适用可以划分为决策型参与、咨询型参与、监督型参与三种参与类型。决策型参与由社会公众参与决策,如人民陪审员制度属于典型的决策型参与类型。咨询型参与主要是由专家学者参与的类型,表达公众的意见和诉求,提供信息和专业咨询。监督型参与主要是通过建立公众监督机制,约束相关的主体依法办事,防止腐败,确保刑法适用的结果能够符合社会公众的意愿。因此,对于不同的参与类型所表现出的特征也不一致。

(一)司法民主需要公众参与具有代表性

代表性作为司法民主的基础,对实现司法民主起到重要的作用。可以说,代表范围越广泛,司法民主的实现程度越高。如前所论,社会公众的代表性同样受到民主程度的制约,在西方国家中,可能受各种因素的影响,代表的范围呈现较大的差异。以西方国家的陪审或参审制度为例,各个民主国家都认为其采取的是明显的"平民化"色彩的标准,但是各国的标准并不一样,例如,法国只需要具有法语读写能力的人即可,而美国要求能用英语完成陪审任务即可,而日本要求完成初中教育。

而在我国社会中,社会层次分化较为明显,因此,社会成员也是复杂多样,层次繁多。对此,为了能够落实司法民主的要求,我国也在推进公众参与制度的同时进行了一系列的制度设计,以体现社会公众的代表性。

首先,就决策型参与中的人民陪审员制度来看,我国要求只要是达到要求的普通民众就能成为代表,且根据全国人大常委会《关于完善人民陪审员制度的决定》第3条之规定,"人民陪审员和法官组成合议庭审判案件时,合议庭中人民陪审员所占人数比例应当不少于三分之一。"但是根据《人民陪审员法》第14条的规定,就人民陪审员组成的合议庭可能涉及2

---

① 参见钟莉:《价值·规制·实践:人民陪审员制度研究》,上海人民出版社2011年版,第62页。

名陪审员和 1 名法官构成（"2+1"模式）或者 1 名陪审员和 2 名法官构成（"1+2"模式），在 7 人合议庭中，则为固定的模式，即 4 名陪审员和 3 名法官构成（"4+3"模式）。而这些组合模式中的人民陪审员也不会低于 1/3 的标准。其次，就咨询型参与而言。例如，对于一些专业性较强的刑法适用领域，需要吸收专家参与其中，如此不仅能够实现公众参与司法的要求，而且也有利于案件事实的认定，能够节约司法资源，最终有利于纠纷的解决。对于专家学者参与司法解释的，也需要相关专家从事该领域研究并取得相关研究成果。最后，就监督型参与类型而言，例如，为了解决人民监督员的代表性问题，司法部会同最高人民检察院印发《人民监督员选任管理办法》，规定人民监督员人选中具有公务员或者事业单位在编工作人员身份的人员，一般不超过选任名额的 50%。人民监督员每届任期 5 年，连续担任不超过两届。人民监督员不得同时担任两个以上人民检察院的人民监督员。

（二）司法民主需要公众参与具有广泛性

社会公众的广泛性作为反映司法民主程度的另一主要因素，其主要体现在对社会公众参与资格并未进行过多的限制，也即，社会公众只要是达到一定条件的公民，就享有相应的参与权。从目前世界其他国家的社会公众参与司法审判制度来看，主要对参与人员的年龄以及选区等具有明确限制之外，并未对其他因素进行过多限制。为了落实我国司法民主的要求，我国对社会公众参与制度的资格并未做出过多的限制。

首先，从决策型参与类型来看，对其要求也呈现出逐渐放宽的趋势，因而即便是普通的社会公众也能参与到刑法的适用过程中。例如，以我国人民陪审员制度为例。根据我国《关于完善人民陪审员制度的决定》第 4 条的规定，公民担任人民陪审员的条件较为苛刻，即应当具备"拥护中华人民共和国宪法；年满 23 周岁；品行良好、公道正派；身体健康"等基本条件之外，还需要"一般应当具有大学专科以上文化程度"的限制，而在最高人民法院、司法部《关于印发〈人民陪审员制度改革试点方案〉的通知》中，对其选任条件发生了两个明显的变化，其一是将人民陪审员的年龄提到"具有选举权和被选举权的年满 28 周岁的公民"，其二是放宽了"在农村地区和贫困偏远地区公道正派、德高望重者"不受学历条件的限制。2018 年出台的《人民陪审员法》第 5 条将人民陪审员的学历限定为"一般应当"具有高中以上文化程度。此外，2010 年最高人民法院印发《关于进一步加强和推进人民陪审工作的若干意见的通知》明确要求，基层法院根据需要，按照人民陪审员选任名额不低于现任法官人数的 1/2 的比例，且在条件许可的情况下，可以扩大人民陪审员的选任数量。对于选任的人民陪审员也要兼顾不同阶层的结构比例。2018 年《人民陪审员法》更是将人民陪审员的名额数扩大到本院法官数的 3 倍。其次，就咨询型参与类型而言，一般对身份等条件不作要求。例如，对于司法解释公众参与而言，更是体现出社会公众的广泛性。因为对于网络上发布的司法解释征求意见而言，社会中的任何人均可对其发表意见，不再受年龄、地域、有无刑事处罚等任何资格的限制。再如，对于某类型的案件需要专家学者参与的，也体现出社会公众参与的广泛性，例如，司法机关可以根据案件的需要邀请专家出具相关的法律意见书，当事人以及代理律师也可以邀请专家进行论证，可以将其论证的内容转化为相关的起诉状或答辩状中。最后，在监督型参与类型中，对其代表的广泛性同样有所体现。以人民监督员制度为例，人民监督员制度社会公众参与的广泛性主要体现在两个方面。其一是地域分布的广泛性。司法部会同最高人民检察院印发的《人民监督员选任管理办法》明确规定：每个县（市、区）人民监督员名额不少于 3 名，从而保证了人民监督员地域分布的广泛性。其二是对资格的较低限制。《人民监督员选任管理办法》还明确了担任人民监督员的一般条件，明确受过刑事处罚的或者被开除公职的，不得担任人民监督员。人民代表大会常务委员会组成人员及人民法院、人民检察院、公安机关、国家安全机关、司法行政机关的在职工作人员和人民陪审员等也明确规定不列入选任对象。除此之外，只要是我国公民，经过一定的程序选定后均可担任人民监督员。

（三）司法民主需要公众参与具有随机性

落实司法民主，应当以尽可能多的机会使社会公众参与到刑法适用的过程中。[①] 对此，因为国家不同而表现不尽一致。例如，在域外实行陪审制的国家，对于陪审员的任职期限采取的是"案结职了"的方式，即被选任为陪审员之后只能参与一个案件的审理，对于下一案件，需要采取随机选取的方式重新确定陪审员。如美国的陪审团成员是在审理案件前随机抽取选民临时构成。在实行参审制的国家对此具有不同的规定，例如，以德国为代表的参审制采取的是任期制，德国参审员的任期为 4 年，每年任职 12 天；[②] 以

---

[①] 参见苗炎：《司法民主：完善人民陪审员制度的价值依归》，载《法商研究》2015 年第 1 期。
[②] 施鹏鹏：《陪审制研究》，中国人民大学出版社 2008 年版，第 175 页。

日本为代表的参审制采取的是非任期制,对其陪审员的选任也是随机抽取名单后再临时组成审判庭。

我国公民参与司法因参与类型不同可能呈现出较大差异,但是基本都能坚持在具体的适用过程中随机选取的方式。首先,就决策参与类型来看,也是坚持随机选取的方式确定。根据最高人民法院印发的《关于进一步加强和推进人民陪审工作的若干意见》规定,"参加案件审理的人民陪审员,应当采取随机抽取的方式来确定。人民法院应当在开庭前采取适当方式,从人民陪审员名单中随机抽取确定人民陪审员。如案件审理确有需要,可以在相关地域、行业、专业等类型的人民陪审员范围内随机抽取。"《人民陪审员法》第19条对此规定有所不同,其第19条规定,"基层人民法院审判案件需要由人民陪审员参加合议庭审判的,应当在人民陪审员名单中随机抽取确定。中级人民法院、高级人民法院审判案件需要由人民陪审员参加合议庭审判的,在其辖区内的基层人民法院的人民陪审员名单中随机抽取确定。"其次,就监督型参与类型来看,虽然也没有相关制度予以明确,但是就对某些专家学者的选取来看,也是坚持以不同领域为原则进行具体确定。最后,就监督型参与来看,如以人民监督员为例,对于人民监督员的选取也是采取随机抽选的方式。《人民监督员选任管理办法》明确规定,人民监督员由司法行政机关从信息库中随机抽选。

### (四) 司法民主需要公众能够发挥作用

许多民众认为,只要能够发表意见就能影响判决,然而事实并非如此。发表意见与表决不能等同,发表意见只是对该事件表明看法,而表决才能最终影响和决定该事件的走向。吸纳社会公众参与其中,如果只是听取其看法而不让其表决或者最终影响结果,那么就不能实现利用普通民众的非法律性知识和经验的优势弥补法官等专业人士的职业思维的不足。目前,赋予更多的社会民众在参与中的表决权或者影响力,在不断发挥其作用的同时,也有效兼顾了实现司法民主的价值。

就决策型参与类型而言,在人民陪审员制改革之前,人民陪审员遭受到未能充分发挥作用的质疑,从而被社会嘲笑为"摆设的花瓶"。通过对人民陪审员制度进行改革,可以实现陪审员对案件审判的实质性参与。如《关于完善人民陪审员制度的决定》第11条规定:"人民陪审员参加合议庭审判案件,对事实认定、法律适用独立行使表决权。"而《人民陪审员法》对此则有不同的规定。《人民陪审员法》第21条、第22条对人民陪审员的表决事项的内容进行了区分对待。其一，如果是人民陪审员参加3人合议庭审判案件，那么人民陪审员对事实认定、法律适用，独立发表意见，行使表决权。其二，如果是人民陪审员参加7人合议庭审判案件，对事实认定，独立发表意见，并与法官共同表决；对法律适用，可以发表意见，但不参加表决。而就咨询型参与而言，各相关的主管部门可以通过征求意见、问卷调查，组织召开座谈会、专家论证会、听证会等方式征求公民、法人和其他组织对相关事项或者活动的意见和建议。而这些意见将成为相关政策出台的基础或者重要的参考，案件审理过程中征求专家的意见，也是为案件的审判寻求正当性的一种方式，近几年来呈现迅速发展的态势，例如，在"快播传播淫秽物品案"中，法院就公布了我国一些专家学者的意见并作为审判的重要参考。①

## 第三节 刑法治理理论兴起的回应

刑法作为法律体系中重要的部门法，社会治理范式的更新冲击了刑法功能，刑法治理理论随之产生。刑法治理理论也是公众参与刑法适用重要的理论支撑。

### 一、社会治理范式的迭新与刑法治理理论的兴起

"治理"概念在国际上流行已久，例如在美国政府成立之初，联邦党人就提出了一个国家治理的根本性问题——"人类社会是否真正能够通过深思熟虑和自由选择来建立一个良好的政府，还是他们永远注定要靠机遇和强力来决定他们的政治组织。"② 显然此处只是显示出美国民众如何选择恰当的政治组织形式来实现国家治理的目标，尚未从真正意义上提及治理理论这一词汇的根本内涵。"正式出现'治理'一词是在1989年世界银行的研究报告中，此后这一概念便广泛被用于全球治理、国家治理、社会治理等诸多

---

① 对此，最高人民法院在其官方网站或者官微上就曾公布了张明楷教授和陈兴良教授对于快播案的看法。

② [美]汉密尔顿等：《联邦党人文集》，商务印书馆2013年版，第3页。

领域中。"①

在社会科学的发展进程中"治理"概念被运用的领域甚为广泛，正如鲍勃·杰索普所言，过去多年以来，"治理"概念在许多语境中大行其道，以至于成为一个可以指涉任何事物或毫无意义的"时髦词汇"。②"英语中的'治理'（Governance）可以追溯到古典拉丁语和古希腊语中的'操舵'一词，原意主要指控制、指导或操纵，与Government的含义交叉"。③"社会学大师马克斯·韦伯从公共权力合法性的角度将治理形式分为三类：传统型治理、个人魅力型治理、法理型治理。其中，传统型治理是指人们认为这种统治具有合法性是基于古老规则和权利的神圣性，个人魅力型治理主要是源自于被统治者对一种可以托付的领袖型人格的非凡力量及能力的——原始非理性的——信仰，而法理型治理主要是指社会成员共同制定行为规范——法律，并只受该法律本身所引导的治理社会的结构。"④ 而在马克斯·韦伯看来，传统型治理与个人魅力型治理的权威存在于个人，而法治国意义上的治理应当是法理型治理，因为该种治理的特点在于其不偏不倚，因而其司法以及司法程序都具有理性的特点。⑤ 在詹姆斯·罗西瑙（James N. Rosenau）看来，"治理的范围应当是一种内涵极为丰富的现象，既包括官方（如政府）的机制，也包括不依靠国家强制力量来实现的非政府、非正式的机制。"⑥ 福柯（Michel Foucault）对治理的定义表明了决策的结果：治理就是对他人可能行动的范围进行建构。⑦ 格里斯·托克主要从治理主体、治理对象以及

---

① 参见张小劲等：《推进国家治理体系和治理能力现代化六讲》，人民出版社2014年版，第77页。

② ［英］鲍勃·杰索普：《治理的兴起及其失败的风险：以经济发展为例的论述》，漆无译，载《国际社会科学杂志（中文版）》1991年第1期。

③ ［英］鲍勃·杰索普：《治理的兴起及其失败的风险：以经济发展为例的论述》，漆无译，载《国际社会科学杂志（中文版）》1991年第1期。

④ 参见徐勇：《GOVERNANCE：治理的阐释》，载《政治学研究》1997年第1期；［德］托马斯·莱塞尔：《法社会学基本问题》，王亚飞译，法律出版社2014年版，第69页；［英］雷蒙德·瓦克斯：《法哲学：价值和事实》，谭宇生译，译林出版社2013年版，第80页。

⑤ 参见［英］雷蒙德·瓦克斯：《法哲学：价值和事实》，谭宇生译，译林出版社2013年版，第80页。

⑥ 参见［美］詹姆斯·罗西瑙：《没有政府的治理》，张胜军等译，江西人民出版社2001年版，第5页。

⑦ Michel Foucault: The Subject and power. in Hubert Dreyfus and Paul Rabinow, eds., Beyond Structuralism and Hermeneutics (Chicago: University of Chicago Press 1982), p.21.

治理措施等方面对"治理"做了界定。① 罗伯斯·罗茨主要从治理一词的词源变迁中对其下了定义,其认为"治理是政府改变管理方式的一种状态,是作为一种新的管理社会的方式而存在。"②

在西方社会中,自由主义与国家的有限干预理论处于支配性地位的两大经济思潮,由此而延伸至现代国家治理过程中,从而产生了治理语词含义的多元化的局面也就不难理解。在以往全能治理主义时期,政府在社会生活中占据着绝对的主导性地位,在公共事务、社会运作以及法律运行过程中,均是政府发号施令或运用权威以期达到管制的目的。而现代性的"治理"概念就是通过国家、市民社会和私人部门之间的互动来实现社会管理其经济、政治和社会事务所依靠的价值、政治和制度体系。③

虽然在现代社会中,治理社会的手段呈现多元化的特征,但是法律始终处于一种重要的地位,尤其在法治国家中更是如此。基于以下的理由,可以认为刑法理应具有治理社会的功能。

(一)刑法作为社会治理手段的一种,理应具有治理社会的制度本性

控制社会的手段形式多种多样,如美国学者爱德华·罗斯认为,主要包括舆论、信仰、宗教、社会价值观、伦理,等等,但法律始终是社会治理的基石。④ 自文明社会以来,随着社会分工的发展和社会管理运转的精致化,行为规范出现了分殊化,最为显著的特征就是道德规范和法律规范的分道扬镳。⑤ 自我国提出国家治理现代化理论之后,也提倡"多中心""多手段"的治理方式。尤其党的十八大提出"全面推进依法治国""法治是治国理政的基本方式"等具体方案,预示着继中国特色社会主义法律体系形成之后,将建立一个新的体系——"法治体系",同时也预示了法律将在社会治理中发挥举足轻重的作用。因此,社会管理的重心日益倾向通过法律规范实现对

---

① 参见[英]格里斯·托克:《作为理论的治理:五个论点》,载俞可平主编:《治理与善治》,社会科学文献出版社2000年版,第31—49页。
② 参见[英]罗伯斯·罗茨:《新的治理》,载俞可平主编:《治理与善治》,社会科学文献出版社2000年版,第86—96页。
③ 参见周红云:《国家治理评估体系述评》,载俞可平主编:《国家治理评估——中国与世界》,中央编译出版社2009年版,第362页。
④ 参见[美]爱德华·罗斯:《社会控制》,秦志勇等译,华夏出版社1989年版,第46页。
⑤ 何荣功:《自由秩序与自由刑法理论》,北京大学出版社2013年版,第5页。

社会的治理，以及法律规范内部的进一步细化。① 法规的进一步细化必然导致部门法的日益精细化以及逐步完善化。然而，法律究竟如何发挥治理社会的功能？这还需要归结为依据部分法的不同形式，调整不同的社会关系，在各自领域各司其责，互相配合，共同实现社会正义。就刑法而言，其调整的对象不是某一类的社会关系，刑法调整的社会关系几乎涉及一切法律部门法调整的社会关系。② 因而，在治理范围上，刑法比其他部门法更具广泛性。因而在其治理社会的过程中，更加显示出其突出的地位。

（二）刑法作为对破坏社会秩序的一种回应，理应包含治理社会的制度本性

美国社会学家罗斯（Ross）认为，在人性中存在着一种"自然秩序"，它能自行调节人们的行为，使得人类社会处于自然的有序状态，但是，工业化、城市化彻底破坏了人性中的"自然秩序"，导致了社会失序的频繁发生。③ 然而，"社会秩序的危机和解决社会秩序的失败把人们推进了一种状态，它在更高程度上再现了某些非人类的灵长类动物所面临的困境。"④ 显然，犯罪是对良好社会秩序的最大破坏。在国家尚未形成之前，对于被侵害的社会秩序，主要依据非规范性措施进行调节，如乡规民约、耋耄者的解说，更有甚者是产生了"以眼还眼、以暴制暴"的氏族复仇模式。国家形成之后，便逐渐重视恢复被破坏的社会秩序，这就催生了刑法的诞生。而刑法从诞生之时起就或多或少地带有野蛮的成分，但从一开始其就充当了回应破坏社会秩序的功能。在社会变革时期，刑法被广泛地运用到行政管理和经济管理方面，从而成为塑造新社会和新经济的有力工具。⑤ 刑法的功能在于恢复社会关系当中被犯罪破坏的规范关系、规范秩序，也就是说，社会的存在，或者说社会之所以有意义，是因为有规范存在，有规范对一般人的行为进行指引、设定处罚网络。⑥ 刑法的治理功能在恢复被破坏的社会秩序的过程中得以发挥其应有的价值。

---

① 何荣功：《自由秩序与自由刑法理论》，北京大学出版社2013年版，第5页。
② 参见肖洪：《论刑法的调整对象》，中国检察出版社2008年版，第4页。
③ 赵泽洪、周绍宾主编：《现代社会学》，重庆大学出版社2003年版，第235页。
④ ［美］R. M. 昂格尔：《现代社会中的法律》，吴玉章、周汉华译，译林出版社2008年版，第113页。
⑤ 王世洲：《现代刑法学（总论）》，北京大学出版社2011年版，第17页。
⑥ 周光权：《刑法总论》（第二版），中国人民大学出版社2012年版，第12页。

## 二、刑法治理理论的兴起对公众参与刑法适用的要求

（一）刑法治理理论的兴起是多元化治理主体参与的结果

虽然刑法随着社会的发展而呈现出不同的面貌，但是无论处于何种阶段的刑法治理均是出于一定的治理理念的支配。毫无疑问，刑法治理作为社会实践的一项重要内容，当然离不开治理主体。治理主体如同治理理念，会随着社会形态以及社会关系的变化而不断地发生变更。在以往全能治理主义时期，政府在社会生活中占据着绝对的主导性地位，在公共事务、社会运作以及法律运行的过程中，均是政府发号施令或运用权威以期达到管制的目的。而从古代社会到近代社会以及现代社会的逻辑演变中，也相应地出现了从"统治"到"管理"再到"治理"的演变过程，这充分反映了人类社会处理公共事务的一种历史发展趋势，这一趋势是由"治理"带来的几种变化造就的，由此导致主体之间的地位不相一致。"统治"一词所表述的是一种上行下效的阶层式的社会运行机制，社会成员与政府及其统治者在地位上显然处于不对等地位。根据马克斯·韦伯的研究表明，"管理"包括公法的概念，例如，公家的管理则为通过国家机构组织或其他由国家赋予权限的他律性机构所实施的管理行为，① 虽然"管理"一词更多地表现为较强的规则主义倾向，但在地位上还是具有不平等性。而"治理"一词本身就强调治理的多元化，不仅国家是治理的主体，社会乃至个人均是国家治理的主体，这种主体性地位的强调更加突出双方地位的平等。例如，在古代社会中，刑法治理功能主要产生于统治阶层的需要，古代的统治阶级往往代表的是少数人的集团利益，因而所彰显出的刑法治理功能不重视对其他单个社会个体的保护。而随着社会的发展，尤其是资本主义的发展带来了对个体的尊重，而使刑法治理的理念偏向于二元保护的立场——在维护国家统治的同时，也注重对社会中的个体的保护。特别是当今在世界范围内兴起的立法听证等相关制度，更是将社会公众参与后的意见、建议作为很重要的参考之一。

（二）刑法治理理论的兴起需要利用各种手段实现治理能力质的飞跃

虽然实现社会控制的手段有许多，如舆论、法律、信仰、社会暗示、社

---

① ［德］马克斯·韦伯：《法律社会学》，康乐等译，广西师范大学出版社2011年版，第8页。

会宗教、个人理想等,但法律仍然是社会秩序大厦的基石。① 在以往,我们习惯于运用经济、行政的方法,现在则更加重视运用法治的方法。② 例如,党的十八大提出"全面推进依法治国""法治是治国理政的基本方式",预示着继中国特色社会主义法律体系形成之后,将建立起一个新的体系——"法治体系",同时也预示了法律将在社会治理中发挥举足轻重的作用。随着刑法治理理论的兴起,将会带来两个方面的重大变化:其一是更强调社会的作用,强调政府放权和向社会授权,实现多主体、多中心治理等;其二是主张社会自我治理以及社会组织与政府的平等共治,具有社会中心主义的取向。③ 具体在刑法适用的过程中,以上的变化将导致刑法适用领域两个层面的变化:其一,强调以国家威权为主导的刑法适用的立场将得到纠正。在刑法治理理论兴起之下,刑法虽然仍具有惩罚性的特征,在实现方式上也注重惩罚性,但也不再是不重视社会的重要地位。相反,目前从我国的制度设计中,更强调刑法适用过程中的公众参与。以目前我国社区矫正制度为例,很显然是依赖社区的力量对犯罪分子进行帮扶,以期达到改善之目的。其二,主张在刑法适用领域重视个人、社会以及国家之间的平等共治。"国家作为非常庞大的整体系统,主要具有政府、市场和社会要素组成,国家作为最高的系统统帅,需要建立一套完整的游戏规则来确保政府、市场以及社会能够达到合作共赢的发展结果。"④ 在过去的几个世纪,法律、国家和政治均存在着一种强烈的关联,或者说,将法律仅仅局限于国家法律秩序或将法律系统等同于政治系统导致诸多的社会混乱,政治权力通过法律代码得到充分发展。⑤ 然而,在现代社会中,"法律上的秩序并非是对物理场所中人群聚集的描述,而是要看特定机构或场所的具体功能。"⑥ 社会成员按照社会契约的基本精神,将原本属于自身的诸多权利交由某一代表统一行使,因而基于权利的让与而最终形成国家这一超个人主体,国家虽是个人意志的反映,但

---

① 何荣功:《自由秩序与自由刑法理论》,北京大学出版社2013年版,第5页。
② 许海清:《国家治理体系和治理能力现代化》,中共中央党校出版社2013年版,第22页。
③ 张小劲、于晓虹:《推进国家治理体系和治理能力现代化六讲》,人民出版社2014年版,第38页。
④ 参见陈春常:《转型中的中国国家治理研究》,上海三联书店2014年版,第44页。
⑤ 参见[比]马克·范·胡克:《法律的沟通之维》,孙国东译,法律出版社2007年版,第58页。
⑥ 车浩:《刑事立法的法教义学反思——基于〈刑法修正案(九)〉的分析》,载《法学》2015年第10期。

还需具体的主体执行或保障总体国民的意志，在此基础上便形成了国家机关。在马克思主义学者看来，"国家制度本身是人民的自我规定，是人民的国家制度，国家制度是人民存在的环节。"① 据此可见，国家机关设立的目的与存在根据就是服务于个人的自由发展。虽然国家是公共权利的拥有者，但是构成国家有效运行的远非只有国家本身这一主体，除了政府之外的社会以及个人同样是国家得以运行的重要参与者。实质上，政府的职能主要是由其公共性的特征所决定的，"政府拥有公共权力，作为公共利益的代表者，行使公共权力、维护社会秩序，这就决定了政府必须以成员的根本利益作为活动的宗旨，要求政府和社会相对脱离，凌驾于社会之上才能真正地履行公共管理的职能。"② 也就是说，基于刑法治理理论，重视个人、社会以及国家的平等自治才是刑法彰显人权保障以及法益保护的重要立足点。

（三）刑法治理理论的兴起在治理效果上着重追求"善治"状态

无论何种领域的"治理"，"善治"都可以被看作是治理的衡量标准和目标取向。③ 换言之，无论是在东方国家还是西方国家，社会主义国家还是资本主义国家，各国政府都希望能取得更好的治理效果。"善治"能带来诸多积极的价值贡献，如"有利于充分实现人的尊严和价值，有利于权利的保障，有利于调节公民与国家之间的良性关系、并促进社会的良性发展"。④ 如此便需要既实现社会的有效控制，又能实现有效管理，形成良性互动的治理模式。

对于如何衡量"善治"的标准，俞可平教授总结了十个重要的要素，即"合法性""法治""透明性""责任性""回应型""有效性""参与""稳定""廉洁""公正"。⑤ 显然，此处的善治的实现针对的是政治学而言的，要想通过刑法的治理达到善治状态，需要刑法在适用过程中重视以上要素。首先，"合法性""法治""透明性""有效性""稳定"等要素是刑法治理达到善治状态的前提条件。回溯历史的本源，良法在古希腊时期就已经被亚里士多德提出并详细论述，在其看来，法治优于人治，并对法治的具体

---

① 参见李光灿主编：《马克思、恩格斯法律思想史》，法律出版社2001年版，第143页。
② 卢霄等：《论市场经济条件下的政府定位》，载《山东理工大学学报》2007年第3期。
③ 参见魏治勋：《"善治"视野中的国家治理能力及其现代化》，载《法学论坛》2014年第2期。
④ 参见张文显主编：《良法善治：民主法治与国家治理》，法律出版社2015年版，第64—66页。
⑤ 参见俞可平：《治理和善治引论》，载《马克思主义与现实》1999年第5期。

条件进行了说明，他说："法治应包括两重意义：已成立的法律获得普遍的服从，而大家所服从的法律本身应该是制定得良好的法律。"① 那么，何种法律才是良法呢？在亚里士多德看来，"法律同自由、平等、正义和善德等社会价值是紧密联系的，推行法治就是在促进和实现这些社会价值。"② 按照现代的观点看来，亚里士多德描述的良法，是包括"真、善、美"的法律，"'真'是指法的内容的合规律性；'善'是指法的价值的合目的性；'美'是指法的形式的合科学性。"③ 其次，"责任性""回应型""参与""廉洁""公正"等要素是刑法实现善治的重要保障。在刑法适用过程中，我国目前的改革措施对此均有所涉及，例如，司法责任制度改革就是需要落实在刑法适用中的责任追究机制。"参与""回应"等都是我国完善人民陪审员制度的重要体现，而"廉洁""公正"也是通过公民参与予以保障的。

---

① ［古希腊］亚里士多德：《政治学》，吴寿彭译，商务印书馆2012年版，第199页。
② 李龙、王进元：《良法标准初探》，载《浙江大学学报》2001年第3期。
③ 李步云、赵迅：《什么是良法》，载《法学研究》2005年第6期。

# 第三章
## 刑法适用公众参与的价值追求

我国以人民陪审员制度为代表的公众参与制度从产生到完善不仅是国家高度重视的结果,也是制度内在发展和人文建构相结合的过程。刑法适用公众参与具有重大意义:首先,就刑法适用而言,无论是人民陪审员制度,还是专家论证、司法解释征求意见、听证、人民监督员制度等,吸纳社会公众参与其中,不仅使社会公众对案件的处理具有发表意见的权利,而且也能增进社会公众对司法结果的认同。其次,吸纳社会公众参与刑法适用,能够提升司法公信力。因此,本章对刑法适用公众参与的价值主要从提高刑法适用结果的可接受性以及提高司法公信力两个方面进行讨论。

## 第一节 提高刑法适用结果的可接受性

"当案件的结果公布于众之时,社会中的不同群体会对其产生不同的看法和发表不同的见解,褒贬毁誉,不可同一。"① 不论是否证立刑法适用结

---

① 参见曾严:《裁判依归:公正性与可接受性之博弈》,载《广西政法管理干部学院学报》2012年第4期。

果可接受性这一理论命题,该理论命题的重要价值和包含内容必须明确。从结果可接受性的属性角度分析,该理论命题首先表达的是一种刑法适用结果被接受而不是被拒绝。"公众"是指哪些人?按照佩雷尔曼的新修辞学理论看来,主要包括"当事人、法律共同体、社会大众"。① 如果能够得到该三类主体的全部接受即为理想的状态,但社会公众的概念较为宽泛且复杂,从概括视角分析,当事人以及法律共同体都属于社会公众的范畴,因此,所谓刑法适用结果可接受性可以理解为司法机关所做出的司法判决以及其他刑法适用能够获得社会公众的普遍认同和接受。② 特别是在现代民主的通识中,考量民意的正当性在司法中是不言自明的。③ 刑法适用结果得到社会公众更广泛的可接受性,而不是遭受民众普遍质疑与否认,应是刑法适用的一个基本目标。公众参与刑法适用,则是有效提升刑法适用结果可接受性的重要途径。刑法适用是将普遍的法律适用于具体案件事实的过程,影响刑法适用结果的可接受性的因素,主要包括对刑法的理解与解释,对客观案件事实的认定,以及防止不公正适用刑法所需要的外在监督。刑事司法解释实质上是将抽象的在个案中刑法适用的争议问题进一步明确化、具体化,刑法解释是否能得到社会公众的认同,其影响因素与个案的刑法适用效果的影响因素实质上是相同的。因此,公众参与刑法适用则可以充分吸收民众智识,在刑法的理解与适用、客观事实认定以及刑法适用监督方面,最大可能提升刑法适用结果的可接受性。

### 一、社会公众参与有助于事实的准确认定

案件事实的准确认定是刑法适用能得到公众认同的前提,如果事实认定错误,不仅影响刑法适用结果的公众接受度,易造成冤假错案,也会直接危害公民人身权利,进而严重损害司法权威,如"聂树斌案""浙江张氏叔侄强奸案"等。事实认定是通过现已取得的证据推断已发生的案件事实的发生、发展及结果,推断行为人及其动机、目的等。案件事实的认定需要借助科学技术认定,但案件事实的认定还需要将案件置于特定时间、空间及特定

---

① [荷]伊芙琳:《法律论证原理——司法裁决之证立理论概览》,张其山等译,商务印书馆2005年版,第47页。
② 参见陈景辉:《裁判可接受性概念之反省》,载《法学研究》2009年第4期。
③ 参见张雪纯:《刑事裁判可接受性问题初论》,载《浙江社会科学》2010年第8期。

地区的风俗人情，根据常识常情常理及认定人的经验做出判断。因此，公众参与可与司法人员形成知识经验等互补，有利于案件事实的准确认定。

## （一）公众的知识结构有利于案件事实的认定

影响刑法适用结果可接受性的一个重要因素就是适用主体的知识构成。① 法官、检察官等法律专业人士，虽然具有较非专业人士更高的法律专业素养，相较于更广大的普遍民众有更高文化水平，在认定案件上具有较强的判断能力。专业的侦查人员，虽然具有专业的侦查技能与职业水平，案件事实的认定能力强。然而，案件形形色色，案件的认定需要不同的专业知识与社会知识，专业技术人员的知识结构与知识面等的有限性，决定了案件事实认定的局限性。公众的知识结构则可弥补专业人士的知识不足，提升案件事实认定的准确率。

## （二）公众的经验有助于案件事实的认定

普通公众尤其与被告人生活在相同地区、社区或相同种族、民族、相同社会阶层，甚至相似的年龄、相同的性别及相似的成长环境，公众与被告人的同理心等，共同形成了公众不同于专业人士的特定经历与经验，在案件事实的认定中有助于判断案件事实的发生原因、被告人及其行为动机与目的等。而以法官为代表的法律适用主体，基于其职业特点所具有的不同程度有异于社会公众的生活经历与经验，或多或少会影响案件事实的认定。美国学者就陪审团的设置曾认为，"法律之所以设置陪审法庭，原因在于相信，从陪审团的成员遴选模式以及他们来自社会各个阶层这个事实来看，陪审团比单个法官更加具有判断行为的动机、衡量证据的盖然性，而无论单个的法官是如何的英明、睿智。"② 因为案件事实的认定不仅要考虑案件本身，而且要考虑案件发生当时的客观环境等多种因素，甚至在极端的个案当中，当地的气候等地理原因也是诱发犯罪的重要因素之一。因此，考虑到本辖区内的社会公众深深地嵌入到本地的生活中，更了解当地的情况，参与案件审判的陪审员者可能更容易进入案件的背景之中，更有效地了解案件情况，进而准备把握事件在当时当地的意义，进而合理裁定。③ 因此，在实行陪审团制度

---

① 冯军、秦常胜：《影响刑事裁判可接受性的因素解读》，载《中国刑事法杂志》2008年第7期。

② 参见汤维建：《英美陪审团制度的价值论争——简议我国人民陪审员制度的改革》，载《人大法律评论》2000年第2辑。

③ James Gobert, *Justice Democracy and the Jury*, Dartmouth Publishing Co. 1997. p. 89.

的国家,对于陪审团成员的遴选范围也是限于本辖区内,目前我国法院在选任人民陪审员时也都是在本辖区内进行。

(三)公众的多维视角有助于案件事实的认定

以法官为代表的刑法适用主体,囿于专业职业偏见或固化的思维定式,也可能出现判断不全面或错误,而社会公众参与事实认定虽然看似缺乏专业知识,却可以从多元思维与多维角度认知事实,从而使案件的认定更全面准确。亚里士多德曾论述到:"当这些普通人聚在一起时,比他们各自做出决定时,能够获得更大的理解:因为身处多数之中的每个人各有一份德行和谨慎,当他们聚集在一起时,形成的行为方式使一些人理解一部分,一些人理解另一部分,他们便理解了全部。"①

## 二、社会公众参与有助于刑法的理解与适用

魏德士指出:"法的适用大致包括两部分:第一,国家颁布的法律规定(法律解释);第二,法官续造的法或法官新造的法,包括习惯。"② 就成文法国家来说,司法适用的主要依据是法律的明确规定。刑法规范作为刑法适用的重要支撑毋容置疑。"在现代法治社会中,刑法规范已经脱离于古代社会中的超自然力量、权力意志以及宗教、道德和习惯规范。"③ 即便在英美法系中,也在逐步加大成文法的立法进程。"在这种背景之下,制定合理、含义明确、效力确定的刑事实体法律规范无疑体现了社会公平正义理念的诉求,所以适用这种法律规范作为裁判的依据,必然有助于唤起人们对刑事判决合法性的信仰,促进刑事判决的可接受性。"④

成文法的要求是法律的明确性与确定性,然而,限于立法技术、立法用语的高度概括性及社会生活的易变性,法律的非确定性客观存在。亚里士多德指出:"虽然法律一直是一种普遍性的陈述,但总有一些事物不能被涵盖其中。"⑤ 不少学者都从不同的角度强调了法律的非确定性,如美国现代各

---

① Harry Kalven, Jr., Hans Zeisel, The American Jury, Little, Brown1966, p.461.
② [德]魏德士:《法理学》,丁小春、吴越译,法律出版社 2003 年版,第 312 页。
③ 冯军、秦常胜:《影响刑事裁判可接受性的因素解读》,载《中国刑事法杂志》2008 年第 7 期。
④ 冯军、秦常胜:《影响刑事裁判可接受性的因素解读》,载《中国刑事法杂志》2008 年第 7 期。
⑤ [美]威廉·A.盖尔斯敦:《自由多元主义》,佟德志、庞金友译,江苏人民出版社 2005 年版,第 96—97 页。

种法学思潮的代表人物霍姆斯、庞德、狄翼、卢埃林等。美国现实主义法学派的代表人物弗兰克认为鼓吹法律确定性、稳定性的学说只是一个基本法律神话。而由于文字的多义性特点，在将法律适用于复杂多变的事实案件时，"每个法规范均需要解释，即使'表达最清楚的条文'也需要解释。"① 尽管"事实上，一个刑法条文规定的含义，总是先通过法官的解释，才会在确定无疑的意义上'被确定'"。② "法律借助法官而降临尘世"，③ 刑事法官等刑法适用职业人士是刑法解释与适用的当然主体，但作为规范全体社会成员的刑法，其一经公布，所有成员都是刑法文本的阅读者和解释者，每个阅读者和解释者基于其不同的背景、经验、利益诉求、价值目标，对同一条文可能会有不同的理解与解释。当刑法适用专业人士的解释结论与社会公众的解释结论不一致时，必然会影响到刑法适用结果的可接受性。以"许霆案"为例，被告人许霆利用 ATM 取款机取款的行为，是盗窃罪、诈骗罪还是不当得利，不同的主体存在不同的解释结论。如果定盗窃罪，是否属于盗窃金融机构的情形？如果属于盗窃金融机构情形，最高刑就可能被判处死刑，是否具有合理性？④ 正是由于对刑法的理解存在差异，当广东省广州市中级人民法院以盗窃金融机构判处许霆无期徒刑时，引起了公众的强烈质疑。近年来，我国众多影响性案件之所以受到公众质疑与批判，是因为刑事裁判者与公众在刑法的理解与解释中存在差异甚至对立。因此，化解司法者与公众法律解释冲突的重要途径是刑法解释过程中吸收公众参与，通过司法者与公众的沟通，实现双方的视域融合，实现司法者对刑法解释结论符合公众的基本认同，从而提升刑法适用结果的可接受性。

在此必须回答的问题是，公众何以能参与解释以及公众参与何以能增进刑法适用效果的可接受性？

公众之所以能参与刑法解释，其根基在于刑法的公共性。刑法是保护包括犯罪人在内的社会全体公民基本人权的法律规范，也是包括犯罪人在内的

---

① [德]汉斯·海因里希·耶赛克、托马斯斯·魏特根：《德国刑法教科书》，中国法制出版社 2001 年版，第 190 页。
② [德]克劳斯·罗克辛：《德国刑法学总论（第 1 卷）》，法律出版社 2005 年出版，第 85 页。
③ [德]拉德布鲁赫：《法学导论》，米健、朱林译，中国大百科全书出版社 1997 年版，第 100 页。
④ 相关的争议可参见张明楷：《许霆案的刑法学分析》，载《中外法学》2009 年第 1 期；刘明祥：《许霆案的定性：盗窃还是信用卡诈骗》，载《中外法学》2009 年第 1 期。

全体公民用于维护保障基本人权所必须的基本社会秩序的工具。实质上，刑法是一种社会公众治理社会的公共工具，它通过明确规定行为主体的方式、内容、边界及违反规范应承担的后果，约束社会成员的行为，维护社会基本秩序，从而实现社会的有效治理，达致社会和谐与安宁。因此，刑法是社会成员人人需要用以维护自身安全的工具，因而，刑法也是社会成员所达致的最大共识。而刑法解释和适用的核心在于通过对刑法文本的解释，通过明确法律条文的语言文字的含义，进一步确定主体间行为方式、内容和边界。因此，刑法解释的任务不仅需要寻找合理的解释，还需要回答解释结论由谁来确定，解释是否合理的问题。也即，刑法是社会全体成员的最大共识，对刑法的解释结论也应当得到社会成员的认同，即获得最大共识。依据共识这一解释标准，刑法解释不再具有垄断性。如果基于特定权力垄断刑法解释，并且解释结论违背公众意志，则违背了刑法最大共识的基本属性。近年来，国内出现的一些饱受争议的刑事案件裁判，均源于司法者垄断了刑法解释，并且其解释结论与民众理解出现分歧所致。贝卡利亚曾言："如果对法律的解释是一种弊端的话，显然，使人不得不进行解释的法律的含混性本身是另一个弊端。尤其糟糕的是：法律是用一种人们所不了解的语言写成的，这就使人民出于对少数法律解释者的依赖地位，而无从掌握自己的自由，或处置自己的命运。"① 根据贝卡利亚的论述，当刑法解释成为一种垄断权力时，人民的自由与命运将成为解释者任意摆布的对象。可见，在保障人权的刑法基本任务方面，刑法解释的公众认同即共识作为刑法解释标准，公众参与刑法解释具有非常突出的现实意义。

公众参与刑法解释，何以能够增进刑法解释共识，从而提升刑法适用结果的可接受性？

（一）公众参与有利于增进刑法解释的实质合理性

在刑法解释理论中，长期存在刑法形式解释与实质解释之争，而在刑法解释与适用实践中，也事实上存在两种解释方法与立场的对立。在我国实行依法治国方略，尤其强调司法责任制的环境下，一些司法人员往往追求刑法形式解释，忽略刑法解释所应追求的实质正义，其刑法解释结论常常出现与公众理解相背离的情形。而公众参与刑法适用，基于对实质合理性的追求，

---

① ［意］贝卡利亚：《论犯罪与刑罚》，黄风译，中国大百科全书出版社1993年版，第15页。

通过与司法人员的互动沟通，形成形式合法性与实质合法性的契合，最大程度上实现社会公众与司法人员的共同认可，"法官应当努力在符合社会一般目的的范围内最大可能地满足当事人的意愿。"① 在公众参与的情形下，刑法解释的结果不再是单一的或某个权威人士或权威机构单方的解释，而是刑法公众与司法人员之间互动形成的共识。这种刑法解释结论的获得，既是刑法公共性的体现，也是司法民主的必然要求。如 "于欢故意伤害案"，2016年4月13日，吴学占在苏银霞已抵押的房子里，指使手下拉屎，将苏银霞按进马桶里，要求其还钱。次日，10多个社会闲散人员组成的催债队伍在女企业家苏银霞的工厂对其多次辱骂、殴打。在苏银霞的求助并没有得到回应的情况下，其儿子于欢目睹其母受辱，摸到一把水果刀乱捅后致使杜志浩死亡、另外三人被捅伤的后果。2017年2月17日，山东省聊城市中级法院一审以故意伤害罪判处于欢无期徒刑。被告人的行为到底是正当防卫还是故意杀人，在社会上争议很大，最高人民检察院组织专家学者两次召开专家论证会，就于欢案涉及的法律适用等问题进行论证，听取意见和建议。② 最终做出为社会公众较为认同的结果。虽然专家学者也属法律共同体，但仍然属司法人员之外的"公众"组成者，其意见也有一定程度的代表性，因此，最高人民检察院面对公众的强烈质疑，组织专家论证的做法值得肯定。

（二）公众的常识常理常情有助于刑法的合理解释

刑法适用的职业人士具有较强的法律专业素养和技能，显然其对法律的解释具有相对的优势。然而，也正是由于其专业素养的制约，使刑法适用职业人士形成了一定的专业偏见和固有专业思维，其解释与适用法律时，往往仅从法律自身的结构与含义进行专业性解释，追求法律逻辑上的自洽，忽视了法律所包含的内在情理以及法律所包含的外在现实，常常造成"合法不合理"现象。"司法判决震惊公众舆论并与一般性预期相背离的大多数情势，都是因为法官认为他不得不墨守成文法的条文且不敢背离（以法律的明确陈述作为前提的）三段论的结果所致。从数量有限的明确前提中做出逻辑演绎，始终意味着对法律的'字面形式'而不是对法律的精神实质的

---

① ［美］博登海默：《法理学：法律哲学与法律方法》，邓正来译，中国政法大学出版社1999年版，第145页。
② 《最高人民检察院公诉厅负责人就于欢故意伤害案有关问题答记者问》，http://www.spp.gov.cn/xwfbh/wsfbt/201705/t20170528_191722.shtml，最后访问时间：2018年4月15日。

遵循。"① 因此，要确保刑法适用的可接受性，就需要在刑法的解释与适用中考虑哪种解释结论和结果是公众可以接受的，哪种结果是符合社会公众的基本情理、基本感受的。如果在刑法解释与适用过程中，背离公众的常识常理常情，刑法适用的结果将会遭到公众的拒绝。而公众参与刑法解释与适用，可将公众的常识常理常情引入刑法解释与适用中，赋予法律以鲜活的生命。在我国刑法适用中，无论刑法总则还是刑法分则条文的理解与适用，都存在众多争议，如总则中对刑法第 13 条但书的理解，即什么是"情节显著轻微危害不大"，第 20 条关于正当防卫的构成中"明显超过必要造成重大损害"的理解，第 48 条关于死刑适用条件"罪行极其严重的犯罪"及死刑缓期二年执行的条件"不是必须立即执行"的理解等；分则中诸多犯罪的构成条件中"情节严重""情节恶劣"的认定，典型的如刑法第 225 条非法经营罪的兜底条款的解释。面对类似问题的理解与解释，司法工作人员往往基于法律专业性视角、入罪的思维惯性，其解释常常与民众的理解与解释出现差异，内蒙古农民无证收购玉米案的裁判便是适例。2016 年 4 月 15 日，内蒙古自治区巴彦淖尔市临河区人民法院依据刑法第 225 条第（四）项规定，认定被告人王某某没有办理粮食经营许可证和工商营业执照而进行玉米收购活动构成非法经营罪，判处王某某有期徒刑 1 年，缓刑 2 年，并处罚金人民币 2 万元。② 虽然从形式上看，法院是严格按照法律的规定做出正确的判决，但是在我国经济社会情况下，王某某贩卖玉米的行为并未对市场秩序造成影响，没有现实的社会危害性，是不符合社会公众的基本情理的，因此对王某某的判决合理性受到公众的强烈质疑。

从各国的情况来看，民众参与刑法解释与适用的国家越来越多，德国、法国、意大利、俄罗斯、西班牙等大陆法系国家以及日本、韩国等，其陪审制度都吸收民众参与定罪与量刑，包括法律适用。日本裁判员制度中，民众人数大于法官的人数，至少达到 2∶1 的比例，不利于被告的裁决只需取得一名法官同意，有利于被告的裁判可以由合议庭简单多数同意即可，如此就赋予了陪审员更大的参与权与决断权，其目的是在个案裁决中最大限度地体现民众的情感与意愿。在我国大陆地区，人民陪审员制度由陪审员与法官

---

① [英] 弗里德利希·冯·哈耶克：《法律、立法与自由》（第一卷），邓正来、张守东、李静冰译，中国大百科全书出版社 2000 年版，第 183 页。
② 参见内蒙古自治区巴彦淖尔市临河区人民法院（2016）内 0802 刑初 54 号刑事判决书。

共同组成合议庭，赋予陪审员与法官同等的权利，实行"少数服从多数原则"，吸纳普通民众对案件进行讨论，凭个人常识常理常情对案件进行评议与表决，有利于增进刑法解释与适用的公众认同。

### （三）公众参与有利于化解刑法解释的分歧

围绕刑法文本，除文本作者外，① 刑法文本的读者都是解释者，包括刑法适用职业人士即以法官为代表的刑法适用人员、社会公众（除当事人之外的社会成员），由于其社会角色的差异、不同的社会地位及背景、个人利益与诉求与价值目标差异，决定了对同一刑法条文的解释因为主体的不同，解释结论必然存在差异。根据伽达默尔理解的解释，即文本的读者（解释者）与文本作者的对话，并结合伽达默尔的视域融合理论，正确的解释不仅仅是解释者，而且需要进入作者的视域，达成解释者与文本作者对话，从而实现与作者视域的融合。根据伽达默尔的视域理论，刑法的解释实质是解释者与立法者之间的对话，正确的解释结论就是解释者与立法者视域的融合。

伽达默尔认为解释结论是解释者与文本或者文本作者对话而得出，他将解释者与文本视为一种对话关系。但法国现象学家、哲学家保罗·利科尔则对伽达默尔的观点提出不同意见，认为理解文本与正常的对话或谈话不同，文本把作者与读者隔开，作者也不能回答读者的问题，从而使文本具有了间隔化特征。文本的间隔化特点决定了文本需要解释，而文本的读者在理解与解释文本的过程中，尽量探求文本客观存在的原义，在实质上是不可能的，因为文本的间隔化特征使得文本的理解与解释具有了主观性。语言符号的多义性和歧义性特点，决定了文字背后往往潜藏着更多的意义，因而，不同的解释者的解释之间出现的冲突，成为刑法解释的一道难题。

面对这一解释难题，德国哲学家卡尔－奥托运·阿佩尔给出了消除解释难题的办法，认为仅仅有解释者与文本作者的对话还不够，解释仍然不可能进步，"差异性的理解"依然可能存在。因为没有主体之间的互动沟通，只是解释者不断调整自己的视域，与文本作者之间对话。因此，还必须在文本读者（解释者）之间形成对话关系，读者通过互动沟通交流，最终实现解释主体间的视域融合，达致读者之间的共识。②

---

① 文本作者就是制定刑法的立法机关，其解释暗含在刑法中。
② ［德］卡尔－奥托运·阿佩尔：《科学主义还是先验诠释学?》，孙周兴译，洪汉鼎主编：《理解与解释诠释学经典文选》，东方出版社2001年版，第343—344页。

在具体的案件适用中，刑法条文的解释总是由读者即特定的刑法适用人员做出解释并根据其理解与解释裁决案件，其他人即社会其他成员则成为刑法解释的听众或接受者。由此，在刑法的解释中，实际上形成了解释者、立法者、解释的接受者的三元主体结构，在这三元结构中，解释者（特定刑法适用人员）与解释的接受者（社会其他成员）都根据各自立场与立法者对话形成刑法理解与解释结论，这些刑法理解与解释结论就会成为解释者与解释的接受者的主观解释，加之解释正确与否没有能够证实的检验标准，解释者与解释的接受者可能都会从自己的立场与观念出发否定对方的解释。因此，解释者与解释的接受者之间形成有效互动，则是消除解释者与解释的接受者之间分歧的有效措施。如果特定的解释者仅有法官等特定刑法适用职业人员，由于其不同于社会大众的背景、专业素养、思维惯性等，其解释与公众的解释可能存在分歧，从而降低刑法适用结果的可接受性。为化解刑法适用职业群体与公众的解释分歧，吸收具有代表性的公众参与刑法适用，从而在刑法适用专业群体与社会公众之间形成互动沟通，最终实现二者的视域融合，获得刑法解释的共识。这需要社会公众理解与信任司法人员的法律专业技能，司法人员应尊重公众认同的"常识、常理、常情"，需要社会公众与刑法适用职业人员彼此调整自己的视域，使得解释者、公众与立法者在三元主体互动机制下形成共识，从而体现法律至上性，满足人民对法律权威的尊重，体现法律的现实性，充分发挥法律服务现实并满足人民现实需要的功能。同时，通过解释者与解释的接受者之间对话与讨论达成共识，有助于增加公众对法官、法院及判决的信任及接受度，也使公众的愿望与要求更好地被法官了解，公众与法官各自的理解与解释被相互尊重，最终形成解释共识，从而使判决的权威性得以确保。

## 第二节 提升刑法适用的社会公信力

"司法公信力在某种意义上，指的是司法行为所产生的信誉对社会、团体和民众所产生的心理反映。司法公信力中最核心的部分就是司法对公众的信用和公众对司法的信任。"① 从其产生来看,司法公信力是司法机关裁判过程以及裁判结果得到社会公众充分信赖和高度认同的必然结果。"司法具有公信力是依法治国,建设社会主义法治国家的必然要求。依法治国不仅要有完备的法律体系,还要靠人们对法律的忠诚和信仰。"② 我国目前面临司法公信力不高的问题,"当前,部分群众对司法的不信任感正在逐步泛化成普遍社会心理,这是一种极其可怕的现象。"③ 特别是近些年来,不满法院判决的当事人上访、缠讼等现象屡禁不止,甚至逐渐演变成报复法官的恶性刑事案件,使刑事司法的权威严重受损。

通过考察不同身份的受访人员对刑事司法的信任度,以对刑事司法信任度"一般"为分界线,合并"很信任"与"比较信任"为信任,"不太信任"与"很不信任"为不信任,我们可以发现:在不同身份群体中过半数信任我国刑事司法的群体,依次为:陪审员、法官、人大代表、检察官和公安机关工作人员,在各自群体中所占比例分别为 77.5%、73.3%、69.1%、62.7% 和 54.5%,而在律师、专家学者和其他公众中,信任我国刑事司法的比例依次为 37.9%、40.6% 和 47.3%。这在一定程度上说明当前我国刑事司法并不具有较高的司法公信力;从不信任这一角度而言,对我国刑事司法最不信任的四个群体分别为专家学者、律师、其他公众和公安机关工作人员,不信任的比例分别占各自群体的 18.2%、18.1%、12.8% 和 11.9%。这更是说明当前我国刑事司法公信力存在令人担忧的问题(参见表4)。

表4:身份 * 对我国刑事司法的信任度交叉统计表

| | | | 对我国刑事司法的信任度 | | | | | 合计 |
| --- | --- | --- | --- | --- | --- | --- | --- | --- |
| | | | 很信任 | 比较信任 | 一般 | 不太信任 | 很不信任 | 不清楚 | |
| 身份 | 法官 | 计数 | 60 | 255 | 95 | 11 | 8 | 1 | 430 |
| | | 身份中的% | 14.0% | 59.3% | 22.1% | 2.5% | 1.9% | 0.2% | 100.0% |

---

① 关玫:《司法公信力初论——概念、类型与特征》,载《法制与社会发展》2005 年第 4 期。
② 关玫:《司法公信力初论——概念、类型与特征》,载《法制与社会发展》2005 年第 4 期。
③ 吴兢:《多元纠纷解决机制,坚持能动司法的大创新》,载《人民日报》2009 年 8 月 19 日。

续表

| | | 对我国刑事司法的信任度 | | | | | | 合计 |
|---|---|---|---|---|---|---|---|---|
| | | 很信任 | 比较信任 | 一般 | 不太信任 | 很不信任 | 不清楚 | |
| 身份 | 法官 对我国刑事司法的信任度中的% | 16.5% | 14.6% | 6.6% | 2.9% | 7.4% | 1.6% | 10.5% |
| | 检察官 计数 | 40 | 202 | 112 | 29 | 3 | 0 | 386 |
| | 身份中的% | 10.4% | 52.3% | 29.0% | 7.5% | 0.8% | 0.0% | 100.0% |
| | 对我国刑事司法的信任度中的% | 11.0% | 11.6% | 7.8% | 7.7% | 2.8% | 0.0% | 9.4% |
| | 陪审员 计数 | 28 | 20 | 8 | 5 | 0 | 1 | 62 |
| | 身份中的% | 45.2% | 32.3% | 12.9% | 8.1% | 0.0% | 1.6% | 100.0% |
| | 对我国刑事司法的信任度中的% | 7.7% | 1.1% | .6% | 1.3% | 0.0% | 1.6% | 1.5% |
| | 律师 计数 | 14 | 100 | 134 | 48 | 7 | 1 | 304 |
| | 身份中的% | 4.6% | 32.9% | 44.1% | 15.8% | 2.3% | 0.3% | 100.0% |
| | 对我国刑事司法的信任度中的% | 3.8% | 5.7% | 9.4% | 12.8% | 6.5% | 1.6% | 7.4% |
| | 公安机关人员 计数 | 15 | 58 | 42 | 14 | 2 | 3 | 134 |
| | 身份中的% | 11.2% | 43.3% | 31.3% | 10.4% | 1.5% | 2.2% | 100.0% |
| | 对我国刑事司法的信任度中的% | 4.1% | 3.3% | 2.9% | 3.7% | 1.9% | 4.7% | 3.3% |
| | 专家学者 计数 | 4 | 61 | 64 | 26 | 3 | 2 | 160 |
| | 身份中的% | 2.5% | 38.1% | 40.0% | 16.3% | 1.9% | 1.3% | 100.0% |
| | 对我国刑事司法的信任度中的% | 1.1% | 3.5% | 4.5% | 6.9% | 2.8% | 3.1% | 3.9% |
| | 人大代表 计数 | 12 | 35 | 16 | 2 | 0 | 3 | 68 |
| | 身份中的% | 17.6% | 51.5% | 23.5% | 2.9% | 0.0% | 4.4% | 100.0% |

续表

| | | | 对我国刑事司法的信任度 | | | | | | 合计 |
|---|---|---|---|---|---|---|---|---|---|
| | | | 很信任 | 比较信任 | 一般 | 不太信任 | 很不信任 | 不清楚 | |
| 身份 | 人大代表 | 对我国刑事司法的信任度中的% | 3.3% | 2.0% | 1.1% | 0.5% | 0.0% | 4.7% | 1.7% |
| | 其他 | 计数 | 191 | 1012 | 962 | 241 | 85 | 53 | 2544 |
| | | 身份中的% | 7.5% | 39.8% | 37.8% | 9.5% | 3.3% | 2.1% | 100.0% |
| | | 对我国刑事司法的信任度中% | 52.5% | 58.1% | 67.1% | 64.1% | 78.7% | 82.8% | 62.2% |
| 合计 | | 计数 | 364 | 1743 | 1433 | 376 | 108 | 64 | 4088 |
| | | 身份中的% | 8.9% | 42.6% | 35.1% | 9.2% | 2.6% | 1.6% | 100.0% |
| | | 对我国刑事司法的信任度中的% | 100.0% | 100.0% | 100.0% | 100.0% | 100.0% | 100.0% | 100.0% |

如何提升司法公信力，是我国当前司法改革的核心与基本目标。习近平总书记在谈到司法体制改革中的司法公信力问题时强调，"司法体制改革必须为了人民、依靠人民、造福人民。司法体制改革成效如何，说一千道一万，要由人民来评判，归根到底要看司法公信力是不是提高了。"[①] 要想提高司法公信力，必须首先明确影响司法公信力的因素，再探索提高司法公信力的措施。由于司法公信力的高低实际上就是公众对司法的信任程度问题，因此，影响公众对司法的信任度的因素主要包括以下几项：中立、公开、公正。司法机关与司法人员是否具有中立性，是否受权力、金钱及人情等因素影响偏私、枉法，是司法是否具有公信力的前提。司法是公开还是秘密进行，是影响司法公信力的重要因素。公众不仅追求结果公正，还追求以看得见的方式实现公正。公正是公众追求的最终结果，结果是否公正，直接影响司法公信力的目标实现。

---

① 《以提高司法公信力为根本尺度坚定不移深化司法体制改革》，载《党史纵横》2015 年第 4 期。

## 一、公众参与有利于实现审判独立

适用主体中立直接影响到刑法适用结果的可接受性。毫无疑问，公正的裁判主体能够妥善地运用法律并使最终裁判结果朝着公正的方向发展，如果裁判主体受腐败、权力与舆论等因素影响，势必影响裁判者的独立判断及公正裁决，裁判结果的社会认同必然受到影响。因此，各国都采取各种制度与措施力求保障审判独立，如英、美、日等国给予法官优厚薪酬，实行法官任职宣誓等。我国《宪法》第131条也明确规定："人民法院依照法律规定独立行使审判权，不受行政机关、社会团体和个人的干涉。"因此，确保审判独立是司法机关行使司法权时应遵循的一项基本原则。目前，我国为了保障审判独立实施众多司法改革措施，如法官、检察官员额制，司法责任制，司法经费省级统管等。其中人民陪审员制度、人民监督员制度、司法公开等保障公众参与的司法改革措施，注重公众参与刑法适用，对防止司法腐败、权力干预司法及舆论对司法的不当影响，具有重要意义。

### （一）公众参与有利于防止司法腐败和权力干预

司法腐败是损害司法公信力的致命要素，因此，防止司法腐败是提升司法公信力的关键之一。目前我国除了加强对法官的反腐教育外，还采取多种制度构建司法反腐机制，如法官员额制改革的一个重要方面即是通过员额法官的遴选，借鉴国外高薪养廉的做法，提高法官等司法专业人员的待遇，增强司法人员反腐拒腐的经济能力；通过司法责任制改革，建立法官等司法人员惩戒制度等，通过一种事后惩罚的警示作用达到反腐目的。然而，正是由于员额制度与司法责任制的实施，案件处理中法院内部的院长庭长签批、审判委员会讨论等制约机制被削弱直到取消，法官等司法人员较之司法改革前享有更大自由裁量权与决策权。那么，如何防止法官以"审理者裁判，裁判者负责"的名义行任意、专断裁判之实，并借此进行权力寻租？为防止来自内外权力对司法的干预，我国司法改革在实行司法责任、强化司法人员责任追究的同时，建立了如人财物省级统管、领导干预记录在案及报告制度等，① 这些制度在一定程度上能够起到排除权力干预的可能。尽管公检法机

---

① 如根据《对过问、干预纪检监察工作实行记录和报告制度的暂行规定》之规定，纪检监察人员对打听案情、过问案件、说情干预等行为应予以拒绝，并全面、如实记录，及时填写《过问干预情况报告表》，做到全程留痕、有据可查。过问干预人员涉嫌犯罪的，移送有关机关追究刑事责任。

关依法独立办案,宪法明确规定检察机关独立行使检察权、人民法院独立行使审判权,但长期以来,司法权的行使常常受到外部权力的干预,经过全面深入的司法改革,审判独立得到加强,来自外部的权力干预得到有力抵制,但外部权力干预要完全杜绝可能还难以实现,那么,基于司法责任的司法人员,是否有能力、有效果对抗外来权力干预,也需要打上一个问号。

建立健全多种形式的公众参与刑法适用机制,可有效防止司法腐败和抵制权力干预。第一,公众参与可从案件裁判的核心制约司法腐败和权力干预。在决策型参与中,公众参与案件的裁判,与司法人员共享决策权,与法官共同认定事实与决定法律适用。由于人民陪审员是随机抽取的,案件的决策实行"少数服从多数"原则,法官在案件中难以左右案件的结果,可以从根本上制约司法人员权钱交易等司法腐败,也可防止权力介入司法。在人民监督员等咨询型的参与中,尽管公众的意见仅供参考,但如果司法人员最终不采纳公众的咨询意见,必须给予充分的说理,也能有效制约司法人员的腐败和权力干预。第二,公众参与可从案件处理过程内部监督司法人员。公众参与的另一重要价值是能有效发挥公众的监督功能。无论是监督型参与还是决策型、咨询型参与,通过其监督功能实现防止腐败和权力干预。在决策型、咨询型参与中,由于公众直接参与到案件的处理中,较之事后的、外部的监督更有效。如陪审员参与案件的审判必然具有较之事后、事中的外部监督更有效果。"陪审制度的核心价值在于监督司法,人民陪审员在参与审判活动的过程中,对于法官严格遵循办案程序依法裁判案件,客观上会形成一种监督和约束,这种内在的监督作用是人民陪审员制度所固有的。"①

(二) 刑法适用公众参与有助于排除公众非理性舆论干扰

从近年来我国热点案件频出来看,公众关心司法、参与司法的意愿强烈。随着互联网技术的发展,特别是自媒体的勃兴,社会舆论的传播不再局限于地域,并且人人都是新闻的制造者和传播者。借助于互联网技术的便利,社会公众以及媒体可随时随地对案件发表看法和意见,虽然媒体及公民对司法活动具有监督权,但社会舆论可能带有明显的导向性,甚至存在被操纵的可能,社会公众可能受不实的事实以及煽动性言论影响,非理性地发表意见,从而导致刑法适用的结果或朝着相反的方向发展,从而大大影响了结

---

① 夏文郁:《人民陪审员应注重履行监督职责》,载《人民法院报》2013 年 9 月 25 日,第 8 版。

果的可接受性。以"黑龙江宝马撞人案"为例,本案案情可以说平淡无奇,肇事者苏某某驾车撞死农民刘某某,另撞伤 12 人。随后,哈尔滨市道里区法院以交通肇事罪判处苏某某 2 年有期徒刑,缓期 3 年执行。在该案件判决后,网上掀起轩然大波,因为当时最为重要的舆论观点认为,苏某某本人无业,其丈夫关某某及其家族在哈尔滨却有钱有势,一度还认为苏某某是黑龙江省政协主席韩某某的儿媳。其后进行的调查证实,这些信息纯属捕风捉影。而公众参与刑法适用,则可通过制度化渠道引导民众理性参与,防止非理性参与或虚假信息干扰司法。主要表现为:通过决策型或咨询型参与,可以代表普通民众参与案件的事实认定与刑法的解释,与司法人员共同决定案件的处理结果或为司法机关处理案件提供参考性意见,将公众从制度外非理性参与引入体制内理性表达观点、近距离监督司法,从而取信于民、消解疑惑。例如,近些年来,在河南省实施的"人民观审团"制度,就是在人民陪审团试点基础上又一种公众参与司法的创新模式。人民观审团成员参加法院庭审并可以独立发表意见,作为人民法院裁判的参考。通过课题组的实地调研发现,在河南省通过人民观审团审理的案件,当事人的服判率比未采用人民观审团的案件的服判率高得多。据河南法官介绍,正是由于人民群众参与案件审理过程能够有效化解矛盾,取得彼此信任,作为案件的被告人能充分认识到自己行为的危害,真诚忏悔因自己的行为所造成的后果。再者,由于通过网络媒体等表达观点的公众仅限于部分公众,而沉默的大多数的观点难以充分表达,因此,通过公众有序的体制内的参与,可以防止网络媒体舆论的偏颇。近些年来,随着自媒体时代的到来,使用信息网络的群体能够迅速对热点事件进行转发、评论,普遍存在案件处理过程缺乏体制内的公众参与。由此导致社会公众对于很多未决案件进行不正当的指责,司法机关往往迫于压力对一些案件的判决成了迎合舆论的不得已的权宜之计。通过有序的体制内的公众参与,一方面使每一个关注案件且不会使用网络的社会个体都有机会参与,能够发出自己的声音;另一方面体制内的参与也能有效避免舆论狂热的不当影响,使参与者更加冷静地对待事实本身,结论的形成更加符合社会预期。

## 二、公众参与有利于实现司法公正

司法公正虽然长期被使用但是尚未得到清晰界定。不同的学者在不同意义上使用的公正概念大致可以归纳为两种,其一是"结果本位的司法公正理论",其二是"程序本位的司法公正理论"。① 就"结果本位的司法公正理论"而言,其核心在于司法裁判的结果是公正的即可实现司法公正,此为实体公正;而"程序本位的司法公正理论"着重强调的是程序公正,即只要严格按照正当程序的结果就应当是妥当的。② 事实上,司法的本质功能在于解决纠纷,而随着目前对解决纠纷的要求不同,主要表现为实体规范通过一定的程序得到落实,司法公正与实体公正、程序公正密不可分。

法律要被社会大多数人所接受,实现司法公正,就必须公正地适用正义的法律,法院就必须公正地对法律进行解释并适用。为了了解我国民众对我国司法公正的评价情况,课题组对此问题进行了问卷调查。从课题组总共收集到的4117份有效问卷的统计结果来看,觉得司法很公正的人数为215人,占总人数的有效百分比为5.2%;觉得司法比较公正的人数为1878人,占总人数的有效百分比为45.6%;觉得司法公正度一般的人数为1455人,占总人数的有效百分比为35.3%;觉得司法不太公正的人数为359人,占总人数的有效百分比为8.7%;觉得司法很不公正的人数为101人,占总人数的有效百分比为2.5%;对司法公正不清楚的人数为89人,占总人数的有效百分比为2.2%(参见表5)。总体来说,觉得司法比较信任的比例最高,感觉一般的其次。觉得司法很公正、比较公正以及一般三者比例总和高达86.2%。而觉得不太公正、很不公正的总和仍占据较大比例,有效百分比为11.2%。

表5:对刑事司法的总体评价问卷调查统计表

| | | 频率 | 百分比 | 有效百分比 | 累积百分比 |
|---|---|---|---|---|---|
| 有效 | 很公正 | 215 | 5.2 | 5.2 | 5.2 |
| | 比较公正 | 1878 | 45.6 | 45.6 | 50.8 |
| | 一般 | 1455 | 35.3 | 35.3 | 86.2 |
| | 不太公正 | 359 | 8.7 | 8.7 | 94.9 |
| | 很不公正 | 101 | 2.5 | 2.5 | 97.4 |
| | 不清楚 | 89 | 2.2 | 2.2 | 99.5 |
| | 其他 | 20 | 0.5 | 0.5 | 100.0 |

---

① 参见公丕祥、刘敏:《论司法公正的价值蕴含及制度保障》,载《法商研究》1999年第5期。
② 参见姚莉:《司法公正要素分析》,载《法学研究》2003年第5期。

续表

|  |  | 频率 | 百分比 | 有效百分比 | 累积百分比 |
|---|---|---|---|---|---|
| 有效 | 合计 | 4117 | 99.9 | 100.0 |  |
| 缺失 | 系统 | 4 | 0.1 |  |  |
|  | 合计 | 4121 | 100.0 |  |  |

从前述统计分析，包括司法人员在内的被调查者对司法公正程度的评价，认为司法不公正的有效百分比达到 11.2%，这是值得警醒的问题。目前，我国为了保障司法公正实施了多项司法改革措施，如优化司法职权配置、推动实行审判权和执行权相分离的体制改革试点、推进以审判为中心的诉讼制度改革、实行办案责任终身追究制和错案责任倒查问责制等，其中就提到在司法调解、司法听证、涉诉信访等司法活动中明确保障人民群众参与，完善人民陪审员制度，构建开放、动态、透明、便民的阳光司法机制，作为保障司法公正的重要举措。由此可见，公众参与刑法适用，对实现实体公正和程序公正，都具有重要意义。

（一）社会公众参与刑法适用有利于实现实体公正

实体公正要求将公平正义原则贯穿于刑法适用的过程中，将法律的一般规定和具体案例联系起来，正确地认定事实并适用法律作出最终裁判。为了保证实体公正，应当注意以下两点：其一，实现实体公正首先要能够正确地认定案件事实；其二，实现实体公正还需要正确地适用法律。社会公众在司法过程中的角色较为丰富，不仅可以对案件事实进行评论，而且也能缓解相关的矛盾。如美国学者所言："陪审团的真正优点似乎是对司法制度起一种安全阀的作用，它可以缓解法官在决定诸如人身伤害诉讼案件中双方当事人势均力敌的案件事实之时，所具有的负担以及由此所引起的憎恨。"① 社会公众的广泛参与在很大程度上有利于促进官方（司法机关）与普通社会公众的沟通。对此表现得更为明显的是在英美法系国家中，例如，在美国适用陪审团制度对案件进行审理时，一般都是从当地的社区中召集相应的成员组成陪审团。虽然我国的人民陪审制与英美法系的陪审团制度存在不同，但是

---

① 参见汤维建：《英美陪审团的价值论争——简议我国人民陪审员制度的改造》，载《人大法律评论》2000 年第 2 辑。

也存在相似之处,即我国的人民陪审员也是从当地居民中产生,如果能够保证其广泛参与刑法的适用,则能够体现出实体公正的基本要求。究其原因有二:第一,当地的居民对当地的社会环境有更好的理解,能够较好地解释案件事实,由此得出的结果更易得到社会大众的认可。正如美国学者所言,"如果有意从与事件发生地不相关的地区召集陪审员,他们很有可能错误解释证据,或者无法理解特定的证据,或者对于证据很困惑,这正是由于他们缺乏有关事件的背景知识。"① "来自当地社区的陪审员更易于对证据做出更好的解读。举例来说,作为纽约的居民,对于人们如何在赶时间的情况下进出地铁,有比希波根、威斯康辛等地的居民更深的理解。因此,当地的陪审员更有可能理解证据中本土化的偏好。"② 再如,以我国的"吴英案"为例,一审裁判刚出来时便引起社会公众的强烈质疑,这不仅表现在判决结果存在量刑过重的嫌疑,而且更为重要的是裁判结果忽略了浙江民间融资的现状。一份针对72位受害人的调查报告表明,"只有16%的受调查者认为应当判处集资诈骗罪死刑,84%的人认为与死刑相比更关注是否能找回自己的损失,甚至有74%的人还认为如果能积极主动地退还自己的钱款就可以不认为是犯罪。"③ 不得不说,这种结果是民间融资在当地盛行所导致的。第二,当地的群众更加关心当地的事情,因而更有利于做出妥当的判断。在美国,"采用当地陪审团的另一个原因是因此审判结果通常很大程度上都由案件审判地承受。例如,当某人被宣告为罪犯而离开这个社区或因无罪而回到社会中,邻居都会受到影响。因此以社区为基础的陪审团更有可能作出正确的决定,他们会仔细关注诉讼过程。"④ 此外,社会公众参与也有利于刑法解释能够正确地适用法律。⑤

**(二) 社会公众参与刑法适用有利于实现程序公正**

程序公正是指程序自身的正当性和合理性,是法律程序的内在价值追

---

① Drew L. Kershen, Vicinage, Oklahoma Law Review33 (1977), p. 79.
② [美]伦道夫·乔娜凯特:《美国陪审团制度》,屈文生等译,法律出版社2013年版,第148页。
③ 骆军:《"欠债偿命"的逻辑悖论与道德困境》,载《西南民族大学学报:人文社科版》2013年第12期。
④ [美]伦道夫·乔娜凯特:《美国陪审团制度》,屈文生等译,法律出版社2013年版,第148页。
⑤ 由于在前文中对该部分中内容有详细阐释,此处不再赘述。

求。程序公正不仅承载着社会民众对于公正的一种期望,而且也是保证社会公正实现的重要举措。社会公众不仅追求实体公正,而且认为程序公正关乎整个社会公正的可能。因此,当社会有机组成部分包含程序公正,公众易于对社会采取一种普遍认同的态度,形成一种普遍的信任,这种普遍认同和普遍信任能减少社会群体之间的隔阂和抵触,减少社会的不安定因素,实现社会公正理念,进而对于社会的安全运行和健康发展方面具有不可替代的作用。程序只有在内在的标准符合正义要求时,才具有完全的正当性,由此产生的结果才能为人们所接受。显然,保证社会公众广泛参与是体现程序正义的重要内容。从其判断标准来看,程序公正的判断标准一方面是为了利害关系人之外的人能够参与其中并能发表意见,另一方面还需要程序透明、公开。

  首先,社会公众参与刑法适用的过程,有利于打破司法机关长期以来形成的封闭状态,赋予程序更大的透明度。长期以来,我国的司法权运作呈现出闭合的状态,特别是合议庭、审委会等制度,更使司法机关行使决策权增添了一层神秘色彩。实现程序公正不仅需要抵制那些非公正的现象,而且也需要打破这些封闭状态,将司法权运作的细节暴露在阳光之下。否则即便有社会公众参与,也不能保证刑法适用的最终结果能够获得认可和支持。以云南的"躲猫猫"事件为例。24 岁的玉溪北城镇男子李某某因盗伐林木被刑拘,在其进入看守所后意外身亡,经鉴定,死因是"重度颅脑损伤"。事件发生后,官方认为其主要是因"躲猫猫"时意外死亡。其后,该新闻在网上引发热议,在某门户网站上,该新闻有 3.5 万多条网友评论,其中很大一部分都在谈论"躲猫猫"。① 在云南"躲猫猫"事件发生后,社会公众对官方给出的结论充满了不信任。云南省委宣传部为了更好地处理此次事件,会同相关部门组成调查委员会前往昆明市晋宁县,对"躲猫猫"事件真相进行实地调查。为了确保公众的知情权,面向社会征集网民和社会各界人士代表 4 名,作为调查委员会成员参与调查。在报名截止期前就有 510 名社会公众报名,云南省委宣传部从报名的社会公众中随机选取人员组成躲猫猫舆论事件调查委员会。经过调查,该委员会得出的结论依然是:死者是游戏时意外受伤导致死亡。然而,这种结论再次遭到社会公众的质疑,公众对调查委

---

① 《云南省委邀请网友调查躲猫猫事件》,http://news.qq.com/zt/2009/dmmdc/,最后访问时间:2018 年 4 月 15 日。

员会人员构成以及身份背景进行了"人肉搜索",调查委员会的合法性遭到了社会公众的普遍质疑。随着事件的进一步发酵,最高人民检察院介入调查,最终还原了事件的真相:即被害人是被同监舍狱友多次殴打致死。显然,在本案中,每个阶段都伴随着社会公众的广泛参与且发表建议,但是在细节的披露上依然存在不足,因而还是不能得到社会公众普遍信任。官方最终公布的调查结论不仅尽量还原案件事实真相,而且对事件的侦查程序也透明化,所以最终获得了社会公众的认可。

其次,社会公众广泛参与保障利害关系人之外的第三方参与其中并能发表意见,增加了司法的公信度。在目前我国社会转型时期,不仅各种权力关系划分不清,而且人情世故不断干扰公共权力,一旦两者相互纠缠便会使"人情寻租"现象频出。权力不公开的运行无疑是"人情寻租"现象最大的幕后推手——权力运行越是不公开、缺乏必要的监督,就越容易出现"人情寻租"。① 不正当的人情关系充斥下的刑法适用极大地破坏了社会公众对自由以及平等的内心向往和憧憬,逐渐扭曲了刑法规范的本来面目,往往导致社会公众面对诉讼又不得不竭力寻找可供使用的人情关系。久而久之,最为直接的后果是社会公众对一切正当的或不正当的现状都产生怀疑,这种怀疑的来源不是基于事实抑或法律的判断,"而是由于公众对司法失去了应有的信任和信心,倾向于对刑事案件的判决结果做出否定评价,而这种状况除了自媒体时代传播手段的快捷的原因之外,社会公众对部分严重刑事案件的不公的反复经验性认识也是其重要原因。"② 这种现象目前已经逐渐演变为"只要能和公权力挂钩的人或事,似乎都是值得怀疑的,也似乎都是应当反对的"。显然,一个社会如果不能保证中立的第三方参与到一些决策型事务或者监督型事务,也就意味着社会成员对社会的普遍认同程度和信任程度迅速降低,意味着对某项事务的决策的正确性得不到应有的保障,意味着权力对社会公正的干扰时常存在,意味着社会公正实现过程中的技术性失误会大量出现,意味着社会成员的基本权利无法得到有效保证。吸纳社会公众参与,能够对司法机关的结构以及司法机关所做出的结果予以一定程度的影响。相比较而言,越是中立的第三方参与诉讼程序,获得认可度远远高于那

---

① 参见张东平:《论刑法的公众信仰与犯罪控制》,载《内蒙古社会科学(汉文版)》2014年第4期。

② 参见胡铭:《司法公信力的理性解释与建构》,载《中国社会科学》2015年第4期。

些有利益关系纠葛的非中立第三方的参与。就社会公众参与而言，无论是英美法系实行的陪审团制度，大陆法系的参审制度，还是我国新一轮的人民陪审员制度，改革中就是要扩大陪审员的数量，不仅有一系列程序保障其参与的随机性，而且任职期限也存在短暂性，与司法机关、案件当事人以及其他相关的诉讼参与人之间不得存在任何利益关系，以确保其中立性的角色地位。保障该类主体参与其中，并赋予其对结果的表决权，能够确保其结果被诉讼参与的各方认同，从而提升司法公信力。

课题组就"公众参与是否有助于实现司法公正"进行调查显示，有44.0%的人认为有助于实现司法公正，有35.2%的人认为可能有。也就是说，有79.2%的人认为有助于或者可能有助于实现司法公正（参见表6）。

表6：公众参与是否有助于实现司法公正问卷调查统计表

|  |  | 频率 | 百分比 | 有效百分比 | 累积百分比 |
|---|---|---|---|---|---|
| 有效 | 有 | 1812 | 44.0 | 44.0 | 44.0 |
|  | 可能有 | 1449 | 35.2 | 35.2 | 79.3 |
|  | 不会 | 219 | 5.3 | 5.3 | 84.6 |
|  | 难说 | 516 | 12.5 | 12.5 | 97.1 |
|  | 不清楚 | 90 | 2.2 | 2.2 | 99.3 |
|  | 其他 | 28 | 0.7 | 0.7 | 100.0 |
|  | 合计 | 4114 | 99.8 | 100.0 |  |
| 缺失 | 系统 | 7 | 0.2 |  |  |
| 合计 |  | 4121 | 100.0 |  |  |

而就"公众参与是否有助于实现司法公正"这一问题，从身份与是否有助于实现司法公正交叉统计表来看，在所有受访群体中，认为有助于实现司法公正的比例均超过70%，其中人大代表、专家学者、其他公众和陪审员这四个群体更是高于80%，分别为85.1%、81.9%、81.3%和80.3%（参见表7）。

表7：身份 * 公众参与是否有助于实现司法公正交叉统计表

| | | | 公众参与是否有助于实现司法公正 | | | | | | 合计 |
|---|---|---|---|---|---|---|---|---|---|
| | | | 有 | 可能有 | 不会 | 难说 | 不清楚 | 其他 | |
| 身份 | 法官 | 计数 | 169 | 146 | 32 | 67 | 14 | 2 | 430 |
| | | 身份中的% | 39.3% | 34.0% | 7.4% | 15.6% | 3.3% | 0.5% | 100.0% |
| | | 公众参与是否有助于实现司法公正中的% | 9.4% | 10.1% | 14.8% | 13.1% | 16.3% | 7.1% | 10.5% |
| | 检察官 | 计数 | 142 | 141 | 32 | 60 | 9 | 1 | 385 |
| | | 身份中的% | 36.9% | 36.6% | 8.3% | 15.6% | 2.3% | 0.3% | 100.0% |
| | | 公众参与是否有助于实现司法公正中的% | 7.9% | 9.8% | 14.8% | 11.7% | 10.5% | 3.6% | 9.4% |
| | 陪审员 | 计数 | 29 | 20 | 1 | 8 | 2 | 1 | 61 |
| | | 身份中的% | 47.5% | 32.8% | 1.6% | 13.1% | 3.3% | 1.6% | 100.0% |
| | | 公众参与是否有助于实现司法公正中的% | 1.6% | 1.4% | 0.5% | 1.6% | 2.3% | 3.6% | 1.5% |
| | 律师 | 计数 | 142 | 92 | 31 | 39 | 1 | 0 | 305 |
| | | 身份中的% | 46.6% | 30.2% | 10.2% | 12.8% | 0.3% | 0.0% | 100.0% |
| | | 公众参与是否有助于实现司法公正中的% | 7.9% | 6.4% | 14.4% | 7.6% | 1.2% | 0.0% | 7.5% |
| | 公安机关人员 | 计数 | 57 | 50 | 11 | 13 | 2 | 1 | 134 |
| | | 身份中的% | 42.5% | 37.3% | 8.2% | 9.7% | 1.5% | 0.7% | 100.0% |
| | | 公众参与是否有助于实现司法公正中的% | 3.2% | 3.5% | 5.1% | 2.5% | 2.3% | 3.6% | 3.3% |
| | 专家学者 | 计数 | 78 | 53 | 9 | 17 | 3 | 0 | 160 |
| | | 身份中的% | 48.8% | 33.1% | 5.6% | 10.6% | 1.9% | 0.0% | 100.0% |

续表

| | | | 公众参与是否有助于实现司法公正 | | | | | | 合计 |
|---|---|---|---|---|---|---|---|---|---|
| | | | 有 | 可能有 | 不会 | 难说 | 不清楚 | 其他 | |
| 身份 | 专家学者 | 公众参与是否有助于实现司法公正中的% | 4.3% | 3.7% | 4.2% | 3.3% | 3.5% | 0.0% | 3.9% |
| | 人大代表 | 计数 | 31 | 26 | 1 | 9 | 0 | 0 | 67 |
| | | 身份中的% | 46.3% | 38.8% | 1.5% | 13.4% | 0.0% | 0.0% | 100.0% |
| | | 公众参与是否有助于实现司法公正中的% | 1.7% | 1.8% | 0.5% | 1.8% | 0.0% | 0.0% | 1.6% |
| | 其他 | 计数 | 1158 | 911 | 99 | 299 | 55 | 23 | 2545 |
| | | 身份中的% | 45.5% | 35.8% | 3.9% | 11.7% | 2.2% | 0.9% | 100.0% |
| | | 公众参与是否有助于实现司法公正中的% | 64.1% | 63.3% | 45.8% | 58.4% | 64.0% | 82.1% | 62.3% |
| 合计 | | 计数 | 1806 | 1439 | 216 | 512 | 86 | 28 | 4087 |
| | | 身份中的% | 44.2% | 35.2% | 5.3% | 12.5% | 2.1% | 0.7% | 100.0% |
| | | 公众参与是否有助于实现司法公正中的% | 100.0% | 100.0% | 100.0% | 100.0% | 100.0% | 100.0% | 100.0% |

## 三、公众参与有利于实现司法公开

"正义不仅要实现，而且要以看得见的方式实现。"[①] 近些年来，司法公开成为司法系统改革的重要内容，强化司法公开的理念，确保审判权能够以看得见的方式实现。"通过司法公开，人民群众可以依靠公开的基本素材评判和监督司法，这有助于公众增强对于司法的信任度，有助于提升公众对司

---

① [英]丹宁勋爵：《法律的正当程序》，李克强、杨百揆、刘康安译，法律出版社 2011 年版，第 23 页。

法公正的感受度。经过长期累积,这自然能够增强司法的公信力和促进司法的公正性。"① "司法权的运行是否具有足够的信任是提升司法公信力的重要条件,而司法公信力的评价最终也会依赖社会公众的一般判断得以实现。"② 那么如何对司法公信力进行衡量呢?学界一般认为,除了司法系统的内部评价之外,"司法公信力对于司法能否作为社会纠纷解决的最后一道防线具有非同寻常的作用,它关系到社会公众对司法机关作为中立裁判者的认同性问题。"③ 因而,需要社会公众对其公信力进行衡量的外部评价。而由社会公众对司法所进行的外部评价构成了司法公信力的核心,这种评价主要是依赖对司法的过程以及结果等因素全面衡量后才能做出,而前提是司法活动及结果向公众公开。④

(一)社会公众参与有利于促进刑法适用的过程公开

目前官方公布渠道的形式多样且具有灵活性,随着司法改革的逐步深入,公开的深度和广度都进行了有效的拓展,如有权机关不仅应当依法公开相关事项,而且还应当根据相关规定和要求,落实"主动公开、全面公开和实质公开"等内容。在不同的阶段可能涉及不同的要求,但是作为刑法适用的过程,也要遵循司法改革的要求,"公开相关的过程是为原则,不公开过程为例外"。现实中的落实情况并不乐观。通过对近几年来的一些案件进行梳理后发现,一些机构在刑法适用中实施了隐蔽性的调查行为,致使相关的调查结论明显背离了基本常识判断,且此类案件还不在少数。例如,盗窃嫌疑人邢某在某派出所自缢身亡,身上带有明显的伤痕。该派出所对死亡事件情况做出通报:犯罪嫌疑人邢某系用纸币捅开手铐,用携带的鞋带自缢身亡,死者伤痕为群众制服过程中所致。⑤ 再如,某学校学生陈某在某市治安拘留所内猝死,公安局相关负责人在接受访问时表示,"翻看监控录像,

---

① 张新宝、王伟国:《司法公开三题》,载《交大法学》2013年第4期。
② 参见于厚森等:《司法公信力的开放性特征及其实现路径——以司法的公众参与为视角》,载《中国党政干部论坛》2013年第11期。
③ 陈发桂:《重塑信用:论司法公信力的生成》,载《学术论坛》2011年第8期。
④ 参见于厚森等:《司法公信力的开放性特征及其实现路径——以司法的公众参与为视角》,载《中国党政干部论坛》2013年第11期。
⑤ 《昆明通报嫌犯派出所自缢案:纸币开手铐用鞋带自缢》,http://news.ifeng.com/society/2/detail_2009_12/16/843348_0.shtml,最后访问时间:2018年4月15日。

未发现死者有被虐待、被体罚情况,认为死者可能是睡觉时心脏骤停死亡的。"① 可以说,从人性的角度而言,每个社会个体会对社会未知的事项具有强烈的好奇心,"本能论"的学者认为好奇是人类的原始动力,"好奇就像饥饿一样,当个体体验到饥饿时会寻求食物,而当个体体验到好奇时,就会探索周围的环境。"② 一旦社会个体无法从现有的信息状态中满足其对于该事物的认知,将会进一步刺激其探索其中的真相。而正是社会公众在刑法适用过程中参与度不足,对刑法适用的基本信息的获取渠道极为有限,最终导致一些刑法适用明显背离基本的常识判断,刑法适用的结果难以使社会公众信服。那么,如何使社会公众能够最大限度地了解刑法适用的相关信息?这就需要吸纳普通民众参与到刑法适用的过程中,让其能够了解相关事件的来龙去脉,然后再通过其参与的实际情况将调查结果公布于众,如此才能获取其他社会公众的认可。具体来看,在决策参与的类型中,决策的内容以及行使决策的规则等都应属于公开的范围;在监督参与的类型中,对于监督的对象以及监督的内容等也应属于公开的范围;而在咨询参与的类型中,对于咨询的对象以及咨询的程序等也属于公开的范围。例如,前文所列举的"躲猫猫"事件中,社会公众参与调查后公布了案件的调查过程、调查结果、事件起因等,这是作为监督型的参与类型,社会公众参与后也是将其监督的过程作为公开的重要内容,为平息事件做出了较好的示范。

(二) 社会公众参与有利于促进刑法适用的结果公开

按照习近平总书记提出的"让暗箱操作没有空间,让司法腐败无法藏身"的要求,最高人民法院落实相关精神,在司法领域推行了一系列司法公开的改革举措,如"除涉及国家秘密、未成年人犯罪、以调解方式结案、离婚诉讼或涉及未成年子女抚养等情形外,各级法院作出的裁判文书统一在中国裁判文书网公开"。可以说,目前我国在刑法适用的结果公开层面的改革力度较大,取得的实际效果明显。裁判文书网中的裁判文书不仅增加了蒙、藏、维、朝鲜和哈萨克等5种民族语言,而且致力于满足社会各界群众查阅相关裁判文书的需求,提供全网智能化检索服务。通过裁判文书网的公

---

① 《浙江武义在押人员看守所内"睡觉死亡"》,http://news.163.com/10/0304/08/60TUOONN000146BC.html,最后访问时间:2018年4月15日。

② 李天然等:《人类为什么会好奇?人际好奇的概念、功能及理论解释》,载《心理科学进展》2015年第1期。

开是一种制度性的公开，应当是一种广义的结果的公开，包括跟刑法适用相关的一切结果。在实践中存在虽然公布了案件适用的最终结果，但是并未向相关当事人家属公开相关信息的情形，同样影响了司法的公信力。例如，曾某因为非法集资犯罪被执行死刑，其家属并未获得通知。显然，判处其死刑的结果只能是一种狭义的结果需要公开，对于其执行死刑的具体时间、地点以及如何安排会见等这些也需要公开的内容却鲜有涉及。问题的根源在于，执行死刑涉及被告人的权利保障且多伴随着被告人的恐惧以及社会的不适应等问题，所以长期以来除了特定的人员能够参与其中，其他人都不能参与罪犯死刑执行过程。但是，适当吸纳社会公众参与其中，不仅能够监督该类型刑法适用，而且通过参与机制明确将该适用结果向社会公众公开。如此不仅是保障程序公正合理的做法，而且也是保障犯人基本人权的要求。

# 第四章
# 刑法适用公众参与的制度化范围

  1969年,美国学者Sherry Arnstein发表了《市民参与的阶梯》一文,在该文中,其提出了"参与阶梯理论",将公众参与的程度或深度由浅到深划分为八个层次:"操纵""治疗""告知""咨询""安抚""合作""授权""公众控制",① 其中,"操纵"和"治疗"属于假参与,其目的是为了控制民众;"告知""咨询""安抚"属于表面性、象征性参与;"告知"是政府将信息通告公众,使公众知晓;"咨询"是公众向政府提供信息,为政府决策提出参考;"安抚"就是政府对公众的反应做出回应,吸纳一些公众参与决策程序,起到安抚公众的作用。在"告知""咨询""安抚"阶段,政府处于主导地位;"合作""授权""公众控制"属于深度公众参与,公众与政府合作,共同进行决策,公众拥有决策权。德斯蒙德·康纳按照解决问题的步骤构建了新的参与阶梯,新的参与阶梯由下至上分别为:教育、信息反馈、咨询、共同规划、调解、诉讼和解决/预防。② 阿克兰将公众参与阶梯划分为六级,由下至上分别为:研究/数据收集、信息供给、咨询、参与、

---

  ① 参见武小川:《公众参与社会治理的法治化研究》,中国社会科学出版社2016年版,第75—76页。

  ② 参见武小川:《公众参与社会治理的法治化研究》,中国社会科学出版社2016年版,第79—80页。

合作/协作、委派/指定权威。① "公众参与阶梯"实际上是公众对决策影响力的强弱程度。任何参与阶梯上的层次都有一定的功能,按照功能的不同,可以将"公众参与深度"划分为三级,由浅入深分别是:监督、咨询、决策。"监督"的主要功能是增进决策的可接受性,"咨询"的主要功能是交流信息,"决策"的主要功能是分享决策权。在刑法适用中,某一公众参与方式应归入何种深度的参与方式,取决于该种方式本身的功能和刑法适用的需要,换言之,只有功能和需要相匹配的参与方式才是有效的。

刑法适用公众参与无疑有助于实现刑事司法公正和民主,但是不是所有的公众都应当参与刑法适用?公众是不是应当参与刑法适用的所有阶段?公众应当被分享多少刑法适用的权力?这涉及刑法适用公众参与的范围问题。明确刑法适用公众参与范围是构建刑法适用公众参与机制的前提和基础。一般而言,刑法适用公众参与的范围由两个维度决定:一是公众参与的广度,即刑法适用的哪些环节公众可以参与;二是公众参与的深度,即公众参与刑法适用的强弱层次。美国公共管理学家约翰·克莱顿·托马斯教授认为:"公民参与适宜度主要取决于最终决策中政策质量要求(Quality)和政策可接受性要求(Acceptability)之间的相互限制。"② 也就是说,政策质量要求和政策可接受性要求是公众参与广度和深度的两大决定性因素。另外,公众参与的深度和广度还要考虑到公众参与实现能力问题,这里的"实现能力"指的是公众参与所必须的客观条件,如果客观条件不完备,不宜扩大公众参与的范围和深化公众参与的程度。就刑法适用公众参与而言,只有从刑法适用公众参与的广度和深度两个维度着手,才能构建与刑法适用的特点、公众参与目的、公众参与可行性等相适应的参与机制。从刑法适用公众参与的广度而言,按照人民主权学说,公众(公民)可以参与任何活动,包括政治、经济、文化、科学等活动,我国《宪法》第2条第3款规定:"人民依照法律规定,通过各种途径和形式,管理国家事务,管理经济和文化事业,管理社会事务。"而刑法是国家通过法律治理社会的最重要的方式与途径,公众参与刑法制定与适用,既是公民的宪法权利,也是依法治国方略的应有之

---

① [英]安德鲁·弗洛伊·阿克兰:《设计有效的公众参与》,载蔡定剑主编:《公众参与:欧洲的制度和经验》,法律出版社2009年版,第299页。

② [美]约翰·克莱顿·托马斯:《公共决策中的公民参与》,孙柏瑛等译,中国人民大学出版社2010年版,第2页。

意。当今世界各国不断创新制度形式吸收公众参与法律适用活动，既是顺应司法民主化的世界潮流，也是一个国家或地区政治民主的一个重要标志。因此，刑法适用的整个过程公众均可参与，如司法解释、检察、审判等过程。而刑法适用公众参与的深度，则是在刑法适用的各环节，基于公众参与的目的，根据刑法适用各环节的特点，权衡公正与效率，选择设立公众参与的制度类型，即设立决策型还是咨询型抑或监督型参与。公正和效率是司法追求的两大目标，也是评价司法质量的两大标准。"公正是司法的灵魂"，这要求司法对社会利益的分配能得到公众的认同，司法裁判是社会是非、善恶、真伪的主要判断标准，通过公众参与司法最终实现司法公正；但"迟到的正义是非正义的"，这句法谚蕴含着对司法效率的追求，"法经济学的效益理论认为，在资源日益紧张的社会现实下……有效利用资源便是最大的正义"。[1] 随着我国社会的发展，人们的法治意识日益高涨，通过司法解决纠纷的行为越来越多，我国社会真正进入了一个"诉讼爆炸"的时代，如果不能及时、有效地维护公民的合法权益，违法行为不能及时地得到应有的惩罚，公民对司法公正的信心就会被削弱。因此，刑法适用公众参与范围的确定，必须处理好司法公正与司法效率之间的关系。英美法系国家的陪审团因低效和成本高的问题而一直遭受诟病：一般而言，陪审团审理的案件比单纯由法官审理的案件耗时长；挑选陪审员、为陪审员审理案件提供保障要耗费大量的时间和金钱。为提高刑法适用效率，应根据刑法适用的各环节分别设置不同深度的参与类型。在现代社会，公众参与制度本身是针对代议制度的不足而建立的，因此，如果刑法适用公众参与的功能有成本低的制度充任，就不必要设立成本高的制度，如监督型参与可满足需要就不必设置决策型参与，因为监督更方便，成本更小。课题组认为，决策型参与仅限于审判阶段，在司法解释、检察、审判等环节，可根据需要设立咨询型参与，而在整个刑法适用过程均可适用监督型参与，其中需要针对司法解释环节设立特别的监督机制。

---

[1] 刘大洪：《法经济学视野下的经济法研究》（第二版），中国法制出版社2008年版，第54页。

## 第一节　决策型公众参与的制度化范围

决策型公众参与是刑法适用公众参与程度最深的一种参与方式，这意味着公众直接与刑法适用机关共同决定刑法适用。因此，在刑事司法解释的制定与适用、刑事案件从立案到刑罚执行整个过程中，如何确定公众参与决策的环节和具体事项，是构建刑法适用公众参与制度的核心。本节分几个方面进行深入探讨。

### 一、设立决策型公众参与的刑法适用阶段

如前文对刑法适用的界定，我国刑法适用的阶段包括刑事司法解释的制定检察（主要是刑事起诉）、审判等。那么，哪些阶段公民可以或必须参与决策？目前，我国在制定刑事司法解释时向公众征求意见，在刑事立案时可以接受公众举报、控告，在审查起诉阶段有人民监督员制度等，在审判阶段有人民陪审员制度、庭审旁听制度等，而且，在整个刑事诉讼过程中，公众都享有监督权。切记不能将公众参与刑法适用的范围局限于刑事审判。在刑事司法中哪些环节应当有公众参与（可多选）的问题上，课题组的调查结果显示：在4121份问卷中，回答此问题的4105份问卷中，39.4%的人选择刑事司法解释，68.4%的人选择刑事审判，34.2%的人选择刑罚执行，49.8%的人选择刑罚变更执行，绝大部分人认为刑事审判应允许公众参与（参见表8）。

表8：刑法适用中公众应当参与的环节问卷调查统计表

| | | 频率 | 百分比 | 有效百分比 | 累计百分比 |
|---|---|---|---|---|---|
| 有效 | 刑事司法解释 | 1619 | 39.4 | 39.4 | 100 |
| | 刑事审判 | 2809 | 68.4 | 68.4 | 100 |
| | 刑罚执行 | 1320 | 34.2 | 34.2 | 100 |
| | 刑罚变更执行（减刑、假释、暂予监外执行） | 2045 | 49.8 | 49.8 | 100 |

续表

|  |  | 频率 | 百分比 | 有效百分比 | 累计百分比 |
|---|---|---|---|---|---|
|  | 其他 | 132 | 3.2 | 3.2 | 100 |
|  | 合计 | 4105 | 99.6 | 99.6 | 100 |
| 缺失 |  | 16 | 0.4 | 0.4 |  |
| 合计 |  | 4121 | 100 | 99.6 | 100 |

在哪些阶段应设立决策型公众参与制度，必须从刑法适用各阶段的任务、对刑法适用结果的影响、有无其他更有效的监督与救济制度等多个方面进行考察。显而易见，公众在决策型参与中享有的权力最大、发挥的作用也最大，但是并不是所有的公众参与形式都应采用决策型，原因主要有：（1）公众对决策的直接参与虽然可以体现决策的民主性，但是并非科学决策的充分条件。历史的经验证明，公众的意见并非总是正确的。换言之，民主是科学决策的必要条件，而不是充分条件。仅仅依靠民主，不可能杜绝决策错误。（2）代议制民主依然是现代民主的主要形式，国家机关及其工作人员才是决策权的主导者，国家不能将自己的职责完全委托于公众。而且，行使司法决策权具有十分强的专业性。（3）决策受效率的限制，政府在决策过程中要投入成本，而且公众也要在参与中耗费成本。与其他公众参与类型相比，决策型参与是最耗费成本的。因此，决策型参与在公众参与形式中占据的比例应最小（参见图1）。

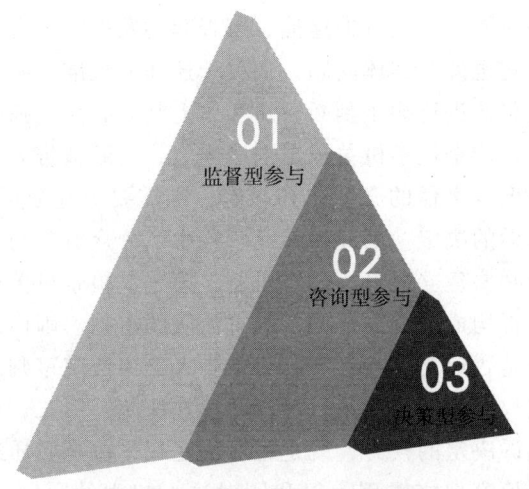

图1：公众参与类型三角比例图

具体而言，在刑法适用中，决策型公众参与的阶段应限于审判阶段，而不必在其他阶段设立决策型公众参与制度。

### （一）刑事司法解释不必设立决策型公众参与

由于刑事司法解释是就司法适用中对法律不明、歧义、空白等问题统一适用标准或予以明确所做出的解释，直接关系着公民行为的边界及权利义务的划分，公民参与虽有必要性，但却不必建立决策型参与机制。原因有：第一，刑事司法解释是对刑法规范的明确，受既有法律条文的制约，且司法解释仅限于法律适用过程中需要明确界限的规定。第二，需要做出司法解释的，往往是在适用中出现了理解与解释的分歧，这说明在实践中已形成了一定的观点争议，做出司法解释就是对相互争议的观点进行选择，因而司法解释出现严重问题的机率不高。第三，在制定司法解释时，可通过公开征求意见与邀请专家学者及公众参与听证与论证，来保障司法解释的合理性。第四，司法解释有立法机关的监督，对不符合立法意图的解释，立法机关可行使相应的监督权力，有效保障司法解释的合理性。第五，司法解释的结果还需要在刑法适用过程中验证其合理性，可以通过公众异议制度等监督制度的完善纠正不合理司法解释。因此，公众参与刑事司法解释的制定、修改或废除，最好的方式是完善现有咨询型制度，并建立监督型制度，从而促进刑事司法解释的科学性、合理性，而无必要构建决策型公众参与机制。

### （二）检察阶段不必建立决策型参与制度

检察阶段的主要工作是批准逮捕、审查起诉及提起公诉。检察阶段的任务既涉及程序问题也涉及实体问题，如关于逮捕的批准，必须由检察机关对行为人是否构成犯罪进行初步判断，从实体上判断有无逮捕的必要性。审查起诉与提起公诉，均是检察机关根据刑法规定，判断被告人的行为是否构成犯罪、有无追究刑事责任的必要。如果有，则需要提起公诉，如果无必要，则可以作出不起诉的决定。因此，在此阶段中，公众有参与的必要，但基于以下原因，没有必要建立决策型参与机制：第一，检察机关虽然有提起公诉的决定权，但是否构成犯罪，还必须经过法院的审判。因而，检察机关的决策权主要是决定是否启动审判程序，将被告人交由法院审判。换言之，其决策权是程序决定权，而实质决策权即定罪权在法院。第二，虽然检察机关对被告人作出不起诉决定的权力，既是程序决定权，也是实质决策权，需要加以规制，以防止检察权之滥用。但我国对这一权力的限制已有其他相关制度，如刑事诉讼法的相关规定。主要内容有：（1）公检法机关之间相互制约。检察机关的不起诉决定，应当公开宣布。对于公安机关移送起诉的案件，检察机关决定不起诉的，应当将不起诉决定书送达公安机关。公安机关认为不起诉的决定有错误的，可以要求复议，如果意见不被接受，可以向上一级检察机关提请复核。（2）案件当事人有申诉权、请求提起公诉权与直接到法院起诉（即自诉）的权利。对于有被害人的案件，检察机关决定不起诉的，应当将不起诉决定书送达被害人。被害人如果不服，可以自收到决定书后7日内向上一级检察机关申诉，请求提起公诉。检察机关应当将复查决定告知被害人。对检察机关维持不起诉决定的，被害人可以向法院起诉。被害人也可以不经申诉，直接向法院起诉。法院受理案件后，检察机关应当将有关案件材料移送法院。被不起诉人如果不服，可以自收到决定书后7日内向检察机关申诉。检察机关应当作出复查决定，通知被不起诉人，同时抄送公安机关。第三，从世界范围看，在检察环节的决策机制已被废止，如英美国家的起诉陪审团（大陪审团）制度已于1948年被废止。① 基于上述理由，对检察阶段可设立咨询型和监督型公众参与机制，而无必要建立决策型参与机制。

（三）刑罚执行阶段不必设立决策型公众参与机制

刑罚执行阶段是执行机关依照法院判决将刑罚付诸实施的过程，刑罚是法院适用刑法的结果，执行机关不存在刑法适用问题。执行阶段的减刑、假释制度，属于刑法适用问题，但执行机关无裁决权，只有根据刑法规定和罪犯表现，提请人民法院通过审判程序对服刑人员予以减刑与假释。既然在此阶段执行机关本无决策权，更无必要设立决策型公众参与机制，设立监督型公众参与机制如听证、公示等即可。通过人民法院审判程序对服刑人员予以减刑和假释的，可根据减刑、假释审判的实际需要，决定是否设立决策型公众参与机制。2014年，最高人民法院发布《关于减刑、假释案件审理程序的规定》明确人民陪审员可以参与减刑、假释案件的审理，无疑拓宽了公众参与刑事审判的渠道，增加了减刑、假释案件审理的透明度，但这仍属于审判阶段的决策型公众参与，而不是刑罚执行阶段决策型公众参与。

---

① 参见吴景钦：《国民参与刑事审判制度——以日本裁判员制度为例》，丽文文化事业有限公司2010年版，第104页。

(四) 审判阶段有必要设立决策型公众参与

陪审制度是公众决策型参与刑法适用的典型制度，从本质上来说就是司法权的分配机制，通过权力分配让普通公众分享本应由职业法官独享的司法权，实现对职业法官的司法权的监督和制约。至于为何在审判阶段应设立决策型公众参与机制，主要理由如下：

第一，从审判的地位来看，审判是对被告人刑事责任追究的最后一环，既最终决定被告人的行为是否构成犯罪以及是否给予刑罚处罚，也是对侦查、起诉阶段可能产生冤假错案进行纠正的阶段；既是实现公正的阶段，也是纠正不公的阶段。我国《刑事诉讼法》第12条规定："未经人民法院依法判决，对任何人都不得确定有罪。"在侦查、起诉和审判三者关系中，审判是中心。一个刑事案件设置了从立案、侦查、起诉到审判的各种程序，目的是为审判提供证据，并由审判机关运用各种证据，依法、公正地确认被告人的行为是否构成犯罪、构成何种犯罪。在刑事诉讼活动中，应以审判为中心。"以审判为中心"关键是落实"以庭审为中心"，发挥庭审在事实认定、证据采信、定罪量刑中的决定性作用。刑法适用决策型公众参与的最核心阶段就是审判，公众只有参与审判活动，才能真正享有决策权，才能真正在刑法适用活动中发挥实质性作用，才能真正对法官起到监督和制约作用。

第二，从审判的目标来看，审判的目标是实现公平正义。要实现公平正义，首先必须要有程序公正，要在程序正义的基础上最终实现实质正义。而实质正义的实现，必须在审判中充分反映公众的基本情感与诉求。随着法治的不断发展，刑法适用的专业化程度越来越高，但过度的专业化导致法官更注重技艺理性而往往忽视自然理性，由此可能会带来的弊害是"对法律专业的过度关注而减少对社会生活的关注和对事物理解的广度；对案件事实和法律的认知可能变得越来越复杂；造成专业领域内的过度竞争，排斥其他知识的进入；容易造成司法人员的专制和独断。"① 职业法官长期受职业训练和职业环境的熏陶，难免与社会存在一定的距离和隔阂，可能会出现职业理性有余，而社会经验和情感不足的问题。我国台湾地区的公众将年纪轻、刚愎自用、脱离现实、违背常识裁判的法官戏称为"恐龙法官"。"恐龙法官"闹出不少笑话，如在一起成年人对幼童性侵的案件中，就因为幼童不懂得出

---

① 参见［美］阿尔奇·J. 巴姆：《论专业化带来的若干弊端》，刘昌果译，载《天府新论》1995年第4期。

言拒绝，法官就认为没有所谓胁迫之事，因此宣告被告人无罪。① 这样的判决显然与民众的常识相违背。由于对一连串性侵幼童案件遭法官轻判现象的不满，我国台湾地区民众在2010年发起"白玫瑰"运动集会，要求进行司法改革，从而推动了台湾国民参审制度的建立。"二战"后，日本在美国的接管下，政治上实行民主，但司法仍然实行单纯的职业法官制度，未实行陪审制度，在审判中排斥民众参与。鉴于日本司法与社会越来越疏离，冤假错案频出，最终促使日本裁判员制度的建立。韩国也在实行几十年的职业法官制度后被迫建立了陪审制度。

第三，从审判的后果来看，法院通过对案件进行审判，决定被告人是否构成犯罪、构成何罪及应给予何种刑罚处罚，直接影响被告人的人身自由权利、财产权利甚至生命权利。通过裁判被告人行为的性质、法律后果等，宣示了社会公众行为边界，确定了社会权利义务关系。因此，审判不仅关涉公民个人权利与自由，也关涉全体公民的基本人权。所以，应在一些重大、疑难案件中设立决策型公众参与机制，建立公众与法官互动沟通机制，打破司法封闭，实现法官与公众的视域融合，从而提升司法裁判的可接受性。

第四，从审判权的运行来看，审判权是一项直接关系公民权利自由甚至生命的公共权力。而从公共权力的特性来看，任何公共权力如果不受监督和制约都可能走向专制和腐败，司法权也不例外。制约权力的路径有两条：其一是以权力制约权力，其二是用权利制约权力。公众参与刑法适用的原理就是用公民权利制约刑事司法权，通过制定公民参与机制，让公众参与刑法适用，实现对刑事司法权的监督和制约，有利于防止刑事司法权的滥用和受到不当干扰，从而实现刑事司法公正。在决策型公众参与过程中，公众分享了决策者（国家机关及其工作人员）的决策权，如同决策者一样在决策中发挥着作用，实际享有国家权力，公众的意见影响决策的过程和结果，从而打破了国家机关及其工作人员对权力的独占和垄断。公众分享决策权的基础仍然是公民拥有的权利，是以公民权利制约国家权力。

第五，公众有参与审判的能力和意愿。公众是否具有参与审判的能力？在英美法中，刑事案件的证明标准是 beyond allreasonable doubt（排除一切合理怀疑），意思就是 reasonable person will not have doubt（正常人、理性人毫

---

① Rocky：《恐龙法官祸国殃民》，http：//blog.ifeng.com/article/14137126.html，最后访问时间：2016年9月9日。

无疑义)。换言之，被告人是根据正常人、理性人、一般人的标准被裁判的，而职业法官并不能代表社会中的 reasonable person。在刑事案件的裁判中，由从公众中随机挑选出来的陪审员来决定刑事被告人是否存在犯罪事实就是十分合理的。有证据证明，普通民众在事实判断方面的能力与职业法官不相上下，甚至优于职业法官。而刑法适用的前提是事实认定，公众完全能胜任事实认定。在是否希望公众参与审判的问题上，课题组对"假如亲朋好友是案件当事人，您是否希望公众参与审理"的调查结果显示：23%的人选择非常希望，39%的人选择比较希望，23.5%的人选择不太希望，3.7%的人选择非常不希望，6.7%的人选择无所谓。也就是说，大多数人还是希望公众参与审判的（参见表9）。

表9：亲友是案件当事人是否希望公众参与审理问卷调查统计表

|  |  | 频率 | 百分比 | 有效百分比 | 累积百分比 |
| --- | --- | --- | --- | --- | --- |
| 有效 | 非常希望 | 943 | 22.9 | 23.0 | 23.0 |
|  | 比较希望 | 1598 | 38.8 | 39.0 | 61.9 |
|  | 不太希望 | 962 | 23.3 | 23.5 | 85.4 |
|  | 非常不希望 | 151 | 3.7 | 3.7 | 89.1 |
|  | 无所谓 | 274 | 6.6 | 6.7 | 95.8 |
|  | 不清楚 | 174 | 4.2 | 4.2 | 100.0 |
|  | 合计 | 4102 | 99.5 | 100.0 |  |
| 缺失 | 系统 | 19 | 0.5 |  |  |
| 合计 |  | 4121 | 100.0 |  |  |

## 二、决策型公众参与审判案件的类型

确定决策型公众参与审判的案件类型，是设立决策型公众参与机制的基础。从世界其他国家确定决策型公众参与审判的案件类型标准来看，一般有以下三个标准：一是案件的性质，二是被告人可能被判处刑罚的轻重，三是被告人申请。如美国宪法第六修正案规定："在一切刑事诉讼中，被告有权由犯罪行为发生地的州和地区的公正陪审团予以迅速和公开的审判。"按照此规定，陪审团参与审判的案件是所有案件，启动方式是被告人申请。俄罗斯则根据被告人可能被判处的刑罚确定陪审团参与审理案件的范围，即陪审案件限于被告人可能被判处 10 年以上监禁或者死刑的案件，不在其他刑事案件中和民事案件中被适用。且由被告人提起申请而启动陪审团审判。而日本根据两个标准即"被告人可能被判处的刑罚"以及"犯罪类型"确定裁判员参与审理案件的范围。日本《裁判员法》规定的裁判员参与审判的案件仅限于两类，即"有关死刑或无期惩役或禁锢之罪及《法院组织法》第 26 条第 2 项第 2 款所列事件"。韩国陪审团法规定陪审员参与审判的对象事件主要限于暴力犯罪致人死亡的案件及有特别加重处罚情节的犯罪。此外，审级也是确定决策型公众参与范围的一个重要标准。当今世界各国的陪审团参与审理的案件一般限于一审案件，而法国则有例外规定。法国允许对陪审团的判决提起上诉，上诉案件的审判由最高法院指定另外的重罪法院确定 12 名参审员和 3 名职业法官组成合议庭进行。① 因此，陪审员参与审判的案件也可以是二审案件。

　　根据全国人民代表大会《关于完善人民陪审员制度的决定》的规定，我国人民陪审员参与审判的案件范围标准是多元化的：有案件影响度，有被告人可能判处刑罚的轻重，还有被告人申请。而人民陪审员参与审判的案件，均为第一审案件。人民陪审员参与审判案件的类型（适用简易程序审理的案件和法律另有规定的案件除外）主要有两类：一是社会影响较大的刑事、民事、行政案件；二是刑事案件被告人、民事案件原告或者被告、行政案件原告申请由人民陪审员参加合议庭审判的案件。由于社会影响较大的刑事案件缺乏明确的判断标准，而判断主体实质上是法院。2010 年最高人民法院《关于人民陪审员参加审判活动若干问题的规定》将人民陪审员参与审判的案件范围扩大，一是人民陪审员参与审判的案件包括涉及群体利益的、涉及公共利益的、人民群众广泛关注的及其他社会影响较大的；二是被告人申请的人民陪审员参加审判的。同时还规定，人民法院征得前款规定的当事人同意由人民陪审员和法官共同组成合议庭审判案件的，视为申请。为提高人民陪审员参与审判的比例，2013 年 5 月，最高人民法院提出两年内实现人民陪审员数量翻一番的"倍增计划"。截至 2014 年底，全国法院人民陪审员共有 20.95 万人，增加 12.5 万人，增幅为 146.5%；重庆市全市法

---

① 施鹏鹏：《陪审制研究》，西南政法大学 2007 年博士学位论文，第 114—149 页。

院人民陪审员共有 3823 人,增加 1961 人,增幅为 100.05%,基层人民法院法官与人民陪审员之比达到 1∶1.2,顺利完成"倍增计划"。2014 年,全国法院人民陪审员共参审案件 219.6 万件,占一审普通程序案件数的 78.2%;重庆市全市法院人民陪审员共参审案件 4.6 万件,占一审普通程序案件数的 81.5%。最高人民法院实施人民陪审员倍增计划后,人民陪审员参与案件的范围很广泛,似乎除了适用简易程序审理的案件和法律另有规定的案件外,人民陪审员可以参与审判所有的案件。2015 年,最高人民法院、司法部印发的《人民陪审员制度改革试点方案》进一步将"扩大人民陪审员参审范围"作为此次人民陪审员制度改革重点内容之一,主要内容是:一是将社会影响较大的刑事、民事、行政案件扩大为"涉及群体利益、社会公共利益的,人民群众广泛关注或者其他社会影响较大的第一审刑事、民事、行政案件";二是增加了"可能判处 10 年以上有期徒刑、无期徒刑的第一审刑事案件,原则上实行人民陪审制审理";三是 2015 年《人民陪审员制度改革试点工作实施办法》又将"涉及征地拆迁、环境保护、食品药品安全的重大案件"增加到人民陪审员参与审判的范围中。2018 年全国人大常委会通过的《人民陪审员法》不仅确定了上述改革成果,更是进一步根据案件的类型不同扩大了人民陪审员参与案件审理的范围,如对人民陪审员参与审判的范围,如《人民陪审员制度改革试点方案》和《人民陪审员制度改革试点工作实施办法》没有包括可能判处死刑的案件,而《人民陪审员法》则规定为"可能判处 10 年以上有期徒刑、无期徒刑、死刑,社会影响重大的刑事案件"。并且不同的案件组成不同的合议庭形式,并且合议庭形式固定。例如,第 15 条规定的由人民陪审员和法官组成的合议庭的类型确定为"涉及群体利益、公共利益的;人民群众广泛关注或者其他社会影响较大的;案情复杂或者有其他情形,需要由人民陪审员参加审判的"的第一审案件。第 16 条主要规定因"可能判处 10 年以上有期徒刑、无期徒刑、死刑,社会影响重大的刑事案件;根据民事诉讼法、行政诉讼法提起的公益诉讼案件;涉及征地拆迁、生态环境保护、食品药品安全,社会影响重大的案件;其他社会影响重大的案件"等事由,由人民陪审员和法官组成 7 人合议庭进行审判。2019 年 2 月 18 日,最高人民法院审判委员会第 1761 次会议通过《最高人民法院关于适用〈中华人民共和国人民陪审员法〉若干问题的解释》第 5 条规定,人民陪审员不参加下列案件的审理:"(一)依照民事诉讼法适用特别程序、督促程序、公示催告程序审理的案件;(二)申请承认外国法院离婚判决的案件；（三）裁定不予受理或者不需要开庭审理的案件。"就刑事案件而言，人民陪审员不参加不需要开庭审理的刑事案件的审理。

就目前我国人民陪审员参与审判案件范围的情况看，仍然存在一些缺陷：第一，《人民陪审员法》虽然将"社会影响较大的刑事案件"扩大为"（一）涉及群体利益、公共利益的；（二）人民群众广泛关注或者其他社会影响较大的；（三）案情复杂或者有其他情形，需要由人民陪审员参加审判的"，但其范围仍然不确定，具体体现在两个方面：一是具体案件的边界不明确，例如，如何判断什么案件属于群体利益、公共利益的案件；哪些案件是人民群众广泛关注的案件？二是由谁来决定这些案件是否属于人民陪审员参与的范围也不明确。第二，对当事人申请由人民陪审员参加合议庭审判的，《人民陪审员制度改革试点方案》改为"可以实行人民陪审制审理"。而《人民陪审员制度改革试点工作实施办法》第 13 条进一步规定，"人民法院接到申请后，经审查决定适用人民陪审制审理案件的，应当组成有人民陪审员参加的合议庭进行审判。"而《人民陪审员法》第 17 条规定，"第一审刑事案件被告人、民事案件原告或者被告、行政案件原告申请由人民陪审员参加合议庭审判的，人民法院可以决定由人民陪审员和法官组成合议庭审判。"也即当事人申请人民陪审员参与审判，法院对此具有较大的裁决权，由此可能导致在司法实践难以保障社会公众的实质参审效果。第三，我国人民陪审员制度均只适用于一审案件的审判，且由于审判实践中强调陪审率，陪审的实质效果不佳，由于众多简单案件不需要人民陪审员参与审判而引入人民陪审员参与审判，而有的案件则需要人民陪审员参与审判却有可能没有邀请人民陪审员。尤其对"涉及群体利益、公共利益的""人民群众广泛关注或者其他社会影响较大的""案情复杂或者有其他情形，需要由人民陪审员参加审判的"第一审案件，由于缺乏明确的认定标准，导致是否适用人民陪审员制度完全由法院决定，从而导致一审案件中被告人不服判决，或公众对判决接受度较低，影响司法权威。第四，人民陪审员审判的案件范围很广，《人民陪审员法》第 15 条、第 16 条所规定的案件范围均可由人民陪审员参与审判。

决策型公众参与审判的案件类型即哪些案件可以由公众参与审判，这是制度设计的关键。人民陪审员参与审判的案件范围不是越广越好，而是要根据人民陪审员参与案件的目标与价值合理确定。要确定公众参与审判的案件类型，必须考虑公众参与的目标与功能，又要考虑制度的成本与效率。英国作为现代陪审制度起源的国家，实行陪审制度审判是其传统，但陪审案件数也逐年减少。就刑事案件而言，95%的案件由治安法院进行审理，不需要适用陪审制度。在刑事法院审理的案件中，有60%的被告人认罪，也不需要适用陪审制度。故在英国，适用陪审制审理的刑事案件只是极少数。① 2010年3月，英国最高法院②第一次在没有陪审员参与的情况下对一起刑事案件作出判决，判处4名抢劫犯10年或10年以上有期徒刑。美国联邦宪法第六修正案规定："在一切刑事诉讼中，被告有权由犯罪行为发生地的州和地区的公正陪审团予以迅速和公开的审判"。第七条修正案则规定：在习惯法诉讼中，争执价额超过20元，由陪审团审判的权利应受保护，案情事实经陪审团审判后，除非依照习惯法规则，合众国的任何法院不得再行审理。而事实上，美国现在适用陪审的案件越来越少，90%的刑事案件通过辩诉交易处理。美国陪审制度适用范围的缩小，不是陪审制度本身的问题，而是陪审制度的功能与价值使然，是陪审制度发展的结果。近年来，在恢复或新建陪审制度的国家，陪审团审判案件都只是极少部分的案件。在《人民陪审员制度改革试点方案》实施之前，我国审判实践中人民陪审率不断提高，然而人民陪审员参与的范围与参与的效果并不成正比。陪审员制度的目的主要是通过普通民众参与，吸收民众的经验、智慧与情感，使事实认定与法律适用更符合民众的基本共识，因此，陪审员参与审理的案件类型应当主要是疑难、复杂、重大案件，对于事实清楚或定性等并无认识分歧的案件，原则上不必由陪审员参与审理。陪审员参与审判的案件应当是极少数案件，而不是所有的案件。因此，在我国人民陪审员制度改革过程中，增加人民陪审员的数量是对的，但片面强调人民陪审员陪审率却是不妥当的，人民陪审员广泛参与案件审判，众多案件事实简单、证据充分、适用法律无争议，人民陪审员参与其中并无发挥作用的空间，不仅浪费人力、物力与财力，更让人民陪审员有被作为"摆设"之感。虽然《人民陪审员法》力图纠正上述方面的不足，但也存在范围不明确、适用过宽的弊端。

---

① 参见陈国文：《英国陪审制及其思考》，载《西北师大学报》2014年第2期。
② 英国在2005年的宪法修正案中，取消了贵族院的司法功能，另成立联合王国最高法院，于2009年10月1日正式运作，成为联合王国的最高司法机构。参见吴景钦：《国民参与刑事审判制度》，丽文文化事业股份有限公司2010年版，第103页。

从世界范围看，陪审制度一般只适用于一审案件。而法国则有例外的制度设计，对于参审案件的上诉，由最高法院指定另一个重罪法院审理，而此时的审理法庭，必须由 12 名参审员与法官 3 名组成合议庭。① 其原因是：所有案件的事实认定与法律适用，都必须在一审中予以解决，而一审一般都在案件发生地——与当地民众生活环境、空间、习俗等联系密切，一审理案件吸收民众参与其中，既可充分利用当地民众的经验与地方知识裁判案件，又可利用案件审判教育当地民众。且一审案件与案件发生时间最为接近，吸收民众参与审判也有利于案件的及时裁判。各国都将决策型公众参与制度适用于第一审案件，除法国建立特别的上诉制度，可以由最高法院重新指定一个重罪法院，由陪审员与法官共同组成合议庭对案件进行审判外，其他国家的上诉案件不再适用陪审制度。

从课题组就"您认为哪种类型的案件审判应当有公众参与？（可多选）"的问卷调查结果来看，在 4105 份问卷中，选择应当由人民陪审员参与审判的案件，主要是存在重大争议的案件，在给出的 9 个选项中，排在前三位的答案是重大疑难的案件、申诉或涉法信访案件、可能判处死刑的案件，其有效百分比分别是 50.0%、40.7% 和 33.8%。而对上诉抗诉案件是否可以适用人民陪审员制度，调查结果显示 32.6% 的人选择可以，排列第 4 位（参见表 10）。

表 10：公众参与审判的案件类型问卷调查统计表

| | | 频率 | 百分比 | 有效百分比 | 累积百分比 |
|---|---|---|---|---|---|
| 有效 | 所有案件 | 857 | 20.8 | 20.9 | 100 |
| | 重大疑难案件 | 2052 | 49.8 | 50.0 | 100.0 |
| | 普遍一审案件 | 1017 | 24.7 | 24.8 | 100.0 |
| | 上诉抗诉案件 | 1345 | 32.6 | 32.8 | 100.0 |
| | 可能判处死刑的案件 | 1386 | 33.6 | 33.8 | 100.0 |
| | 发回重审案件 | 999 | 24.2 | 24.3 | 100.0 |

---

① 参见吴景钦：《国民参与刑事审判制度——以日本裁判员制度为例》，丽文文化事业有限公司 2010 年版，第 128 页。

续表

|  |  | 频率 | 百分比 | 有效百分比 | 累积百分比 |
|---|---|---|---|---|---|
|  | 申诉或涉法信访案件 | 1671 | 40.5 | 40.7 | 100.0 |
|  | 被告人不认罪案件 | 1085 | 26.3 | 26.4 | 100.0 |
|  | 其他 | 90 | 2.2 | 2.2 | 100.0 |
|  | 合计 | 4105 | 99.6 | 100.0 |  |
| 缺失 | 系统 | 16 | 0.4 |  |  |
| 合计 |  | 4121 | 100.0 |  |  |

那么，我国在一审案件之外，有无必要在二审或审判监督程序中适用决策型公众参与制度即人民陪审员制度？

课题组认为，根据我国现实及人民陪审员制度的功能，人民陪审员制度不仅可以适用于一审案件，也可以适用于二审案件，还可以适用于申诉案件及涉诉信访案件。人民陪审员制度的设置目的不仅是吸收公众参与审判，增进法官与公众的共识，提高判决的可接受性，而且也使被告人接受"邻里审判"，促进罪犯认罪服法。当被告人对一审法官判决或二审裁定不服时，可以申请人民陪审员参与审判，从而可以有效化解涉诉信访案件。在我国司法公信力不高的现实背景下，广大民众信访不信法，人民陪审员参与审判，不失为一条化解涉诉信访案件的有效尝试。事实上，我国近年来面对涉诉信访案件增加的情况，无论是检察院还是人民法院都邀请人大代表、政协委员参与信访案件的旁听，征求人大代表、政协委员的意见，从而做出处理结论，化解矛盾纠纷，效果良好。因此，人民陪审员制度的改革应结合我国实际，总结我国地方的实践经验，创新我国的人民陪审员制度。

综上所述，课题组认为，我国人民陪审员参与审判的刑事案件范围具体如下。

（一）可能判处死刑、无期徒刑的案件

《人民陪审员法》第15条、第16条规定的由人民陪审员参与审判的案件范围太宽。如第16条规定应当由人民陪审员与法官组成7人合议庭进行审判的刑事案件就包括"可能判处十年以上有期徒刑、无期徒刑、死刑，社会影响重大的刑事案件",这类案件就很多。当然,可以用"社会影响重大"来予以限定,但案件数量仍然较多。此外,根据第 15 条的规定,人民陪审员参与审判的案件范围还包括"涉及群体利益、公共利益的;人民群众广泛关注或者其他社会影响较大的;案情复杂或者有其他情形,需要由人民陪审员参加审判的"。而第 16 条规定的人民陪审员参与审判的案件,除"可能判处十年以上有期徒刑、无期徒刑、死刑,社会影响重大的刑事案件",还包括"涉及征地拆迁、生态环境保护、食品药品安全,社会影响重大的案件;其他社会影响重大的案件"。

(二)对事实或法律争议较大的、被告人申请或人民法院认为需要由人民陪审员参与、并经被告人同意的一审案件

虽然《人民陪审员法》确定的范围具有过于宽泛的嫌疑,但是也存在未能涵盖所有类型的弊端。因此,课题组认为,可以增设一种类型的案件,即对事实或法律争议较大、被告人不认罪的案件,则需要被告人申请或人民法院决定并经被告人同意后,可由陪审员参与审判。至于是第一审还是第二审案件实行人民陪审员审判,由当事人申请或人民法院决定。从国外规定来看,是否实行陪审由被告人申请。课题组认为,除被告人申请外,在是否由人民陪审员审判的案件范围上,可以设置兜底条款,对其他社会影响较大、社会关注度高,不属于法定应由人民陪审员审判的案件,如果被告人没有申请人民陪审员审理,人民法院认为需要由人民陪审员参与审判的案件,经被告人同意,也可以由人民陪审员参与审判。

(三)因申诉而提起审判监督程序审判的案件

审判监督程序[①]是对裁判已经发生法律效力的案件进行重新审理的诉讼程序,其功能是纠正已经发生法律效力的错误裁判。虽然发生法律效力的裁判已经产生了既判力,但基于错误判决的既判力不值得维护的考虑,对错误的生效裁判可以通过再审程序予以纠正。由当事人申诉而启动的再审中既涉

---

① 陈光中教授认为再审程序不同于审判监督程序,再审有特定的含义,指最高人民法院或者上级人民法院对下级人民法院发生法律效力的判决和裁定,如果发现确有错误,有权指令下级人民法院再审。在大陆法系国家,再审程序专指原裁判在认定事实上的错误。审判监督程序是指人民法院、人民检察院对已经发生法律效力的裁判,发现在认定事实或适用法律上确有错误,依法提起并对案件进行重新审判的一项特别审判程序。可见,审判监督程序的外延要大于再审程序。参见陈光中主编:《刑事诉讼法》,北京大学出版社、高等教育出版社 2002 年版,第 347 页。

及案件事实问题，也涉及案件的法律问题，且案件往往属于被告人、被害人对一、二审均不服的案件。因此，此类案件原则上应由人民陪审员参与审理。根据我国刑事诉讼法的规定，申诉案件的审判往往由做出原生效判决的法院重新组织合议庭进行审判，申诉人往往对原审法院缺乏信任，因而，如何提升再审的权威性及有效化解矛盾就成为一个亟待解决的问题。有学者为此建议提升再审法院的级别，即再审案件由作出生效判决原审法院的上级法院审理。但这种做出虽然可以提升审判的权威性，但是由于上下级法院业务指导关系，加之法官共同体相同的前见影响，难以破除认识上的共同缺陷及难以消解民众对法院的"成见"。而公众参与审判，可以充分吸收民众的常识、常理、常情以及陪审制度的"邻人审判"效果，可以有效提升审判的公信力，从而有效化解矛盾与冲突。

（四）不由人民陪审员参与审判的案件

一是由人民陪审员审判的案件，不再由其他人民陪审员参与审判。人民陪审员参与审判的案件，应尊重人民陪审员的意见，不应由一部分陪审员否定另一部分陪审员的裁决意见。二是虽然是法定由人民陪审员参与审判的案件，但被告人申请拒绝人民陪审员审判的案件。因为要求人民陪审员参与审判是被告人的权利，其权利可以放弃。三是按简易程序审理的案件和被告人认罪认罚的刑事案件。公正和效率是司法永恒的主题，但公正和效率有时会发生矛盾。从提高审判效率视角来考虑，对简单案件及被告人认罪认罚的案件，不引入人民陪审员参与审理，更能提高审判效率。四是已由人民陪审员审判过的二审或再审案件。已经过人民陪审员参与审判的案件，不再由其他人民陪审员参与审判，以尊重人民陪审员的意见，不得以一部分陪审员的意见否定另一部分陪审员的意见。

综上所述，人民陪审员参与审判的案件应限于重大、疑难、复杂、有争议或社会影响大的案件（极少数案件）。因为陪审员参与审判的司法成本高，相对而言效率低，并且，陪审员参与审判的功能也决定了陪审案件只能是极少数有争议、疑难、复杂，需要陪审员参与促进法官与民众沟通交流寻求新的共识的案件。仅少数案件由陪审员参与审判也是目前世界各国的现实做法。对于案情简单、事实清楚、证据充分、适用法律无争议的案件，则不需要陪审员参与审理，绝大多数案件应由法官处理。将人民陪审员审理案件的范围确定为一审、二审、甚至是再审案件的主要原因是为了平衡司法公正与效率之间的冲突。对事实或法律争议很大的案件或重大案件，一审即可由人民陪审员参与审判。如果不是法定情形或被告人申请或法院决定人民陪审员参与审判的案件，均由法官审理，可以有效节约司法资源。但如果当事人不认同法院裁判而上诉或申诉的，则允许在二审或再审时由人民陪审员参与审判，这可以促使一审法官尽职、合理、公正地审判，可节省司法资源，也可有效减少涉诉信访、申诉案件。

对于其他案件，应尽量由法官审理。对于事实清楚，证据充分，适用法律没有争议的案件，原则上可实行法官独任审判，即扩大现有独任审判的范围，尤其是要改变目前片面强调陪审率的局面，缩小陪审案件的范围，增加人民陪审员人数，从而使人民陪审员制度真正实现实质参审、有效参审。

## 第二节 咨询型公众参与的范围

从字面上理解，咨就是商量，询就是询问，咨询就是询问、商量的意思，通俗地讲就是征求意见或建议。咨询的主要功能是交流信息，包括单向交流和双向交流。被咨询者是咨询者的"参谋""外脑"。在咨询型公众参与的类型中，咨询者是决策者——公共权力的行使者，被咨询者往往是社会公众，公共权力的行使者在决策中起着主导作用，社会公众的意见和建议是否采纳，决定权在于公共权力的行使者，社会公众起着参谋、辅助决策的作用。因为咨询型公众参与主要以获取或交流信息为主要目的，所以并没有赋予公众参与决策的权利。通常而言，咨询型公众参与的目的是交换或者提取公众的意见或建议，公共权力的行使者并不以分享自己的权力作为交流或获取信息的代价。

咨询型公众参与技术包括：关键公众接触法、公民发起的接触法、公民调查、新沟通技术。① 关键公众接触法就是向公众中的"关键人物"征求意见或建议；由公民发起的接触就是公众自动、自主地向公共权力的行使者提出自己的意见或建议；公民调查是采用民意调查的方法来征求意见或建议；

---

① 参见［美］约翰·克莱顿·托马斯：《公共决策中的公民参与》，孙柏瑛等译，中国人民大学出版社2010年版，第61—62页。

新沟通技术又叫新的通信技术,是借助现代电子通信技术来征求意见或建议。① 一般而言,利用关键公众接触法可以获得深度的信息,而利用公民调查法可以获得全面的信息。

一切有利于高效、公正地揭露、查获、制裁、预防犯罪的信息都是刑法适用中所需要的,"群众的眼睛是雪亮的",生活在社会中的公众相比国家机关及其工作人员具有获取犯罪、犯罪人信息的优势。换言之,在国家与犯罪作斗争的过程中,社会公众的参与是必不可少的。在刑法适用咨询型参与中,国家司法机关及其工作人员应当征求公众的意见,公众可以向国家司法机关提供犯罪、犯罪人信息并发表自己的意见。

咨询型公众参与的范围主要适用于司法机关(侦查机关、检察机关、审判机关)行使决策权。司法机关需要吸收公众的意见及信息,从而增强决策的科学性与合理性。根据司法机关做出决策的特点及制度成本等因素,配合监督机制的完善,建立咨询型公众参与机制即可有效提升决策的科学性和合理性。如果设立决策型公众参与机制既增加了制度成本,又无法保证决策的科学性,就没有必要设立决策型公众参与机制。如在刑事司法解释制定过程中建立决策型公众参与机制,选取代表参与刑事司法解释的制定,并不能充分吸纳公众的意见。如果广泛征求民众和专家学者的意见,公众意见及诉求可以更充分地表达。而且,选取代表参与制定刑事司法解释,则可能又形成了一个立法机构。因此,建立刑事司法解释咨询型公众参与机制更具科学性。公共决策权的行使,应当广泛听取公众意见。事实上,我国司法机关在刑法适用的过程中,不断探索广泛听取民众意见的做法,例如,在刑事司法解释制定、修改过程中公开征求意见,检察机关在审查逮捕、起诉等环节听取人民监督员的意见,法院在审判过程中广泛征求意见等。还有河南省法院系统试行人民陪审团与观审团制度,有些检察机关、法院探索建立专家咨询委员会制度。值得一提的是,现有的专家咨询的经验、做法还没有被制度化,如对刑法适用是否咨询、咨询的范围及咨询对象、咨询意见的采纳等都不统一。这完全取决于领导与法官个人,甚至有的法院、检察院虽然建立了相应的专家咨询制度,但却没有实际运行。最高人民法院或最高人民检察院在刑事司法解释的制定或修改时,虽然也有征求意见的做法,但征求意见的

---

① 参见[美]约翰·克莱顿·托马斯:《公共决策中的公民参与》,孙柏瑛等译,中国人民大学出版社 2010 年版,第 61—73 页。

对象范围有限，往往是法院、检察院系统内部人士，或北京市的部分专家、学者，征求意见的广泛性与代表性难以保证。因此，需要在刑法适用过程中建立咨询型公众参与机制，使公众参与咨询制度化、常态化，为此，需要明确咨询型公众参与范围，为咨询型公众参与机制的建立奠定基础。

### 一、刑事司法解释应纳入咨询型公众参与范围

刑法规范都是由文字来表述的，由于文字表意的不明确性和变化性，这就需要对刑法规范进行解释才能使之适用于个案，"刑法解释是一种创造性活动，而不是消极地、被动地去发现立法者的原意"。① 1981年，《关于加强法律解释工作的决议》明确规定："凡属于法院审判工作中具体应用法律、法令的问题，由最高人民法院进行解释。凡属于检察院检察工作中具体应用法律、法令的问题，由最高人民检察院进行解释。最高人民法院和最高人民检察院的解释如果有原则性的分歧，报请全国人民代表大会常务委员会解释或决定。"可见，法律赋予了最高人民法院、最高人民检察院对法律、法令的解释权，但这种权力不是立法权。司法解释本身不是法律，而是对法律的解释。但在司法实践中，司法解释成为法官裁判的依据，指导法官在个案中适用法律，这使得司法解释的制定成为一种准立法活动。② 有学者认为："刑事司法解释就是司法机关在适用刑法的过程中，对刑法规范所作的说明。刑事司法解释是一项司法活动，是连接刑法规范和具体案件的关键环节，刑事司法解释的过程就是司法机关运用刑法的司法活动。"③ 刑事司法解释的主体是最高人民法院和最高人民检察院，它们对法律的解释是有权解释、有效解释。由此可知，刑事司法解释属于司法活动的应有内容之一，也属于刑法适用的重要环节。因此，《中共中央关于全面推进依法治国若干重大问题的决定》明确强调："加强和规范司法解释和案例指导工作，统一法律适用标准。"

（一）司法解释公众参与的现状

为了规范司法解释的制定工作，最高人民法院、最高人民检察院均制定了司法解释的规范性文件：1996年最高人民检察院《司法解释工作暂行规

---

① 参见张明楷：《刑法学》（第五版），法律出版社2016年版，第29页。
② 参见梁慧星：《裁判的方法》，法律出版社2003年版，第67页。
③ 参见李志增：《刑法司法解释的效力性质初探》，载《法律学习与研究》1990年第5期。

定》、1997年最高人民法院《关于司法解释工作的若干规定》、2006年最高人民检察院《司法解释工作规定》、2007年最高人民法院《关于司法解释工作的规定》。然而，1997年最高人民法院《关于司法解释工作的若干规定》没有规定司法解释制定应征求公众意见。2006年最高人民检察院《司法解释工作规定》第13条规定：司法解释意见稿应当征求地方人民检察院、专门人民检察院和最高人民检察院有关业务部门的意见。必要时可以征求其他有关部门及专家意见。征求意见应当具函说明情况和要求。对于重大、疑难、复杂的问题，应当召开由有关部门和专家参加的论证会进行论证，必要时可以向社会公开征求意见。2007年最高人民法院《关于司法解释工作的规定》第10条规定：全国人大代表、全国政协委员提出制定司法解释的议案、提案及有关国家机关、社会团体或者其他组织以及公民提出制定司法解释的建议可以作为立项依据。第17条规定：起草司法解释，应当深入调查研究，认真总结审判实践经验，广泛征求意见。涉及人民群众切身利益或者重大疑难问题的司法解释，经分管院领导审批后报常务副院长或者院长决定，可以向社会公开征求意见。从上述的规定可以看出：司法解释在制定时征求公众意见范围极为有限，是否征求意见全由司法解释机关决定，征求公众意见不是司法解释制定的必经程序。由于现行司法解释公众参与制度仍不够完善，致使司法解释公众参与不充分，参与渠道有限。2015年最高人民检察院修订后的《司法解释工作规定》进一步规定应当征求专家学者的意见，但仍没有将公开征求公众意见作为司法解释制定的必经程序。2019年3月20日，最高人民检察院对《司法解释工作规定》进行了第二次修订，即从一般规定、立项、起草、审核、检察委员会审议、发布、备案及清理等方面，对最高人民检察院司法解释工作予以进一步规范和细化。第二次修订后的《司法解释工作规定》第15条规定，在起草司法解释意见稿时，根据情况，可以征求人大代表、政协委员以及专家学者等的意见，将"征求专家学者的意见"由"应当"改为"可以"。

公众对司法解释制定（包括修改与废止）的参与不足，是导致司法解释出现诸多问题的重要原因。司法解释存在的问题主要有：第一，有些规定违反常识、常理、常情。1984年最高人民法院、最高人民检察院、公安部联合发布的《关于当前办理强奸案件中具体应用法律的若干问题的解答》规定："明知妇女是精神病患者或者痴呆者（程度严重的）而与其发生性行为的，不管犯罪分子采取什么手段，都应以强奸罪论处。"这一司法解释虽然具有保护精神病患者或者痴呆者的目的，但是实质上剥夺了其所享有的自然权利，即性权利及家庭权益。事实上，无论古今中外，痴呆者结婚生子的情形屡见不鲜。1990 年制定的《残疾人保障法》第 52 条第 5 款明确规定："奸淫因智力残疾或者精神残疾不能辨认自己行为的残疾人，以强奸论，依照刑法第 139 条的规定追究刑事责任。"2008 年，全国人大常委会对《残疾人保障法》进行了修订，删去了此条。2013 年，最高人民法院、最高人民检察院废除了《关于当前办理强奸案件中具体应用法律的若干问题的解答》。① 第二，忽视制度可能造成的弊端。1993 年最高人民法院《关于判决宣告后又发现被判刑的犯罪分子的同种漏罪是否实行数罪并罚问题的批复》规定："人民法院的判决宣告并已发生法律效力以后，刑罚还没有执行完毕以前，发现被判刑的犯罪分子在判决宣告以前还有其他罪没有判决的，不论新发现的罪与原判决的罪是否属于同种罪，都应当依照刑法第 65 条的规定实行数罪并罚。但如果在第一审人民法院的判决宣告以后，被告人提出上诉或者人民检察院提出抗诉，判决尚未发生法律效力的，第二审人民法院在审理期间，发现原审被告人在第一审判决宣告以前还有同种漏罪没有判决的，第二审人民法院应当依照刑事诉讼法第 136 条第（3）项的规定，裁定撤销原判，发回原审人民法院重新审判，第一审人民法院重新审判时，不适用刑法关于数罪并罚的规定。"该批复确立了"同种漏罪并罚"的制度。在实践中该类案件呈上升趋势，② 甚至在个别地方成为普通现象。第三，违背刑法基本原则。罪刑法定、罪刑相适应及法律面前人人平等原则是我国刑法的基本原则，刑法的制定与适用，都要坚持基本原则。然而，由于缺乏公众参与和科学的论证，一些司法解释出现明显违背刑法基本原则的情形。如根据 2010 年最高人民法院、最高人民检察院《关于办理利用互联网、移动通讯终端、声讯台制作、复制、出版、贩卖、传播淫秽电子信息刑事案件具体应用法律若干问题的解释（二）》第 1 条、第 2 条的规定，以牟利为目的，利用互联网贩卖淫秽视频文件超过 250 个，就属于贩卖淫秽物品牟利罪的"情节特别严重"的情形，对被告人应判处 10 年以上有期徒刑、无期徒刑。而云盘、网盘等存储介质往往一个容量就达 10TB，可存储成千上万个视频

---

① 最高人民法院、最高人民检察院《关于废止 1980 年 1 月 1 日至 1997 年 6 月 30 日期间制发的部分司法解释和司法解释性质文件的决定》自 2013 年 1 月 18 日起施行。

② 吴晓蓉：《浅析新型同种漏罪数罪并罚之弊端》，载《江苏法制报》2009 年 4 月 7 日，第 C01 版。

文件，通过互联网进行贩卖，便会出现只买一个云盘、网盘的账号、密码就被认定为"情节特别严重"，造成罪刑失衡。事实上，在制定该司法解释的时候，还无法预见利用云盘、网盘贩卖淫秽视频的情形。为避免罪刑失衡，最高人民法院、最高人民检察院在 2017 年发布《关于利用网络云盘制作、复制、贩卖、传播淫秽电子信息牟利行为定罪量刑问题的批复》，要求对于以牟利为目的利用网络云盘制作、复制、贩卖、传播淫秽电子信息的行为追究被告人刑事责任时，鉴于网络云盘的特点，不仅要考虑数量，而且要考虑传播的数量、违法所得数额、传播对象等因素。在"天津赵春华非法持有枪支"一案中，枪支认定标准过低和法律教条主义造成了与常识悖离的荒唐判决，引起了公众的强烈愤怒和不满。① 第四，不符合最基本的公共政策精神。如 2003 年 1 月 8 日最高人民法院发布了《关于行为人不明知是不满十四周岁的幼女，双方自愿发生性关系是否构成强奸罪问题的批复》的司法解释，该司法解释首先就遭遇到了北京大学法学教授朱苏力的强烈批评。朱苏力教授称此司法解释是一个不公正的司法解释，"这一解释有悖于法理、人情，违背了保护 14 岁以下少女这一相对弱势群体的基本公共政策；从实践上看，这一解释有可能带来不可预测的社会后果，有利于某些特殊群体的犯罪非法行为"。② 由于该司法解释强调行为人"明知"，则意味着"行为人不明知"可成为行为人脱罪的理由。那么，主观上是否"明知"就是罪与非罪的界限，而证明"明知"是比较困难的，实践中，行为人往往否认自己"明知"。司法工作人员只能从客观方面（如幼女的身体特征、发育状况、身份证明等）来推测，这就提高了证明的难度，扩大了司法工作人员的裁量权，使得与幼女发生性关系的行为成立强奸罪的概率减少，不利于对幼女的保护。③ 根据这一司法解释所遵循的法理即"是否明知是幼女"的认定标准，该批复实施后，我国司法实践中频现嫖宿幼女或不作为犯罪论处，或按嫖宿幼女罪论处的情形，从而导致该批复成为某些嫖宿幼女的被告

---

① 最高人民检察院研究室针对北京市高级人民法院《关于涉枪案件适用法律有关问题的请示》回复："关于如何认定涉枪犯罪行为人的主观故意问题，应当综合全案情况正确判断行为人的主观故意，同时，还应考虑其行为的社会危害性，对情节显著轻微危害不大的，可以不作为犯罪处理。"

② 苏力：《司法解释、公共政策和最高法院——从最高法院有关"奸淫幼女"的司法解释切入》，载《法学》2003 年第 8 期。

③ 王云帆：《"一个不公正的司法解释"缘何流毒至今》，载《京华时报》2015 年 12 月 30 日，第 2 版。

人的减免刑罚的"通道"。该司法解释已由最高人民法院《关于废止1997年7月1日至2011年12月31日期间发布的部分司法解释和司法解释性质文件（第十批）的决定》予以废止。该司法解释是否公正尚且不论，但司法解释在制定过程中没有社会公众参与对司法权威造成不良影响的教训值得吸取。① 因此，在刑事司法解释制定、修改、废止的过程中，都需要引入公众参与，必须尊重民意、吸纳民意、体现民意。

（二）司法解释公众咨询型参与的必要性

2007年最高人民法院《关于司法解释工作的规定》明确规定：人民法院在审判工作中具体应用法律的问题，由最高人民法院做出司法解释。司法解释一般要历经立项、起草、审核、审议、发布、备案六大程序。其规定了司法解释的形式分为"解释""规定""批复"和"决定"四种。同时，第6条对四种形式进行了界定：对在审判工作中如何具体应用某一法律或者对某一类案件、某一类问题如何应用法律制定的司法解释，采用"解释"的形式；根据立法精神对审判工作中需要制定的规范、意见等司法解释，采用"规定"的形式；对高级人民法院、解放军军事法院就审判工作中具体应用法律问题的请示制定的司法解释，采用"批复"的形式；修改或者废止司法解释，采用"决定"的形式。无论是制定、修改、废止哪种形式的司法解释，都需要公众参与。如前所述，在司法解释的制定、修改、废止中应当设立咨询型公众参与机制，不必构建决策型公众参与机制。课题组认为，在司法解释的制定、修改、废止过程中应建立咨询型公众参与机制，广泛征求公众意见。理由如下：

第一，从司法解释的效力看，司法解释的制定、修改、废止具有准立法性质。司法解释虽然只是对刑法规范的解释，但是司法解释一旦发布，即具

---

① 2003年8月，最高人民法院就下发了关于暂缓执行该批复的通知。2006年1月，最高人民法院《关于审理未成年人刑事案件具体应用法律若干问题的解释》第6条规定，"已满十四周岁不满十六周岁的人偶尔与幼女发生性行为，情节轻微、未造成严重后果的，不认为是犯罪。"其中也并无"明知"或"不明知"的要求。2013年2月26日最高人民法院《关于废止1997年7月1日至2011年12月31日期间发布的部分司法解释和司法解释性质文件（第十批）的决定》废止了《批复》，废止理由是与刑法的规定相冲突。2013年10月，最高人民法院、最高人民检察院、公安部等联合发布的《关于依法惩治性侵害未成年人犯罪的意见》规定：对于不满十二周岁的被害人实施奸淫等性侵害行为的，应当认定行为人"明知"对方是幼女；对于已满十二周岁不满十四周岁的被害人，从其身体发育状况、言谈举止、衣着特征、生活作息规律等观察可能是幼女，而实施奸淫等性侵害行为的，应当认定行为人"明知"对方是幼女。

有普遍的法律效力，法官在裁判案件时，可以将司法解释作为裁判依据，应当在司法文书中引用司法解释的具体规定。因此，司法解释的制定、修改、废止实际上具有准立法性质。尤其当出现法律空白、滞后或界限不明时，司法解释实质上是根据立法机关授权，由最高司法机关进行的"准立法"活动。根据我国《立法法》第36条第1款规定：列入人大常委会会议议程的法律案应当听取社会各方面的意见，听取意见可以采取座谈会、论证会、听证会等多种形式。第36条第3款规定：法律案有关问题存在重大意见分歧或者涉及利益关系重大调整，需要进行听证的，应当召开听证会，听取有关基层和群体代表、部门、人民团体、专家、全国人民代表大会代表和社会有关方面的意见。法律案应听取社会公众的意见，同理，作为"准法律"性质的司法解释在发布之前也应听取社会公众的意见。

第二，从司法解释的功能看，司法解释是对社会主体行为边界的再次确认。司法解释是对刑法规范内容的具体阐明，其内容是对刑法规范内容的扩张、限缩、补充，甚至可能存在类推的情形，无论哪种情形下的司法解释，均是针对刑法中存在的行为边界界定不清、权利义务关系不明的规范所做出的解释，其核心是对不同社会关系主体间行为方式、内容和边界及权利义务的确定，是构建与重构社会制度的过程，不仅关涉公民个人权利义务及行为边界，而且关涉重大公共利益和社会利益及公共政策。法律是通过立法程序，由广泛具有代表性的人民代表参与立法制定，同时广泛征求民众意见的情况下就国家和社会重大问题形成的基本共识。而司法解释则是在检察和审判实务中发现法律适用存在界定不清、空白等情形为统一认识标准而做出的解释，但司法解释是否符合法律的规定、是否符合现实需要，不仅关系到司法解释机关的理念与立场，也取决于司法解释机关的解释角度与高度，还受解释机关的知识与技术的影响。因此，具体的法律问题由最高人民法院、最高人民检察院负责解释，但并不意味着司法解释就是最高司法机关的解释，最高司法机关即使广泛征求了司法系统人员的意见，充分总结经验，但由于司法机关的专业思维与司法知识、技术的局限，缺乏广泛的公众参与的司法解释难以承担起构建调整社会结构的制度的任务。

第三，从司法解释的正当性看，公众认同是司法解释的正当性根据。而最高司法机关的司法解释是否科学、合理，应当由社会公众来判定，这是司法解释正当性的基础。司法解释具有普遍的法律效力，如果最高司法机关的司法解释仅根据法律授权，由最高司法机关的工作人员来解释其内容，那么，最高司法机关的解释效力，就其实质而言，不是来源于其正当性，而是来源于其对法律解释权的垄断地位。从应然层面来讲，无论某种行为是否构成犯罪，应当受到何种处罚，最终都是社会公众根据其对某种行为的危害性的评价而做出的共同认识或相对一致的判断，特别是刑法有关犯罪行为与量刑的许多规定，就是立法者留给刑法适用者根据适用时的具体情形来决定的。因此，刑法规范的解释要求解释者如同立法者一样采取更综合、更宏观的视角来判断刑法规定在具体社会现实中所应有的合理含义。而且，现代立法民主必然要求最高司法机关在解释刑法时也应当尊重和吸收公众的意志与情感。而公众参与则是公众直接表达意见与建议的最佳方式。只有在司法解释过程中建立公众参与机制，充分听取公众意见，让社会利益各方充分沟通交流，形成充分的意见争议，最后达成基本共识，这样才能使司法解释既符合客观实际，又照顾各方利益。换言之，只有将人本与科学有机整合的司法解释，才具有正当性。否则，司法解释的效力不是来源于其正当性，而是来源于最高司法机关对法律解释权力的垄断地位。例如，1997年《刑法》第125条规定了非法制造、买卖、运输枪支、弹药、爆炸物的，处3年以上10年以下有期徒刑，情节严重的，处10年以上有期徒刑、无期徒刑或者死刑。对此条，最高人民法院在2001年《关于审理非法制造、买卖、运输枪支、弹药、爆炸物等刑事案件具体应用法律若干问题的解释》（以下简称《解释》）中，对定罪的起点进行了解释，如第1条第1款第（六）项规定，制造、买卖、运输、邮寄、储存炸药、发射药、黑火药1000克以上或烟火药3000克以上、雷管30枚以上或者导火索、导爆索30米以上的，即可按此罪定罪，处3年以上10年以下有期徒刑。这一解释的结果是：无论是出于何种原因，即使是因生产、生活需要，只要非法制造、买卖爆炸物的，均以该罪论处，且处3年以上10年以下有期徒刑。这一司法解释引起了地方法院及群众的强烈反应。鉴于此类案件的社会影响较大，2001年9月17日最高人民法院在《对执行〈关于审理非法制造、买卖、运输枪支、弹药、爆炸物等刑事案件具体应用法律若干问题的解释〉有关问题的通知》中予以补充：对于《解释》施行前，行为人因生产、生活所需非法制造、买卖、运输枪支、弹药、爆炸物没有造成严重社会危害，经教育确有悔改表现的，可以依照《刑法》第13条的规定，不作为犯罪处理。而对于《解释》施行后发生的非法制造、买卖、运输枪支、弹药、爆炸物等行为，构成犯罪的，依照刑法和《解释》的有关规定定罪处罚。行为人确因生产、生活所需而非法制造、买卖、运输枪支、弹药、爆炸物，没有造成严重社会危害，经教育确有悔改表现的，可依法免除或者从轻处罚。从这两个司法解释实施过程来看，如果在制定的过程中，能进行广泛的调查研究，让社会公众充分参与讨论甚至辩论，则可以避免出现不合情理的司法解释。

第四，公众参与司法解释具有深厚的民意基础。在公众参与刑事司法解释的制定、修改、废止的理由（可多选）问题上，课题组的调查结果显示41.6%的人选择刑事司法解释具有普遍效力，43.6%的人选择使刑事司法解释更科学、更合理，55.8%的人选择体现司法民主，60.8%的人选择更广泛地反映民意（参见表11）。

表11：公众参与刑事司法解释制定、修改的理由问卷调查统计表

|  | 选项 | 频率 | 百分比 | 有效百分比 | 累积百分比 |
|---|---|---|---|---|---|
| 有效 | 司法解释具有普遍效力 | 1693 | 41.1 | 41.6 | 100.0 |
|  | 使刑事司法解释更科学、更合理 | 1777 | 43.1 | 43.6 | 100.0 |
|  | 体现司法民主 | 2273 | 55.2 | 55.8 | 100.0 |
|  | 更广泛反映民意 | 2479 | 60.2 | 60.8 | 100.0 |
|  | 不清楚 | 286 | 6.9 | 7.0 | 100.0 |
|  | 其他 | 103 | 2.5 | 2.5 | 100.0 |
|  | 合计 | 4073 | 98.8 | 100.0 |  |
| 缺失 | 系统 | 48 | 1.2 |  |  |
| 合计 |  | 4121 | 100.0 |  |  |

在公众参与制定、修改、废止刑事司法解释必要性、可行性问题上，课题组的调查结果显示42.1%的人认为应当且可行，27.6%的人认为应当但不可行，8.2%的人认为不应当但可行，12.9%的人认为不应当且不可行（详见表12）。

表12：公众参与刑事司法解释制定、修改的必要性、可行性调查统计表

| | | 频率 | 百分比 | 有效百分比 | 累积百分比 |
|---|---|---|---|---|---|
| 有效 | 应当且可行 | 1731 | 42.0 | 42.1 | 42.1 |
| | 应当但不可行 | 1135 | 27.5 | 27.6 | 69.7 |
| | 不应当但可行 | 339 | 8.2 | 8.2 | 77.9 |
| | 不应当且不可行 | 532 | 12.9 | 12.9 | 90.9 |
| | 不清楚 | 338 | 8.2 | 8.2 | 99.1 |
| | 其他 | 37 | 0.9 | 0.9 | 100.0 |
| | 合计 | 4112 | 99.8 | 100.0 | |
| 缺失 | 系统 | 9 | 0.2 | | |
| 合计 | | 4121 | 100.0 | | |

课题组就不同职业人员对公众是否应当参与刑事司法解释制定、修改、废止必要性、可行性的态度问卷调查统计表显示，尽管职业不同，但是每一职业中的多数人均选择了"应当且可行的"选项（见表13）。

表13：身份 * 公众参与刑事司法解释制定、修改必要性、可行性的态度问卷调查统计表

| | | | 公众参与刑事司法解释制定、修改、废止 | | | | | | 合计 |
|---|---|---|---|---|---|---|---|---|---|
| | | | 应当且可行 | 应当但不可行 | 不应当但可行 | 不应当且不可行 | 不清楚 | 其他 | |
| 身份 | 法官 | 计数 | 157 | 112 | 39 | 96 | 21 | 6 | 431 |
| | | 身份中的% | 36.4% | 26.0% | 9.0% | 22.3% | 4.9% | 1.4% | 100.0% |
| | | 公众是否应当参与司法解释中的% | 9.1% | 10.0% | 11.6% | 18.1% | 6.3% | 16.2% | 10.6% |
| | 检察官 | 计数 | 140 | 105 | 39 | 72 | 24 | 5 | 385 |
| | | 身份中的% | 36.4% | 27.3% | 10.1% | 18.7% | 6.2% | 1.3% | 100.0% |
| | | 公众是否应当参与司法解释中的% | 8.1% | 9.4% | 11.6% | 13.6% | 7.2% | 13.5% | 9.4% |

续表

| | | | 公众参与刑事司法解释制定、修改、废止 | | | | | | 合计 |
|---|---|---|---|---|---|---|---|---|---|
| | | | 应当且可行 | 应当但不可行 | 不应当但可行 | 不应当且不可行 | 不清楚 | 其他 | |
| 身份 | 陪审员 | 计数 | 27 | 17 | 4 | 6 | 7 | 0 | 61 |
| | | 身份中的% | 44.3% | 27.9% | 6.6% | 9.8% | 11.5% | 0.0% | 100.0% |
| | | 公众是否应当参与司法解释中的% | 1.6% | 1.5% | 1.2% | 1.1% | 2.1% | 0.0% | 1.5% |
| | 律师 | 计数 | 121 | 85 | 29 | 60 | 6 | 3 | 304 |
| | | 身份中的% | 39.8% | 28.0% | 9.5% | 19.7% | 2.0% | 1.0% | 100.0% |
| | | 公众是否应当参与司法解释中的% | 7.0% | 7.6% | 8.6% | 11.3% | 1.8% | 8.1% | 7.4% |
| | 公安机关人员 | 计数 | 59 | 33 | 16 | 20 | 6 | 0 | 134 |
| | | 身份中的% | 44.0% | 24.6% | 11.9% | 14.9% | 4.5% | 0.0% | 100.0% |
| | | 公众是否应当参与司法解释中的% | 3.4% | 2.9% | 4.8% | 3.8% | 1.8% | 0.0% | 3.3% |
| | 专家学者 | 计数 | 60 | 47 | 15 | 30 | 5 | 2 | 159 |
| | | 身份中的% | 37.7% | 29.6% | 9.4% | 18.9% | 3.1% | 1.3% | 100.0% |
| | | 公众是否应当参与司法解释中的% | 3.5% | 4.2% | 4.5% | 5.7% | 1.5% | 5.4% | 3.9% |
| | 人大代表 | 计数 | 32 | 20 | 7 | 4 | 5 | 1 | 69 |
| | | 身份中的% | 46.4% | 29.0% | 10.1% | 5.8% | 7.2% | 1.4% | 100.0% |
| | | 公众是否应当参与司法解释中的% | 1.9% | 1.8% | 2.1% | 0.8% | 1.5% | 2.7% | 1.7% |
| | 其他 | 计数 | 1130 | 703 | 187 | 241 | 261 | 20 | 2542 |
| | | 身份中的% | 44.5% | 27.7% | 7.4% | 9.5% | 10.3% | 0.8% | 100.0% |
| | | 公众是否应当参与司法解释中的% | 65.5% | 62.7% | 55.7% | 45.6% | 77.9% | 54.1% | 62.2% |

续表

| | | 公众参与刑事司法解释制定、修改、废止 | | | | | | 合计 |
|---|---|---|---|---|---|---|---|---|
| | | 应当且可行 | 应当但不可行 | 不应当但可行 | 不应当且不可行 | 不清楚 | 其他 | |
| 合计 | 计数 | 1726 | 1122 | 336 | 529 | 335 | 37 | 4085 |
| | 身份中的% | 42.3% | 27.5% | 8.2% | 12.9% | 8.2% | 0.9% | 100.0% |
| | 公众是否应当参与司法解释中的% | 100.0% | 100.0% | 100.0% | 100.0% | 100.0% | 100.0% | 100.0% |

## 二、检察阶段应纳入咨询型公众参与范围

在英美法系国家，刑事起诉中的公众参与[①]典型制度是大陪审团制度。现代意义上的陪审团起源于英国，陪审团最先在民事诉讼中出现。大约在公元8世纪，法兰克皇帝和国王就传唤熟悉案情的邻居组成调查团，让他们回答巡回法官的提问。1066年，诺曼公爵统一英吉利王国后，陪审团作为一种邻里作证制度从法兰克引入英国。12世纪，教会法院将有罪、无罪的问题交由12个人组成的团体裁决。英国国王亨利二世在位期间（1154—1189年），曾传唤调查团，经宣誓后调查团向法院提供情况，甚至对案件做出裁决。亨利二世将陪审调查团的使用与令状制予以结合。[②] 1352年，英王爱德华三世将陪审团分为起诉陪审团和审判陪审团，前者由24人组成，决定对被告人是否起诉，后者由12人组成，决定对被告人是否定罪，因前者的人数比后者的人数多1倍，故称前者为"大陪审团（Grand Jury）"，称后者为"小陪审团（Petit Jury）"。[③] 大陪审团独立于检察官，对事实和证据进行调查，对检察官提供的证据进行审查，最后决定对被告人是否起诉。大陪审团制度是公众参与刑事起诉的制度载体，其重要价值和功能在于制约公诉权，防止公诉权的滥用，进而保护人权。美国联邦宪法修正案第5条规定："非

---

[①] 自诉案件一般是告诉才处理的案件和轻微刑事案件，较少关涉公共利益，公众参与没有必要，因此，刑事起诉中的公众参与一般仅指提起公诉中的公众参与。

[②] 叶自强：《陪审制的分权机制与证据法的发展》，载《证据科学》2014年第4期。

[③] 参见胡岩：《大陪审团：制约公诉权的司法民主制度》，载《法律适用》2016年第6期。

经大陪审团提起公诉,人民不受死罪和不名誉罪的审判……"在中国访问学者章莹颖被绑架案中,对犯罪嫌疑人的刑事起诉就采用了大陪审团起诉的方式:联邦检察官向大陪审团提供证据,正是检方提供的证据说服了大陪审团的大部分成员,证明犯罪嫌疑人布伦特·A.克里斯滕森犯绑架罪的可能性比较大,大陪审团才决定正式起诉犯罪嫌疑人。① 英美国家大陪审团制度属于决策型公众参与制度,尽管大陪审团制度是公众参与刑事起诉的重要途径,但其因存在效率低下、容易受检察官左右等缺陷而饱受批评,在英美法系国家,运用大陪审团审理案件呈萎缩趋势。为满足提高司法效率和控制犯罪的需要,英国于1948年通过《刑事司法法》正式废除了大陪审制度。

为制约公诉权,防止检察官滥用不起诉权,日本于1948年制定了《检察审查会法》,建立了检察审查会制度。日本的检察审查会制度就是在公众中随机挑选11人组成检察审查会,负责审查检察机关作出的不起诉决定是否恰当,并对检察工作提出意见和建议。② 这是一种吸纳民意,防止公诉权被滥用,保障公诉权顺利运行的制度。值得注意的是,检察审查会作出的决议对检察官并没有法律上的拘束力,仅具有参考作用。因此,日本的检察审查会制度属于咨询型公众参与制度。

随着我国公众参与司法和对司法公正的呼声日渐高涨,我国检察机关不断探索公众参与的形式与渠道。2000年5月,最高人民检察院发布了《人民检察院刑事申诉案件公开审查程序规定(试行)》,规定了对申诉案件实行公开审查制度,吸收人民群众参与申诉案件的处理。经过十余年的实践,2011年11月,最高人民检察院又发布了《人民检察院刑事申诉案件公开审查程序规定》,对申诉案件公开审查制度进一步予以完善。其中,第5条规定:"对于案件事实、适用法律存在较大争议,或者有较大社会影响等刑事申诉案件,人民检察院可以适用公开审查程序,除下列案件外:(一)案件涉及国家秘密、商业秘密或者个人隐私的;(二)申诉人不愿意进行公开审查的;(三)未成年人犯罪的;(四)具有其他不适合进行公开审查情形的。"第8条规定:"人民检察院进行公开审查活动应当根据案件具体情况,邀请

---

① 《章莹颖家人律师:不必过度解读大陪审团正式起诉决定嫌犯不认罪在意料中》,http://finance.ifeng.com/a/20170715/15531884_0.shtml,最后访问时间:2017年10月7日。

② 参见丁相顺:《日本检察审查会制度的理念、实施与改革》,载《国家检察官学院学报》2005年第3期。

与案件没有利害关系的人大代表、政协委员、人民监督员、特约检察员、专家咨询委员、人民调解员或者申诉人所在单位、居住地的居民委员会、村民委员会人员以及专家、学者等其他社会人士参加。"第 18 条规定，对案情重大复杂疑难的、采用其他公开审查形式难以解决的、其他有必要召开听证会的刑事申诉案件可以召开听证会，对涉案事实和证据进行公开陈述、示证和辩论，充分听取听证员的意见。第 20 条规定："听证会应当邀请听证员，参加听证会的听证员为三人以上的单数。"第 21 条规定："听证员根据听证的事实、证据，发表对案件的处理意见并进行表决，形成听证评议意见。听证评议意见应当是听证员多数人的意见。"第 23 条规定，案件承办人根据案件情况，结合听证员的评议意见，做出处理结论，如果案件的处理意见与听证评议意见不一致时，应当提交检察委员会讨论。2007 年 3 月，最高人民检察院发布的《人民检察院信访工作规定》规定，对重大、复杂、疑难信访事项的答复应当由承办部门和控告申诉检察部门共同负责，必要时可以举行公开听证，通过答询、辩论、评议、合议等方式，辩明事实，分清责任，做好矛盾化解、教育疏导工作。

2001 年 3 月，最高人民检察院发布《人民检察院办理不起诉案件公开审查规则（试行）》规定：公开审查的不起诉案件应当是存在较大争议并且在当地有较大社会影响的，经人民检察院审查后准备作不起诉的案件；不起诉案件公开审查时，允许公民旁听；可以邀请人大代表、政协委员、特约检察员参加；可以根据案件需要或者当事人的请求，邀请有关专家及与案件有关的人参加；经人民检察院许可，新闻记者可以旁听和采访。对涉及国家财产、集体财产遭受损失的案件，可以通知有关单位派代表参加。但该规则没有规定受邀请参加的人员对案件处理可以发表意见。2016 年 1 月，最高人民检察发布了《人民检察院办理羁押必要性审查案件规定（试行）》。该《规定》第 14 条规定："人民检察院可以对羁押必要性审查案件进行公开审查。但是，涉及国家秘密、商业秘密、个人隐私的案件除外。公开审查可以邀请与案件没有利害关系的人大代表、政协委员、人民监督员、特约检察员参加。"该《规定》也没有规定受邀参加人员对案件处理有无发表意见的权利。

有学者认为，我国与日本的检察审查会类似的制度是人民监督员制度，人民监督员制度于 2003 年 9 月开始试点。2004 年 4 月，最高人民检察院出台《关于实行人民监督员制度的规定（试行）》，该制度于 2010 年在全国全面推行。2015年12月，最高人民检察院出台《关于人民监督员监督工作的规定》，该《规定》明确规定人民监督员可以对检察院办理直接受理立案侦查案件存在的11种情形进行监督，人民监督员的工作职责是对检察院直接受理立案侦查案件（自侦案件）实施监督，监督的范围涉及立案、审前羁押、强制措施、刑事赔偿、起诉、检察人员的违法违纪行为等，监督的主要形式是提出意见和建议。人民监督员监督过程主要是听取检察官对案情的介绍和书面审查，但无调查取证权。目前人民监督员监督的意见仅有程序性效力，没有实体性效力，不具有法律强制力。我国的人民监督员制度主要是监督型公众参与制度，不属于咨询型参与制度。监察委员会成立后，人民监督员制度可能被纳入监察工作范围，不再属于检察阶段的公众参与制度。而目前检察机关所设立其他公众参与制度，如刑事申诉案件公开审查制度、信访案件听证制度属于咨询型公众参与制度，而不起诉案件公开审查、羁押必要性审查制度，实质上属于咨询型制度，但由于这些制度只规定了公众参与的内容，但未规定公众意见表达及采纳等，从主要特征看，这两种制度应属于监督型公众参与制度。课题组认为，检察机关的职能主要包括批准逮捕、审查起诉与提起公诉等，这些环节的活动要遵守刑法和刑事诉讼法的规定，而且审查被告人是否具有逮捕必要性、是否符合起诉条件以及对被告人是否作出提起公诉的决定等，属于检察机关的决策。这些决策主要是程序性决策，但也属于刑法适用范围。因为检察机关作出批准逮捕与提起公诉的决策后，还要经过人民法院的审判方能对被告人作出是否有罪的判决，所以，检察阶段（刑事起诉阶段）宜建立咨询型公众参与机制，而不必建立决策型公众参与机制。除前述两种咨询型公众参与制度外，羁押必要性审查、不起诉案件公开审查应引入咨询型公众制度。应当注意的是，在审查起诉和不起诉时，都应引入咨询型公众参与制度。

在检察阶段（刑事起诉阶段），在进行被告人羁押必要性审查时，之所以应设立咨询型公众参与制度，理由如下：审前羁押是刑事强制措施，目的是保障刑事诉讼活动顺利进行，而不是教育、惩罚甚至改造被羁押人。审前羁押是限制和剥夺人的人身自由的强制措施，在很多国家，审前羁押由法院作出裁决，法治发达国家"以保释为原则，以羁押为例外"。在英美法系国家，羁押必要性的审查权由职业法官行使。而在我国，"以羁押为原则，以取保为例外"。审前羁押率比较高，"以押代侦"现象比较严重。由于我国审判独立性不足，审前羁押往往影响法院的判决或对被告人确定刑罚。如果被告人在审前被羁押，法院往往难以对其作出无罪判决或处以非监禁刑，有学者建议对审前逮捕程序进行诉讼化改造。① 虽然《人民检察院办理羁押必要性审查案件规定（试行）》规定公众参与，但仅规定了公众参与属于监督型公众参与，实际作用有限，难以满足实践需要。因此，有的地方检察院举行羁押必要性审查听证会，将听证会的意见作为检察院是否对犯罪嫌疑人批准逮捕的参考依据。2015 年 4 月 16 日，南京市浦口区检察院就备受关注的犯罪嫌疑人李某某涉嫌故意伤害一案（"南京虐童案"）举行审查逮捕听证会。省、市人大代表、政协委员，法学、社会学、心理学专家学者，人民监督员和民政、教育、妇联、团委、学校、社区相关人员以及辩护律师等共 18 人应邀参加了此次听证会。参加听证会的大部分人倾向于无论是从法律规定，还是从有利于孩子身心健康成长的角度，均不适宜采取逮捕措施。② 同月 19 日，在听取了社会各界意见后，浦口区检察院对李某某作出不予逮捕的决定。举行审查逮捕听证会还属于个别检察机关的尝试，还未上升到制度层面。2013 年 6 月，最高人民检察院第四次侦查监督工作会议提出探索公开审查案件的办案方式，推动审查逮捕程序向诉讼化转变，邀请社会公众参与审查逮捕听证会是检察机关公开审查案件的一种有益尝试。

公众参与检察机关的刑事起诉应纳入咨询型公众参与制度的范围。根据刑事诉讼法的规定，人民检察院审查案件的时候，必须查明犯罪事实、情节是否清楚，证据是否确实、充分，犯罪性质和罪名的认定是否正确，有无遗漏罪行和其他应当追究刑事责任的人，是否需要追究刑事责任等事项。人民检察院认为犯罪嫌疑人的犯罪事实已经查清，证据确实、充分，依法应当追究刑事责任的，应当作出起诉决定；认为犯罪嫌疑人没有犯罪事实，或者有法定不应追究刑事责任情形之一的，人民检察院应当作出不起诉决定。对于犯罪情节轻微，依照刑法规定不需要判处刑罚或者免除刑罚的，人民检察院可以作出不起诉决定。人民检察院审查起诉的活动以及审查起诉后所作出的起诉与不起诉决定，都是根据刑法的规定作出决定的行为。那么，检察机关是否对被告人的行为决定起诉与不起诉，直接取决于检察机关对事实的认定与法律适用是否准确。如果检察机关认定事实与适用法律存在偏差与错误，

---

① 参见闵春雷：《论审查逮捕程序的诉讼化》，载《法制与社会发展》2016 年第 3 期。
② 《评南京虐童案：听证虐童案找准情法平衡》，http://news2.jschina.com.cn/system/2015/04/18/024402072.shtml，最后访问时间：2017 年 7 月 10 日。

可能出现应当起诉而不起诉或不应当起诉而起诉的情形。因此，在此过程中，如果通过咨询型公众参与，可以充分吸收公众的意见，促使检察机关的决策更科学、合理。而目前《人民检察院办理不起诉案件公开审查规则（试行）》仅规定对不起诉案件进行公开审查，对起诉案件不进行公开审查，欠妥当。虽然不起诉案件是检察机关依据法律直接作出决定，直接生效无须经过法院审判，对不起诉案件公开审查有必要性。但对不应当起诉而起诉的案件，也有审查的必要，否则可能造成以下后果：一是浪费司法资源；二是侵犯犯罪嫌疑人的合法权益；三是损害司法权威。因此，当犯罪嫌疑人有理由认为其不应被起诉而被起诉时，可以申请公开审查。对疑似不应起诉而起诉的案件进行公开审查，可以畅通民意表达渠道，引入民众智识，提高起诉的准确率。

至于检察阶段（主要是刑事起诉）咨询型公众参与的案件范围，应当只限于极少数案件。对于事实清楚、证据充分、适用法律无争议的案件，犯罪嫌疑人对案件处理无异议的案件，不适用咨询型公众参与。因为咨询型公众参与的目的与作用在于：通过公众参与，检察人员与公众进行沟通交流，吸纳公众的知识、经验、基本情感，寻找案件合理处理方法，以使案件各方和社会公众普遍接受处理结果。因此，只有对事实认定与法律适用存在较大争议的疑难、复杂案件，才有启动咨询型公众参与的必要。具体而言，以下案件可以启动咨询型公众参与机制：一是对羁押必要性存在争议的案件；二是申诉案件；三是对于起诉决定或不起诉决定存在重大分歧的案件。此外，涉及国家秘密、个人隐私、未成年人案件等，是否可适用公众咨询型参与机制？《人民检察院刑事申诉案件公开审查程序规定》第5条规定不适用公开审查的申诉案件包括："（一）案件涉及国家秘密、商业秘密或者个人隐私的；（二）申诉人不愿意进行公开审查的；（三）未成年人犯罪的；（四）具有其他不适合进行公开审查情形的。"那么，如果建立咨询型公众参与机制，是否应排除上述案件？课题组认为，除非当事人不愿意启动咨询型公众参与，只要是疑难、复杂、有争议的案件，均可适用咨询型公众参与。至于涉及国家秘密、商业秘密或者个人隐私的案件和未成年人犯罪案件，也可以启动咨询型公众参与机制，必要前提是建立或完善参与人员的保密制度及其泄密法律责任。

此外，检察阶段的专家咨询制度也属于咨询型公众参与制度之一。所谓专家咨询即检察人员对法律与事实认定存在疑难的，可以向相关领域的专家如法律专家、技术专家进行咨询。目前，有的地方检察机关设立了检察专家咨询委员会，但普遍没有形成制度化的运作，即对哪些案件需要聘请专家咨询、专家咨询的形式、启动专家咨询的程序、专家咨询意见的采纳等，均没有制度化。在实践中，专家咨询制度是否设立、设立以后是否运作，很大程度上取决于检察机关的领导者。课题组建议在总结各地实践经验的基础上，将专家咨询工作制度化。

### 三、审判阶段可纳入咨询型参与范围

在审判阶段既可设立决策型公众参与制度如陪审制度，又可设立咨询型公众参与制度。美国司法机构中常见的法庭之友制度即是审判阶段咨询型公众参与制度的一种表现形式。"法庭之友"的拉丁文是 Amicus Curiae，英文为 A friend of the court。The New Oxford Dictionary of English 将"法庭之友"定义为"在特殊案件中，为法院提供中立建议之人"，而 Holthouse´s Law Dictionary 则将其定义为"当审判者对于法律事项产生疑问或误解时，旁观者得以'法庭之友'身份向法院提出报告。当法院中的辩护人为某案件进行辩护时，如果法官未发现或忽略了某项法律上的问题或错误时，辩护人就必须扮演上述角色。"而布莱克法律词典对"法庭之友"做出了较新的解释："法庭之友"是指"非诉讼当事人，因为诉讼的主要事实涉及其重大利益，得请求法院或受法院的请求而于诉讼过程中提出书面意见者"。[①]"法庭之友"是一种诉讼信息披露机制，为法官提供更为经济的信息获取渠道。[②]"法庭之友"的价值在于弥补职业法官知识或者信息方面的不足，帮助职业法官公正裁判案件，其是公众参与审判的重要制度形式，是对"对抗制"诉讼模式的补强，体现了司法民主。在美国司法体系中，除陪审团制度外，也有了"法庭之友"制度，其在 1823 年美国联邦最高法院 Green V. Biddle 案件中以判例方式被初步确立，其后通过联邦最高法院《联邦上诉程序规则》（Federal Rules of Appellate Procedure）第 29 条和《美国最高法院规则》（Rules of the Supreme Court of the U.S）第 37 条最终被确立。美国的"法庭

---

[①] 参见百度百科"法庭之友"条目，https://baike.baidu.com/item/%E6%B3%95%E5%BA%AD%E4%B9%8B%E5%8F%8B/5002690?fr=aladdin，最后访问时间：2017 年 11 月 20 日。

[②] 参见项焱、海静：《"法庭之友"：一种诉讼信息披露机制》，载《法制与社会发展》2017 年第 2 期。

之友"人员来源广泛，根据美国《联邦上诉程序规则》第 29 条规定，启动"法庭之友"书面文本的方式有三：一是当事人启动，经全体当事人授权同意可以直接向法院提交；二是法院经申请有条件启动，如果当事人不同意，"法庭之友"可以向法院提交许可申请；三是法院主动要求"法庭之友"提供。此外，还有例外的任意启动模式，即如果"法庭之友"书面文本是由国家、州、地区、特定政府官员等提出，可以不用获得当事人同意、授权或者法院的许可。我国台湾地区于 2012 年 1 月公布了"人民观审试行条例（草案）"，2014 年 7 月，又将"人民观审制"的名称改为"人民参审制"，观审员或参审员参与审理案件，可以就案件的事实问题和法律问题发表意见，为法院裁判案件提供参考。① 在观审制度中，观审员或参审员只能发表意见而不能对案件裁判结果的形成产生实质影响，因此，"观审团"是建议性的陪审团，是典型的审判阶段的咨询型公众参与方式。

在我国刑事案件审判阶段，存在多种形式的咨询型公众参与方式，如适用缓刑、假释前征求公众意见及未成年人刑事案件被告人审前社会调查制度，它们类似于"法庭之友"制度。根据我国《刑法》第 72 条的规定，对犯罪分子宣告缓刑的条件之一是对所居住的社区没有重大不良影响。而根据我国《刑法》第 81 条的规定，对犯罪分子决定假释时，应当考虑其假释后对所居住社区的影响。又根据《社区矫正实施办法》第 4 条第 1 款规定，对拟适用社区矫正的被告人、罪犯②，需要调查其对所居住社区影响的，可以委托县级司法行政机关进行调查评估。适用缓刑、假释的罪犯要在社区进行矫正，对拟适用缓刑的被告人、假释的罪犯应当进行调查评估，以便了解其对所居住社区的影响。在调查评估的过程中，必须征求拟被适用缓刑的被告人、假释的罪犯所在社区公众的意见，为法官裁判缓刑、假释提供佐证。而在未成年人刑事案件中，在审前，应由专门机构对未成年人的个人情况、成长经历、犯罪背景进行专门调查，并对其人身危险性进行评估，调查和评估报告被提交法院，供法官在量刑时参考。上述制度是现行法律设置的，不过实践中如何征求公众意见还有待细化。

在我国审判实践中，还没有被制度化的咨询型公众参与形式主要有以下几种：一是出具专家意见书。在一些争议较大或疑难案件的审查起诉、审理

---

① 参见胡夏冰：《台湾人民参审制的基本内容》，载《人民法院报》2014 年 10 月 17 日，第 8 版。
② 社区矫正的适用对象包括被判处管制、宣告缓刑、假释、暂予监外执行四种罪犯。

过程中，被告人及其律师（在个别情况下还有被害人及其代理人）就案件的证据、事实、定罪与量刑等问题，聘请专家学者提供专家论证意见，并希望法官在裁判过程中充分听取专家的意见，从而更准确地认定事实、适用法律。如在办理"刘涌涉黑案"中，刘涌的辩护律师田文昌邀请了14位法律专家就案件进行论证，并形成法律意见书提交法庭。专家出具法律意见作为一种参与审判的形式在我国还没有被制度化，其因为缺少程序规制而饱受诟病。二是有的法院设立了专家咨询委员会制度。法官在遇到疑难、重大案件难以处理时，主动聘请专家参与论证、讨论，听取专家意见。三是向法院提交请愿书或陈情书。为请求给刑事被告人予以从轻或从重处罚，当地部分民众向法院递交量刑请愿书，或者向法院陈述被告人或被害人的一贯表现，或者表达对量刑的意见或建议等。四是在审理具体案件过程中，法院主动向公众征求意见。如河南省试行的"人民陪审团""人民观审团"制度。人民观审团参与审理的案件范围是：社会影响大、社会关注度高的刑事案件，重大、疑难、复杂的民事、行政案件，减刑、假释案件。人民观审团由各界代表（如人大代表、政协委员、人民陪审员、律师代表、媒体代表、群众代表）组成，人民观审团成员参加庭审并可以独立发表意见，人民观审团的意见作为法官裁判案件的参考。再如，西安市中级人民法院在"药家鑫案"一审过程中，向500名旁听人员发送调查意见，征求量刑意见。[①] 上述司法实践中的做法与探索，有的取得了较好的社会效果，有的由于没有法律具体规定，受到诸多质疑，如河南省试行的"人民陪审团"和"人民观审团"制度；有的由于缺乏科学的设计，其运行中存在诸多不合理的地方，产生了较多的负面问题。因此，从我国的司法实践和国外的制度来看，在审判环节有必要设立咨询型公众参与机制。建议在整个刑事审判环节都设立咨询型公众参与机制，即借鉴国外"法庭之友"制度，吸收先进经验和做法，建立我国的"法庭之友"制度。对可能影响案件事实认定、法律适用的问题，或者案件处理结果可能引发的风险，任何人都可以向法院提交自己的意见或建议，以增加法院裁判的科学性与合理性。

专家出具法律意见与英美国家的"法庭之友"制度有相似之处：后者是当事人之外的第三人在法院审理案件时向法庭提交的自己关于案件事实和法律问题的意见，以影响法院裁判的制度，而前者一般是当事人聘请的专家

---

[①] 参见岳源：《征求意见不可影响法官依法判决》，载《大众日报》2011年4月16日，第3版。

提交的法律意见,但前者的中立性不如后者。专家出具的法律意见有着自身的价值:扩大司法民主、辅助法官办案、实现法学理论与司法实践良性互动、平衡控辩双方的地位。① 课题组认为,可以参考"法庭之友"制度,将专家出具法律意见改造为我国公众参与审判的制度形式之一。

## 第三节 监督型公众参与的范围

按照《辞海》的解释,"监督"即"监察督促"。② 按照人民主权原则,公众有权利对公共权力的运行过程和结果进行监督。公众对公共权力进行监督的功能和价值是以权利制约权力,防止公共权力被滥用,使公共权力运行的结果符合公共利益的需要。在现代社会,公众对国家权力的监督权一般被列为宪法权利。我国现行《宪法》第41条规定:"中华人民共和国公民对于任何国家机关和国家工作人员,有提出批评和建议的权利;对于任何国家机关和国家工作人员的违法失职行为,有向有关国家机关提出申诉、控告或者检举的权利。"换言之,公众对国家权力的监督是公民的基本权利。既然宪法将监督权视为公民的基本权利,那么这种权利就必须得到保障,否则,就是违宪。我国《刑事诉讼法》第6条确立了刑事诉讼必须依靠群众的原则,这里的"依靠群众"不仅是指刑事诉讼需要群众支持、配合,而且指刑事诉讼活动需要群众监督。有学者认为"依靠群众"是政治话语,可将"依靠群众"原则理解为"公民参与"原则,因为"依靠群众原则实际上是公民参与原则在中国语境下的表述","公民参与"原则是一项程序性原则,可以用来衡量法律是否符合民主和法治精神。③ 刑法适用涉及国家刑罚权的使用,其当然要受公众监督。因此,对刑法适用而言,除涉及国家秘密、商业秘密、个人隐私的案件外,法律并没有对公众监督的范围和方式进行限

---

① 参见施舟骏:《司法视野中的学术话语:专家法律意见的诉讼价值衡量及其在审判活动中的适用》,http://www.chinacourt.org/article/detail/2015/11/id/1755639.shtml,最后访问时间:2017年11月29日。

② 夏征农、陈至立主编:《辞海》(第六版彩图本),上海辞书出版社2009年版,第1061页。

③ 参见谢佑平、张崇波:《应以"公民参与"取代刑事诉讼法中的"依靠群众"原则》,载《法学》2005年第7期。

制，从理论上讲，公众可以对刑法适用的任何阶段或环节行使监督权，这也体现了国家对公民监督权的尊重和保护。

在刑法适用中，监督型公众参与的主要目的不是分享或取代国家机关工作人员刑法适用的权力，而是监督刑法适用的权力。其主要功能是增强公众对刑法适用过程或结果的可接受性。因此，在监督型公众参与中，公众对刑法适用的影响力最小。就刑法适用的阶段而言，在刑法司法解释的制定、修改、废止、侦查、审查起诉、审判、刑罚执行等阶段，公众都有监督的权利，公众可以通过一定的组织形式和传播媒介来行使法律赋予的监督权，发表意见、提出建议、表达心声。换言之，监督型公众参与贯穿于刑法适用的全过程。当然，这里的"监督"仅限于纯粹的监督而不包括通过咨询型公众参与和决策型公众参与发挥的监督作用，因为后两者已经包含着监督的因素。

按照现行《宪法》第41条规定：公民行使监督权的方式有批评、建议、申诉、控告、检举。在实践中，公民对国家机关及其工作人员进行监督的具体方式主要是：（1）信访。国务院《信访条例》第2条对"信访"进行了界定，这里的"信访"显然针对的是行政机关及其工作人员的行为，"信访人"是采用《信访条例》规定的形式（书信、电子邮件、传真、电话、走访等），反映情况、提出建议、意见或者投诉请求的公民、法人或者其他组织，也就是说信访人既可以是自然人，也可以是组织，既可以是与信访事项有利害关系的当事人，也可以是与信访事项没有利害关系的社会公众。虽然《信访条例》规制的是行政机关及其工作人员的行为，但是实践中涉诉涉法信访事项参照《信访条例》处理。根据最高人民法院2011年5月发布的《人民法院涉诉信访案件终结办法》的规定，涉诉信访人仅局限于当事人，即与涉诉案件有利害关系的人，这里遗漏了与涉诉案件无利害关系的信访人。（2）舆论监督。社会公众可以通过大众传播媒介（声音、文字、电波、互联网等）对国家机关及其工作人员的行为进行监督，这种监督既包括检举、揭发、批评，又包括评论、提出建议。（3）信息公开制度。信息公开是公众进行监督的基础，直接关系到公众参与决策、维护自身利益，国家机关应当主动向社会公众公开信息，"以公开为常态，以不公开为例外"，充分保障公民的知情权。同时，公民享有信息公开申请权。

虽然公众可以对刑法适用全过程进行监督，但由于刑法适用的阶段不同，监督形式也有所不同，尤其要建立有针对性、操作性、实效性强的监督制度，必须对刑法适用过程再进行分类，根据其特点设计监督制度。如果缺乏具体的、有针对性的制度设计，宪法所确立的批评权、建议权、控告权、检举权就难以落实。因此，课题组认为，对刑法适用中的监督型公众参与范围可以做以下分类：对刑事司法解释的监督、对个案的监督和对刑法适用整体情况的监督。

对刑事司法解释的监督主要是公众对最高司法机关制定、修改、废止司法解释的监督，监督的目的是提高司法解释的科学性、合理性水平，及时纠正不合理的司法解释。监督的时间节点包括事前、事中、事后。事前、事中监督的主要内容是：刑事司法解释草案在正式表决以前是否公布征求意见稿并征求公众意见、是否及时对公众提出的意见或建议进行反馈，这些主要属于程序性监督事项。事后监督的主要内容是对刑事司法解释中某些不科学、不合理的规定提出异议，或者提请制定机关要求撤销或修改，主要属于实体性事项。

对刑事个案监督的形式是多样的、灵活的，在刑事立案、侦查、起诉、审判、刑罚执行、审判监督等几乎所有的刑事诉讼环节中，公众都可以进行监督。为了不干扰法官独立行使审判权，公众对刑事个案审判主要是事后监督，而实时监督主要限于旁听或者观看庭审直播。

公众对刑法适用的整体监督主要方式是了解刑法适用的信息，满足公众的知情权。法院满足公众知情权的主要方式是司法公开，为此，最高人民法院制定了《关于加强人民法院审判公开工作的若干意见》《关于司法公开的六项规定》《司法公开示范法院标准》等，全面推行立案公开、庭审公开、执行公开、听证公开、裁判文书公开、审务公开等制度，充分运用现代信息技术手段，初步建立其开放、透明、便民的"阳光司法"机制。为确保检察权在阳光下运行，最高人民检察院于2015年2月发布《关于全面推进检务公开工作的意见》，明确将检察案件、检察事务、检察队伍三类信息列为检务公开的内容，其中，检察案件信息是检务公开的关键内容。在检察案件信息方面，则明确提出"逐步开展《人民检察院案件信息公开工作规定（试行）》范围之外的其他生效法律文书统一上网和公开查询以及其他案件信息发布"，基本涵盖了检察机关所有的案件信息。此规范性文件将完善公开审查制度、加强检察法律文书释法说理工作、拓宽联系群众、服务基层的方式等作为完善、创新检务公开的方式和方法。在完善公开审查制度方面，要求对存在较大争议或在当地有较大社会影响的拟作不起诉案件、刑事申诉案件，实行公开审查。对于在案件事实、适用法律方面存在较大争议或在当地有较大影响的审查逮捕、羁押必要性审查、刑事和解等案件，提起抗诉的案件以及不支持监督申请的案件，探索实行公开审查。

当然，对刑法适用的监督既包括对司法人员的监督也包括对刑法适用行为本身的监督。对司法工作人员在履行职责过程中是否存在渎职或贪腐行为，则主要通过纪律、违法犯罪举报、控告等监督方式进行监督。本课题主要研究对刑法适用行为本身的监督。事实上，针对刑法适用的过程，已建立了公众监督制度，如我国刑事诉讼法规定的侦查中的见证人制度、旁听制度、审判公开制度等，都属于公众监督制度。近年来，随着司法民主的推进，在刑法适用中逐步建立了多种形式的监督制度，如人民监督员制度、涉诉信访制度、司法公开制度等。一些地方法院、检察院也在努力探索新的监督方式，主动接受人民群众的监督，如有的地方法院设立特邀监督员、廉政监督员等。"阳光是最好的防腐剂"，公众的广泛参与是提升司法公信力、防止司法权滥用的最好方式，因此，加强公众对司法的监督具有重要价值。目前，我国虽然在司法中建立了监督型公众参与制度，但由于监督机制不够健全、缺乏针对性，监督效果有待提升，因此，有必要进一步健全监督机制。

随着现代民主化浪潮的不断高涨，公众已经不满足于代议制的参与方式，希望由自己直接参与国家政治生活。公众参与政治程度的加深，范围的扩展，有利于激发公众对公共事务和公共利益的关心和维护。公众参与刑法适用属于直接民主的参与形式，从应然的角度来讲，应当让更多的公民参与到刑法适用中来，应当扩大公民参与刑法适用的范围和深度，但实际上，受制于刑法适用的质量、可接受性和公众参与的实现能力等因素，公民参与刑法适用的人数和范围不可能不受限制。而且，让所有的公民直接参与刑法适用或者参与刑法适用的各个领域和环节，既无可能，也无必要。尽管公民参与刑法适用体现了司法民主（直接民主），但司法民主的形式并不局限于直接民主。有学者认为直接民主向间接民主嬗变的原因是成本，直接民主运行的成本明显高于间接民主，"近代代议制民主主张在尊重社会分工的基础上，公民有序且有限地参与政治，并不主张每个公民都将自己的所有精力和时间用来直接参与民主选举、民主决策、民主管理和民主监督等政治活动（实际上这也不可能）。"①

---

① 李永洪、虞崇胜：《重视成本考量：民主制度形态转换中不可忽略的一个问题——以直接民主向代议制民主嬗变的原因分析为例》，载《理论导刊》2012年第3期。

# 第五章
# 刑法适用公众参与的方式及机制设计

　　方式指言、行所采用的方法和形式。① 刑法适用公众参与的方式即是公众以何种方法和形式参与刑法适用。为了保障公众参与的有序性与有效性，刑法适用公众参与的方式构建应遵循两大原则：有序性原则和有效性原则。第一，有序性原则，公众参与方式必须制度化。"'有序'，就是建立和遵守法制，即合法化、理性化、程序化"，② 近年来我国公众参与刑法适用的渠道有限，公众参与的主要形式是在体制外通过媒体形成社会舆论等非制度化形式，这便形成了无序参与，无序参与往往伴随非理性行为与不合程序、不合理的结果。因此，刑法适用公众参与的方式应当主要从体制外的非制度化参与转化为体制内的制度化参与。亨廷顿指出："制度化是组织和程序获取价值观和稳定性的一种进程。"③ 制度化参与有利于增强公民对社会生活的可预测性，有利于社会生活的规范、有序，而"非制度化参与"表现为"非制度化行为"，是指"行为主体在遇到某种问题或处于某种状况时，借

---

① 参见百度百科"方式"条目，https：//baike.baidu.com/item/%E6%96%B9%E5%BC%8F/3616191? fr = aladdin，最后访问时间：2017 年 12 月 1 日。
② 王维国：《公民有序政治参与的途径》，人民出版社 2007 年版，第 178 页。
③ ［美］塞缪尔·P.亨廷顿：《变化社会中的政治秩序》，王冠华、刘为等译，三联书店 1989 年版，第 12 页。

助权力、金钱、关系、面子、人情等,采用制度外的方式进行的利益博弈"。① 为了保障公众参与刑法适用的有序性,必须通过制度化的方式拓宽公众参与刑法适用的渠道,邓小平曾经强调:"为了保障人民民主,必须加强法制,必须使民主制度化、法律化。"② 第二,有效性原则,刑法适用公众参与方式必须根据参与的范围等进行类型化设计。"有效性"就是"合目的性","公众参与的有效性,指的是公众参与所发挥作用的程度以及所产生的效果"。③ 公众参与是要支出成本的,公民本身要支出时间、金钱甚至热情等,国家也要支出相应的成本。如果公众参与方式没有遵守有效性原则,公众参与流于形式,形同"走过场""作秀",公众成为民主的"道具",还会产生被愚弄之感,既白白支出了成本,又透支了政府的公信力。例如,我国人民陪审员制度虽然是制度化的参与方式,但以前的制度设计忽视了参与有效性原则,致使人民陪审员制度"陪而不审,审而不议"现象突出,人民陪审员制度改革的目的即是着力推进公众参与审判的有效性与有序性,如2018年4月27日通过的《人民陪审员法》关于人民陪审员的选任程序、合议庭的组成、表决内容及参审范围等规定即旨在提高人民陪审员的实质性参审作用。但由于公众参与的范围与目的不同,如何保障公众参与的有效性,④ 必须构建不同类型的参与制度,以确保公众在有序参与的基础上实现参与结果的有效性。根据公众参与的类型不同,对刑法适用公众参与方式进行以下制度化设计。

## 第一节 决策型公众参与的方式及机制设计

除英美法系国家的治安法官制度外,公众参与司法决策的主要制度是当

---

① 孟宪平:《法治语境中的非制度化行为治理》,载《中国社会科学报》2015年7月7日第6版。
② 邓小平:《邓小平文选》(第二卷),人民出版社1983年版,第146页。
③ 王青斌:《论公众参与有效性的提高——以城市规划领域为例》,载《政法论坛》2012年第4期。
④ 所谓"有效参与"是"在社团的政策被实施之前,所有的成员应当拥有同等的、有效的机会,以使其他成员知道他对于政策的看法";"议程的控制"是"惟有成员可以决定议程如何进行,处理哪些内容"。参见[美]罗伯特·达尔:《论民主》,李柏光、林猛译,商务印书馆1999年版,第43—44页。

今世界各国普遍实行的陪审制度。在司法中,决策型公众参与方式是公众直接掌握了公共决策的权力,与公权力机关及其工作人员共同决策,对公共决策起着直接的作用,是公众参与程度最深的一种方式。决策型公众参与方式对扩大司法民主、提升司法公信力、提高公众参与兴趣等都有十分重要的作用。在法律适用中,核心是审判,在审判中,核心是裁判结果,当事人也许不关心法律程序,但是对裁判结果却是必定关心的。因此,迄今为止,陪审制度是公众参与司法决策(裁判结果)形成的主要方式,被世界绝大多数法治国家和地区所沿用。很多国家将陪审确定为公民的权利和义务。如美国联邦宪法第 3 条规定:"除弹劾案以外,对所有犯罪的审判都应当由陪审团进行。"美国联邦宪法第六修正案又规定:在任何刑事诉讼中,被告人有权由公正的陪审团进行审判。① 1968 年,美国联邦最高法院通过对宪法第十四修正案的解释,将被告人接受陪审团审判的权利适用于各州的刑事诉讼。我国 1954 年《宪法》第 75 条规定:人民法院审判案件依照法律实行人民陪审员制度。2018 年出台的《人民陪审员法》第 2 条第 1 款将担任人民陪审员确定为公民的权利和义务。

既然法律已经规定了陪审制度,公众参与刑法适用方式的有序性就不是设计公众参与方式需要考虑的因素,公众参与刑法适用方式的有效性才是必须考虑的问题。所谓公众参与方式的有效性是参与方式的效果能够满足制度管理者、操作者、参与公民的期待或目标。② 在我国,刑法适用决策型公众参与方式主要是人民陪审员制度。根据 2004 年《关于完善人民陪审员制度的决定》,人民陪审员在审判活动中除了不能担任审判长外,与法官具有同等的权利,人民陪审员通常被称为"无袍法官"。但在实践中,人民陪审员制度的突出问题是人民陪审员"陪而不审""审而不议",这表明人民陪审员制度的有效性不足。在当前我国人民陪审员制度的总体效果的评价问题上,课题组的调查结果显示:3.9% 的人(被调查者)认为非常好,15.2% 的人认为比较好,34.4% 的人认为一般,23.3% 的人认为不太好,14.9% 的人认为非常不好,7.7% 的人不置可否,0.7% 的人选择其他(参见表 14)。可见,大多数人对当前我国人民陪审员制度的总体效果是不满意的。在我国现行的人民陪审员制度存在的问题上,课题组的调查结果显示:在对此问题

---

① 宋英辉、孙长永、刘新魁等:《外国刑事诉讼法》,法律出版社 2006 年版,第 169 页。
② 参见黄蓬威:《刑事司法中的公民参与》,社会科学文献出版社 2016 年版,第 110—116 页。

回答的4109份问卷调查中,有69%的人(被调查者)认为是实质参与不足,38.9%的人认为(人民陪审员)准法官化失去陪审的实质意义,13.4%的人认为参与广度耗费太多司法资源,25.9%的人认为缺乏必要的时间和资金保障机制,39.9%的人认为普通公众缺乏参与积极性,54.9%的人认为(人民陪审员)陪而不审,5.9%的人选择不清楚,1.2%的人认为还存在其他问题(参见表15)。简言之,我国人民陪审员制度存在的突出问题是人民陪审员实质参与不足、人民陪审员陪而不审、公众缺乏参审积极性、人民陪审员准法官化。因此,当前我国人民陪审员制度改革的主要目标和重要内容便是增强人民陪审员实质参与,提升人民陪审员参与审判的有效性。《人民陪审员法》规定了一些保障人民陪审员实质参审的内容,如在7人合议庭中区分了事实审和法律审,由人民陪审员4人与法官3人共同审理社会影响重大的案件。

表14:人民陪审员制度的总体效果问卷调查统计表

|  |  | 频率 | 百分比 | 有效百分比 | 累积百分比 |
| --- | --- | --- | --- | --- | --- |
| 有效 | 非常好 | 161 | 3.9 | 3.9 | 3.9 |
|  | 比较好 | 624 | 15.1 | 15.2 | 19.1 |
|  | 一般 | 1414 | 34.3 | 34.4 | 53.5 |
|  | 不太好 | 958 | 23.2 | 23.3 | 76.8 |
|  | 非常不好 | 611 | 14.8 | 14.9 | 91.6 |
|  | 不清楚 | 315 | 7.6 | 7.7 | 99.3 |
|  | 其他 | 29 | 0.7 | 0.7 | 100.0 |
|  | 合计 | 4112 | 99.8 | 100.0 |  |
| 缺失 | 系统 | 9 | 0.2 |  |  |
| 合计 |  | 4121 | 100.0 |  |  |

表15:现行人民陪审员制度存在的主要问题问卷调查统计表

|  |  | 频率 | 百分比 | 有效百分比 | 累积百分比 |
| --- | --- | --- | --- | --- | --- |
| 有效 | 实质参与不足 | 2835 | 68.8 | 69.0 | 100.0 |
|  | 准法官化失去陪审实质意义 | 1599 | 38.8 | 38.9 | 100.0 |

续表

|  |  | 频率 | 百分比 | 有效百分比 | 累积百分比 |
|---|---|---|---|---|---|
|  | 参与广度耗费太多司法资源 | 550 | 13.3 | 13.4 | 100.0 |
|  | 缺乏必要的时间和资金保障机制 | 1064 | 25.8 | 25.9 | 100.0 |
|  | 普通公众缺乏参与积极性 | 1639 | 39.8 | 39.9 | 100.0 |
|  | 陪而不审 | 2254 | 54.7 | 54.9 | 100.0 |
|  | 不清楚 | 244 | 5.9 | 5.9 | 100.0 |
|  | 其他 | 50 | 1.2 | 1.2 | 100.0 |
|  | 合计 | 4109 | 99.7 | 100.0 | 100.0 |
| 缺失 | 系统 | 12 | 0.3 |  |  |
| 合计 |  | 4121 | 100.0 |  |  |

## 一、人民陪审员参与审判的模式选择

当今世界的陪审制度主要有两种模式：一种是以英国和美国为代表的"分工式陪审制度"，即陪审团模式，在该模式下，陪审团与法官各司其责。陪审团仅享有独立确定被告是否有罪或者判定主张是否属实的权力（事实认定权），陪审团所认定的结果成为 verdict，仅具有事实认定之效果而非正式的判决，法官则享有适用法律的权力。另一种是以法国和德国为代表的"无分工式陪审制度"，即参审模式。在此模式下，陪审员和法官享有相同的权力，都有认定事实和适用法律的权力。①

我国台湾地区"司法院"副院长、"大法官"苏永钦从实质的角色功能着眼，将"参审"的特征概括为：一是审判程序中职业法官必不可少；二是非以法律为专业的平民参与行使审判权；三是职业法官在审判程序中虽不

---

① 何家弘：《中国陪审制度的改革方向——以世界陪审制度的历史发展为借鉴》，载《法学家》2006 年第 1 期。

再独占审判权,但应有完整不可割裂的审判权。如果有一部分的审判权由非职业法官行使,职业法官最多只得事前指导或事后补救者,即非参审,英美的陪审即属此一情形。① 在陪审制与参审制中,职业法官和非法律专业的平民都是必不可少的,两者区分的关键是职业法官是否享有不可分割的审判权。在陪审制中,职业法官只享有部分的审判权,即法律适用的权力,事实认定的权力被从平民中挑选出来的陪审员所垄断(一些国家和地区的陪审员还享有量刑的权力),法官不享有事实认定的权力。在参审制中,职业法官享有完整的陪审权,既有事实认定的权力,又有法律适用的权力。陪审员享有的审判权力范围和职业法官一致。苏永钦从职业法官的审判权是否被分割或者是否完整为标准来区分陪审与参审,相比以职业法官与陪审员有无分工为标准更为准确(见表16)。《中共中央关于全面推进依法治国若干重大问题的决定》强调要逐步实行人民陪审员不再审理法律适用问题,只参与审理事实认定问题。在这里,职业法官和人民陪审员是有分工的,即职业法官既审理法律适用问题,又审理事实认定问题,而人民陪审员只参与审理事实认定问题。《人民陪审员法》第14条、第16条、第22条规定,对一些社会影响重大的案件,由3名法官和4名人民陪审员组成7人合议庭,人民陪审员只参与审理事实认定问题,不审理法律适用问题。由此可见,我国的人民陪审员制度显然不属于英美法系的陪审团制度,而是类似于大陆法系的参审制度。因为事实认定权并没有由人民陪审员独占,人民陪审员只是"参与审理事实认定问题",职业法官仍享有完整的、无分割的审判权。

  依照苏永钦的定义,"参审在平民参与审判的各种制度中毫无疑问居于主流的地位。除了英、美、加、澳等英美法国家仍实施陪审外,大陆法系及前社会主义国家都广泛存在某种参审,乃至于印度和不少非洲国家。丹麦和奥地利同时实施陪审和参审,是比较特别的例子,但参审在比重上显然超过陪审。"②

---

① 苏永钦:《司法改革的再改革——从人民的角度看问题,用社会科学的方法解决问题》,台湾月旦出版社股份有限公司1998年版,第70—71页。
② 苏永钦:《司法改革的再改革——从人民的角度看问题,用社会科学的方法解决问题》,台湾月旦出版社股份有限公司1998年版,第70—71页。

表16：陪审制、参审制、裁判员制度的比较表①

| | 陪审制 | 参审制 | 裁判员制度 |
|---|---|---|---|
| 目前典型代表国 | 英国、美国 | 法国 | 日本 |
| 对象事件 | 被告为无罪答辩 | 一定的重大案件 | 一定的重大案件 |
| 法庭组成 | 法官1位<br>陪审员12位 | 法官3位<br>参审员3位 | 法官3位<br>参审员6位 |
| 选任方式 | 随机抽出 | 随机抽出 | 随机抽出 |
| 权力范围 | 不能查阅案卷、在审判时不得发问、不得记录 | 可以查阅案卷、在审判时可以发问、可以记录 | |
| 评议 | 事实认定 | 事实认定及量刑 | 事实认定及量刑 |
| 评决 | 有罪判决须一致决（英国已改革此原则） | 有罪判决须2/3以上多数决 | 有罪判决及量刑采附条件的多数决 |

此外，陪审制中参审制只有司法审判的功能，而陪审团制还有造法的功能。在英美法系国家，特别是在美国，陪审团可以做出超出法律的裁判（但法官拥有否决的权力），此类裁判可以作为判例使用，这也提示需要对现行的法律进行修改。

采用参审还是陪审，在大陆法系国家如德国、日本、俄罗斯有过反复。德国于1924年取消了陪审团制而建立参审制。取消陪审团制而采用参审制的原因是前者的审判效率不高和容易放纵犯罪。② 日本在1928—1943年采用过陪审团制度，但在1943年被废止，"二战"后，日本又采用了参审制度。③ 俄罗斯在1864年引进了陪审团制度，1917年十月革命废除了陪审团

---

① 参见吴景钦：《国民参与刑事审判制度：以日本裁判员制度为例》，台湾丽文文化事业股份有限公司2010年版，第95页。

② 张培田：《审判民主化选择的理论与实践（二）——陪审制与参审制之比较》，载《国家检察官学院学报》2000年第2期。

③ 任容：《日本重建刑事陪审制度的启示》，载《南昌航空大学学报（社会科学版）》2008年第6期。

制度，改为人民参审制度。1993年开始重建陪审团制度。① 目前，在欧洲大陆仍采用陪审团制的国家有爱尔兰、奥地利、瑞士、马耳他、比利时、丹麦、挪威等。可见，采用参审制还是陪审制，与法系没有必然的关系，而是与一国的司法实际状况、文化传统等因素有关。在德国、法国等法治发达的大陆法系国家，法官的专业素质比较高，法官很少发生贪腐，公民对司法的信任度比较高，虽然他们的参审也有走形式的弊端，但是不需要引入陪审团制度。纵观世界法治发达国家的陪审实践，无论是参审制还是陪审团制，只适用于少数重大案件。

那么，我国公众参与审判是选择无分工式的参审制还是选择有分工的陪审制？2004年《关于完善人民陪审员制度的决定》规定：人民陪审员参与审判的案件，由人民陪审员和法官组成合议庭进行。人民陪审员除不得担任审判长外，同法官有同等权利。人民陪审员参加合议庭审判案件，对事实认定、法律适用独立行使表决权。合议庭进行评议的时候，实行少数服从多数的原则。因此，我国人民陪审员参与案件审判，采用的是无分工的参审模式。然而，人民陪审员制度的运行效果却不理想，"陪而不审""审而不议"现象突出。为解决人民陪审员制度存在的突出问题，推进司法民主，促进司法公正，党的十八届三中、四中全会相继就完善人民陪审员制度做出重大部署。《中共中央关于全面推进依法治国若干重大问题的决定》强调要逐步实行人民陪审员不再审理法律适用问题，只参与审理事实认定问题。2015年4月1日，习近平总书记主持召开中央全面深化改革领导小组第十一次会议，该次会议审议通过了《人民陪审员制度改革试点方案》。同年4月24日，

---

① 胡云红：《俄罗斯陪审团制度的重建及其对完善我国人民陪审员制度的启示》，载《法律适用》2015年第2期。1917年苏维埃政权成立后，为了实现人民民主，防止法官恣意，在刑事、民事诉讼中建立了参审制度，由一名专职法官与两名由平民参审员组成合议庭，三人权力相等。之后因某些案件的专业性强从而引入专家陪审制度，因而平民参审与专家参审并行。但由于平民参审员选任难以保证公平性和法官在参审中的主导作用，参审制度效果不好。苏联解体后，各联邦开始进行改革。1999年，俄罗斯联邦为有效落实参审制度，在法律中强化参审员的选任程序，以各地方选区的选举人名单为基础，从中选出年满25岁的候选人150人左右，而后将名单送至各地方法院，再从此名单中随机抽选出该法院法官名额3倍的参审员。在需要审理案件时，才从其中选出参审员与专职法官一起组成合议庭，参审员的任期为5年，每位参审员一年最多参与14日的审理。参审员在审判期间，所工作的单位不仅不能扣减其薪资，同时国家必须给予相当薪资与交通费。但参审制度难以保障公众参与的有效性，公众呼吁建立陪审制度。20世纪90年代俄罗斯几个地区法院先行试点陪审制，俄罗斯于2001年修订刑事诉讼法废除参审制度，建立了陪审制度。

十二届全国人大常委会第十四次会议作出《关于授权在部分地区开展人民陪审员制度改革试点工作的决定》，授权在重庆等 10 个省（区、市）选择 50 个法院开展改革试点工作，试点期为 2 年。就审判模式而言，主要改革内容：一是探索重大案件由 3 名以上人民陪审员参加合议庭机制；二是人民陪审员在案件评议过程中独立就案件事实认定问题发表意见，不再对法律适用问题发表意见。该决定对合议庭评议的表决原则没有提及。可见，我国人民陪审员制度改革方案所确立的人民陪审员制度是无分工的参审模式，而不是有分工的陪审模式。2017 年 4 月，最高人民法院常务副院长沈德咏代表最高人民法院对《关于延长人民陪审员制度改革试点期限的决定（草案）》作了说明：由于试点工作有的问题还需要一段时间进一步研究总结，一是缺乏事实审和法律审区分的有效机制，二是全面实行随机抽选难度较大且不尽合理，三是大合议庭陪审机制有待进一步完善，基于此，最高人民法院建议人民陪审员制度改革试点工作延期一年（延期到 2018 年 5 月）。2018 年 4 月 27 日，《人民陪审员法》于十三届全国人大常委会第二次会议上获得通过并公布实施，该法虽然未改变我国陪审员的"参审"模式，但有些规定还是借鉴了英美陪审制的有益经验，如随机抽选人民陪审员，在 7 人合议庭中，人民陪审员只对事实认定问题进行表决。2019 年 2 月 18 日，最高人民法院审判委员会第 1761 次会议通过《最高人民法院关于适用〈中华人民共和国人民陪审员法〉若干问题的解释》，该司法解释针对人民陪审员参加审判活动作出具体规定共 19 条，包括细化人民陪审员参审案件范围、参加庭审活动规则、合议庭评议规则、开庭和评议事实问题清单、参审上限数等方面。为了保障人民陪审员的实质性参审，该司法解释规定了开庭前告知、阅卷制度，开庭和评议事实问题清单制度，排除适用陪审制的案件范围，个案随机抽取规则，规范了合议庭评议的发言顺序，明确每名陪审员每年参审数上限一般不超 30 件，还明确规定各级人民法院不得安排人民陪审员从事与履行法定审判职责无关的工作。①

在我国公众参与审判的具体形式问题上，课题组的调查结果显示：27.5% 的人赞同与法官共同组成合议庭的形式，43.6% 的人赞同独立的陪审团形式，27.2% 的人赞同独立的观审团形式，1.8% 的人选择了其他（参见

---

① 孙航、鄂海珊、李明：《最高法发布人民陪审员法司法解释和人民陪审员培训考核奖惩工作办法 规范保障陪审工作 有效推进司法民主》，载《人民司法》2019 年第 13 期。

表17）。在关于此问卷的身份与我国公众参与审判的具体形式的交叉问卷统计中，被调查的法官中，赞同独立的陪审团形式居于首位，占41.2%，赞同独立的观审团的占38.1%，赞同与法官共同组成合议庭的占18.4%，赞同其他形式的占2.3%。在被调查的陪审员中，59%的人赞同与法官共同组成合议庭的形式，居于首位，29.5%的人赞同独立的陪审团形式，4.9%的人赞同独立的观审团形式，6.6%的人选择了其他（参见表18）。

表17：公众参与审判的形式问卷调查统计表

| | | 频率 | 百分比 | 有效百分比 | 累积百分比 |
|---|---|---|---|---|---|
| 有效 | 与法官共同组成合议庭 | 1126 | 27.3 | 27.5 | 27.5 |
| | 独立的陪审团 | 1786 | 43.3 | 43.6 | 71.0 |
| | 独立的观审团 | 1115 | 27.1 | 27.2 | 98.2 |
| | 其他 | 74 | 1.8 | 1.8 | 100.0 |
| | 合计 | 4101 | 99.5 | 100.0 | |
| 缺失 | 系统 | 20 | 0.5 | | |
| 合计 | | 4121 | 100.0 | | |

表18：身份 * 公众参与审判的具体形式问卷调查交叉统计表

| | | | 公众参与审判的具体形式 | | | | 合计 |
|---|---|---|---|---|---|---|---|
| | | | 与法官共同组成合议庭 | 独立的陪审团 | 独立的观审团 | 其他 | |
| 身份 | 法官 | 计数 | 79 | 177 | 164 | 10 | 430 |
| | | 身份中的% | 18.4% | 41.2% | 38.1% | 2.3% | 100.0% |
| | | 公众参与审判的形式中的% | 7.1% | 10.0% | 14.7% | 13.9% | 10.5% |
| | 检察官 | 计数 | 65 | 165 | 146 | 7 | 383 |
| | | 身份中的% | 17.0% | 43.1% | 38.1% | 1.8% | 100.0% |
| | | 公众参与审判的形式中的% | 5.8% | 9.3% | 13.1% | 9.7% | 9.4% |

续表

| | | | 公众参与审判的具体形式 | | | | 合计 |
|---|---|---|---|---|---|---|---|
| | | | 与法官共同组成合议庭 | 独立的陪审团 | 独立的观审团 | 其他 | |
| 身份 | 陪审员 | 计数 | 36 | 18 | 3 | 4 | 61 |
| | | 身份中的% | 59.0% | 29.5% | 4.9% | 6.6% | 100.0% |
| | | 公众参与审判的形式中的% | 3.2% | 1.0% | 0.3% | 5.6% | 1.5% |
| | 律师 | 计数 | 39 | 161 | 100 | 4 | 304 |
| | | 身份中的% | 12.8% | 53.0% | 32.9% | 1.3% | |
| | | 公众参与审判的形式中的% | 3.5% | 9.1% | 9.0% | 5.6% | 7.5% |
| | 公安机关人员 | 计数 | 39 | 62 | 30 | 2 | 133 |
| | | 身份中的% | 29.3% | 46.6% | 22.6% | 1.5% | 100.0% |
| | | 公众参与审判的形式中的% | 3.5% | 3.5% | 2.7% | 2.8% | 3.3% |
| | 专家学者 | 计数 | 30 | 76 | 52 | 1 | 159 |
| | | 身份中的% | 18.9% | 47.8% | 32.7% | 0.6% | 100.0% |
| | | 公众参与审判的形式中的% | 2.7% | 4.3% | 4.7% | 1.4% | 3.9% |
| | 人大代表 | 计数 | 39 | 18 | 11 | 1 | 69 |
| | | 身份中的% | 56.5% | 26.1% | 15.9% | 1.4% | 100.0% |
| | | 公众参与审判的形式中的% | 3.5% | 1.0% | 1.0% | 1.4% | 1.7% |
| | 其他 | 计数 | 792 | 1096 | 606 | 43 | 2537 |
| | | 身份中的% | 31.2% | 43.2% | 23.9% | 1.7% | 100.0% |
| | | 公众参与审判的形式中的% | 70.8% | 61.8% | 54.5% | 59.7% | 62.2% |

续表

|  |  | 公众参与审判的具体形式 | | | | 合计 |
|---|---|---|---|---|---|---|
|  |  | 与法官共同组成合议庭 | 独立的陪审团 | 独立的观审团 | 其他 |  |
| 合计 | 计数 | 1119 | 1773 | 1112 | 72 | 4076 |
|  | 身份中的% | 27.5% | 43.5% | 27.3% | 1.8% | 100.0% |
|  | 公众参与审判的形式中的% | 100.0% | 100.0% | 100.0% | 100.0% | 100.0% |

课题组认为，从我国人民陪审制改革试点情况及世界其他国家的陪审制度实践来看，我国的人民陪审员制度宜采用无分工的"参审"模式。从目前世界各国和地区公众参与审判模式来看，采用无分工的参审制的国家和地区的数量显然多于采用有分工的陪审制的数量。主要理由是：第一，虽然有分工的陪审制不容易受法官左右，但却难以实现法官与平民智识的融合与互补，因此，在英美法系国家，特别是在美国，陪审团可以做出超出法律的裁判，而法官拥有否决的权力，从而导致陪审团审判结果不符合法律的规定。第二，如何划分法律与事实是实践中的难点，也常常导致案件处理的分歧。第三，陪审员只负责事实认定、法官只负责法律适用的责任分配是否具有合理性也存疑问。虽然根据普遍民众的经验更容易认定事实，但很多事实仅凭经验难以认定，因此，法官难以认定的事实，陪审员认定同样有难度。例如，在邓玉娇案、于欢案等案件中，被告人行为的法律性质认定才是案件的核心，也是公众与法官分歧所在。在"许霆案"、"李昌奎案"等案件中，案件事实清楚，证据确凿，公众对此没有任何意见，而刑罚适用却是公众与法官的争议焦点之所在。对于具体案件的处理，法官的意见并不比公众意见更合理，相反，正需要公众意见弥补法官裁判的偏差。课题组在日本调研时，日本法官认为将事实认定与法律适用分开，会使公众参与失去应有的价值。《关于完善人民陪审员制度的决定》规定人民陪审员除不得担任审判长外，与法官具有同等权利。《人民陪审员法》第2条第2款规定：除法律另有规定外，人民陪审员同法官有同等权利。实行事实与法律的认定分工，不是解决人民陪审员"陪而不审""合而不议"的关键路径。课题组认为，人

民陪审员制度改革的关键在于：如何设置合议庭、表决机制，充分调动人民陪审员的能动性，有效发挥人民陪审员的作用。因此，在无分工的参审制度模式下，还需要深入研究如何科学、合理构建人民陪审员参审的具体形式，下面将对此进行研讨。

## 二、我国人民陪审员参与审判方式的改进

由于人民陪审员制度是决策型公众参与制度，人民陪审员参与案件的方式，主要内容包括人民陪审员审判案件的合议庭构成、表决形式、表决内容、裁决效力等。为了实现人民陪审员的实质性参加审判，提高人民陪审员审判的有效性，课题组认为，应该分析我国人民陪审员制度存在问题的原因，借鉴其他国家、地区陪审制度的有益经验，重新设计我国人民陪审员制度。

### （一）人民陪审员参与审判的合议庭构成

参审制最重要的特点是法官与陪审员共同组成合议庭，合议庭中法官和陪审员的构成比例对合议庭的有效运行至关重要，如果法官数量与陪审员数量设计不合理，将影响合议庭的有效运行，限制陪审员平民智识或法官专业技能的发挥。同时，法官与陪审员的构成比例也可以反映制度设计者是强调法官的专业技能还是希望充分发挥陪审员的作用。如果法官数量过少，陪审员数量过多，难以发挥法官专业作用，如果人民陪审员数量过少，则既难以吸纳民众智慧，又可通过多数决的方式架空陪审员，使陪审员的地位与作用虚化。《关于完善人民陪审员制度的决定》规定：对于人民法院依照法律规定适用陪审员审判的第一审案件，由人民陪审员和法官组成合议庭进行；合议庭中人民陪审员所占人数比例应当不少于1/3。又根据我国《刑事诉讼法》规定，基层人民法院、中级人民法院审判第一审案件，合议庭由法官3人或者陪审员与法官共3人组成，高级人民法院、最高人民法院审判第一审案件，应当由审判员3至7人或者由审判员和人民陪审员共3至7人组成合议庭进行。按照现有法律的规定，在基层人民法院或中级人民法院审理的第一审案件中，合议庭的陪审员可以有1名或2名，而高级人民法院或最高人民法院审理的第一审刑事案件，合议庭成员可以由3人、5人或7人组成，合议庭成员中陪审员最多可以达6人，最少可以为1人。由于评议案件实行"少数服从多数"原则，往往造成忽视陪审员意见或者使陪审员处于虚无的地位结果。

从世界各国的陪审的人员构成来看，美国和英国都是由 12 名陪审员组成陪审团。陪审员在作出裁决时，必须首先在内部达成一致意见，否则会导致无效裁决，目前英国已改革了一致裁决原则。美国的小陪审团由 12 名陪审员和 1 名法官组成，陪审员只认定事实，法官只适用法律。这种制度设计的基础是：在承认审判的专业性的基础上，又限制法官的任意解释。在大多数大陆法系国家，一般由陪审员与职业法官共同组成合议庭，对案件事实认定与适用法律不作分工，但普遍而言，各国的陪审员数量都较多。如日本的审判庭通常由 3 名法官和 6 名裁判员组成，当符合一定要件时，也可以由 1 名法官和 4 名裁判员组成。不过，日本自 2009 年实行裁判员制度以来，还从未采用过此种形式的合议庭。法国则由参审员 9 名、法官 3 名组成合议庭。西班牙由 9 名陪审员和 3 名法官组成合议庭。德国的审判庭陪审员人数较少，在合议庭的人员构成上，如在刑事案件中，地方一审刑事案件一般是由 1 名专职裁判官与 2 名或可以由 3 名法官和 2 名陪审员组成合议庭，但其表决要求有法官和陪审员 2/3 以上的多数通过，以防止忽视法官或陪审员任何一方。韩国审理死刑案件或无期徒刑的案件的合议庭必须由 9 名组成。而我国香港地区的陪审团有 7 名或 9 名陪审员。①

在人民陪审员与法官共同组成合议庭，哪种组成更合理的问题上，课题组调查结果显示：13.9% 的人赞同"法官 1 人 + 陪审员 2 人"模式，18.8% 的人赞同"法官 2 人 + 陪审员 1 人"模式，28.2% 的人赞同"法官 3 人 + 陪审员 4 人"模式，15.7% 的人赞同"法官 3 人 + 陪审员 6 人"模式，14.9% 的人赞同"法官 3 人 + 陪审员 9 人"模式，4.9% 的人认为无所谓，3.6% 的人认为其他模式更好（参见表 19）。也就是说 72.7% 的人赞同在合议庭中陪审员的人数应多于法官人数。而有关人民陪审员与法官共同组成合议庭的交叉问卷调查统计结果显示，在被调查的法官中，赞同"法官 2 人 + 陪审员 1 人"模式的居于首位，占 34.2%；在被调查的陪审员中，赞同"法官 1 人 + 陪审员 2 人"模式的居于首位，占 45.9%。而专家学者、律师中，赞同法官 3 人、陪审员 4 人共同组成合议庭的比例最高，分别是 37.3% 和 27.7%（参见表 20）。

---

① 根据《香港陪审团条例》：在所有民事及刑事审讯，以及就任何人是否白痴、精神错乱或精神不健全而进行的所有研讯中，陪审团（如有的话）须由 7 人组成，但如聆讯或可能聆讯任何该等审讯或研讯的法庭或法官命令该陪审团须由 9 人组成，则属例外。

表 19：关于公众与法官组成合议庭形式问卷调查统计表

| | | 频率 | 百分比 | 有效百分比 | 累积百分比 |
|---|---|---|---|---|---|
| 有效 | 法官 1 人陪审员 2 人共 3 人 | 569 | 13.8 | 13.9 | 13.9 |
| | 法 2 陪 1 共 3 | 768 | 18.6 | 18.8 | 32.6 |
| | 法 3 陪 4 共 7 | 1154 | 28.0 | 28.2 | 60.8 |
| | 法 3 陪 6 共 9 | 642 | 15.6 | 15.7 | 76.5 |
| | 法 3 陪 9 共 12 | 611 | 14.8 | 14.9 | 91.4 |
| | 无所谓 | 202 | 4.9 | 4.9 | 96.4 |
| | 其他 | 149 | 3.6 | 3.6 | 100.0 |
| | 合计 | 4095 | 99.4 | 100.0 | |
| 缺失 | 系统 | 26 | 0.6 | | |
| 合计 | | 4121 | 100.0 | | |

表 20：身份 * 公众与法官组成合议庭的方式问卷调查交叉统计表

| | | | 公众与法官组成合议庭方式 | | | | | | 合计 |
|---|---|---|---|---|---|---|---|---|---|
| | | | 法1陪2共3 | 法2陪1共3 | 法3陪4共7 | 法3陪6共9 | 法3陪9共12 | 无所谓 | 其他 | |
| 身份 | 法官 | 计数 | 53 | 146 | 107 | 38 | 31 | 28 | 24 | 427 |
| | | 身份中的% | 12.4% | 34.2% | 25.1% | 8.9% | 7.3% | 6.6% | 5.6% | 100.0% |
| | | 公众与法官组成合议庭形式中的% | 9.3% | 19.3% | 9.3% | 5.9% | 5.1% | 14.1% | 16.1% | 10.5% |
| | 检察官 | 计数 | 41 | 98 | 114 | 38 | 46 | 19 | 25 | 381 |
| | | 身份中的% | 10.8% | 25.7% | 29.9% | 10.0% | 12.1% | 5.0% | 6.6% | 100.0% |
| | | 公众与法官组成合议庭形式中的% | 7.2% | 12.9% | 9.9% | 5.9% | 7.6% | 9.5% | 16.8% | 9.4% |

续表

| | | | 公众与法官组成合议庭方式 | | | | | | | 合计 |
|---|---|---|---|---|---|---|---|---|---|---|
| | | | 法1陪2共3 | 法2陪1共3 | 法3陪4共7 | 法3陪6共9 | 法3陪9共12 | 无所谓 | 其他 | |
| 身份 | 陪审员 | 计数 | 28 | 13 | 9 | 3 | 2 | 6 | 0 | 61 |
| | | 身份中的% | 45.9% | 21.3% | 14.8% | 4.9% | 3.3% | 9.8% | 0.0% | 100.0% |
| | | 公众与法官组成合议庭形式中的% | 4.9% | 1.7% | 0.8% | 0.5% | 0.3% | 3.0% | 0.0% | 1.5% |
| | 律师 | 计数 | 41 | 55 | 84 | 42 | 53 | 18 | 10 | 303 |
| | | 身份中的% | 13.5% | 18.2% | 27.7% | 13.9% | 17.5% | 5.9% | 3.3% | 100.0% |
| | | 公众与法官组成合议庭形式中的% | 7.2% | 7.3% | 7.3% | 6.6% | 8.7% | 9.0% | 6.7% | 7.4% |
| | 公安机关人员 | 计数 | 11 | 21 | 47 | 21 | 24 | 7 | 2 | 133 |
| | | 身份中的% | 8.3% | 15.8% | 35.3% | 15.8% | 18.0% | 5.3% | 1.5% | 100.0% |
| | | 公众与法官组成合议庭形式中的% | 1.9% | 2.8% | 4.1% | 3.3% | 3.9% | 3.5% | 1.3% | 3.3% |
| | 专家学者 | 计数 | 17 | 21 | 59 | 31 | 18 | 5 | 7 | 158 |
| | | 身份中的% | 10.8% | 13.3% | 37.3% | 19.6% | 11.4% | 3.2% | 4.4% | 100.0% |
| | | 公众与法官组成合议庭形式中的% | 3.0% | 2.8% | 5.1% | 4.9% | 3.0% | 2.5% | 4.7% | 3.9% |
| | 人大代表 | 计数 | 16 | 7 | 13 | 15 | 13 | 4 | 0 | 68 |
| | | 身份中的% | 23.5% | 10.3% | 19.1% | 22.1% | 19.1% | 5.9% | 0.0% | 100.0% |

续表

|  |  |  | 公众与法官组成合议庭方式 |  |  |  |  |  |  | 合计 |
|---|---|---|---|---|---|---|---|---|---|---|
|  |  |  | 法1陪2共3 | 法2陪1共3 | 法3陪4共7 | 法3陪6共9 | 法3陪9共12 | 无所谓 | 其他 |  |
| 身份 | 人大代表 | 公众与法官组成合议庭形式中的% | 2.8% | 0.9% | 1.1% | 2.3% | 2.1% | 2.0% | 0.0% | 1.7% |
|  | 其他 | 计数 | 360 | 396 | 717 | 451 | 421 | 112 | 81 | 2538 |
|  |  | 身份中的% | 14.2% | 15.6% | 28.3% | 17.8% | 16.6% | 4.4% | 3.2% | 100.0% |
|  |  | 公众与法官组成合议庭形式中的% | 63.5% | 52.3% | 62.3% | 70.6% | 69.2% | 56.3% | 54.4% | 62.4% |
| 合计 |  | 计数 | 567 | 757 | 1150 | 639 | 608 | 199 | 149 | 4069 |
|  |  | 身份中的% | 13.9% | 18.6% | 28.3% | 15.7% | 14.9% | 4.9% | 3.7% | 100.0% |
|  |  | 公众与法官组成合议庭形式中的% | 100.0% | 100.0% | 100.0% | 100.0% | 100.0% | 100.0% | 100.0% | 100.0% |

《人民陪审员制度改革试点方案》规定，探索重大案件由3名以上人民陪审员参加合议庭的机制。《人民陪审员制度改革试点工作实施办法》规定采用人民陪审员制度审理第一审重大刑事、行政、民事案件的，人民陪审员在合议庭中的人数原则上应当在2人以上。在各试点法院试行的合议庭组成形式中，法官与陪审员构成有"1+4""2+5""3+4"等。但由于由3名以上陪审员参与审判的案件大多属于疑难、复杂的案件，合议庭中法官人数应当保证3人以上，否则，法官人数太少（如1人、2人），难以处理疑难、复杂案件。这也是日本虽然规定可以由法官1人与裁判员组成合议庭审判案件而至今无一例适用的原因。根据刑事诉讼法规定，如果陪审员不参与审判，疑难复杂、影响大的案件应当由法官3人组成合议庭进行审理。据此，课题组认为如果探索3名以上陪审员参与审判的案件，原则上应当由法官3

人组成合议庭。而 3 名以上法官的情况下，具体应当由多少名陪审员参与案件审判合适？有的国家规定陪审员是偶数（如日本 6 名），有的国家则规定陪审员是奇数（如西班牙是 9 名）。课题组认为，合议庭组成人数应当是奇数，在法官有 3 人的情况下，则陪审员人数应当是偶数，如 4、6、8、10 等，但从总体上说，陪审员人数应多于法官人数。因为法官在法律专业上具有优势，如果人民陪审员人数等于或略少于法官，不能排除法官意见的干扰。具体而言，法院参审制合议庭人数为 7 人或 9 人，法官与人民陪审员人数构成为"3+4"模式或"3+6"模式；中级法院、高级法院、最高人民法院参审制合议庭人数为可为"3+6"或"3+9"模式。采用"大合议庭"模式审理案件的优势有：一是能让更多的普通人参与案件的审理，体现司法民主；二是让人民陪审员尽量摆脱职业法官的影响，对案件发表实质性的意见；三是集中人民陪审员和职业法官的智慧，提高案件裁判的质量，促进司法公正。《人民陪审员法》第 14 条规定了"大合议庭"陪审机制，即由法官 3 人与人民陪审员 4 人组成 7 人合议庭。在 7 人合议庭中，人民陪审员的人数比法官多 1 人，这可以增强人民陪审员的心理优势，使其在合议庭中的"存在感"增强，参审的积极性得到提高，《人民陪审员法》的这一规定值得充分肯定。然而，《人民陪审员法》仍然保留了法官与人民陪审员共 3 人组成合议庭，这种形式的合议庭的弊端明显，且根据《人民陪审员法》的规定，此种合议庭适用案件范围很广泛，为此，建议取消此种形式的人民陪审员参与审判的合议庭构成形式。

（二）人民陪审员参与审判案件的表决方式

陪审制是诉讼程序中寻求共识的最典型制度，也是对话协商方式，既体现了人民主权和协商民主的理念，也是防止司法专断和司法腐败的有效措施。刑事陪审制度直接、具体的作用在于促进社会公众与司法人员的良性互动，使刑法的解释与适用与社会情理相统一。由于职业特点和背景知识，法官更多关注规则的遵守与司法的技术而可能忽视情理，而公众更多地从情理出发，更关注刑法的价值与目标。"陪审团之评议案情，使法理、人情均得兼顾，且集多数人组成陪审团之智慧与意见，本于良知而为公正之评议，较之法官囿于法律之成见，可减少偏私无端之裁判。"[①] 那么，人民陪审员制

---

[①] 蒋耀祖：《中美司法制度比较》，台湾商务印书馆 1976 年版，第 389 页。

度保障人民陪审员是否能实质参与审判最重要的一环即是评议设计是否科学合理。如果评议制度设计合理，可以充分调动人民陪审员的参审积极性，法院裁判可以充分吸收人民陪审员的意见，实现裁判的公众认同，反之，则可能虚化人民陪审员的作用，使人民陪审员的参审流于形式。

陪审制度中表决机制是其重要的内容，各国都对陪审员审判的表决机制做出了具体的规定。美国的小陪审团（即审判陪审团）由 1 名法官和 12 名陪审员组成，陪审员只认定事实，法官只适用法律，12 名陪审员在达成一致意见时方能作出裁决。① 《俄罗斯联邦刑事诉讼法典》第 301 条第 2 款规定，合议庭在评议解决每个问题时，均按多数票决定。在评议阶段，审判长整理当事人双方的辩护问题后，对陪审员提出三个基本问题：行为事实是否已经证明；行为是否为被告所为；被告是否有罪责。而陪审员必须在 3 小时内达成一致决，如果未能达成一致裁决意见，则要采用以下表决方式：对三个基本问题若全部过半数为肯定，则必须为有罪评议……其他附带问题，以过半数为决定；票数相等时，基于无罪推定，以有利被告决。对前述问题若有罪判决，则开启量刑程序。② 这说明陪审员有量刑权。第 301 条第 4 款规定："只有在所有法官一致同意时才能对犯罪人判处死刑。"③ 日本的审判庭通常由 3 名法官和 6 名裁判员组成，当符合一定要件时，也可以由 1 名法官和 4 名裁判员组成。日本在裁判员参加审判作出裁定时，要求有包含法官和裁判员双方意见的合议庭过半数成员赞成。废除了死刑的一些大陆法系国家的法律规定，对判处重刑的，要求合议庭以绝对多数票通过，如德国的审判庭则由 3 名法官和 2 名陪审员、或者 1 名法官和 2 名陪审员组成，则要求法官和陪审员 2/3 以上的多数通过。法国则由参审员 9 名、法官 3 名组成合议庭，所有对被告人不利的判决，包括拒绝对被告人适用减刑情节的决定，均至少应达到 8 票，要求达到 2/3 的多数决，防止外行占多数的情况出现。西班牙要求由

---

① 美国陪审团"一致裁决"原则起源于 14 世纪的英国，后作为普通法传统被美国所接受。1968 年邓肯诉路易斯安那州案的判决指出：在刑事诉讼中被告获得陪审团审判的权利为一项基本权利，无论州还是联邦案件均适用。后来一致裁决原则在州案件中有所松动，有的州不要求陪审员"一致裁决"，但联邦法院仍坚持"一致裁决"原则。参见张鹏程：《美国陪审团的一致裁决原则：历史与当下》，载《时代法学》2012 年第 2 期。

② 《俄罗斯刑事诉讼法典》，黄道秀译，中国政法大学出版社 2002 年版，第 208 页。

③ 《俄罗斯刑事诉讼法典》，黄道秀译，中国政法大学出版社 2002 年版，第 208 页。《俄罗斯刑事诉讼法典》第 301 条第 4 款因俄罗斯加入《欧洲人权公约》废止死刑而失效，但此种技术设置的价值取向对我国改革死刑制度有重要的借鉴意义。

9名陪审员和3名法官组成，对于不利于被告人的事实表决应达到7票才获通过，而有利于被告人的事实表决则只需达到5票。日本设计更为复杂，评议必须兼含有法官与裁判员双方意见且人数过半数的意见。量刑意见不一致时，如果兼含法官与裁判员双方意见的各观点均无法达过半数时，其合议庭的裁决以最不利于被告意见的人数，顺次加上次不利于被告意见的人数，直到兼含有法官与裁判员双方意见的过半数，并取其中最有利于被告的意见作为合议庭裁决意见。如4名裁判员与1名法官认为被告人构成犯罪，则其应作有罪裁决；若6名裁判员认为有罪，而3名法官认为无罪，则不能作出有罪判决。在对被告人量刑时，若4位裁判员和1名法官均认为应判处死刑，则必然作为死刑裁决。但若4名裁判员认为应判死刑，1名裁判员认为应当判处无期徒刑，1名法官及1名裁判员认为应当判处15年有期徒刑，余下的认为应判处12年和10年有期徒刑，则应对被告人判处15年有期徒刑。我国香港陪审团裁决制度采用多数决，但同时根据陪审团的组成情况不同，规定了具体不同的裁决情况：一是凡经宣誓的陪审团由7人组成，除另有规定外，由不少于5人的多数作出的裁决；如陪审员人数减为6人，则由不少于5人的多数作出的裁决；如陪审员人数减为5人，则陪审团的裁决必须一致；二是凡经宣誓的陪审团由9人组成，除另有规定外，由不少于7人的多数作出的裁决；如陪审员人数减为8人，则由不少于6人的多数作出的裁决；减为6人或7人，则由不少于5人的多数作出的裁决；如陪审员人数减为5人，则陪审员的裁决必须一致。如陪审团在任何案件中退席及受隔离以便考虑其裁决，而在同一次开庭期之中审讯的所有其他案件审结之前仍未作出裁决，或法庭充分地觉得该陪审团在裁决上无法意见一致，且不能达致上述的多数裁决，则法庭可解散该陪审团，并安排另选任新陪审团。

根据我国刑事诉讼法的规定，我国人民陪审员参与案件审判实行"少数服从多数"的原则，由于合议庭的人员构成主要是"1+2"或"2+1"模式，法官与陪审员在表决时，难以体现二者的融合或互补，尤其是在死刑案件或其他疑难案件中，多数意见也仅或法官或陪审员2人的意见即为裁决意见，难以充分体现专业知识与大众常识、常情的融合，难以实现专业化与民主化的统一。在目前的人民陪审员制度改革中，有的法院探索3人以上人民陪审员参与审判的"大合议庭"制度。《人民陪审员法》确定了两种形式合议庭即由人民陪审员与法官可以组成3人合议庭，也可以由法官3人与人民陪审员4人组成7人合议庭，但由于表决机制仍采用"少数服从多数"

的原则，仍然存在案件裁决时出现或人民陪审员或法官的意见为多数意见，难以实现二者的意见有机融合的问题。

在独立陪审团与参审式陪审两种模式中，哪种表决方式更合理的问题上，课题组的调查结果显示：多数人认为2/3多数裁判原则更合理。在公众参与的形式是独立的陪审团，哪种表决方式最合理的问题上，课题组调查的结果显示：13.5%的人赞同过半数同意，67.0%的人赞同2/3多数同意，18.4%的人赞同一致同意，1.1%的人赞同其他方式（参见表21）。在陪审员与法官共同组成合议庭审理重大、疑难案件，采取何种表决方式更合理的问题上，课题组调查结果显示：10.4%的人赞同参审人员过半数同意，32.2%的人赞同参审人员2/3多数同意，10.6%的人赞同包括法官在内的过半数同意，39.0%的人赞同包括法官在内的2/3多数同意，5.7%的人赞同一票否决，2.1%的人选择其他方式（参见表22）。

表21：独立陪审团的表决形式问卷调查统计表

|  |  | 频率 | 百分比 | 有效百分比 | 累积百分比 |
|---|---|---|---|---|---|
| 有效 | 过半数同意 | 552 | 13.4 | 13.5 | 13.5 |
|  | 2/3多数同意 | 2747 | 66.7 | 67.0 | 80.5 |
|  | 一致同意 | 756 | 18.3 | 18.4 | 98.9 |
|  | 其他 | 45 | 1.1 | 1.1 | 100.0 |
|  | 合计 | 4100 | 99.5 | 100.0 |  |
| 缺失 | 系统 | 21 | 0.5 |  |  |
| 合计 |  | 4121 | 100.0 |  |  |

表22：陪审员与法官组成合议庭审判重大、疑难案件表决方式问卷调查统计表

|  |  | 频率 | 百分比 | 有效百分比 | 累积百分比 |
|---|---|---|---|---|---|
| 有效 | 参审人员过半同意 | 427 | 10.4 | 10.4 | 10.4 |
|  | 2/3多数同意 | 1321 | 32.1 | 32.2 | 42.6 |
|  | 包括法官过半同意 | 436 | 10.6 | 10.6 | 53.2 |
|  | 包括法官2/3同意 | 1601 | 38.8 | 39.0 | 92.3 |

续表

|  |  | 频率 | 百分比 | 有效百分比 | 累积百分比 |
|---|---|---|---|---|---|
| 有效 | 一致同意 | 232 | 5.6 | 5.7 | 97.9 |
|  | 其他 | 85 | 2.1 | 2.1 | 100.0 |
|  | 合计 | 4102 | 99.5 | 100.0 |  |
| 缺失 | 系统 | 19 | 0.5 |  |  |
| 合计 |  | 4121 | 100.0 |  |  |

为避免法官与人民陪审员意见对立，防止人民陪审员多数且认定事实与适用法律错误，强化人民陪审员参审案件中法官的责任，建议改革3名以上人民陪审员参与审判案件的裁决原则，即对刑事被告人不利判决采用至少包括1名法官在内的2/3多数票的表决形式，建议对判处死刑、死缓的判决，采用至少包括1名法官在内的2/3多数票表决形式，而其他判决则可采用至少包括1名法官在内的过半数票表决形式。

（三）人民陪审员参与审判案件的表决内容

《关于完善人民陪审员制度的决定》第11条规定，人民陪审员参加合议庭审判案件，对事实认定、法律适用独立行使表决权。而《中共中央关于全面推进依法治国若干重大问题的决定》提出：人民陪审员只对事实负责，不再对法律适用行使表决权。《人民陪审员制度改革试点方案》则规定人民陪审员只审理事实认定问题，不再审理法律适用问题。《人民陪审员法》规定：在人民陪审员1人或2人与法官组成合议庭时，不区分事实审和法律审，人民陪审员和法官享有同等权利；在人民陪审员4人与法官3人组成"大合议庭"审理重大案件时，则区分事实审和法律审，人民陪审员只参与对事实认定问题的表决，但对法律适用问题可以发表意见，不能行使表决权。《最高人民法院关于适用〈中华人民共和国人民陪审员法〉若干问题的解释》第9条规定："7人合议庭开庭前，应当制作事实认定问题清单，根据案件具体情况，区分事实认定问题与法律适用问题，对争议事实问题逐项列举，供人民陪审员在庭审时参考。事实认定问题和法律适用问题难以区分的，视为事实认定问题。"

目前在实行参审制度的国家，陪审员与法官共同对事实认定和法律适用行使表决权，如德国、法国、日本、韩国等。在法国的参审制中，"参审员和职业法官并未有职责分工,两者共同解决案件的事实问题和法律问题。"①在日本,"参审员和专业法官一样具有平等的表决权,参审制不区分事实审和法律审,参审员可以共同参与案件的审理工作,共同主持庭审活动、认定案件事实、适用法律以及享有与法官平等的最终裁决权"。② 按照韩国《关于国民参与刑事审判的法律》的规定:如果陪审员决议被告人有罪,则陪审员与法官共同就量刑问题进行讨论并陈述意见。因此,陪审员的评议实际上包括事实认定、法律适用以及量刑建议。"2013 年 3 月韩国大法院向国会提交了陪审制深化改革方案,该方案的内容有以下变化:第一,陪审团的决议分为定罪决议和量刑决议。陪审团的定罪决议一般具有约束力,法官必须遵循,除非陪审团的决议明显违背宪法抑或成文法的规定;但是陪审团的量刑决议对法官仅具参考意义。第二,陪审团的决议必须经过 3/4 以上多数同意,如果没有达到 3/4 以上多数意见,法官应当在参考陪审员决议的基础上作出判决。"③ 即便英美等少数国家实行了事实认定与法律适用分离,但如美国联邦法院、佐治亚、佛罗里达等州法院陪审团仍可以决定死刑适用等法律问题,除死刑案件外,联邦法院陪审团只有认定被告有罪、无罪的权力,而无量刑的权力。而州则有所不同,有的州陪审团对量刑无权裁决,有的州陪审团有量刑的权力,在绝大多数死刑裁判中,陪审团有量刑权,而在非死刑刑罚裁量中,约有过半数的州陪审员有量刑权,如阿拉斯加、肯塔基、密苏里、德克萨斯、弗吉尼亚等。④

在公众参与审判应对哪些事项具有决定权的问题上,课题组对"您认为关于公众参与审判对哪些事项有表决权"的调查结果显示:44.9% 的人赞同事实认定,居于首位,11.3% 的人赞同法律适用中的定罪,17.6% 的人赞同事实认定和法律适用,6.3% 的人赞同量刑,18.6% 的人赞同事实认定、定罪和量刑,1.3% 的人赞同其他(参见表 23)。在有关身份与公众参与审判对哪些事项有决定权的交叉问卷调查统计分析显示,在接受调查的法官中,59.2% 的人赞同事实认定,居于首位;在接受调查的陪审员中,45.9% 的人赞同事实认定,也居于首位,13.1% 的人赞同法律适用中的定罪,16.4% 的人赞同事实认

---

① 施鹏鹏:《法国参审制:历史、制度与特色》,载《东方法学》2011 年第 2 期。
② 任容:《日本重建刑事陪审制度的启示》,载《南昌航空大学学报(社会科学版)》2008 年第 6 期。
③ 胡夏冰:《韩国陪审制度的基本内容》,载《人民法院报》2014 年 9 月 26 日第 8 版。
④ Nora V. Demleitner, Douglas A. Berman, Marc L. Miller, Ronald F. Wright 83.

定和定罪，3.3%的人赞同量刑，21.3%的人赞同事实认定、定罪和量刑。而无论是法官还是陪审员均有超过一半的人认为定罪、量刑等陪审员也可以决定（参见表24）。但是，事实认定和法律适用并非泾渭分明，截然可分。在英美法系国家，事实认定和法律适用是陪审团和职业法官权限的区分标准。实际上，"事实"和法律在本体论和认识论上是不能被区分的，两大法系均采用了实用性、经验性的区分标准。① 英美法系的法律渊源是判例法，判例所固定的事实和法律便成为"事实问题"和"法律问题"最好的区分标准。然而，在司法实践中仍然常常出现事实问题和法律问题的争议。就量刑而言，其是事实问题还是法律问题，恐怕难以有统一的答案。

**表23：公众参与审判对哪些事项有表决权的问卷调查统计表**

|  |  | 频率 | 百分比 | 有效百分比 | 累积百分比 |
|---|---|---|---|---|---|
| 有效 | 事实认定 | 1842 | 44.7 | 44.9 | 44.9 |
|  | 法律适用中的定罪 | 462 | 11.2 | 11.3 | 56.1 |
|  | 事实认定和定罪 | 724 | 17.6 | 17.6 | 73.8 |
|  | 量刑 | 260 | 6.3 | 6.3 | 80.1 |
|  | 事实认定，定罪量刑 | 764 | 18.5 | 18.6 | 98.7 |
|  | 其他 | 53 | 1.3 | 1.3 | 100.0 |
|  | 合计 | 4105 | 99.6 | 100.0 |  |
| 缺失 | 系统 | 16 | 0.4 |  |  |
| 合计 |  | 4121 | 100.0 |  |  |

**表24：身份＊公众参与审判对哪些事项有表决权交叉统计表**

|  |  |  | 公众参与审判对哪些事项有表决权 | | | | | | |
|---|---|---|---|---|---|---|---|---|---|
|  |  |  | 事实认定 | 法律适用中的定罪 | 事实认定和定罪 | 量刑 | 事实认定和定罪量刑 | 其他 | 合计 |
| 身份 | 法官 | 计数 | 254 | 35 | 61 | 24 | 46 | 9 | 429 |

---

① 陈杭平：《论"事实问题"与"法律问题"的区分》，载《中外法学》2011年第2期。

续表

| | | | 公众参与审判对哪些事项有表决权 | | | | | | |
|---|---|---|---|---|---|---|---|---|---|
| | | | 事实认定 | 法律适用中的定罪 | 事实认定和定罪 | 量刑 | 事实认定和定罪量刑 | 其他 | 合计 |
| 身份 | 法官 | 身份中的% | 59.2% | 8.2% | 14.2% | 5.6% | 10.7% | 2.1% | 100.0% |
| | | 哪些事项有表决权中的% | 13.9% | 7.7% | 8.5% | 9.2% | 6.1% | 17.3% | 10.5% |
| | 检察官 | 计数 | 227 | 36 | 41 | 15 | 51 | 13 | 383 |
| | | 身份中的% | 59.3% | 9.4% | 10.7% | 3.9% | 13.3% | 3.4% | 100.0% |
| | | 哪些事项有表决权中的% | 12.4% | 7.9% | 5.7% | 5.8% | 6.7% | 25.0% | 9.4% |
| | 陪审员 | 计数 | 28 | 8 | 10 | 2 | 13 | 0 | 61 |
| | | 身份中的% | 45.9% | 13.1% | 16.4% | 3.3% | 21.3% | 0.0% | 100.0% |
| | | 哪些事项有表决权中的% | 1.5% | 1.8% | 1.4% | 0.8% | 1.7% | 0.0% | 1.5% |
| | 律师 | 计数 | 165 | 24 | 52 | 20 | 42 | 1 | 304 |
| | | 身份中的% | 54.3% | 7.9% | 17.1% | 6.6% | 13.8% | 0.3% | 100.0% |
| | | 哪些事项有表决权中的% | 9.0% | 5.3% | 7.2% | 7.7% | 5.5% | 1.9% | 7.5% |
| | 公安机关人员 | 计数 | 57 | 19 | 28 | 5 | 23 | 2 | 134 |
| | | 身份中的% | 42.5% | 14.2% | 20.9% | 3.7% | 17.2% | 1.5% | 100.0% |
| | | 哪些事项有表决权中的% | 3.1% | 4.2% | 3.9% | 1.9% | 3.0% | 3.8% | 3.3% |
| | 专家学者 | 计数 | 87 | 8 | 34 | 7 | 24 | 0 | 160 |
| | | 身份中的% | 54.4% | 5.0% | 21.3% | 4.4% | 15.0% | 0.0% | 100.0% |
| | | 哪些事项有表决权中的% | 4.7% | 1.8% | 4.7% | 2.7% | 3.2% | 0.0% | 3.9% |
| | 人大代表 | 计数 | 23 | 13 | 9 | 2 | 19 | 3 | 69 |
| | | 身份中的% | 33.3% | 18.8% | 13.0% | 2.9% | 27.5% | 4.3% | 100.0% |

续表

| 身份 | | | 公众参与审判对哪些事项有表决权 | | | | | | 合计 |
|---|---|---|---|---|---|---|---|---|---|
| | | | 事实认定 | 法律适用中的定罪 | 事实认定和定罪 | 量刑 | 事实认定和定罪量刑 | 其他 | |
| 身份 | 人大代表 | 哪些事项有表决权中的% | 1.3% | 2.8% | 1.3% | 0.8% | 2.5% | 5.8% | 1.7% |
| | 其他 | 计数 | 991 | 314 | 483 | 185 | 542 | 24 | 2539 |
| | | 身份中的% | 39.0% | 12.4% | 19.0% | 7.3% | 21.3% | 0.9% | 100.0% |
| | | 哪些事项有表决权中的% | 54.1% | 68.7% | 67.3% | 71.2% | 71.3% | 46.2% | 62.2% |
| 合计 | | 计数 | 1832 | 457 | 718 | 260 | 760 | 52 | 4079 |
| | | 身份中的% | 44.9% | 11.2% | 17.6% | 6.4% | 18.6% | 1.3% | 100.0% |
| | | 哪些事项有表决权中的% | 100.0% | 100.0% | 100.0% | 100.0% | 100.0% | 100.0% | 100.0% |

因此，基于以下原因，建议人民陪审员仍应与法官共同就事实认定和法律适用问题进行表决：第一，案件审判中事实问题与法律问题难以截然分开，如刑事案件中被告人行为性质、证据问题等。第二，对绝大多数案件裁决的上诉、申诉和裁决引发公众质疑的原因主要是定罪、量刑等法律问题而非事实问题。第三，如果人民陪审员只参与事实认定而不对法律适用发表意见，在事实清楚的案件中人民陪审员的参与就失去了意义；而事实认定疑难的案件中，虽然可以充分利用人民陪审员的经验与常识帮助法官认定事实，然而大多数案件的事实认定，如果法官认定属于疑难，对人民陪审员来说认定同样属于疑难问题。第四，人民陪审员对法律适用发表意见，可以实现人民陪审员的大众思维与法官专业思维的有效互补，防止法官适用法律的封闭与教条，这正是引入人民陪审员制度的意义所在。在实践中，"人们（包括当事人、广大普通人、律师和学者）真正关心的其实都是判决，而不是判决书，不是判决书的逻辑、文字、法律根据的严密性"。[①] 同理，在刑法适

---

① 苏力：《谨慎，但不是拒绝——对判决书全部上网的一个显然保守的分析》，载《法律适用》2010 年第 1 期。

用中，人们真正关心的是量刑，而不是定罪。从近年来在网络上被热议的刑事案件来看，人们主要争论的焦点是量刑问题，而不是定罪问题。量刑也关系到刑事被告人的切身利益，刑事被告人上诉理由也主要针对量刑问题。刑事司法的公正不仅表现在定罪公正上，而且表现在量刑公正上。如果不允许人民陪审员参与量刑，则是"避重就轻"，很难实现人民陪审员对刑法适用的实质参与。因此，在赋予人民陪审员事实认定权的同时，也可赋予其量刑建议权和表决权。

## 第二节 咨询型公众参与的方式及机制设计

现代意义上的陪审团制度起源于英国，但是早期的陪审团并不是用来裁决案件的，而是当事人的邻居作为陪审员就自己所知道的案情向行政长官披露，陪审员相当于证人。① 直到英国国王亨利二世时期，陪审团才具有了司法审判功能。换言之，陪审团最初是咨询型公众参与方式，后来才演变为决策型公众参与方式。因此，建立咨询型公众参与方式既是保障司法机关决策科学性的前提，也是扩大公民有序参与司法的重要路径。咨询型公众参与方式的主要目标是获取和交流信息，次要目标是增强决策的可接受性。在刑法适用中，咨询型公众参与方式的主要目的也是获取和交流信息，其主要方式是听取、征求公众的意见或建议。为确保咨询型公众参与方式对刑法适用决策产生实效，还应建立公众的意见或建议的反馈机制及其配套的监督机制，否则，公众的参与热情可能被司法机关的冷漠所浇灭。就我国刑法适用过程而言，课题组认为，应建立或完善以下咨询型公众参与方式。

### 一、司法解释制定公众意见征求制度

自 1981 年《关于加强法律解释工作的决议》明确赋予最高人民法院、最高人民检察院制定司法解释职责以来，最高人民法院、最高人民检察院单独或联合制定了大批司法解释和司法解释性质文件。大量司法解释的制定，

---

① ［英］丹宁勋爵：《法律的未来》，刘庸安、张文镇译，法律出版社 1999 年版，第 41 页。

对于保障国家法律的统一、正确实施和司法机关严格依法办案，发挥了重要作用。最高人民法院于 2007 年制定了《关于司法解释工作的规定》，最高人民检察院先后于 1996 年、2006 年制定了《司法解释工作暂行规定》《司法解释工作规定》，最高人民法院于 1997 年、2006 年先后制定了《关于司法解释工作的若干规定》《关于司法解释工作的规定》，这些规定对加强司法解释工作的规范化、制度化建设发挥了积极作用。为促进司法解释的科学性和合理性，加快推进司法解释制定工作的法治化、制度化、科学化，进一步丰富内容、完善程序、规范形式、提高质量，《中共中央关于全面推进依法治国若干重大问题的决定》明确提出要加强和规范司法解释和案例指导工作，统一法律适用标准。因此，建立和完善司法解释制定（修改、废止）公众参与制度，充分吸收公众的意见、建议，充分反映公众诉求，具有重要的现实意义。

1997 年最高人民法院《关于司法解释工作的若干规定》中没有规定司法解释征求公众意见。1996 年最高人民检察院《司法解释工作暂行规定》第 15 条规定："制定司法解释，应当认真调查研究，充分论证，征求立法机关、有关部门和有关法学专家的意见。"可见，这一规定中没有规定公开征求公众意见。2006 年最高人民检察院《司法解释工作规定》第 13 条规定："司法解释意见稿应当征求地方人民检察院、专门人民检察院和最高人民检察院有关业务部门意见。必要时可以征求其他有关部门及专家意见。征求意见应当具函说明情况和要求，并注明答复期限。对于重大、疑难、复杂的问题，应当召开由有关部门和专家参加的论证会进行论证，必要时可以向社会公开征求意见。"2007 年最高人民法院《关于司法解释工作的规定》第 17 条规定："起草司法解释，应当深入调查研究，认真总结审判实践经验，广泛征求意见。涉及人民群众切身利益或者重大疑难问题的司法解释，经分管院领导审批后报常务副院长或者院长决定，可以向社会公开征求意见。"这一规定明确规定了制定司法解释公开征求公众意见的制度。但由于现行司法解释制定公众参与制度仍不够完善，致使司法解释公众参与不充分，参与渠道有限。

根据《中共中央关于全面推进依法治国若干重大问题的决定》中"加强和规范司法解释和案例指导工作，统一法律适用标准"的要求，最高人民检察院于 2015 年 12 月对《司法解释工作规定》进行了修订。在修订过程中，经广泛调研和征求各方意见，梳理了五个方面的问题和建议：第一，完善司法解释的制定程序，确保司法解释的规范性和及时性；第二，加强司法解释的调研和征求意见工作，确保司法解释的科学性和公开性；第三，加强司法解释清理工作，确保司法解释的有效性和实用性；第四，调动省级检察院在司法解释制定工作中的积极性，确保司法解释的针对性；第五，加强最高人民法院、最高人民检察院联合制发司法解释的工作机制。① 修订后的 2015 年的《司法解释工作规定》实际上扩大了司法解释制定征求意见的主体范围：明确司法解释草案应当报送全国人大相关专门委员会或者全国人大常务委员会相关工作机构征求意见，应当征求有关机关以及地方检察院、专门检察院、最高检有关业务部门以及相关专家学者的意见。涉及广大人民群众切身利益的司法解释，经检察长决定，可以在互联网、报纸等媒体上公开征求社会各界和人民群众的意见。"这一规定扩大了司法解释征求意见的范围，有利于在司法解释制定过程中发扬民主，集思广益，群策群力，广泛听取各方面的意见，倾听人民群众呼声，回应人民群众关切，促进司法解释工作公开化、民主化，切实提高司法解释质量。"② 最高人民检察院于 2019 年 5 月 13 日印发修订后的最高人民检察院《司法解释工作规定》，在 2015 年修改的基础上从以下几个方面进行了进一步的修订：第一，在制定的目的和依据方面，2019 年修订的《司法解释工作规定》增加人民检察院组织法作为依据。第二，2019 年修订的《司法解释工作规定》进一步明确了司法解释工作的职责分工，突出检察机关专业化建设，优化法律监督职能。第三，在司法解释立项方面，2019 年修订的《司法解释工作规定》在列明最高人民检察院制定司法解释立项来源的同时，还明确规定最高人民检察院检察委员会决定制定司法解释或者最高人民检察院检察长批示制定司法解释的，由最高人民检察院法律政策研究室直接立项。③ 最后，值得一提的是，2019 年修改后的《司法解释工作规定》增设了"有关机关、社会团体或者其他组

---

① 《最高人民检察院法律政策研究室负责人就〈最高人民检察院司法解释工作规定〉答记者问》，http：//news.cntv.cn/2016/01/11/ARTIOsJ4sqhVL8lGyrzgTk4Q160111.shtml，访问时间：2018 年 2 月 20 日。

② 《最高人民检察院法律政策研究室负责人就〈最高人民检察院司法解释工作规定〉答记者问》，http：//news.cntv.cn/2016/01/11/ARTIOsJ4sqhVL8lGyrzgTk4Q160111.shtml，访问时间：2018 年 2 月 20 日。

③ 《最高检印发修订后的〈最高人民检察院司法解释工作规定〉涉群众利益的司法解释可公开征求意见》，https：//www.spp.gov.cn/xwfbh/wsfbt/201905/t20190513_417914.shtml#1，访问日期：2019 年 12 月 5 日。

织以及公民提出制定司法解释的建议"作为立项重要来源之一,扩大了征求意见的范围,将人大代表、政协委员及其意见纳入本办法的范围之内。

第一,向公众征求意见的司法解释范围有限。最高人民法院《关于司法解释工作的规定》和最高人民检察院《司法解释工作规定》虽然都规定了公众参与司法解释制定的制度,但对公众参与司法解释制定的范围均十分有限。最高人民检察院《司法解释工作规定》的范围仅限于"涉及广大人民群众切身利益的司法解释",而最高人民法院《关于司法解释工作的规定》限于"涉及人民群众切身利益或者重大疑难问题的司法解释",而这个范围如何界定,全凭司法解释机关自己把握。2019年最高人民检察院《司法解释工作规定》和最高人民法院《关于司法解释工作的规定》的范围有较大不同:前者规定所有司法解释可以征求其他相关部门和专家学者的意见,2019年最高人民检察院修订后的《司法解释工作规定》更进一步规定,司法解释意见稿应当征求有关机关以及地方人民检察院、专门人民检察院的意见;根据情况,可以征求人大代表、政协委员以及专家学者等的意见。与2015年的《司法解释工作规定》相比,虽然征求意见的主体范围扩大了,但是征求专家学者的意见显然由以前的"应当性"要求变为了目前的"可以性"要求,进一步限缩了范围。

第二,向公众征求意见不是必经程序。最高人民法院《关于司法解释工作的规定》第17条规定:"经分管院领导审批后报常务副院长或者院长决定,可以向社会公开征求意见。"而最高人民检察院《司法解释工作规定》规定解释意见稿应当征求有关机关以及地方人民检察院、专门人民检察院的意见,即征求相关特定机关的意见是必经程序,但"对涉及广大人民群众切身利益的司法解释,经检察长决定,可以在互联网、报纸等媒体上公开征求意见"。因此,司法解释是否征求公众意见,对于最高人民法院的司法解释而言,必须经分管院领导审批后报常务副院长或者院长决定,对于最高人民检察院的司法解释而言,必须经检察长决定。按照规定,司法解释草案是"可以"而不是"应当"征求公众意见。因此,司法解释制定中的公众参与不是必经程序。

第三,没有规定公众参与形式。最高人民法院《关于司法解释工作的规定》仅规定了广泛征求意见,涉及人民群众切身利益或者重大疑难问题的司法解释,经分管院领导审批后报常务副院长或者院长决定,可以向社会公开征求意见,但通过何种形式和渠道征求意见没有规定。在实践中,司法解释草案征求公众意见主要用通过官网发布草案征求意见的方式，也有通过邀请专家学者参与会议的方式，或兼而有之。但究竟采用哪种方式，邀请哪些专家学者、邀请人数均没明确规定。2019年最高人民检察院修订的《司法解释工作规定》规定："可以在互联网、报纸等媒体上公开征求意见。"最高人民法院的《关于司法解释工作的规定》规定，司法解释草案必要时可以征求其他有关部门及专家意见。"征求意见应当具函说明情况和要求，并注明答复期限。对于重大、疑难、复杂的问题，应当召开由有关部门和专家参加的论证会进行论证，必要时可以向社会公开征求意见。"征求有关专家和有关部门也属于向特定社会公众征求意见，并规定了相应的形式，而对面向不特定对象公众征求意见的形式则没有规定。2019年最高人民检察院修订的《司法解释工作规定》对涉及广大人民群众切身利益的司法解释，规定了"可以在互联网、报纸等媒体上公开征求意见"。这一规定只规定了向公众征求意见的途径，并没有规定征求意见的具体方式。

第四，缺乏公众意见、建议采纳与反馈机制。虽然最高人民法院《关于司法解释工作的规定》明确规定了可以公开征求社会公众的意见，但如何对待公众意见，却没有做出规定。

鉴于司法解释制定过程中公众参与存在的问题，建议最高人民法院、最高人民检察院从如下几个方面修改司法解释工作的规定，完善我国司法解释制定公众参与机制：

第一，将征求公众意见列为司法解释制定（修改、废止）的必经程序。所有司法解释的制定、修改、废止都应公开征求公众意见和建议，因为司法解释特别是刑事司法解释关系到公民人身权利、民主权利及财产权利等切身利益。

第二，明确司法解释制定过程中征求公众意见和建议的形式。司法解释制定过程中征求公众意见，应当采用网络、会议形式进行。一是规定网上征求意见应当进行两次。应改变目前只通过网上一次发布司法解释征求意见稿并征求意见和建议的方式。在第一次通过网络征求意见和建议后，将经过梳理后各种意见和建议分类公布，并公布根据意见和建议形成的修改意见稿，即将公众意见、建议与根据公众意见、建议修改形成的新的征求意见稿、听证会讨论情况一并发布，再一次进行网络讨论，以保证各种意见形成有效竞争，使公众了解有哪些合理化的意见、建议以及司法解释制定者是否采纳意见、建议。二是举行司法解释制定听证会。即最高司法机关在制定司法解释时，组织有代表性的社会人士（包括法律专家、学者、律师、法官、检察官、非法律界人士等），就司法解释征求意见稿举行听证会。在听证会上，司法解释机关对制定司法解释的必要性、现存问题以及这些问题对社会的影响、司法解释的主要内容以及拟解决的问题、通过网络与书面形式征求的公众的意见和建议进行介绍、说明，听证会的成员对司法解释的内容展开讨论。司法解释听证会可在网上征求公众意见、建议之后进行。

第三，明确司法解释制定过程中公众意见、建议的反馈机制。对通过网上公开征求意见、建议和司法解释听证会讨论的意见进行梳理后，连同司法解释文本一并向社会公开，对公众关注的问题进行说明。

### 二、法院、检察院专家咨询委员会制度

决策咨询是指"利用综合性知识为政府制定各类发展战略、规划、政策、建设方案提供可行性论证与研究的一种咨询活动"。① 被咨询的专家相当于"参谋"和"智囊"，对政府的决策起着帮助作用。近年来，我国各地法院、检察院纷纷探索建立专家咨询委员会制度，有些法院、检察院聘请了各个领域的专家担任咨询委员，如法学、经济、环保、医学等方面的专家。1999 年，最高人民检察院制定《关于设置人民检察院专家咨询委员会的决定》和《最高人民检察院专家咨询委员会工作办法》。2008 年，《最高人民检察院专家咨询委员会工作办法》被修订，该办法第 2 条规定，专家咨询委员会的工作主要是对检察工作中遇到的重大问题开展咨询活动，包括对检察工作中重大理论问题进行研究，对重大疑难复杂案件的相关问题进行论证，对最高人民检察院起草的工作报告、司法解释和有关规范性文件提供专家咨询意见，开展专题调研，协助培养高级专门人才等。专家咨询委员会开展工作的主要形式是定期或不定期地召开专家咨询委员会会议、专题咨询论证会议、调查研究、书面咨询、个别咨询等。专家咨询委员会委员每届任期为五年，可以连续聘任。专家咨询委员有申诉、控告、举报的权利，检察院为专家咨询委员提供工作便利条件和经济补助。根据《江西省高级人民法院专家咨询委员会工作规则（试行）》，咨询委员会的职责是对法院审判执行、队伍建设及法院改革等各项工作提供理论和实务上的咨询意见，包括对法院工作有关的宏观决策、重大工作部署、重大理论问题提供论证意见；对

---

① 谈玲：《决策咨询委员会制度构想》，武汉大学 2004 年硕士学位论文，第 1 页。

法院起草的法律适用问题的答复和具有重大指导意义的规范性文件提供论证意见；对法院提供的重大、疑难、复杂和新类型案件提供咨询意见；协助法院开展法官培训工作；对法院工作提出批评和建议等。咨询委员会委员由法学及相关领域中具有较高专业权威、良好职业操守的专家、学者、律师担任。法院、检察院咨询委员会制度设置的主要目的是为法院、检察院提供咨询，但客观上也是公众参与法律适用的一种形式。因为专家也是公众的一部分，专家提供咨询服务的同时，可以将公众的意愿和利益表达出来，可以发挥监督法院、检察院的作用，从而促进法院、检察院科学决策、民主决策。新时期的法院、检察院的工作面临着诸多机遇和挑战，如何遵循法院、检察院改革发展的基本特点和内在规律来破解难题、推动各项工作全面发展，这是首先需要解决的重大课题。专家咨询委员利用自己的专业知识为法院、检察院出谋划策、建言献策，而法院、检察院通过聘请专家、听取意见、吸取经验、提升司法智慧，有利于克服决策的盲目性、片面性。毫无疑问，法院、检察院专家咨询委员会制度是咨询型公众参与制度。

我国法院、检察院专家咨询委员会制度运行中存在的最大问题是，对什么事项的决策必须启动专家咨询没有明确规定。这导致有的法院、检察院没有设置专家咨询委员会，有的虽然设置了但却很少使用。结合法院、检察院专家咨询委员会制度的实践，课题组认为，应从以下几个方面完善该制度。

（一）明确规定重大司法决策事项必须经过专家咨询委员会论证

涉及公共利益、群体性利益和全局性重大司法决策事项，如司法解释、司法政策、处理在本地区、全省、全国有重大影响的疑难、复杂案件等，在作出决策之前，必须进行研究论证，听取专家意见和建议。

（二）明确咨询委员会的定位和主要职责

专家咨询委员会是决策咨询机构，是非官方的机构，也是公众参与法律适用的组织形式，其主要职责应当有：（1）对法院、检察院发展思路、战略提供意见或建议；（2）对拟出台的司法政策、司法解释提供咨询报告；（3）对重大、疑难、复杂案件的处理或者案件涉及的专业问题提供专家意见或论证；（4）开展司法理论与实务问题的研究，并提供研究报告；（5）对队伍建设提供意见；（6）对不当做法提出批评或改进意见等。

（三）咨询委员会的组织机构

法院、检察院决策咨询委员会的主任由主要院领导担任，可以设立咨询委员会办公室或者指派专人负责开展决策咨询的组织、协调与联络等日常工作。

(四) 决策咨询委员会的工作方式

咨询专家的工作方式主要有：(1) 参加咨询委员会会议，就有关专业问题进行研讨；(2) 就重大、疑难、复杂的专业问题进行分析、论证并提出解决方案；(3) 就重大事项提出专业意见和建议；(4) 进行课题的调查、研究；(5) 进行业务指导和培训等。

(五) 决策咨询委员会专家的任职条件和期限

担任咨询委员会的专家必须受过系统的专业教育，具备较高的专业知识或技能，具有较强的本专业领域的分析与判定能力；遵守宪法和法律；遵守职业道德等。有条件的地方，可以设置不同专业的咨询专家库，根据实际需要从专家库中挑选专家。对专家实行聘任制，并设置一定的聘任期限，聘任期满，视情况续聘或解聘。

(六) 决策咨询委员会专家的权利和义务

专家有获得开展咨询工作的便利条件和获取咨询补助费的权利。专家应履行如下义务：(1) 独立、客观、公正地提供咨询意见；(2) 严格保守咨询工作秘密，不得泄露咨询论证的内容、过程、结果；(3) 与提供咨询论证的案件有利害关系或者其他关系，有可能影响咨询论证意见的公正性，应当自行回避；(4) 不得接受案件当事人及其辩护人、代理人的请托，为其说情、打招呼等。

### 三、检察公开审查制度

(一) 我国检察公开审查制度概述

孟德斯鸠在《论法的精神》中说："一切有权力的人都容易滥用权力，这是万古不易的一条经验。"所以，一切公共权力都必须受到监督和制约，否则就会被滥用，蜕变成牟取私人利益的工具。按照我国宪法规定，我国的检察机关是国家的法律监督机关和司法机关，由此带来的难题就是"怎样监督监督者"。一般而言，监督监督者的方式有两种：一种是以权力制约权力，另一种是以权利监督权力，后者主要是依靠公民的力量对国家公权力进行监督，强调公民对国家权力运行过程的参与。公权力来源于公民并服务于公民，公民当然有权利对国家公权力进行监督。1998年10月，最高人民检察院制发了《关于在全国检察机关实行"检务公开"的决定》，开始在全国检察机关推行"检务公开"，"检务公开"的内容包括八个方面。① "检务公开"是实现外部监督检察机关，体现检察民主的重要形式，也是公民行使参与权、监督权的前提，其"法理基础在于公民权利的保障和检察权的监督"。② 2006年6月，最高人民检察院制发《关于进一步深化人民检察院"检务公开"的意见》，对"检务公开"的内容进行了充实和完善，将不起诉案件公开审查规则和刑事申诉案件公开审查程序规定纳入"检务公开"的内容。2015年2月，最高人民检察院制发《关于全面推进检务公开工作的意见》，进一步明确了"检务公开"的内容，主要包括检察案件信息、检察政务信息和检察队伍信息三大方面，该《意见》将完善公开审查制度列为完善、创新"检务公开"的方式和方法之一，即"对存在较大争议或在当地有较大社会影响的拟作不起诉案件、刑事申诉案件，实行公开审查。对于在案件事实、适用法律方面存在较大争议或在当地有较大影响的审查逮捕、羁押必要性审查、刑事和解等案件，提起抗诉的案件以及不支持监督申请的案件，探索实行公开审查"。

  检察公开审查制度是在总结各地检察机关的创新做法和经验的基础上建立起来的。最高人民检察院于2000年5月制发《人民检察院刑事申诉案件公开审查程序规定（试行）》，规定刑事申诉公开审查的主要形式是听证会。最高人民检察院于2001年3月制发《人民检察院办理不起诉案件公开审查规则（试行）》，该规则第3条规定制定规则的目的是听取侦查机关和当事人对案件的处理意见，为检察机关决定是否不起诉提供参考。最高人民检察院于2011年12月制发《人民检察院刑事申诉案件公开审查程序规定》取代了《人民检察院刑事申诉案件公开审查程序规定（试行）》，将检察机关公开审查的形式明确为四种，即公开听证、公开示证、公开论证和公开答复。最高人民检察院于2016年1月制发《人民检察院办理羁押必要性审查案件规定（试行）》，该规定第14条规定可以对被逮捕的犯罪嫌疑人、被告

---

① 这八个方面的内容被概括为"检务十公开"，即人民检察院的职权和职能部门的主要职责、直接立案侦查案件的范围、贪污贿赂、渎职犯罪案件立案标准、办案期限、办案纪律、犯罪嫌疑人的权利和义务、被害人的权利和义务、证人的权利和义务、举报须知、申诉须知十个方面的公开。

② 张永红、吴茵：《检务公开的法理基础》，载《湖南社会科学》2010年第6期。

人有无继续羁押的必要性进行公开审查，但是，涉及国家秘密、商业秘密、个人隐私的案件除外。1999年5月，最高人民检察院制发《人民检察院办理民事行政抗诉案件公开审查程序试行规则》，明确规定检察院审查民事、行政抗诉案件，应当公开进行。后该试行规则被2001年10月制发的《人民检察院民事行政抗诉案件办案规则》所取代，后者第3条只规定检察院办理民事、行政抗诉案件，应当遵循公开、公正、合法的原则，没有强调要公开进行。从刑法适用的角度来说，最高人民检察院的司法解释文件明确规定了对刑事申诉案件、不起诉案件、羁押必要性进行公开审查，对审查逮捕、刑事和解、提起抗诉的刑事案件以及不支持监督申请的案件尚未规定进行公开审查。

　　长期以来，我国检察机关办理犯罪嫌疑人羁押审查、羁押必要性审查案件、不起诉案件、刑事申诉案件等均采用类似行政审批的模式，检察权缺少公众的监督与制约，犯罪嫌疑人、被害人等参与程度较低，侦查机关占据信息优势等。按照英国普通法的自然公正原则，"任何权力必须公正地行使，对当事人不利的决定必须听取他的意见"。自然公正原则包含两个要求：一是"任何人不能做自己案件的法官"；二是任何人在公权力对其权利进行不利处分时，其有获得告知、说明理由和提出申辩的权利。后来，自然公正原则发展成为正当法律程序原则。检察机关对案件的处理和作出的决定有可能对他人的权利产生不利影响，应当按照自然公正原则的要求，充分听取当事人及其代理人、辩护人的意见。鉴于检察机关行政审批式的处理案件方式存在较多弊端，而检察机关审前程序中的检察行为具有司法性、判断性、亲历性和独立性，有学者主张将公诉行为、批准逮捕和羁押必要性审查行为、民事申诉行为、控告申诉行为等纳入司法化的范围，使检察机关的审前程序形成"弹劾制审前程序构造"，① 也就是两造对抗而裁判者居中的"等边三角形"组合模式。在公开审查方式中，听证是最符合"等边三角形"组合模式的方式。听证制度是正当法律程序中的重要制度，其作用是保障人权，最初只适用于司法审判，后来被应用于立法、行政领域，以实现立法、行政领域的公平正义。② 听证的主要功能是听取双方当事人的意见，"兼听则明，

---

　　① 张昌明：《对审听证：检察行为司法化的路径选择——兼论不起诉公开审查机制的构建》，载《上海政法学院学报（法治论丛）》2014年第4期。

　　② 李林：《立法听证的理论和实践》，载《中外法学》1991年第5期。

偏信则暗",有利于裁判者作出公正的裁判。我国《刑事诉讼法》第 6 条规定"人民法院、人民检察院和公安机关进行刑事诉讼,必须依靠群众",这是公众参与检察公开审查的法律依据。《人民检察院刑事申诉案件公开审查程序规则》第 8 条规定,刑事申诉案件的公开审查应当根据案件具体情况,邀请与案件没有利害关系的人大代表、政协委员、人民监督员、特约检察员、专家咨询委员、人民调解员或者申诉人所在单位、居住地的居民委员会、村民委员会人员以及专家、学者等其他社会人士参加。《人民检察院办理不起诉审查规则(试行)》第 10 条规定,不起诉案件公开审查时,允许公民旁听;可以邀请人大代表、政协委员、特约检察员参加。《人民检察院办理羁押必要性审查案件规定(试行)》第 14 条规定,公开审查可以邀请与案件没有利害关系的人大代表、政协委员、人民监督员、特约检察员参加。检察公开审查制度可以为社会公众开辟有序参与检察工作的制度化途径,而公众有序参与检察工作,有利于实现公众对检察权的监督,有利于实现检察民主、司法公正,提升检察机关的公信力。"据统计,全国检察机关共办结不服检察机关处理决定的刑事申诉案件 2714 件,其中公开审查 546 件,公开审查案件息诉率达 84%。"[1] 因此,检察公开审查制度的主要作用是听取案件当事人双方和社会公众的意见,我们可以将检察公开审查制度纳入刑法适用咨询型公众参与方式的范围。

(二)我国检察公开审查制度存在的问题

虽然我国检察机关对检察行为的公开审查进行了有益的实践探索,也制定了一些规范性文件,但是检察公开审查制度仍存在很多问题。

1. 检察公开审查制度的法律依据不足

检察公开审查制度在立法上没有明确的、硬性的规定,目前,各地检察机关探索和尝试的检察公开审查制度的依据是最高人民检察院制定的司法解释和各地检察机关制定的规范性文件。对公权力来说,"法无授权不可为",虽然检察公开审查制度有利于对检察权进行监督和制约,但是实施检察公开审查制度还是缺少明确的法律依据的。根据《刑事诉讼法》第 88 条的规定:人民检察院审查批准逮捕,可以讯问犯罪嫌疑人,可以询问证人等诉讼参与人,听取辩护律师的意见。如果对是否符合逮捕条件有疑问、犯罪嫌疑

---

[1] 徐日丹:《公开审查案件息诉率达 84%》,载《检察日报》2017 年 6 月 29 日,第 1 版。

人要求向检察人员当面陈述的、侦查活动可能有重大违法行为的，应当讯问犯罪嫌疑人。当辩护律师提出要求的，应当听取辩护律师的意见。第 173 条规定：人民检察院审查案件，应当讯问犯罪嫌疑人，听取辩护人或者值班律师、被害人及其诉讼代理人的意见，并记录在案。辩护人或者值班律师、被害人及其诉讼代理人提出书面意见的，应当附卷。虽然刑事诉讼法明确规定了检察机关在审查批准逮捕时、审查起诉时应听取当事人的意见，但是没有明确规定采用公开审查的形式。另外，虽然《刑事诉讼法》第 88 条规定在审查批准逮捕时要听取当事人的意见，但最高人民检察院并没有制定公开审查批准逮捕的司法解释性文件，只制定了公开审查羁押必要性的司法解释。审查批准逮捕涉及是否剥夺犯罪嫌疑人的人身权利，而审查羁押必要性涉及是否继续剥夺犯罪嫌疑人、被告人的人身权利，显然前者比后者更重要，而且检察机关对批准逮捕具有终局性的决定权，审查批准逮捕更应当司法化，以便充分听取当事人的意见。在英美法系国家，逮捕权由法院行使，因为法院是中立的审判机关，能够避免检察机关在审查逮捕中的行政化倾向。从最高人民检察院《关于全面推进检务公开工作的意见》来看，审查逮捕、刑事和解、提起抗诉的刑事案件以及不支持监督申请的案件都有可能被纳入检察公开审查的范围。

2. 检察公开审查制度适用的案件范围有待细化

《人民检察院办理不起诉案件公开审查规则（试行）》第 4 条的规定，公开审查的不起诉案件应当是存在较大争议并且在当地有较大社会影响的，经人民检察院审查后准备作不起诉的案件。《人民检察院刑事申诉案件公开审查程序规则》第 5 条规定，对于案件事实、适用法律存在较大争议，或者有较大社会影响等刑事申诉案件可以适用公开审查程序。《人民检察院办理羁押必要性审查案件规定（试行）》第 14 条规定，人民检察院可以对羁押必要性审查案件进行公开审查，但没有规定具体的案件范围。上述规定都将涉及国家秘密、商业秘密、个人隐私的案件排除出公开审查案件的范围。《关于全面推进检务公开工作的意见》将公开审查的案件限制在存在较大争议或在当地有较大社会影响案件。"存在较大争议"和"在当地有较大社会影响"属于价值判断，将其作为确定检察公开审查案件范围的标准具有模糊性，而且判断的主动权容易掌握在检察机关手中。

3. 社会公众参与检察公开审查的空间不够

《人民检察院办理不起诉案件公开审查规则（试行）》第 10 条规定，不起诉案件公开审查时，允许公民旁听；可以邀请人大代表、政协委员、特约检察员参加；可以根据案件需要或者当事人的请求，邀请有关专家及与案件有关的人参加；经人民检察院许可，新闻记者可以旁听和采访。对涉及国家财产、集体财产遭受损失的案件，可以通知有关单位派代表参加。《人民检察院刑事申诉案件公开审查程序规则》第8条规定，人民检察院进行公开审查活动应当根据案件具体情况，邀请与案件没有利害关系的人大代表、政协委员、人民监督员、特约检察员、专家咨询委员、人民调解员或者申诉人所在单位、居住地的居民委员会、村民委员会人员以及专家、学者等其他社会人士参加。《人民检察院办理羁押必要性审查案件规定（试行）》则没有规定参与羁押必要性审查的公众范围。从上述规定来看，邀请社会公众参与检察公开审查活动并非强制性要求，也没有明确公众的具体范围。从检察民主[①]的角度来说，公众有权参与检察公开审查活动。检察机关在开展检察公开审查活动时，除了应当听取犯罪嫌疑人、被告人及其法定代理人、辩护人，被害人及其法定代理人、诉讼代理人的意见外，还应当听取与案件无直接利害关系的社会公众的意见。此外，上述规定也没有明确社会公众参与检察审查活动的方式，是担任听证员参加听证，还是作为旁听人员参加旁听？

4. 检察公开审查的方式还有待具体化

《人民检察院刑事申诉案件公开审查程序规则》将刑事申诉案件公开审查的形式分为公开听证、公开示证、公开论证和公开答复四种，并对公开听证形式做了明确的规定。但是，该规则并没有对公开示证、公开论证和公开答复三种公开审查的形式做明确规定。实际上，在公开听证时，也可能使用公开示证、公开论证和公开答复的形式。就公开听证方式而言，上述规定还没有对听证员的选任、管理、听证员评议意见的法律效力等做出明确规定。

5. 检察公开审查的主持人缺乏中立性

《人民检察院办理不起诉案件公开审查规则（试行）》第9条规定，不起诉案件的公开审查活动应当由案件承办人主持进行。《人民检察院刑事申诉案件公开审查程序规则》第7条规定，刑事申诉案件公开审查活动由承办案件的人民检察院组织并指定主持人。但这一规定并没有禁止案件承办人

---

① 这里的"检察民主"也可以称为司法民主，因为我国的检察机关既属于法律监督机关，也属于司法机关，检察机关的某些业务活动具有判断性、亲历性、独立性的特征，可以纳入司法活动的范围。

担任主持人。《人民检察院办理羁押必要性审查案件规定（试行）》第 11 条规定由刑事执行检察部门对羁押必要性进行初审。审查批捕、作出不起诉决定、处理申诉案件等检察活动具有准司法的性质，"检察机关在审查批捕、作出不起诉决定、处理申诉案件等工作中，引入听证程序，进行司法审查，这相当于在审前阶段构建起了一种类似'控、辩、审'三方组合的法庭审理结构"。[①] 按照程序公正的要求，检察公开审查活动的主持人和负责裁决的人必须处于中立地位，不得与待处理的事项有利害关系，也不得偏袒任何一方，由案件承办人担任公开审查活动的主持人显然不合适。

6. 参与检察公开审查活动的公众意见法律效力不明

《人民检察院办理不起诉案件公开审查规则（试行）》第 16 条规定，公开审查过程中各方一致性意见或者存在的主要分歧，呈报检察长或者检察委员会，作为案件是否作出不起诉决定的参考。这一规定并没有明确在公开审查不起诉案件过程中是否应当征求参与活动的公众的意见以及如何对待公众的意见。《人民检察院刑事申诉案件公开审查程序规则》第 23 条规定，复查案件承办人应当根据已经查明的案件事实和证据，结合听证评议意见，依法提出对案件的处理意见。在案件的处理意见与听证评议意见不一致时，应当提交检察委员会讨论。《人民检察院羁押必要性审查案件规定（试行）》没有明确规定在羁押必要性公开审查时，是否应当听取公众意见以及如何处理公众意见。

（三）我国检察公开审查制度的完善

丹宁勋爵说："正义不仅要实现，而且要以人们看得见的方式加以实现。"检察公开审查制度是实现司法公正和司法民主的重要制度形式，是公众参与检察活动的制度化途径。检察机关的司法行为不同于法院的审判活动，绝大部分属于审前活动。根据公开对象的不同，可以将检察活动公开分为对当事人的公开和对社会公众的公开，为保障当事人的诉讼权利，对当事人公开的限度应当大于对社会公众公开的限度。为保障刑事诉讼活动的顺利进行，保守侦查秘密，不是所有的刑事案件都必须进行公开审查。刑事追诉活动一律公开会给犯罪嫌疑人、被告人带来名誉损失，也会给被害人、证人及其近亲属等有关人员造成人身危险。司法活动需要消耗成本，为确保检察

---

① 陈瑞华：《程序性制裁理论》，中国法制出版社 2010 年版，第 236 页。

活动的效率，公开审查的刑事案件不宜过多，应突出重点。因此，我国检察公开审查制度的设计和完善必须在司法公正、司法民主、侦查不公开、无罪推定等原则之间保持平衡，检察公开应根据不同的案件类型、不同的阶段，基于公共利益的考量，有条件、有限度地向社会公众公开。

1. 检察公开审查制度的建构应遵循法治原则

根据《立法法》第8条的规定，限制人身自由的强制措施和处罚的事项只能制定法律。检察公开审查活动虽然间接影响犯罪嫌疑人、被告人、服刑人员的人身自由，但属于检察权的行使方式，必须有法律明确的授权，不能通过司法解释直接予以规定。检察公开审查时公众参与司法的方式，要遵循有序原则（法治原则），它要求公众参与司法必须在法律的框架内进行。一是参与的范围法定。公众可以参与哪些司法活动，在司法的哪些环节参与，哪些公民可以参与都应当有法律的明确规定。二是参与的形式法定。公众通过什么样的形式参与司法同样要有法律的明确规定。三是参与的程序法定。司法工作人员办理案件要遵循法律程序，公民参与司法同样要遵循法律程序，只有遵循法律程序，才能实现司法民主和司法公正。四是参与的效力法定。为避免公众参与"走过场"，法律必须明确规定公众参与司法活动的效力。

2. 细化公开审查案件的范围

检察公开审查程序"实际上是一种以听证为主要特征的司法审查程序"，① 也是一种准司法程序，必须具备"控、辩、审"正三角结构，才能实现"控审分离、控辩平等、裁判者居中裁判"。为实现"控辩对抗"，公开审查的案件必须是在事实认定或适用法律方面有明显争议的案件。从提升司法效率、节约司法资源角度来讲，公开审查的案件必须是重大、疑难、复杂或者在当地有一定社会影响力的案件。检察公开审查会对当事人的名誉造成影响，要尊重当事人的程序选择权，当事人明确表示不进行公开审查的，应采用不公开审查的方式。此外，也要排除涉及国家秘密、商业秘密、个人隐私的案件和未成年人犯罪的案件。公开审查有可能泄露侦查秘密的案件也不能进行公开审查。总体而言，要依照刑事诉讼法规定的逮捕、不起诉适用条件和刑事申诉案件立案条件，充分发挥公开审查制度本身的功能来确定案

---

① 朱其武、孙建英、赵刚：《从三个方面完善羁押必要性公开审查程序》，载《检察日报》2016年4月15日，第3版。

件适用的范围。例如,"对于批准(决定)羁押的审查决定,重点应放在事实判断存在争议的案件,即是否有证据证实犯罪存在争议的、是否具有应当羁押的社会危险、是否属于违反取保候审、监视居住的规定且情节严重"。①

3. 明确公众参与公开审查的形式、范围

公众应当参与哪些公开审查的案件、参与的形式是什么、在公开审查中应发挥什么样的作用、公众意见的法律效力、公众的权利和义务等,这些内容必须在检察公开审查中予以明确。对于参与公开审查活动公众代表的选任、管理可以参照 2016 年 7 月司法部、最高人民检察院制发的《人民监督员选任管理办法》。案件当事人应当对参与公开审查活动公众代表有否决权。参与公开审查活动公众代表的人数应当为奇数。

4. 检察公开审查的主持人应保持中立

"任何人不能做自己的法官",这是自然正义的基本要求。作为裁判者,必须在两造之间保持中立,不得偏袒任何一方。在检察公开审查活动中,主持人在一定程度上相当于裁判官,作为裁判官就不得与正在处理的案件有直接利害关系。主持人必须由案件承办人以外的人担任,适用回避制度,禁止与当事人单方面接触。

5. 明确公众意见的法律效力

在充分听取当事人及其代理人、辩护人、诉讼代理人的意见后,主持人应组织参与公开审查的公众代表(如听证员)就案件的处理发表意见,公众代表的意见应记录在案,并由公众代表签字。在公开审查活动结束后,案件承办人应根据证据和查明的事实,结合公众代表的意见,提出案件的处理意见。在案件的处理意见与公众代表的大多数人的意见不一致时,应当提交检察委员会讨论。

## 四、专家法律意见书制度

在我国,出具或提交专家法律意见书是法律专家群体参与法律适用的重要渠道和方式。鉴于出具或提交专家法律意见书属于公众参与法律适用的非正式制度,专家选任机制问题更属研究的空白领域。因此,必须研究出具或提交专家法律意见书制度本身,方能回应所谓专家选任机制的问题。

---

① 陶建平:《检察羁押听证的基本论证》,载李瑜青、张斌编:《法律社会学评论》,上海大学出版社 2016 年版,第 33 页。

### (一) 出具或提交法律意见书的困境

自刘涌涉黑案再审后，由涉案当事人聘请法律专家出具法律意见书的现象渐趋成为社会关注的焦点之一。① 所谓"专家法律意见书"，通常是指在特定法律领域或对特定法律问题具有一定造诣的学者，对与之相关具体案件出具的法律意见。② 在司法实践中"专家法律意见书"的运行样态与美国的"法庭之友"③ 制度有相似之处，亦有较大不同，兹简述如下。

1. 出具或提交专家法律意见书缺乏立法之保障

"法庭之友"制度，在 1823 年美国联邦最高法院 Green V. Biddle 案件中以判例方式初步确立，其后通过联邦最高法院《联邦上诉程序规则》（Federal Rules of Appellate Procedure）第 29 条和《美国最高法院规则》（Rules of the Supreme Court of the U.S）第 37 条最终确立。美国的"法庭之友"人员来源广泛，而我国专家意见书绝大多数属于从事法律研究专家的意见。

由于我国并无关于专家法律意见书的法律规定，导致其在司法实践中运作混乱，人们对这一"新生事物"莫衷一是、毁誉参半。根据浙江省高级人民法院研究室的调研，结合有关研究发现：（1）浙江省各级法院均有收

---

① 2002 年 4 月 7 日，辽宁省铁岭市中院公开审理刘涌特大黑势力团伙一案，一审判处刘涌死刑。刘涌不服该判决，上诉至辽宁高院。该案辩护律师田文昌在北京组织 14 名国内著名刑事方面专家进行法律论证，向辽宁高院提交《沈阳刘涌涉黑案专家意见书》，该意见书认为此案可能存在刑讯逼供问题。辽宁高院以"不能从根本上排除公安机关在侦查过程中存在刑讯逼供情况"等为由，对刘涌所犯故意伤害罪改判死刑缓期二年执行。该事件引起社会热议，最终导致最高人民法院提审，通过再审程序改判刘涌死刑。

② 关于专家法律意见书的论著，参见谢望原：《"专家法律意见书"的是与非》，载《中国律师》2001 年第 10 期；浙江省高级人民法院研究室：《"专家法律意见书"对审判工作的影响》，载《法律适用》2003 年第 10 期；金振华：《专家意见书的法律性质》，载《华东政法学院学报》2004 年第 1 期；张泽涛、陈斌：《法学家论证意见书及其规范》，载《法商研究》2004 年第 4 期；于秀艳：《论"专家法律意见书"的程序缺陷》，载《法律适用》2005 年第 2 期；朱海兰：《专家法律意见书与"法庭之友"的比较分析》，载《湖北行政学院学报》2008 年第 3 期；吴凯：《美国"法庭之友"制度述评及其对我国专家法律意见书的借鉴意义》，载《辽宁行政学院学报》2011 年第 7 期；何志、何晓航：《为法律意见书"把脉"》，载《北京航空航天大学学报（社会科学版）》2012 年第 1 期；等等。

③ "法庭之友"并非案件的当事人，不过出于对案件的兴趣或重大利益，故以第三方的身份向法庭提供与案件相关的事实或法律意见，有助于法官合理裁判。根据布莱克词典的解释，"法庭之友"是指非诉方由于诉讼标的关涉其重大利益，而提请法院或受法院邀请在诉讼过程中递交书面建议者。参见吴凯：《美国"法庭之友"制度述评及其对我国专家法律意见书的借鉴意义》，载《辽宁行政学院学报》2011 年第 7 期。

到专家法律意见书的情况,而且所涉案件类型多样。(2)专家出具法律意见书的情形可大致分为两种,一种是由司法机关邀请有关专家对特定案件进行法律论证,此时专家立场趋于中立;另一种是由当事人及其代理律师邀请专家进行论证。(3)法律意见书的制作主体亦种类繁多,包括专家个人、学术团体、有关机构、现职司法人员、离职法院领导等。(4)法律意见书通常由案件一方当事人或其代理人、辩护人直接向法院递交。(5)大约80%的法官会认真阅读专家意见,并将其作为一方当事人提供的"其他材料"装入卷宗,亦有少数法官"置之不理,按通常程序审理"。(6)专家意见书具有有偿性、单方性和自发性等特点。

2. 专家法律意见书的性质有待合理之厘定

人们对专家法律意见书的性质争议颇多。有观点将专家法律意见视为一种救济手段;[1] 也有观点认为专家法律意见书是一种学理解释,将其作为法官审理案件的参考;[2] 还有观点认为专家法律意见书的性质应根据其载明的内容而定,可能属于"意见证据"、起诉状或答辩状的组成部分。[3] 上述理解自然有其合理之处,但并不全面系统。我国专家法律意见书的种类较多,在不同样态下其性质可能有所不同。根据选任法学专家主体和专家法律意见具体表现形式的不同,专家法律意见书的性质可以类型化为以下几种样态:第一种类型是由法院等司法机关邀请选任一些法学专家出具的法律意见书,其性质应属于趋于中立立场的学理解释。第二种类型是由当事人及其代理律师邀请专家进行论证,如果专家法律意见融入起诉状或答辩状中,那么此种情形下的专家法律意见书的性质就内化为一方当事人的代理(辩护)意见,成为代理(辩护)意见的组成部分,如浙江戴某某涉嫌投机倒把罪一案中的专家法律意见书。[4] 第三种类型是由当事人及其代理律师邀请专家进行论证,如果专家法律意见单独提出并署专家姓名,那么此时专家法律意见

---

[1] 朱海兰:《专家法律意见书与"法庭之友"的比较分析》,载《湖北行政学院学报》2008年第3期。

[2] 郭恒忠:《法庭不妨听听专家意见》,载《法制日报》2003年10月30日。

[3] 金振华:《专家意见书的法律性质》,载《华东政法学院学报》2004年第1期。

[4] 在该案中,个体工商户戴某某被杭州市检察院以"科技投机倒把罪"逮捕,该案经过刑事、民事专家论证,辩护律师将专家论证意见融合至辩护词中,最后戴某某无罪释放。本案被认为是专家论证意见最早介入诉讼中的案件。参见孔庆余:《专家法律意见书之法律思辨》,载《律师与法制》2004年第6期。

的性质如何界定便存在较大争议。因为此时法律专家并非案件的代理人，依理不应单独出现在案件诉讼中，署名的专家法律意见似乎并无进入诉讼的通道。

3. 出具或提交专家法律意见书有违反程序正当原则之嫌疑

首先，由当事人一方邀请的专家并无进入法庭程序的合法通道。在诉讼活动中，当事人之外的任何人、组织或机构进入法庭程序，均需在法官和当事人面前接受质询。当事人之外的任何人、组织或机构如果向法庭阐述其法律意见，或者他属于一方当事人的代理人，或者接受法院委托或指派允许发表独立意见。以此观之，由当事人一方邀请的专家难以进入法庭诉讼中。①

其次，当事人一方邀请专家出具的专家法律意见书不具有"诉讼材料"的程序特征。专家法律意见书既非专家证言，又非意见证据，更非当事人的起诉或答辩意见，所以并无正当理由出现在法庭上，难以进入证据审查程序。因为任何进入诉讼、纳入案件的文本材料，必须经得起法官和当事人双方的质询、质疑或辩论，但是专家法律意见书并不具备这样的特性。

再次，进入法庭的专家法律意见书破坏了诉讼平衡。一般而言，专家法律意见书是以第三方的名义，由一方当事人私自向法庭提交，另一方当事人并不知悉，亦无机会对专家意见进行反驳，更无法与专家进行对话。根据浙江省高级人民法院研究室的调查，多数法官比较重视法学专家的意见。因此，这对另一方当事人而言在程序上并不公平。

最后，对检察官、法官独立行使检察权、审判权可能产生不利影响。法律意见书是对检察院、法院正在办理的案件发表的意见（既针对事实问题，也针对法律问题），该意见是否会对检察官、法官独立行使检察权、审判权产生不利影响？此处存在疑问。

（二）专家法律意见书之合理出路

虽然我国专家法律意见书存在诸多不规范、不合理的地方，但其亦存在现实积极意义。专家法律意见书既可以为法官有限的知识和理性提供丰富的智识来源，又能够为法官感知当下社会的主流价值观念和公众意见提供通

---

① 于秀艳：《论"专家法律意见书"的程序缺陷》，载《法律适用》2005 年第 2 期。

道,亦契合司法民主化改革的趋势。① 相比而言,美国的"法庭之友"制度更加规范、公平和合理。"法庭之友"制度在世界范围内广泛地被借鉴。我国司法审判实践中首次将"法庭之友"制度引入审判领域的法院是苏州市中级人民法院,该院在知识产权审判领域构建"法庭之友"审案方式和疑难案件专家评析制度,建立知识产权审判技术专家库,专业涵盖化学、医药、机械、材料等多个学科。② 课题组认为,应借鉴"法庭之友"的经验,吸收专家法律意见书的合理成分,建立合法且有效的出具或提交专家法律意见书制度,是合理的思路和出路。

1. 出具或提交专家法律意见书制度之定位

"法庭之友"制度的实质是案件当事人之外的第三人向法庭提交关于案件事实和法律方面的信息或意见,以帮助法庭正确地裁判案件。"法庭之友"制度的定位是为法庭提供帮助,而不是为当事人任何一方提供帮助,专家出具或提交法律意见书制度的定位也应如此,其是公众参与法律适用的制度形式,是公众与法院沟通的渠道和途径。诚然,专家和其他公民可以对法院的裁判发表意见,这是公民行使言论自由权的形式,也是公民参与司法的一种方式,但是公民在行使言论自由权的同时,不得侵犯法院独立审判的权力,否则,就会对司法公正产生消极影响。具体而言,专家和其他公民不得对法院正在审理的案件发表倾向性意见,除非为了社会公共利益。因此,应将专家出具法律意见书改造为公民参与司法的一种方式、民意表达与沟通的制度形式,而不是专家帮助当事人胜诉的制度形式。因为当事人如果需要获得法律帮助,完全可以聘请律师或专家对案件涉及的专业问题进行论证,然后将论证的论据和结果转化为辩护词、代理词、答辩词。法院采纳专家法律意见书中的意见或建议必须在裁判文书中说明理由。

2. 出具或提交专家法律意见书主体与启动程序之确立

现行专家法律意见书的启动方式一般由一方当事人主动提交。通过前文分析,这种做法既不合法亦不合理,应当禁止由当事人或其律师直接向法院

---

① 由于法官的有限理性和知识不完备,应当通过一个动态的司法竞争市场,让法官与其他利益群体相互交往完成知识的交流,自发形成的专家法律意见书运行机制提供了一个类似的通道。参见侯猛:《中国最高人民法院研究——以司法的影响力切入》,法律出版社2007年版,第91页;[美]本杰明·卡多佐:《司法过程的性质》,苏力译,商务印书馆1998年版,第114页。

② 朱旻、宋华俊:《苏州中院"引智工程"充实"专家智囊团"》,载《人民法院报》2013年3月25日,第1版。

提交的做法。但这并不意味着不能聘请法学专家对案件进行法律论证,例如,当事人及其代理人可以将专家意见纳入起诉状、代理词或者辩护意见中,只是当事人及其代理人不应将专家署名的法律意见单独提交至法庭。比较而言,根据美国《联邦上诉程序规则》第 29 条规定,启动"法庭之友"书面文本的方式有三:一是当事人启动,经全体当事人授权同意可以直接向法院提交;二是法院经申请有条件启动,如果当事人不同意,"法庭之友"可以向法院提交许可申请;三是法院主动要求"法庭之友"提供。此外,还有例外的任意启动模式,即如果"法庭之友"书面文本是由国家、州、地区、特定政府官员等提出,可以不用获得当事人同意授权或者法院的许可。借鉴"法庭之友"的启动程序,我们建议专家参与诉讼可以采用以下方式:第一种是"专家主动提起 + 双方当事人同意/法院同意"模式,在该模式下专家因对特定法律问题比较关注,主动参与诉讼,不过专家法律意见书启动成功与否,最终由双方当事人或者法院决定。第二种是"法院主动提起"模式,在该模式下,法院主动邀请特定领域专家提供专业法律意见,无须当事人同意。至于美国"法庭之友"的例外任意启动模式,会进一步加大行政干预司法的力度,与我国当下司法系统"去行政化"的改革旨趣不符合,在我国并无适宜的土壤。

3. 专家法律意见书形式和内容之规范

由于我国专家法律意见书形式种类繁多,不够规范和统一,其大致可以分为两种主要表达形式:一是结论式,即只给出案件的结论和相关理由,不附专家意见分歧及达至意见统一的过程;二是陈述式,即将参与论证的专家意见及论证过程全部在专家法律意见书中展示。我们建议由最高人民法院制定统一的专家法律意见书样式,在该样式中,应当附上各位专家的论证过程(含分歧及消除分歧的过程)。[①] 根据浙江省高级人民法院对专家法律意见书的调查显示,在 21 份法律意见书中,有 18 份涉及对案件事实的评判,单纯讨论法律问题的仅 3 份。我们认为专家法律意见书的内容应当限定在对特定案件的法律适用方面,不宜对案件事实问题发表意见。这是因为:第一,专家法律意见书并非证据,不能在庭审中接受当事人的质证和辩论,如果法庭采纳专家法律意见书针对事实问题的意见,显然违背程序公正原则。第二,

---

[①] 浙江高级人民法院研究室:《"专家法律意见书"对审判工作的影响》,载《法律适用》2003 年第 10 期。

专家法律意见书如果针对事实、证据问题发表意见,则该项制度就与专家辅助人制度重合。

4. 专家主体资格的确定及专家库的组建

法律领域十分广泛,专家们擅长的领域不同(也有专家擅长多个领域),如对婚姻法擅长的专家不一定擅长合同法。因此,专家主体资格的认定,其核心标准是该专家或组织在案件所涉专业法律领域有专门、深入的研究。我们建议由中国法学会、最高人民法院、最高人民检察院牵头成立法学专家评选委员会,每年一评,建立各个法律领域内著名的专家、学者或相关组织构成的动态专家库。专家在出具或提交法律意见书时,必须保持中立,与案件当事人无利益关系,出具法律意见书只是出于社会公共利益和学术兴趣。简言之,出具法律意见书的专家是法院的而不是当事人的"智囊团"。

## 第三节　监督型公众参与的方式及机制设计

为确保监督取得良好的效果,监督必须具有如下特征:一是独立性。监督主体独立自主地行使权力(权利),不受任何非法干涉。监督主体是对监督客体的限制和约束,这要求其必须独立于监督客体,如果监督主体受制于监督客体,监督就会失去其应有的作用。二是公开性。监督主体要实施有效的监督,必须具备完整、有效的信息,这就要求监督主体有获取监督必需的信息的权利和能力,也要求监督客体公开自己的信息。而且,监督要公开地进行。三是强制性。监督客体总是有逃避监督的倾向,监督主体对监督客体实施监督必须以强制力作为后盾,否则,监督必然流于形式,不能达到监督的目的。四是监督的有限性。权力和权利总是有限度的,为了防止监督权的滥用和异化,必须将监督权限制在法律许可的范围内,不得随意扩张。[①] 监督的独立性、公开性、强制性、有限性是设计监督制度需要遵守的标准,也是评估监督制度是否有效的指标。有学者提出了有效权力监督的三个基本原理:强制性原理、全覆盖原理、生疏化原理。强制性原理是指监督主体对掌

---

① 张兆松:《中国检察权监督制约机制研究》,清华大学出版社2014年版,第58—75页。

握、使用权力者的监督是强制性的，不论被监督者是否自愿；全覆盖原理是指监督主体对被监督者的监督是全方位的，以监督主体与被监督者的信息对称为保障；生疏化原理是使监督主体独立于被监督者，杜绝人情关系的影响。① 构建有效的监督制度必须遵守以上三个基本原理。

刑法适用监督型公众参与方式主要是基于监督目的，保障公民监督权的实现的制度安排，不包括通过咨询型与决策型公众参与所发挥的监督作用中的"监督"。我国刑事诉讼法规定的刑事侦查见证人制度主要是基于监督而设置的公众参与制度。按照刑事诉讼法的规定，在讯问聋哑人时、在解剖死因不明的尸体时需要见证人在场，在实施勘验、检查、搜查、查封、扣押、辨认等侦查活动时，需要见证人在场监督，见证人需要在侦查活动形成的笔录或清单上签字或盖章。在刑事审判过程中，法官应审查见证人是否在场监督、见证人的签名或盖章是否真实。见证人制度存在的问题是：没有规定侦查活动没有见证人在场的法律效力，需要法律明确违反程序性事项的法律后果。关于庭审旁听制度，也具有监督功能，尤其是事关公众切身利益的重大、疑难、热点案件，法院邀请人大代表、政协委员参加庭审旁听，主要是基于加强法庭审判监督而采取的一项措施。刑事诉讼法将此作为审判公开的一个重要内容而对此作了原则规定。实践中不断创新旁听方式，尤其随着网络及多媒体技术的发展，法院采用网络对重大、疑难、热点案件的庭审活动进行直播，这大大方便了公众旁听，扩大了旁听的人员范围。而在刑法适用中更多的公众关注的环节却缺乏公众监督的制度方式，因而导致公众监督无序、监督乏力。在没有相应的体制监督的情况下，由于自媒体的发达，公众往往通过各种媒介在案件侦查、起诉与审判过程中，有倾向性地向社会发布案件事实与证据，传播案件信息，这容易误导公众，影响案件的公正处理，因而有必要在刑法适用公众关注的环节中构建监督型公众参与方式，将公众从体制外的无序参与转变为体制内的有序参与。根据前一章所研究的监督型公众参与的范围，尝试构建以下监督型公众参与方式。

---

① 肖仲恩、罗比：《有效权力监督的三个原理性问题》，载《广州大学学报（社会科学版）》2011 年第 7 期。

## 一、刑事司法解释公众异议制度

由于司法解释的制定、修改、废止是一项准立法活动，它是对公众行为边界、权利义务的进一步确定，司法解释直接影响着社会公众的利益（包括一些重大的公共利益）。因此，司法解释应当体现社会公众的意志，不仅司法解释的制定过程应当有公众参与，而且司法解释在制定、修改完成后，应当建立公众对司法解释的监督机制，确保不当的司法解释得到及时纠正。如天津赵某某非法持有枪支案，一审有罪判决引其公众普遍质疑的原因是司法解释对刑法中的"枪支"认定标准不合理。① 被告人赵某某于2016年8月至10月间，在天津市河北区李公祠大街海河亲水平台附近摆设射击摊位进行营利活动。同年10月12日22时许，赵某某被公安机关巡查人员查获，当场收缴枪形物9支及配件等物。经天津市公安局物证鉴定中心鉴定，涉案9支枪形物中的6支为能正常发射、以压缩气体为动力的枪支。2016年12月27日天津市河北区人民法院以非法持有枪支罪判处其有期徒刑3年6个月。此案一审判决经信息网络传播后，引发了公众的质疑，公众普遍认为赵某某无罪。赵某某不服一审判决，经上诉后，天津市第一中级人民法院以非法持有枪支罪判处上诉人赵某某有期徒刑3年，缓刑3年，赵某某表示认罪服判。近年来，我国司法解释频遭质疑，不仅刑事司法解释如此，而且民事司法解释也如此。如最高人民法院2003年发布的《关于适用〈中华人民共和国婚姻法〉若干问题的解释（二）》第24条遭到公众的强烈质疑，被斥之为"恶法"。该条规定："债权人就婚姻关系存续期间夫妻一方以个人名义所负债务主张权利的，应当按夫妻共同债务处理。但夫妻一方能够证明债权人与债务人明确约定为个人债务，或者能够证明属于婚姻法第十九条第三

---

① 最高人民法院、最高人民检察院于2014年发布《关于办理走私刑事案件适用法律若干问题的解释》第1条规定："走私武器、弹药，具有下列情形之一的，可以认定为刑法第一百五十一条第一款规定的'情节较轻'：（一）走私以压缩气体等非火药为动力发射枪弹的枪支二支以上不满五支……"针对走私武器、弹药罪中原来关于"军用枪支"和"非军用枪支"的分类不尽合理且在实践中难以操作的问题，该司法解释将之调整为"以火药为动力发射枪弹的枪支"和"以压缩气体等非火药为动力发射枪弹的枪支"两类，并据此确定不同的定罪量刑标准。实践中，法院认定"枪支"的标准实际上是依照2010年公安部印发的《公安机关涉案枪支弹药性能鉴定工作规定》，该规定规定"对不能发射制式弹药的非制式枪支，当所发射弹丸的枪口比动能大于等于1.8焦耳/平方厘米时，一律认定为枪支"。该规定认定"枪支"的标准过低，大量的仿真枪、玩具气枪被认定为刑法上的"枪支"，造成罪刑失衡。

款规定情形的除外。"公众的质疑直接促使最高人民法院对该条做出了补充规定，2017年2月28日公布最高人民法院《关于适用〈中华人民共和国婚姻法〉若干问题的解释（二）的补充规定》，针对司法实践中出现的涉及夫妻共同债务的新问题和新情况，明确规定虚假债务、非法债务不受法律保护。2018年1月，最高人民法院发布《关于审理涉及夫妻债务纠纷案件适用法律有关问题的解释》，该司法解释对夫妻共同债务的推定、排除以及举证证明责任分配等问题进行细化和完善。但有的司法解释虽然在适用中存在不当问题，却并没有恰当的程序使得不合理之处得到及时纠正。如最高人民法院、最高人民检察院在2010年制定《关于办理利用互联网、移动通讯终端、声讯台制作、复制、出版、贩卖、传播淫秽电子信息刑事案件具体应用法律若干问题的解释（二）》时，不可能预见到利用云盘、网盘贩卖淫秽视频的情况，如按照此规定定罪量刑，便出现只贩卖一个网盘账号（相当于网盘钥匙）就可被认定为情节特别严重，而被告人可能被判处10年以上有期徒刑、无期徒刑的情形。由于司法解释对此类情形做了明确规定，即使辩护人提出贩卖网盘账号获利少的行为的社会危害性小，但是法官对贩卖数量达到相关标准的案件在量刑上自由裁量空间仍十分有限且较小，因而有些法院认为此类犯罪被认定为情节特别严重会造成罪刑失衡，遂不适用司法解释而直接依据刑法，对被告人处以3年以下或3至10年有期徒刑，而有些法院则依照司法解释量刑，这就造成"同案不同判"的现象，引发公众对司法公正的质疑。2017年11月，最高人民法院、最高人民检察院制定《关于利用网络云盘制作、复制、贩卖、传播淫秽电子信息牟利行为定罪量刑问题的批复》，强调不应单纯考虑制作、复制、贩卖、传播淫秽电子信息的数量，这是对前述司法解释的修正。

构建公众对司法解释的监督机制应是我国当下提升司法公信力、维护司法权威、有效保障公民权利的一个重要内容。在公众参与刑事司法解释的形式问题上，课题组关于"公众参与刑事司法解释的形式问卷调查"的调查结果显示：66.6%的人选择听证会，75.4%的人选择网上公开征求意见，49.7%的人选择书面征求意见，40.9%的人选择专家论证（参见表25）。可见，网上公开征求意见是公众参与刑事司法解释的最主要方式。近年来，在司法解释制定过程中，最高人民法院、最高人民检察院通常在网上公开征求公众的意见。

表 25：公众参与刑事司法解释的形式问卷调查统计表

| | | 频率 | 百分比 | 有效百分比 | 累积百分比 |
|---|---|---|---|---|---|
| 有效 | 听证会 | 2720 | 66.0 | 66.6 | 100.0 |
| | 网上公开征求意见 | 3079 | 74.7 | 75.4 | 100.0 |
| | 书面征求意见 | 2032 | 49.3 | 49.7 | 100.0 |
| | 专家论证 | 1672 | 40.6 | 40.9 | 100.0 |
| | 不清楚 | 201 | 4.9 | 4.9 | 100.0 |
| | 其他 | 78 | 1.9 | 1.9 | 100.0 |
| | 合计 | 4085 | 99.1 | 100.0 | |
| 缺失 | 系统 | 36 | 0.9 | | |
| 合计 | | 4121 | 100.0 | | |

为保证公众对刑事司法解释监督的有序性和有效性，建议通过修订全国人民代表大会常务委员会《关于加强法律解释工作的决议》，在法律上赋予公众对司法解释提出异议的权利，同时对公众司法解释异议的程序做出具体规定，具体建议如下。

（一）明确异议的主体范围

规定包括当事人在内的所有公民个人或组织有权对认为确有不当的司法解释依法提出异议，行使宪法赋予的监督权。对司法解释提出异议的权利源于宪法规定的公民对国家机关及其工作人员的批评权和建议权。原则上，所有的公民都可以对刑事司法解释提出异议，无论其是否与该司法解释的具体规定有利害关系。联合国《儿童权利公约》将参与权规定为未成年人的一项重要权利，我国《中国儿童发展纲要（2011—2020 年）》也将参与原则作为一项基本原则规定下来，"鼓励并支持儿童参与家庭、文化和社会生活，创造有利于儿童参与的社会环境，畅通儿童意见表达渠道，重视、吸收儿童意见"。因此，未成年人有提出异议的权利。法人或其他社会组织也可以法人、组织的名义提出异议。

（二）明确异议针对的对象

提出的异议应针对现行、有效的刑事司法解释。

### （三）明确异议的受理机关

异议的受理机关为制定刑事司法解释的机关，即最高人民法院、最高人民检察院。

### （四）异议的形式要件

提出异议一般应采用书面的方式，书写确有困难的，也可以口头提出，可以通过直接递交、邮寄或者传真等方式提交。异议书应包括以下内容：（1）提出异议的公民、法人、其他组织的姓名、名称、住址、联系方式；（2）被异议的刑事司法解释的名称、具体的条、款、项；（3）提出异议的理由和依据，必要时，可附加案例、证据；（4）公民、法人、其他组织签名或盖章，并写明提出异议的日期。

### （五）对异议的审查和处理

异议受理机关在收到异议后，应当在5个工作日内进行形式审查，不符合形式规定的，不予受理，并书面告知；逾期不告知的，自收到异议材料之日起即为受理。司法解释制定机关应当在收到公民、法人或者其他组织的异议书之日起6个月内研究处理，被异议的司法解释具体规定存在违法或者明显不当的，由制定机关按照修改、废止司法解释的程序进行修改、废止，并将修改、废止结果书面通知提出异议的组织或个人。制定机关认为被异议的司法解释具体规定并无不当的，由制定机关书面通知提出异议的人。

### （六）异议者对异议处理结果不服的处理程序

制定机关无正当理由不予受理或者在规定期限内不作答复的，或提出异议的人对答复不满意的，可以向立法机关提请对异议司法解释进行审查。

## 二、人民监督员制度的不足及完善

### （一）人民监督员制度内容

检察机关人民监督员制度于2003年9月开始试点，2004年4月最高人民检察院出台《关于实行人民监督员制度的规定（试行）》，并于2010年在全国全面推行。2015年12月，最高人民检察院出台《关于人民监督员监督工作的规定》，该规定明确规定人民监督员可以对检察院办理直接受理立案侦查案件存在的11种情形进行监督。《关于人民监督员监督工作的规定》具体内容是：

1. 人民监督员监督的组织。省级以下人民检察院办理的应当接受人民监督员监督的案件，由上一级人民检察院组织人民监督员进行监督。省、自治区、直辖市人民检察院办理的或者根据下级人民检察院的报请作出决定的案件，应当接受人民监督员监督的，由本院组织人民监督员进行监督。

2. 监督程序的启动。监督程序的启动分为人民监督员要求启动和当事人及其辩护人、诉讼代理人或者控告人、举报人、申诉人申请启动两种。前者由人民检察院设置的人民监督员办事机构受理，后者由人民检察院控告检察部门受理。控告检察部门统一对人民监督员的要求或申请人的申请进行审查。

3. 人民监督员监督形式。人民监督员监督的形式有：审阅人民监督员办事机构向人民监督员提供的案件处理意见（决定）书及与案件有关的材料；听取承办人对案情和当事人、辩护人的意见，对案件拟处理意见（决定）的理由和依据；收看视听资料；向承办人提出问题等。

4. 人民监督员的组成。一般由3人以上的奇数组成。重大案件或者在当地有重大影响的案件，应当有5名以上单数的人民监督员参加案件监督评议工作。2016年7月，最高人民检察院、司法部制定的《人民监督员选任管理办法》第15条规定：司法行政机关从人民监督员信息库中随机抽选，联络确定参加监督评议的人民监督员，并通报检察机关。

5. 人民监督员的评议及表决。人民监督员在评议时，推举一人主持评议和表决工作，人民监督员根据案件情况独立进行评议和表决。人民监督员进行评议和表决时，案件承办人应当回避。人民监督员在评议时，可以对案件事实、证据和法律适用情况、办案程序、是否同意检察机关拟处理意见（决定）和案件的社会反映等充分发表意见。人民监督员在评议后，应当形成书面表决意见，说明表决情况、结果和理由。书面表决意见应当由人民监督员署名。

6. 人民监督员监督意见的效力。根据规定，人民监督员经过评议做出书面的表决后，组织案件监督的人民检察院人民监督员办事机构应当及时将人民监督员评议情况和表决意见移送本院案件承办部门或者承办案件的人民检察院，人民检察院应当认真研究人民监督员的评议和表决意见，根据案件事实和法律规定，依法做出决定。组织案件监督的人民检察院人民监督员办事机构应当在本院或者承办案件的人民检察院作出决定之日起3日以内，将决定告知参加监督评议的人民监督员。决定与人民监督员表决意见不一致的，人民监督员办事机构应当会同案件承办部门向参加监督评议的人民监督员做出必要的说明。原处理决定与复议决定不一致的，由做出原处理决定的人民检察院依法及时予以变更或者撤销。人民检察院作出的复议决定为最终决定。复议决定与人民监督员的表决意见仍不一致的，负责复议的人民检察院应当向提出复议的人民监督员说明理由。

（二）人民监督员工作中的不足

根据《关于人民监督员监督工作的规定》，并结合人民监督员的实践，课题组认为，人民监督员作为工作参与刑法适用的方式存在以下不足：

1. 人民监督员监督的性质不明。人民监督员参与案件的价值目标是监督、咨询还是决策，并不明确。从人民监督员监督的组织机构看，省级以下人民检察院办理的应接受人民监督员监督的案件，由上一级人民检察院组织人民监督员进行监督，即更多体现的是监督。但如果是监督，从人民监督员监督的启动与监督的目标不符合。根据《关于人民监督员监督工作的规定》第10条和第11条的规定，对人民监督员要求或申请人申请监督的，人民检察院控告检察部门或者其他承办部门要对监督事项进行审查，提出处理意见，答复人民监督员或者申请人。如果人民监督员或者申请人对人民检察院的答复意见有异议的，经检察长批准，才能进入人民监督员监督程序。

2. 人民监督员参与的范围过窄。在各地检察院的司法实践中，检察院邀请人大代表、政协委员等听取涉法涉诉信访案件和其他疑难案件并征求参与人员的意见，取得了较大的社会效果与法律效果。而《关于人民监督员监督工作的规定》仍将人民监督员监督的案件范围限制在检察院办理直接受理立案的侦查案件，而这里案件毕竟只是少数，而检察院办理的大部分案件是公诉案件，人民监督员对此类案件没有监督权。而且，人民监督员也没有对批准逮捕、审查起诉进行全面监督的权利。

3. 人民监督员程序启动最终决定权在检察院。不管是人民监督员要求启动监督程序还是当事人及其辩护人、诉讼代理人或者控告人、举报人、申诉人申请启动人民监督员监督程序，都由检察院决定。

4. 人民监督员履行职责的保障不力。掌握充分、有效的信息是监督的前提，目前法律并没有明确规定人民监督员是否享有查阅案件材料的权利和调查的权利，实践中，由检察官口头向人民监督员介绍案件情况。如果人民监督员不享有查阅案件材料和调查的权利，无法充分行使监督的职责。

5. 人民监督员构成人数及评议表决形式缺乏科学性。三人单数，人员较少,而且表决原则也未明确。

6. 人民监督员的意见法律效力不足。如何对待人民监督员的监督意见,是人民监督员制度能否发挥自身价值的关键。根据《关于人民监督员监督工作的规定》,对于人民监督员的意见,人民检察院应当认真研究,根据案件事实和法律规定,依法做出决定,组织案件监督的人民检察院人民监督员办事机构将决定告知参加监督评议的人民监督员。如果决定与人民监督员表决意见不一致的,也只是向参加监督评议的人民监督员做出必要的说明。人民监督员对人民检察院的决定仍有异议的,可以向组织案件监督的人民检察院提出复议。人民检察院作出的复议决定为最终决定。如果复议决定与人民监督员的表决意见仍不一致的,负责复议的人民检察院应当向提出复议的人民监督员说明理由。

(三)人民监督员制度的重构

随着国家监察体制改革的深入推进,检察机关查处贪污贿赂、失职渎职以及预防职务犯罪等相关职能整合至监察委员会,这就意味着人民监督员监督的案件范围被极大缩减。人民监督员制度何去何从?我国的人民监督员制度设立的初衷类似于日本的检察审查委员会制度,是公众参与司法的一种制度形式,是从外部制约检察权的制度,体现了司法民主,可以克服自体监督、事后监督的弊端。党的十八届三中全会提出,广泛实行人民陪审员、人民监督员制度,拓宽人民群众有序参与司法渠道。党的十八届四中全会亦明确提出完善人民监督员制度。因此,要实现人民监督员制度改革与国家监察体制改革的有效衔接,人民监督员的监督范围应调整为监察委员会的监察行为和检察机关的职权行为。

《人民警察法》第44条规定:"人民警察执行职务,必须自觉地接受社会和公民的监督。"公安部于1998年7月制定了《公安部聘请特邀监督员办法》,公安部于2003年制定了《公安部特邀监督员工作规定》,该规定取代了1998年《公安部聘请特邀监督员办法》。该规定第2条规定了特邀监督员的来源,即特邀监督员是公安部从全国人大代表、政协委员、中央国家机关有关部门和工、青、妇等社会团体及新闻工作者中聘请。第4条规定了特邀监督员的职责:(1)对公安机关和公安民警履行职责、执法执勤和遵纪守法等情况实施监督;(2)反映、转递人民群众对公安机关和公安民警违法违纪行为的检举、控告;(3)反映人民群众对公安工作和队伍建设的建议、意见和要求;(4)对公安工作和队伍建设情况进行调查研究和评议。

但特邀监督员制度只设立在公安部,人数偏少,也没能推广到全国,对全国公安民警的实际监督作用有限。

刑事见证人制度是公民参与刑事侦查的一种重要制度,见证人的主要任务是参与到侦查行为中,对侦查行为进行监督,防止侦查人员滥用侦查权。《俄罗斯联邦刑事诉讼法典》第60条规定:"见证人是与刑事案件的结局无利害关系并被调查、侦查人员或者检察官邀请来证明实施侦查行为的事实以及侦查行为的内容、过程和结果的人员。"① 这里的见证人是具有见证能力并且与案件无利害关系的自然人,因此,可以将见证人理解为不特定的人(社会公众)。

按照我国刑事诉讼法的规定,见证人可以参与的侦查活动的范围是:勘验、检查、搜查、查封、扣押、辨认等,邀请见证人参与刑事侦查活动,就是让社会公众作为外部力量来监督和制约侦查机关的侦查活动。为防止见证人制度流于形式,最高人民法院、最高人民检察院、公安部关于《办理毒品犯罪案件毒品提取、扣押、称量、取样和送检程序若干问题的规定》第38条对见证人身份材料的收集、见证人资格作了规定,并明确办理案件的司法机关的工作人员、实习人员、聘用人员不得担任见证人。

为了加强法院党风廉政建设,健全外部监督机制,畅通群众反映问题的渠道,有些地方法院探索聘请体制外廉政监督员。廉政监督员的主要职责是:参与庭审旁听、案件调解、案件评查、作风暗访等工作,其在改进审判作风、提高案件质量、防止司法腐败、宣传法治精神等方面发挥了积极作用。②

无论是检察机关设立的人民监督员制度,公安机关设立的特邀监督员制度,刑事诉讼法规定的见证人制度,还是法院关于建立廉政监督员制度的探索,都是外部监督、公众监督公权力(侦查权、检察权、审判权)的机制,是国家机关听取民意、沟通民意、汲收民智、接受监督的形式,是人民群众有序参与司法的重要渠道,体现了司法民主,其实质都是监督,属于监督型公众参与制度。因此,可以将人民监督员制度、特邀监督员制度、见证人制度、廉政监督员制度整合起来,统一命名为人民监督员制度,并应用于刑法

---

① 《俄罗斯刑事诉讼法典》,黄道秀译,中国人民公安大学出版社2006年版,第66—67页。
② 朱云峰、庄智慧:《陕西高院聘任94名廉政监督员》,载《人民法院报》2012年12月22日第1版。

适用的整个过程中。

重构后的人民监督员制度应定位为司法民主制度，在积累足够的改革、试点经验后，应当制定专门的法律——《人民监督员法》，以立法的形式将改革、创新的成果固定下来。重构后的人民监督员制度至少应包括以下具体内容：

1. 将人民监督员制度设计为监督型公众参与制度，并贯穿于刑法适用的全过程。根据刑事诉讼法的规定，在勘验、检查、搜查、查封、扣押、辨认等侦查活动中必须要有见证人参与，因此，人民监督员充任侦查活动中的见证人是法定的。除人民监督员充任见证人外，在司法机关认为刑事案件疑难、重大、社会关注度高或者当事人（犯罪嫌疑人、被告人及其辩护人、被害人及其代理人、被害人近亲属等）、人民陪审员认为需要人民监督员参与的，由承办案件的司法机关组织人民监督员进行监督。人民监督员制度是一种外部监督制度，也是一种"参与案件式"的监督方式，有利于纠正和防止执法、司法不公，提升执法、司法的公信力和说服力。

2. 人民监督员监督的范围。为充分发挥人民监督员制度的作用，应扩大人民监督员的监督事项和范围。在侦查机关的侦查阶段，人民监督员充任见证人对侦查活动进行监督；在检察机关审查起诉阶段，人民监督员应有权对检察机关办理的各类案件、各项诉讼职权事项进行监督，包括仍由检察机关侦查的案件、抗诉案件、受理的申诉案件、刑事强制措施采用情况、起诉或不起诉的情况等；在法院审判阶段，人民监督员主要通过旁听庭审对审判活动进行监督。随着国家监察体制改革的推进，人民监督员应有权对监察委的监察行为进行监督。

3. 人民监督员的选任和管理。既然将人民监督员制度定位为一种外部监督制度，那么，人民监督员应独立于被监督机构。因此，人民监督员的选任与管理应由独立于司法机关的司法行政机关负责，使监督者相对于被监督者具有超然、中立的地位。要按照案件数量、人口、地域、民族等因素合理确定人民监督员的名额及分布，确保各个阶层的民众都有机会担任人民监督员。

4. 人民监督员监督程序启动。除司法机关认为应当由人民监督员监督的情况外，人民监督员要求或申请人申请的，都应当启动。

5. 人民监督员监督方式。人民监督员监督的方式应由单一的听取案件承办人汇报案情、陈述理由，向列席会议、参与公开听证、旁听庭审、实地察看、听取当事人（犯罪嫌疑人、被告人及其辩护人、被害人及其代理人、被害人近亲属等）的意见等多种方式转变。

6. 保障人民监督员的知情权，强化其保密义务。依法赋予人民监督员查阅案件材料的权利和调查的权利。同时，强化其保密的义务，明确规定其应承担的法律责任。

7. 人民监督员的组成。除人民监督员充任侦查活动见证人的情形外，人民监督员行使监督权时至少由 5 人以上的奇数组成，最多为 9 人。对于重大案件或者在当地有重大影响的案件，应当有 7 名以上单数的人民监督员参加案件监督。

8. 人民监督员的评议及表决。人民监督员可以对案件事实、证据和法律适用情况、办案程序、是否同意司法机关拟处理意见（决定）等充分发表意见，评议意见不一致时按多数意见作为评议意见。人民监督员在评议后，应当形成书面表决意见，说明表决情况、结果和理由。

9. 人民监督员监督意见的效力。人民监督员经过评议作出的书面表决意见，司法机关案件承办人应当认真研究，依法作出处理决定，如果处理决定与人民监督员的评议决定不一致的，承办人员应当向人民监督员说明理由。人民监督员认为承办人员的理由不成立的，可以向上一级司法机关申请复议，原处理决定与复议决定不一致的，由作出原处理决定的司法机关依法及时予以变更或者撤销。上级司法机关作出的复议决定为最终决定。复议决定与人民监督员的表决意见仍不一致的，负责复议的司法机关应当向提出复议的人民监督员说明理由。

# 第六章
# 刑法适用决策型公众参与的主体选任资格与程序

党的十九大报告将"坚持党的领导、人民当家作主、依法治国有机统一"作为发展社会主义民主政治的首要战略任务。人民群众广泛有序参与司法既是人民群众当家作主的表现，也是司法民主的具体体现，还是普通民众获得法治和民主操练的重要通道。在刑法适用公众参与中，公众的范围十分广泛，它是指除特定机关与人员外的所有民众。不过，就特定运行机制中的司法参与而言，公众是具有代表性、有能力参与刑法适用的部分民众。因此，公众参与刑法适用机制构建中有两点必不可缺少的内容：哪些人可以作为公众代表参与刑法适用？通过何种机制选择公众代表？这就关涉有关主体选任资格和选任程序事宜。

根据参与深度不同，公众参与类型可以分为三类：一是"决策型参与"，即在特定范围内参与刑法适用并有权做出具有法律效力的裁决意见。与之对应，参与人员可称之为"决策型公众参与主体"（简称"决策型主体"）。目前世界各国的"决策型公众参与主体"主要有英美国家的"公民法官"或"治安法官"（Justice of Peace），以及各国普遍实行的陪审制度（英美法系的陪审制度或大陆法系的参审制度）。在我国制度安排中，即为人民陪审员制度。二是"咨询型参与"，即在特定范围内对刑法适用提供咨询建议，从而影响刑法适用决策的参与形式。与之对应，参与人员可称之为"咨询型公众参与主体"（简称"咨询型主体"）。我国的咨询型主要包括以下几种形式：司法解释制定公众参与、检务公开审查制度、专家咨询论证制度、专家意见制度等。三是"监督型参与"，即对刑法适用特定范围进行监督，通过行使批评权、建议权等促进刑法适用过程公平、公正、公开的参与形式。与之对应，参与人员可称之为"监督型公众参与主体"（简称"监督型主体"）。监督型参与可以是事前、事中和事后的监督，此类监督贯穿于刑法适用全过程，要求司法公开、旁听案件等。就当下而言，除按国家的一般监督机制行使监督权外，比较重要的是完善人民监督员制度、建立司法解释异议制度等。

以上三种类型参与主体，由于参与程度不同，故而参与能力的要求不同，主体选任条件与程序亦有所差异。具体而言：其一，"决策型主体"的主体资格与选任程序要求最高，主要因其参与分享了国家的司法权力。例如，绝大多数国家都对陪审制度规定了特别的资格条件与选任程序。我国法律也特别规定了人民陪审员的资格与选任程序。其二，"咨询型主体"的主体资格与选任程序要求较高。虽然其主体资格与选任程序要求程度上不及决策型主体，但因其意见对决策产生直接影响，进而影响司法决定的公正性和可接受性，故其主体资格与选任程序也是制度建设必须考虑的重要内容。对咨询型参与主体的选任要尽量做到有代表性，如专家咨询委员会的专家应尽量选择在相关领域中真正的专家；其地域与行业分布应尽量广泛，如司法解释咨询专家应聘请全国各地的专家，而不应局限于某地的专家学者。加之，刑法适用的前提是要正确认定各个领域的行为是否构成犯罪，所以还应包括其他各相关专业的专家，如证券犯罪认定应邀请证券从业理论与实务专家等。专家意见书中的专家也属于咨询型参与的主体，对其应作广义的理解，即凡是对刑法适用有法律、技术等专门领域的知识，均可以向法庭提交专家意见，供法官判决时参考。至于检务公开的咨询型参与主体，相关参与人员与人民陪审员可以共用人员信息库，选任程序也可比照人民陪审员选任程序。而司法解释公众参与制度的主体选任问题，并不关涉特别主体资格问题，这是因为司法解释通常通过网络及书面征求意见面向所有公民。只是如果采用听证会形式，那么司法解释机关可事先公开征集或邀请一定数量的公众参与听证，并发表意见。由于司法解释尤其是刑事司法解释直接涉及公民的人身权利、民主权利、财产权利等重大利益或其他重大公共利益，因此需要注意的是，被邀请的公民应具有足够的广泛性与代表性。其三，"监督型参与"主体并无特别的资格与程序要求。"监督型参与"大体分为两种类型：第一类是依据宪法所有公民都具有监督权、批评与建议权，此种情形下的监督主体没有任何限制，当然也不存在选任的问题。第二类是司法机关专门建立的特定监督制度中的公众，如司法解释异议制度及人民监督员制度等。司法解释异议制度也是面向所有公众的，因此其主体也不存在选任问题，故无须特别探讨。至于人民监督员制度中的参与主体在选任过程中存在比较突出的问题：一是人民监督员制度没有上升为正式法律制度，仅有最高人民检察院的规范性文件作为指导意见。二是人民监督员的选任机关是上一级人民检察院，然而这一选任机关设置却存在明显的法律缺陷，即人民监督员制度本是外部监督机制，反而成为了监督者自身设置制度、自身选择监督者的自我监督机制。三是人民监督员的选任资格制度不完善。四是选任程序不合理，没有建立随机抽取机制。由于人民监督员制度是对人民检察院适用刑法的过程中，如审查逮捕、提起公诉、不起诉等过程中进行监督，而国家监察委员会及各地监察委员会设立后，适用于检察机关职务犯罪侦查过程的人民监督员制度将不再适用于检察机关，故而讨论人民监督员的条件与选任并无实际意义。

本章内容将集中探讨决策型参与主体的选任资格和程序问题。目前在世界其他国家实际运行的决策型公众参与制度主要是各种形式的陪审制度，在我国即为人民陪审员制度。我国人民陪审员的资格与任选程序在人民陪审员制度运行中广受质疑，因此探索人民陪审员资格与选任程序，对完善人民陪审员制度、保障人民群众有序参与司法意义重大。

## 第一节　决策型公众参与的主体选任资格

"决策型主体"的资格问题，实际上直接体现了公众参与主体范围的广度和实际参与的深度。关于决策型参与主体的资格，绝大多数国家与地区均通过法律形式予以明确。因此，从比较法视角系统地考察不同法域的法治发达国家如何设计相关制度，对我国人民陪审制的完善具有宝贵的借鉴意义。

### 一、域外及其他地区决策型公众参与主体资格考察

课题组考察了美国、日本、韩国等国家及我国香港特区决策型主体资

格,可见其主要规定了三个方面的内容:一是对基本资格即年龄等做出明确规定;二是普遍规定了排除不能作为陪审员任职资格的情况;三是规定了可以免除陪审义务的情形。这些规定具有重要的参考价值。

### (一) 美国决策型公众参与主体(陪审员)资格考察

从历史沿革而言,美国自殖民地时期即实行陪审制度。美国殖民地时期及独立战争后,各州对陪审员的资格规定不同,但共同特点是选举权资格与陪审员条件相同,都是白人男性有财产者(有的州规定是纳税人)。美国宪法颁布后,所有州都规定只有男性可以担任陪审员,其中绝大多数州又规定担任陪审员的条件必须是有产者或纳税人,此外有一州规定无神论者没有担任陪审员的资格。随着选举权主体范围逐渐扩大,陪审员的范围也相应增加。19世纪后半叶,陪审员候选群体从有产阶级扩张至所有男性白人,只有六个州正式容许黑人投票。1880年最高法院在斯特劳德诉弗吉尼亚州案中,认为该州的成文法明确禁止黑人参与陪审工作,违反了宪法第十四修正案中的平等保护条款。随着女权运动的推进,1898年犹他州成为首个允许女性担任陪审员的州。① 1957年民事权利法案(The Civil Rights of 1957)制定了统一的联邦法院陪审员任选标准,但仍赋予各州立法制定自己的陪审员选择标准,因此各州陪审员选任标准并不统一。由于一些州的标准很落后(如将黑人或女性排除在外等),故而联邦法官希望废除各州的陪审员选任标准,但是未获国会通过。② 1975年,最高法院在泰勒诉路易斯安那州案的裁定中,裁定路易斯安那州一项排除妇女入选陪审团的法律规定违宪。其后20年,最高法院裁定一系列限制公民参与陪审团服务的做法违宪,理由是"社区参与——不仅与我们的传统,而且对于保持公众对刑事审判体系公正性的信任度至关重要"。各州也致力于终止一系列宽泛免除专业人员参与陪审工作义务的惯例。例如,根据1996年《纽约时报》报导,"该州候选陪审员免除义务名单扩大到了荒谬的地步,不仅包括外科医生、律师、警察,还包括了配镜师、药剂师、足病医生、入殓师和装假肢的人"。③

---

① [美] 伦道夫·乔纳凯特:《美国陪审团制度》,屈文生、宋瑞峰译,法律出版社2013年版,第156-159页。
② Dennis Hale, The Jury in America Triumph and Decline, University Press of Kansas, 2016, p. 217.
③ [美] 伦道夫·乔纳凯特:《美国陪审团制度》,屈文生、宋瑞峰译,法律出版社2013年版,第160-166页。

1968 年国会制定了《陪审员任选及服务法》，现在即为美国法典第 18 章第 3321—3328 条、第 3331—3334 条、第 28 章第 1861—1878 条，这些法律规定了联邦法院陪审员的具体选任标准。目前美国联邦法院陪审员选任标准如下：第一，基本条件。具有以下情形之一的，不具有陪审资格：（1）关于年龄、公民及居住要求：非美国公民、未满 18 周岁及在该地区居住不足一年者。（2）关于文化程度要求：不能用英文交流、书写或不能用英文很好地填写问卷的。（3）关于精神或身体状况要求：残疾不能从事陪审服务的。（4）关于犯罪记录要求：如果有重罪指控未决的或已经判决犯有州或联邦重罪的以及民事权利未恢复的。第二，免除陪审义务的情形。根据 1968 年制定了《陪审员任选及服务法》，以下三种人免除其陪审义务：正在服役的武装部队军人；州或地方消防队员及警察；所有联邦、州和地方行政部门的公务人员。第三，申请免除事由。主要有：年龄超过 70 周岁的；在最近两年内已经担任大陪审团或小陪审团成员的；必须照顾 10 周岁以下未成年人、老年或残疾者；要对因企业经营需要如果担任陪审员企业即会关闭者；因职业原因如医生、律师等。[①]

（二）日本决策型公众参与主体（裁判员）资格考察

《日本裁判员法》第 13 条至第 18 条对裁判员的基本资格、排除资格、免除资格等作了具体规定。

第一，基本资格。裁判员要具有众议院议员的选举资格。

第二，不具有裁判员资格的情形。《日本裁判员法》第 14 条规定，除依据国家公务员法第 38 条之规定者外，该当以下任意一个事由者，不得为裁判员：一是未完成学校教育法定所规定的义务教育者，但不限于与完成义务教育同等以上学历的情形；二是曾经被判处禁锢以上刑罚的情形；三是因身心障碍导致执行裁判员的职务有明显障碍的情形。

第三，规定了禁止就职的事由。《日本裁判员法》第 15 条详细列明了不得就任裁判员职务的人员，具体包括：国会议员；国务大臣；法定行政机关之公务员；法官及曾任法官者；检察官及曾任检察官者；律师及曾任律师者；专利代理人；法律代书；公证人；执行公司法警察职务者；法院之职员（兼职除外）；法务省之职员（兼职者除外）；国家公安委员会委员、都道及

---

[①] Jode George, Deirdre Golash, Russell Wheeler, Handbook on Jury Use in the Federal District Court, Federal Judicial Center 1989, pp. 24 – 28.

警察（兼职除外）；具有法官、候补法官、检察官或律师资格者；于学校教育法所定之大学，为学部或研究所法律学教授或副教授者；司法训练所学生；都道府知事及市町之首长；自卫队官员。此外规定，有以下情形之一者，也不得担任裁判员：以请求判处禁锢以上的犯罪起诉，而诉讼事件尚未终结者，遭受逮捕或羁押者。

第四，申请免除事由。《日本裁判员法》第 16 条规定了 8 种可以申请免除的事由。具体而言：一是年龄 70 岁以上者；二是地方自治团体议会之议员（限于会期中）；三是学校教育法所规定之学校学生（限于专职在校学生）；四是过去 5 年以内，曾担任裁判员或候补裁判员者；五是过去 3 年以内，曾被选为预定的裁判员者；六是过去 1 年以内，担任裁判员候选者；七是过去 5 年以内任检察审查员或候补者；八是具有以下事由或以其他法律所定的不得已之事由，而难以执行裁判员职务者，或出席法院确定的选定裁判员的日期有困难者。① 此外，第 17 条还列举了与事件相关之人不适格担任裁判员的情形，譬如被告人、被告人及被害人的法定代理人、被害人、被告或被害人之亲属或曾亲属者、监护人、受雇人以及该事件的证人、鉴定人等。最后，第 18 条规定：除前条规定之外，法官依本法规定认为有违公平审判可能的，可以裁判相关人员不得为裁判员。

（三）韩国决策型公众参与主体（陪审员）资格考察

《韩国陪审法》第 16 条至第 20 条规定了担任陪审员的资格。

第一，基本资格。陪审员是从年满 20 岁以上大韩民国国民中依照本法规定的方式所选出。

第二，不适格事由。《韩国陪审法》第 17 条规定了六种不适格的事由：（1）受禁治产或限定禁治产权者；（2）尚未复权的破产者；（3）受有期徒刑以上宣告刑罚终了或受免除执行后未满 5 年者；（4）受有期徒刑以上经执行的犹豫宣告，于缓刑期间终了后未满 2 年者；（5）受有期徒刑以上缓刑的犹豫宣告，而期间未满者；（6）因法院判决而丧失资格或受停止者。

第三，因职务原因而排除的事由。《韩国陪审法》第 18 条规定以下人员因职业因素不得被选为陪审员：大统领；国会议员；地方自治体的首长或

---

① 这些事由包括：（1）因重度残疾和伤害，致出庭有困难者；（2）对同居亲属有赡养义务，若不为赡养，其日常生活将陷入困难者；（3）从事之事业经营者，若不亲身处理，将可能使事业显著受损者；（4）出席父母之丧礼或其他社会生活上重要事项而无法出席的。

地方议会议员；于立法院、司法院、行政院、宪法法院、中央选委会、监察院为政务的公务员；法官、检察官；律师、书记官；警察、矫正或保护管束的公务员；军人、消防员或依地方预备军设置法动员为教育训练义务，而正在履行职务的后备军人。第 19 条规定了除斥事由，即以下情况不得被选为陪审员：被害人；被告和被害人家属或有亲属关系者；被告或被害人的法定代理人；关于案件的证人、鉴定人、被害人的代理人；关于案件的被告代理人、辩护人、辅助人；关于案件执行检察官或司法警察职务者；曾参与前案裁判或为调查与审理者。

第四，规定了免除事由。有以下情形者得免除其陪审义务：(1) 年满 70 岁以上者；(2) 过去 5 年内，曾被选为候选者，并于选定日期出席者；(3) 该当有期徒刑以上之罪遭起诉，而案件尚未终结者；(4) 依法令被逮捕或拘禁者；因执行陪审员职务而有招致自己或第三人的危害或遭受职业上无法恢复的损害可能者；(5) 因重病、伤害或精神障碍，出庭有困难者；(6) 其他不得已的事由而造成执行陪审员职务有困难者。

(四) 其他国家决策型参与主体资格考察

英国在 1974 年的《陪审团法》中，明确将陪审员的资格限定为"具有选举人资格、18 岁至 70 岁且在联合王国居住五年以上者"。[①] 俄罗斯则规定陪审团成员资格需满足以下条件："具有选举人资格、年满 25 周岁且无前科。"法国现行参审制中陪审员的资格为"必须年满 23 周岁且可以用法语听写的国民"。

(五) 我国香港特区决策型公众参与主体（陪审员）资格考察

我国《香港陪审团条例》第 4 条规定了陪审员的选任资格，即任何年龄已满 21 岁但未满 65 岁的香港居民符合以下条件的：(1) 精神健全并且无任何使他不能出任陪审员的情形，例如失聪、失明或其他无行为能力的情形；(2) 具有良好的品格；(3) 对在有关法律程序进行时将予采用的语言所具有的知识，足以令他明白该等法律程序，即有法律责任在于法庭进行的法律程序中，并只有在符合该等条件的情况下方有法律责任，或在根据《死因裁判官条例》（第 504 章）进行的研讯的法律程序中出任陪审员。本条例另有规定除外。

---

① 吴景钦：《国民参与刑事审判制度》，丽文文化事业股份有限公司 2010 年版，第 104 页。

《香港陪审团条例》第5条则详细规定了范围很宽泛的豁免出任陪审员的人员。具体包括以下情形：行政会议或立法会议员；法官、律政条例所规定的律政人员、惩教署人员、警务、消防、海关等公职人员；外国政府的领事、副领事或具同等地位的人员，该等外国政府的受薪人员而又属该等政府的国民且在香港并无从事业务者，以及上述人士的配偶及受供养子女；实际执业的大律师及律师以及其文员……①

## 二、我国决策型公众参与主体的选任条件

在我国，决策型参与主体即人民陪审员，下文就我国决策型参与主体的选任条件具体分析如下：

（一）我国决策型公众参与主体（陪审员）选任条件现状与问题

我国在1954年颁布的《人民法院组织法》第35条规定了人民陪审员的任职资格。该法对人民陪审员的基本资格仅有两个要求：年满23周岁，有选举权与被选举权。不适格条件只有一个，即被剥夺过政治权利的人。1984年司法部《关于司法助理员不宜担任人民陪审员的复函》，排除了司法助理员的任职资格。不过，2003年10月27日司法部《关于乡镇、街道司法助理员可以担任人民法院人民陪审员的批复》则认为随着我国法制建设的不断发展，人民调解制度不断完善，司法助理员、人民调解员调解民间纠纷的能力、水平和社会公信力不断提高，司法助理员担任人民陪审员，参与审判工作，有利于实现人民调解工作与民事审判工作的有机衔接，有利于维护司法公正。《关于完善人民陪审员制度的决定》则对人民陪审员的任选条件作了全面的规定。其第4条规定了公民担任人民陪审员的基本条件：（1）拥

---

① 此外，还包括根据《医生注册条例》注册为医生或根据该条例被当作为医生的人；每日在香港出版的各报章的编辑及职员，而司法常务官信纳该等人士如出任陪审员则会干扰该等报章的出版者；实际从事有关业务的药剂师及化验师；在香港执行职能的牧师、神父及任何基督教或犹太教的神职人员等；任何学校、学院、大学、理工学院、工业学院、工业训练中心或其他教育（包括职业教育）机构的全日制学生；全薪受雇于英国海军、陆军或空军的人员；根据《领港条例》（第84章）领有牌照的领港员，以及任何船舶的船长及船员；客运飞机、邮务飞机或商用飞机的飞行员、领航员、无线电操作员及其他全职机员；香港辅助警察队队员，以及根据任何成文法则奉召担任、登记或获委任为特别警察的人；立誓修行并居于男修道院、女修道院或其他此类宗教团体内的全时间修行的任何修道会成员；以及终审法院首席法官、终审法院法官；高等法院首席法官、上诉法庭法官、原讼法庭法官、死因裁判官等人士的配偶等。

护中华人民共和国宪法；（2）年满 23 周岁；（3）品行良好、公道正派；（4）身体健康。另外，担任人民陪审员，一般应当具有大学专科以上文化程度。其第 5 条规定了免除条件，具体包括：人民代表大会常务委员会的组成人员，人民法院、人民检察院、公安机关、国家安全机关、司法行政机关的工作人员和执业律师等人员。其第 6 条规定了不适格的情形：因犯罪受过刑事处罚的或被开除公职的，不得担任人民陪审员。2004 年最高人民法院、司法部发布的《关于人民陪审员选任、培训、考核工作的实施意见》第 2 条规定，公民担任人民陪审员，一般应当具有大学专科以上文化程度。对于执行该规定确有困难的地方，以及年龄较大、群众威望较高的公民，担任人民陪审员的文化条件可以适当放宽。

从《关于完善人民陪审员制度的决定》关于人民陪审员任职资格的规定可以看出：关于高学历的要求使得人民陪审员选任精英化倾向明显。就 1954 年《人民法院组织法》与《关于完善人民陪审员制度的决定》关于陪审员任职条件的规定而言，《关于完善人民陪审员制度的决定》对人民陪审员的任职资格标准大大提高，即要求人民陪审员一般应具有大专以上文化程度，从而使人民陪审员披上浓厚的"精英化"外衣。这与我国 1954 年《人民法院组织法》的规定以及与世界各国关于陪审员的任职条件都存在较大的差距。实际上，我国 1954 年《人民法院组织法》的规定没有学历限制；目前世界各国对陪审人员的资格规定也大都没有学历限制，至多要求有基本读写能力和理解能力。如果将人民陪审员的任职条件规定为大学以上，则事实上剥夺了相当一部分公众担任人民陪审员的资格。

为此，《人民陪审员制度改革试点方案》和《人民陪审员制度改革试点工作实施办法》都修改了人民陪审员的选任条件。即原则上拥护中华人民共和国宪法、品行良好、公道正派、身体健康、具有选举权和被选举权的年满 28 周岁的公民，都具备担任人民陪审员的资格。具而言之：其一，提高了年龄限制，从 23 岁提升到 28 周岁。其二，降低学历要求，规定一般应当具有高中以上文化学历，但是农村地区和贫困偏远地区公道正派、德高望重者不受此限。对不适格的条件中增加了"不能正确理解和表达意思的人员"。其三，注意到了人民陪审员广泛性和代表性的要求。人民陪审员的选任应当兼顾社会各阶层人员的结构比例，注意吸收社会不同行业、职业、年龄、民族等人员。《人民陪审员制度改革试点工作实施办法》则对不能担任人民陪审员的范围进一步扩大，包括基层法律服务工作者等及因其他原因不适宜担任人民陪审员的人员。其第 4 条规定：被人民法院纳入失信被执行人名单以及因受惩戒被免除人民陪审员职务的，亦不具有人民陪审员选任资格。

2018 年 4 月实施的《人民陪审员法》在吸收《人民陪审员制度改革试点方案》《人民陪审员制度改革试点工作实施办法》所规定的条件基础上，对人民陪审员的资格条件进一步进行了合理化规定，如第 5 条规定公民担任人民陪审员的基本条件：拥护中华人民共和国宪法；年满 28 周岁；遵纪守法、品行良好、公道正派；具有正常履行职责的身体条件。尤其将《人民陪审员制度改革试点方案》中规定的"身体健康"改为"具有正常履行职责的身体条件"，确定了虽然身体不健康如有残疾但能正常履行人民陪审员职责的可以担任人民陪审员。人民陪审员的文化程度要求是一般为高中以上。《人民陪审员法》第 6 条规定了不能担任人民陪审员的人员类型：（1）人民代表大会常务委员会的组成人员，监察委员会、人民法院、人民检察院、公安机关、国家安全机关、司法行政机关的工作人员；（2）律师、公证员、仲裁员、基层法律服务工作者；（3）其他因职务原因不适宜担任人民陪审员的人员。第 7 条规定了不得担任人民陪审员的情形：（1）受过刑事处罚的；（2）被开除公职的；（3）被吊销律师、公证员执业证书的；（4）被纳入失信被执行人名单的；（5）因受惩戒被免除人民陪审员职务的；（6）其他有严重违法违纪行为，可能影响司法公信的。第 18 条规定了人民陪审员的回避，适用审判人员回避的法律规定，也就是说与案件有利害关系的人员不得担任本案的人民陪审员，如被告人、被害人的亲属、曾担任过案件中的鉴定人、证人等人员。2019 年 4 月 25 日，最高人民法院出台的《关于适用〈中华人民共和国人民陪审员法〉若干问题的解释》第 5 条增加规定了人民陪审员不参加三类案件的审理，包括：依照民事诉讼法适用特别程序、督促程序、公示催告程序审理的案件；申请承认外国法院离婚判决的案件；裁定不予受理或者不需要开庭审理的案件。第 6 条规定：人民陪审员不得参与审理由其以人民调解员身份先行调解的案件。第 7 条规定了当事人申请人民陪审员任职回避的权利。

总体而言，《人民陪审员制度改革试点方案》《人民陪审员制度改革试点工作实施办法》《人民陪审员法》对人民陪审员选任条件规定，主要是降低了人民陪审员的学历要求，极大地扩大了人民陪审员选任范围，增强了人民陪审员的广泛性和代表性，纠正人民陪审员精英化的不当倾向，较大程度上化解了人们对人民陪审员精英化的质疑。不过，《人民陪审员法》对人民陪审员任职资格的规定仍然存在不足：第一，陪审员的年龄标准有失合理性。《关于完善人民陪审员制度的决定》将人民陪审员的最低年龄限定为 23 岁，《人民陪审员制度改革试点方案》《人民陪审员法》提高到 28 周岁，但却未规定人民陪审员的年龄上限，如达到 65 岁或 70 岁以上的民众，是不具有人民陪审员资格还是可以申请免除，则没有规定，而其他国家大都规定了可以申请免除陪审义务的年龄上限。第二，关于不能担任人民陪审员的某些情形规定不够合理。例如，《人民陪审员法》第 7 条规定因犯罪受过刑事处罚及被开除公职的，不得担任人民陪审员。该规定不甚合理。众所周知，犯罪有轻有重，有故意杀人犯罪也有危险驾驶犯罪；不同犯罪受到的刑罚处罚也各有不同，有的犯罪被剥夺了政治权利，有的并没有剥夺政治权利，有的处实刑，也有的处缓刑、管制等。至于因故被开除公职的，未必都没有政治权利。因此，不应将受过刑罚处罚与被开除公职的，不加区分地一律剥夺其担任人民陪审员的资格。再如，《人民陪审员法》第 7 条将被纳入失信被执行人名单以及因受惩戒被免除人民陪审员职务的类似情形也排除在人民陪审员的行列中，显然不妥。因为担任人民陪审员是一项公民基本权利，从性质上讲属于政治性权利，而被人民法院纳入失信被执行人名单，主要是违反民事诚信原则，不能因民事违法与违约就剥夺其公民权利或政治权利。

（二）我国决策型公众参与主体（陪审员）选任条件的实证调研及其优化方案

确立人民陪审员任职资格应主要考量年龄、文化程度等关键因素。本课题组采用问卷调查法等实证调研方法加以分析，最后提出关于我国人民陪审员选任条件比较合理的方案。

1. 确定陪审员的合理年龄

年龄因素是担任陪审员的基本条件，各国法律都对陪审员年龄做出明确规定。其中，绝大多数国家不仅规定了最低年龄限制，而且对超出年龄上限的情形往往作为申请免除担任陪审员的事由加以规定。我国人民陪审员的年龄规定，可以参照进行更加合理化的规定。

（1）关于人民陪审员的最低年龄。从世界各国的规定来看，陪审员年龄绝大多数都与选举权与被选举权年龄相同。我国宪法规定有选举权与被选举权公民的年龄是 18 周岁。那么，关于人民陪审员的最低年龄是否应降低到 18 周岁？课题组的调研表明：关于人民陪审员最低年龄问卷调查，占比最高的是年满 30 岁，占 41.4%，认为人民陪审员应满 25 周岁的占 36.0%，认为应满 18 周岁的占 17.6%（参见表 26）。从身份与人民陪审员最低年龄交叉统计表可见，法官中，有 62.9% 的人认为最低年龄应限制为 30 周岁，而检察官、律师甚至陪审员，认为人民陪审员的最低年龄应为 30 周岁的，均超过了 50%。而普通民众，则以 25 周岁为陪审员的最低年龄限制的比例最高，占 40.7%（参见表 27）。就从年龄交叉问卷分析情况而言：25 岁以下年龄组的人，所选择人民陪审员最低年龄限制为 18 周岁的比例最大；其他年龄组给出的年龄段最高是 30 周岁，次之为 25 周岁（参见表 28）。课题组认为：从法理上，如果以 18 周岁为最低年龄，对享有政治权利而言具有坚实的法律基础；不过普通百姓更倾向于年长、经验等因素的重要性，故而我们认为可以适当提高最低年龄限制。加之根据不同身份情况的统计来看，统计情况也趋向这一观点。因此，适当提高人民陪审员的年龄更符合公众的期待，更有利于公众经验与常识的运用。结合我国教育完成情况，我们建议将担任人民陪审员的最低年龄确定为 25 周岁。

表 26：关于陪审员最低年龄问卷调查统计表

| | | 频率 | 百分比 | 有效百分比 | 累积百分比 |
|---|---|---|---|---|---|
| 有效 | 18 岁 | 723 | 17.5 | 17.6 | 17.6 |
| | 25 岁 | 1478 | 35.9 | 36.0 | 53.6 |
| | 30 岁 | 1699 | 41.2 | 41.4 | 94.9 |
| | 不清楚 | 98 | 2.4 | 2.4 | 97.3 |
| | 其他 | 110 | 2.7 | 2.7 | 100.0 |
| | 合计 | 4108 | 99.7 | 100.0 | |
| 缺失 | 系统 | 13 | 0.3 | | |
| 合计 | | 4121 | 100.0 | | |

表 27：身份 * 陪审员最低年龄问卷交叉统计表

| 身份 | | 陪审员最低年龄 | | | | | 合计 |
|---|---|---|---|---|---|---|---|
| | | 18 岁 | 25 岁 | 30 岁 | 不清楚 | 其他 | |
| 法官 | 计数 | 35 | 94 | 270 | 11 | 19 | 429 |
| | 身份中的% | 8.2% | 21.9% | 62.9% | 2.6% | 4.4% | 100.0% |

续表

| 身份 | | 陪审员最低年龄 | | | | | 合计 |
|---|---|---|---|---|---|---|---|
| | | 18 岁 | 25 岁 | 30 岁 | 不清楚 | 其他 | |
| 法官 | 陪审员最低年龄中的% | 4.9% | 6.4% | 16.0% | 11.5% | 17.3% | 10.5% |
| 检察官 | 计数 | 47 | 108 | 215 | 5 | 9 | 384 |
| | 身份中的% | 12.2% | 28.1% | 56.0% | 1.3% | 2.3% | 100.0% |
| | 陪审员最低年龄中的% | 6.5% | 7.4% | 12.7% | 5.2% | 8.2% | 9.4% |
| 陪审员 | 计数 | 12 | 10 | 30 | 2 | 4 | 58 |
| | 身份中的% | 20.7% | 17.2% | 51.7% | 3.4% | 6.9% | 100.0% |
| | 陪审员最低年龄中的% | 1.7% | 0.7% | 1.8% | 2.1% | 3.6% | 1.4% |
| 律师 | 计数 | 35 | 86 | 171 | 3 | 10 | 305 |
| | 身份中的% | 11.5% | 28.2% | 56.1% | 1.0% | 3.3% | 100.0% |
| | 陪审员最低年龄中的% | 4.9% | 5.9% | 10.1% | 3.1% | 9.1% | 7.5% |
| 公安机关人员 | 计数 | 13 | 54 | 61 | 4 | 2 | 134 |
| | 身份中的% | 9.7% | 40.3% | 45.5% | 3.0% | 1.5% | 100.0% |
| | 陪审员最低年龄中的% | 1.8% | 3.7% | 3.6% | 4.2% | 1.8% | 3.3% |
| 专家学者 | 计数 | 20 | 58 | 76 | 0 | 5 | 159 |
| | 身份中的% | 12.6% | 36.5% | 47.8% | 0.0% | 3.1% | 100.0% |
| | 陪审员最低年龄中的% | 2.8% | 4.0% | 4.5% | 0.0% | 4.5% | 3.9% |
| 人大代表 | 计数 | 10 | 21 | 33 | 4 | 1 | 69 |
| | 身份中的% | 14.5% | 30.4% | 47.8% | 5.8% | 1.4% | 100.0% |
| | 陪审员最低年龄中的% | 1.4% | 1.4% | 2.0% | 4.2% | 0.9% | 1.7% |

续表

| 身份 | | 陪审员最低年龄 | | | | | 合计 |
|---|---|---|---|---|---|---|---|
| | | 18岁 | 25岁 | 30岁 | 不清楚 | 其他 | |
| 其他 | 计数 | 547 | 1035 | 834 | 67 | 60 | 2543 |
| | 身份中的% | 21.5% | 40.7% | 32.8% | 2.6% | 2.4% | 100.0% |
| | 陪审员最低年龄中的% | 76.1% | 70.6% | 49.3% | 69.8% | 54.5% | 62.3% |
| 合计 | 计数 | 719 | 1466 | 1690 | 96 | 110 | 4081 |
| | 身份中的% | 17.6% | 35.9% | 41.4% | 2.4% | 2.7% | 100.0% |
| | 陪审员最低年龄中的% | 100.0% | 100.0% | 100.0% | 100.0% | 100.0% | 100.0% |

表28：年龄 * 陪审员最低年龄交叉统计表

| 年龄 | | 陪审员最低年龄 | | | | | 合计 |
|---|---|---|---|---|---|---|---|
| | | 18岁 | 25岁 | 30岁 | 不清楚 | 其他 | |
| 25岁以下 | 计数 | 306 | 567 | 253 | 26 | 27 | 1179 |
| | 年龄中的% | 26.0% | 48.1% | 21.5% | 2.2% | 2.3% | 100.0% |
| | 陪审员最低年龄中的% | 42.4% | 38.4% | 14.9% | 26.8% | 24.5% | 28.7% |
| 26—35岁 | 计数 | 238 | 508 | 725 | 24 | 39 | 1534 |
| | 年龄中的% | 15.5% | 33.1% | 47.3% | 1.6% | 2.5% | 100.0% |
| | 陪审员最低年龄中的% | 33.0% | 34.4% | 42.7% | 24.7% | 35.5% | 37.4% |
| 36—45岁 | 计数 | 110 | 257 | 451 | 29 | 23 | 870 |
| | 年龄中的% | 12.6% | 29.5% | 51.8% | 3.3% | 2.6% | 100.0% |
| | 陪审员最低年龄中的% | 15.3% | 17.4% | 26.6% | 29.9% | 20.9% | 21.2% |
| 46—55岁 | 计数 | 59 | 119 | 215 | 10 | 16 | 419 |
| | 年龄中的% | 14.1% | 28.4% | 51.3% | 2.4% | 3.8% | 100.0% |

续表

| | | | 陪审员最低年龄 | | | | | 合计 |
|---|---|---|---|---|---|---|---|---|
| | | | 18 岁 | 25 岁 | 30 岁 | 不清楚 | 其他 | |
| 年龄 | 46—55 岁 | 陪审员最低年龄中的% | 8.2% | 8.1% | 12.7% | 10.3% | 14.5% | 10.2% |
| | 56 岁以上 | 计数 | 8 | 27 | 53 | 8 | 5 | 101 |
| | | 年龄中的% | 7.9% | 26.7% | 52.5% | 7.9% | 5.0% | 100.0% |
| | | 陪审员最低年龄中的% | 1.1% | 1.8% | 3.1% | 8.2% | 4.5% | 2.5% |
| 合计 | | 计数 | 721 | 1478 | 1697 | 97 | 110 | 4103 |
| | | 年龄中的% | 17.6% | 36.0% | 41.4% | 2.4% | 2.7% | 100.0% |
| | | 陪审员最低年龄中的% | 100.0% | 100.0% | 100.0% | 100.0% | 100.0% | 100.0% |

（2）关于可以申请免除陪审之职的年龄上限可以规定为 70 岁。关于年龄问题绝大多数国家都是规定了可以申请免除的最高年龄。课题组关于陪审员最大年龄多少合适的问卷调查表明：选择 60 周岁的占 32.3%，选择 65 周岁的占 25.7%，选择 70 岁的占 16.1%，选择不需要限制的占 22%（参见表 29）。在关于人民陪审员最大年龄限制于身份交叉问卷看，从不同身份的观点看，法官、检察官认为不需要限制的比例最高，专家学者与律师则认为 65 周岁为最大年龄，而普通公众则认为 60 周岁为最大年龄（参见表 30）。从年龄与人民陪审员最大年龄交叉统计表看，不同年龄组的人对此看法有差异，25 岁和 35 岁以下两个年龄组的人选择 60 岁为最大年龄的比例显著，而随着年龄的增加，选择 60 岁、65 岁和不需要限制的比例差别不大（参见表 31）。课题组分析认为，我们有必要借鉴其他国家的做法，设定可以申请免除的年龄。因为随着人均寿命的延长及老龄社会的到来，老年人身体健康程度较之 20 世纪有了较大程度提高，而且人生阅历丰富、时间充足，有为社会贡献的条件，当然可以充分发挥老年人的作用。而根据统计情况看，选择 60 周岁、65 周岁、70 周岁的比例差距不大。根据国外经验与我国年龄化实际，我们建议：将年龄上限设定为 70 周岁，即如果年满 70 周岁，本人申请不参与审判，则应当免除其责任。

表29：陪审员最大年龄问卷调查统计表

| | | 频率 | 百分比 | 有效百分比 | 累积百分比 |
|---|---|---|---|---|---|
| 有效 | 60 岁 | 1330 | 32.3 | 32.3 | 32.3 |
| | 65 岁 | 1057 | 25.6 | 25.7 | 58.0 |
| | 70 岁 | 661 | 16.0 | 16.1 | 74.1 |
| | 不需要限制 | 918 | 22.3 | 22.3 | 96.4 |
| | 不清楚 | 87 | 2.1 | 2.1 | 98.5 |
| | 其他 | 62 | 1.5 | 1.5 | 100.0 |
| | 合计 | 4115 | 99.9 | 100.0 | |
| 缺失 | 系统 | 6 | 0.1 | | |
| 合计 | | 4121 | 100.0 | | |

表30：身份＊人民陪审员最大年龄限制交叉统计表

| | | | 最大年龄限制 | | | | | | 合计 |
|---|---|---|---|---|---|---|---|---|---|
| | | | 60 岁 | 65 岁 | 70 岁 | 不需要限制 | 不清楚 | 其他 | |
| 身份 | 法官 | 计数 | 99 | 103 | 102 | 115 | 8 | 3 | 430 |
| | | 身份中的% | 23.0% | 24.0% | 23.7% | 26.7% | 1.9% | 0.7% | 100.0% |
| | | 最大年龄限制中的% | 7.5% | 9.8% | 15.6% | 12.6% | 9.4% | 4.8% | 10.5% |
| | 检察官 | 计数 | 99 | 99 | 76 | 103 | 3 | 6 | 386 |
| | | 身份中的% | 25.6% | 25.6% | 19.7% | 26.7% | 0.8% | 1.6% | 100.0% |
| | | 最大年龄限制中的% | 7.5% | 9.4% | 11.6% | 11.3% | 3.5% | 9.7% | 9.4% |
| | 陪审员 | 计数 | 13 | 21 | 13 | 13 | 2 | 0 | 62 |
| | | 身份中的% | 21.0% | 33.9% | 21.0% | 21.0% | 3.2% | 0.0% | 100.0% |
| | | 最大年龄限制中的% | 1.0% | 2.0% | 2.0% | 1.4% | 2.4% | 0.0% | 1.5% |

续表

| | | | 最大年龄限制 | | | | | | 合计 |
|---|---|---|---|---|---|---|---|---|---|
| | | | 60 岁 | 65 岁 | 70 岁 | 不需要限制 | 不清楚 | 其他 | |
| 身份 | 律师 | 计数 | 76 | 85 | 69 | 70 | 2 | 2 | 304 |
| | | 身份中的% | 25.0% | 28.0% | 22.7% | 23.0% | 0.7% | 0.7% | 100.0% |
| | | 最大年龄限制中的% | 5.8% | 8.1% | 10.5% | 7.7% | 2.4% | 3.2% | 7.4% |
| | 公安机关人员 | 计数 | 45 | 38 | 23 | 23 | 2 | 2 | 133 |
| | | 身份中的% | 33.8% | 28.6% | 17.3% | 17.3% | 1.5% | 1.5% | 100.0% |
| | | 最大年龄限制中的% | 3.4% | 3.6% | 3.5% | 2.5% | 2.4% | 3.2% | 3.3% |
| | 专家学者 | 计数 | 39 | 47 | 34 | 35 | 3 | 2 | 160 |
| | | 身份中的% | 24.4% | 29.4% | 21.3% | 21.9% | 1.9% | 1.3% | 100.0% |
| | | 最大年龄限制中的% | 3.0% | 4.5% | 5.2% | 3.8% | 3.5% | 3.2% | 3.9% |
| | 人大代表 | 计数 | 20 | 19 | 11 | 15 | 4 | 0 | 69 |
| | | 身份中的% | 29.0% | 27.5% | 15.9% | 21.7% | 5.8% | 0.0% | 100.0% |
| | | 最大年龄限制中的% | 1.5% | 1.8% | 1.7% | 1.6% | 4.7% | 0.0% | 1.7% |
| | 其他 | 计数 | 929 | 641 | 327 | 539 | 61 | 47 | 2544 |
| | | 身份中的% | 36.5% | 25.2% | 12.9% | 21.2% | 2.4% | 1.8% | 100.0% |
| | | 最大年龄限制中的% | 70.4% | 60.9% | 49.9% | 59.0% | 71.8% | 75.8% | 62.2% |
| 合计 | | 计数 | 1320 | 1053 | 655 | 913 | 85 | 62 | 4088 |
| | | 身份中的% | 32.3% | 25.8% | 16.0% | 22.3% | 2.1% | 1.5% | 100.0% |
| | | 最大年龄限制中的% | 100.0% | 100.0% | 100.0% | 100.0% | 100.0% | 100.0% | 100.0% |

表 31：年龄 * 人民陪审员最大年龄限制中交叉统计表

| | | | 最大年龄限制 | | | | | | 合计 |
|---|---|---|---|---|---|---|---|---|---|
| | | | 60 岁 | 65 岁 | 70 岁 | 不需要限制 | 不清楚 | 其他 | |
| 年龄 | 25 岁以下 | 计数 | 475 | 308 | 114 | 233 | 28 | 21 | 1179 |
| | | 年龄中的% | 40.3% | 26.1% | 9.7% | 19.8% | 2.4% | 1.8% | 100.0% |
| | | 最大年龄限制中的% | 35.7% | 29.2% | 17.3% | 25.4% | 32.6% | 33.9% | 28.7% |
| | 26—35 岁 | 计数 | 475 | 382 | 279 | 343 | 26 | 29 | 1534 |
| | | 年龄中的% | 31.0% | 24.9% | 18.2% | 22.4% | 1.7% | 1.9% | 100.0% |
| | | 最大年龄限制中的% | 35.7% | 36.2% | 42.3% | 37.4% | 30.2% | 46.8% | 37.3% |
| | 36—45 岁 | 计数 | 240 | 231 | 167 | 205 | 19 | 8 | 870 |
| | | 年龄中的% | 27.6% | 26.6% | 19.2% | 23.6% | 2.2% | 0.9% | 100.0% |
| | | 最大年龄限制中的% | 18.0% | 21.9% | 25.3% | 22.4% | 22.1% | 12.9% | 21.2% |
| | 46—55 岁 | 计数 | 113 | 108 | 80 | 111 | 9 | 4 | 425 |
| | | 年龄中的% | 26.6% | 25.4% | 18.8% | 26.1% | 2.1% | 0.9% | 100.0% |
| | | 最大年龄限制中的% | 8.5% | 10.2% | 12.1% | 12.1% | 10.5% | 6.5% | 10.3% |
| | 56 岁以上 | 计数 | 27 | 27 | 19 | 25 | 4 | 0 | 102 |
| | | 年龄中的% | 26.5% | 26.5% | 18.6% | 24.5% | 3.9% | 0.0% | 100.0% |
| | | 最大年龄限制中的% | 2.0% | 2.6% | 2.9% | 2.7% | 4.7% | 0.0% | 2.5% |
| 合计 | | 计数 | 1330 | 1056 | 659 | 917 | 86 | 62 | 4110 |
| | | 年龄中的% | 32.4% | 25.7% | 16.0% | 22.3% | 2.1% | 1.5% | 100.0% |
| | | 最大年龄限制中的% | 100.0% | 100.0% | 100.0% | 100.0% | 100.0% | 100.0% | 100.0% |

2. 最低文化程度限制

根据《2015年全国1%人口抽样调查主要数据公报》显示，我国全国大陆31个省、自治区、直辖市和现役军人的人口为137349万人。其中，具有大学（指大专以上）教育程度人口为17093万人，占比12.4%；具有高中（含中专）教育程度人口为21084万人，占比15.4%；具有初中教育程度人口为48942万人，占比35.6%；具有小学教育程度人口为33453万人，占比24.4%（以上各种受教育程度的人包括各类学校的毕业生、肄业生和在校生）。如果将最低文化程度限度规定为大学，则87.6%的普通民众没有机会参与陪审；如果将最低文化程度限度规定为高中，则有72.2%的普通民众没有机会参与陪审；如果将最低文化程度限度规定为初中，则有24.4%的普通民众没有机会参与陪审。

就最低文化程度，根据调查统计，在4121份问卷中，选择本科的占比27.8%，选择大专的占比24.9%，认为不需要限制文化程度的22.2%，而选择初中及以下文化程度的仅占4.4%，选择高中的占比19.6%（参见表32）。

根据身份与最低文化程度限制交叉统计表的调查显示，在法官、律师、专家学者和普通公众中，所占比重排在前三位的选择均为：大专、本科和不需要限制，只是在各自群体中的比例不同。在法官组中的前三项分别为大专、不需要限制和本科，具体比例为29.2%、24.8%和24.1%。在律师群体，前三项为本科、大专和不需要限制，所占比例分别为36.1%、24.9%和21.6%。普通公众的选择顺序与律师出奇地一致，只是具体比例不同，分别为27.7%、23.9%和22.2%。与法官、律师和普通公众不同，专家学者中选择不需要限制的比例最高，为28.1%，其次为本科和大专，分别为26.3%和25.0%（参见表33）。

在年龄与最低文化程度交叉统计表中可以看出：随着年龄的增长，在选择是否需要限制人民陪审员文化程度方面有着很大的差异，45岁以下年龄段的受访者中选择本科的最多，分别为31.4%、29.7%和25.9%。而在45岁以上年龄段的受访者中，选择大专的比例最高，分别为28.7%和32.7%（参见表34）。根据调查情况，多数受访者认为需要对人民陪审员文化程度作出一定限制。课题组认为，《人民陪审员制度改革试点方案》《人民陪审员法》规定有资格担任人民陪审员的人的文化程度一般为高中，具有一定合理性。

**表 32：最低文化程度限制问卷调研统计表**

| | | 频率 | 百分比 | 有效百分比 | 累积百分比 |
|---|---|---|---|---|---|
| 有效 | 初中 | 182 | 4.4 | 4.4 | 4.4 |
| | 高中 | 804 | 19.5 | 19.6 | 24.0 |
| | 大专 | 1022 | 24.8 | 24.9 | 48.9 |
| | 本科 | 1141 | 27.7 | 27.8 | 76.6 |
| | 不需要限制 | 914 | 22.2 | 22.2 | 98.9 |
| | 其他 | 46 | 1.1 | 1.1 | 100.0 |
| | 合计 | 4109 | 99.7 | 100.0 | |
| 缺失 | 系统 | 12 | 0.3 | | |
| 合计 | | 4121 | 100.0 | | |

**表 33：身份 * 最低文化程度限制交叉统计表**

| | | | 最低文化程度限制 | | | | | | 合计 |
|---|---|---|---|---|---|---|---|---|---|
| | | | 初中 | 高中 | 大专 | 本科 | 不需要限制 | 其他 | |
| 身份 | 法官 | 计数 | 20 | 74 | 125 | 103 | 106 | 0 | 428 |
| | | 身份中的% | 4.7% | 17.3% | 29.2% | 24.1% | 24.8% | 0.0% | 100.0% |
| | | 最低文化程度限制中的% | 11.0% | 9.2% | 12.4% | 9.1% | 11.6% | 0.0% | 10.5% |
| | 检察官 | 计数 | 20 | 73 | 78 | 114 | 94 | 6 | 385 |
| | | 身份中的% | 5.2% | 19.0% | 20.3% | 29.6% | 24.4% | 1.6% | 100.0% |
| | | 最低文化程度限制中的% | 11.0% | 9.1% | 7.7% | 10.0% | 10.3% | 13.0% | 9.4% |
| | 陪审员 | 计数 | 3 | 18 | 24 | 8 | 9 | 0 | 62 |
| | | 身份中的% | 4.8% | 29.0% | 38.7% | 12.9% | 14.5% | 0.0% | 100.0% |
| | | 最低文化程度限制中的% | 1.7% | 2.2% | 2.4% | 0.7% | 1.0% | 0.0% | 1.5% |

续表

| 身份 | | | 最低文化程度限制 | | | | | | 合计 |
|---|---|---|---|---|---|---|---|---|---|
| | | | 初中 | 高中 | 大专 | 本科 | 不需要限制 | 其他 | |
| 身份 | 律师 | 计数 | 5 | 23 | 42 | 43 | 19 | 1 | 133 |
| | | 身份中的% | 3.8% | 17.3% | 31.6% | 32.3% | 14.3% | 0.8% | 100.0% |
| | | 最低文化程度限制中的% | 2.8% | 2.9% | 4.2% | 3.8% | 2.1% | 2.2% | 3.3% |
| | 公安 | 计数 | 6 | 45 | 76 | 110 | 66 | 2 | 305 |
| | | 身份中的% | 2.0% | 14.8% | 24.9% | 36.1% | 21.6% | 0.7% | 100.0% |
| | | 最低文化程度限制中的% | 3.3% | 5.6% | 7.5% | 9.7% | 7.2% | 4.3% | 7.5% |
| | 专家学者 | 计数 | 8 | 24 | 40 | 42 | 45 | 1 | 160 |
| | | 身份中的% | 5.0% | 15.0% | 25.0% | 26.3% | 28.1% | 0.6% | 100.0% |
| | | 最低文化程度限制中的% | 4.4% | 3.0% | 4.0% | 3.7% | 4.9% | 2.2% | 3.9% |
| | 人大代表 | 计数 | 10 | 22 | 15 | 12 | 9 | 1 | 69 |
| | | 身份中的% | 14.5% | 31.9% | 21.7% | 17.4% | 13.0% | 1.4% | 100.0% |
| | | 最低文化程度限制中的% | 5.5% | 2.7% | 1.5% | 1.1% | 1.0% | 2.2% | 1.7% |
| | 其他 | 计数 | 109 | 522 | 608 | 703 | 563 | 35 | 2540 |
| | | 身份中的% | 4.3% | 20.6% | 23.9% | 27.7% | 22.2% | 1.4% | 100.0% |
| | | 最低文化程度限制中的% | 60.2% | 65.2% | 60.3% | 61.9% | 61.8% | 76.1% | 62.2% |
| 合计 | | 计数 | 181 | 801 | 1008 | 1135 | 911 | 46 | 4082 |
| | | 身份中的% | 4.4% | 19.6% | 24.7% | 27.8% | 22.3% | 1.1% | 100.0% |
| | | 最低文化程度限制中的% | 100.0% | 100.0% | 100.0% | 100.0% | 100.0% | 100.0% | 100.0% |

表34：年龄 * 最低文化程度限制交叉统计表

| | | | 最低文化程度限制 | | | | | | 合计 |
|---|---|---|---|---|---|---|---|---|---|
| | | | 初中 | 高中 | 大专 | 本科 | 不需要限制 | 其他 | |
| 年龄 | 25岁以下 | 计数 | 61 | 239 | 249 | 370 | 240 | 20 | 1179 |
| | | 年龄中的% | 5.2% | 20.3% | 21.1% | 31.4% | 20.4% | 1.7% | 100.0% |
| | | 最低文化程度限制中的% | 33.5% | 29.7% | 24.5% | 32.5% | 26.3% | 43.5% | 28.7% |
| | 26—35岁 | 计数 | 49 | 252 | 395 | 455 | 368 | 14 | 1533 |
| | | 年龄中的% | 3.2% | 16.4% | 25.8% | 29.7% | 24.0% | 0.9% | 100.0% |
| | | 最低文化程度限制中的% | 26.9% | 31.3% | 38.8% | 39.9% | 40.3% | 30.4% | 37.4% |
| | 36—45岁 | 计数 | 45 | 178 | 220 | 225 | 196 | 5 | 869 |
| | | 年龄中的% | 5.2% | 20.5% | 25.3% | 25.9% | 22.6% | 0.6% | 100.0% |
| | | 最低文化程度限制中的% | 24.7% | 22.1% | 21.6% | 19.7% | 21.4% | 10.9% | 21.2% |
| | 46—55岁 | 计数 | 20 | 105 | 121 | 81 | 88 | 7 | 422 |
| | | 年龄中的% | 4.7% | 24.9% | 28.7% | 19.2% | 20.9% | 1.7% | 100.0% |
| | | 最低文化程度限制中的% | 11.0% | 13.1% | 11.9% | 7.1% | 9.6% | 15.2% | 10.3% |
| | 56岁以上 | 计数 | 7 | 30 | 33 | 9 | 22 | 0 | 101 |
| | | 年龄中的% | 6.9% | 29.7% | 32.7% | 8.9% | 21.8% | 0.0% | 100.0% |
| | | 最低文化程度限制中的% | 3.8% | 3.7% | 3.2% | .8% | 2.4% | 0.0% | 2.5% |
| 合计 | | 计数 | 182 | 804 | 1018 | 1140 | 914 | 46 | 4104 |
| | | 年龄中的% | 4.4% | 19.6% | 24.8% | 27.8% | 22.3% | 1.1% | 100.0% |
| | | 最低文化程度限制中的% | 100.0% | 100.0% | 100.0% | 100.0% | 100.0% | 100.0% | 100.0% |

### 3. 不具有陪审员资格范围的规定

根据前文分析,具体建议如下:(1)取消最高人民法院在《人民陪审员制度改革试点工作实施办法》《人民陪审员法》中增加的"被纳入失信被执行人名单的"情形。(2)对因犯罪受过刑事处罚及被开除公职的情形,能否担任人民陪审员不应一概而论,而应区分情况。其一,对曾经犯罪被判处刑罚而不具有陪审员资格的,应仅限于曾故意犯罪被判处徒刑以上刑罚的,或因犯罪被判处管制、缓刑、社区矫正或单处或附加剥夺政治权利未执行完毕的情形。其二,对被开除公职的,不应剥夺担任人民陪审员的资格,因为虽然人民陪审员参与审判时与法官共享国家司法权,但人民陪审员仅仅是作为普通公民参与,所以不宜剥夺其担任人民陪审员的资格。其三,建议规定法院认为有可能影响案件公正审判的人员不得担任人民陪审员的特殊情形。

### 4. 专门规定可以申请免除职责的情形

可以借鉴国外的经验,对虽然具有资格被选任特定案件陪审员时,如果具有法定情形则可以作为不参与案件陪审的事由。因为陪审既是一项公民的权利,更是一项义务,具有基本资格的人在选任过程中不应无故拒绝担任陪审员,以维护法律与法院的权威性。但虽然具有人民陪审员资格,却存在确实难以履行人民陪审员职责的,可以申请免除担任人民陪审员的职责,而《人民陪审员法》缺少相关规定,鉴于此,有必要事先明确规定可以申请免除的情形。我们建议以下情形可作为申请免除的事由:(1)年满70周岁者;(2)身体有残疾者;(3)全日制学校在校学生;(4)必须担任家庭14周岁以下儿童、重度残疾人之看护者;(5)其他特殊情形不能参加陪审者。上述规定,实际上贯彻人民陪审员根据常识审理案件的宗旨,即虽不要求其具有法律知识,但应有正常思维能力、法治和道德观念,能够对案件涉及问题做出合乎常识和理性的判断。因此,《人民陪审员法》还在选任程序规定了资格审查以保障人民陪审员具备相应的能力要求。

## 第二节 决策型公众参与主体的选任程序

由于决策型参与主体与法官共享司法决策权,陪审员选任程序是保证司法公正的重要环节,故而如何设计该程序成为陪审员制度的重中之重。因此,完善我国决策型公众参与主体的选任程序,必然成为本课题研究的主要内容。

## 一、域外及其他地区决策型公众参与主体选任程序考察

实行陪审制的国家和地区,大都基于公平、公正和民主的理念来设计陪审员选任程序,虽然各法域的具体选任程序有所差异,但遴选的随机性是其共同特点。

### (一)英美决策型公众参主体(陪审员)的选任程序考察

在英国,当需要陪审员参与审判案件时,首先由刑事法庭的召唤官开启选任程序,从选举人名册中随机抽出候选者并通知;然后控辩双方对候选者可以提请有因回避,再从中选出12名陪审员和数名候补者。需要注意的是,"英国陪审制度中传统的预先审查询问及无因回避制度已经被废止,这就进一步保障此种情形下产生的陪审团的随机性。因为辩护律师没有机会像美国律师一样质询陪审员候选人,故而出庭律师查明和证实偏见的能力受到限制,除非被告或出庭律师有理由怀疑陪审员的公正性或者陪审员自愿提供此类信息,否则该陪审员将可能被允许参加陪审"。①

美国由于存在州和联邦两个法律体系,对陪审员的遴选各州之间、各州与联邦之间有所不同。1968年国会制定了《陪审员任选及服务法》及美国法典第18章第3321—3328条、第3331—3334条、第28章第1861—1878条,对联邦法院陪审员的选任程序作了具体规定。美国的陪审员遴选程序主要由以下五个步骤组成:第一步是制定陪审计划。各法院制定一个书面的具体选择陪审员的计划,由初审法官负责制定。第二步是构建陪审员候选人库。陪审员名单库是从选民名单中由法院随机提取。第三步是创建合格陪审员库。即法院从选民名单中随机抽取的人员中签发召集令召集至法院,此环节则是从陪审员名单中剔除不合格的陪审员名单,组成合格陪审员名单库。第四步是从合格陪审员库中选择与召集各陪审员。此环节主要包括法官将合格陪审员中临时不能参与陪审服务、不能公正裁决的人员及参与陪审可能造成负面影响的人员排除在外。第五步是组成陪审团。此环节主要内容包括通

---

① [美]伦道夫·乔纳凯特:《美国陪审团制度》,屈文生、宋瑞峰译,法律出版社2013年版,第175页。

过正当程序审查陪审员,其间包括法官与律师通过询问每个候选陪审员的观点及相关背景,目的是收集各种证据证明一个陪审员候选人在案件中不能或不会不带偏见与歧视裁决案件。① 此外在第四个步骤中,法官签发召集令召集候选陪审员至法院候选,此时陪审员的选择不是以随机方式选出。选择的程序包括搜集候选陪审员的相关信息,预先审查程序(Voir Dire),罢免可能不公正的陪审员的程序,相关制度设计有有因回避、无因回避等。② 另外通过向候选人发放调查问卷等形式③询问陪审员各种问题,如年龄、公民身份、理解英语的能力以及获重罪情况等,确认其担任陪审员的基本资质。④ 询问候审陪审员,可以单独也可以是集体的形式,预先审查的基本形式多样化。其中,最显著的不同主要是审问人是由律师还是由法官担任:在联邦法院,审判法官有权决定是自己组织询问还是允许律师询问;而在州法院,则有将近1/3的州法院审判法官有权决定是自己组织询问还是允许律师询问,另有1/3的州法院,律师对询问过程拥有主控权,其余1/3的州主要由法官询问陪审员,律师进行补充询问。⑤ 根据询问候选人的回答信息,控辩双方拥有有因回避和无因回避权,这是两个重要的遴选权利。⑥ 在审查时,还有部分有资格者因特殊困难而免除陪审义务,如有病人需要照顾、学生要参加考试、工作中紧急问题等。美国民事诉讼规则第47(b)条与刑事诉讼规则第24(c)条都允许法院在选任陪审员时可以遴选6名候补陪审员,以防止

---

① Jode George, Deirdre Golash, Russell Wheeler, Handbook on Jury Use in the Federal District Court, Federal Judicial Center 1989, pp.3 – 4.
② [美] 伦道夫·乔纳凯特:《美国陪审团制度》,屈文生、宋瑞峰译,法律出版社2013年版,第174页。
③ 问卷的广泛使用引起了广泛的忧虑,忧虑可能开始于20世纪90年代广为报道的辛普森案采用的问卷,一名被选上而后在审判过程中遭解职的陪审员说,问卷有79页,包含28个部分,294个问题,有的问题涉及很强的私人性,有的涉及政治观点。
④ [美] 伦道夫·乔纳凯特:《美国陪审团制度》,屈文生、宋瑞峰译,法律出版社2013年版,第171页。
⑤ [美] 伦道夫·乔纳凯特:《美国陪审团制度》,屈文生、宋瑞峰译,法律出版社2013年版,第174 – 188页。
⑥ 有因回避,有助于确保陪审团的公正性,有因回避名额是不受限制的,无因回避请求的次数则是有限的,其数量根据不同案件类型而有差异。例如,联邦死罪案件,双方各有3次,而其他重罪案件中,检方有6次而辩方有20次。在纽约州,双方的无因回避请求数量相等,根据案件种类不同,数量从3次到20次不等。参见[美] 伦道夫·乔纳凯特:《美国陪审团制度》,屈文生、宋瑞峰译,法律出版社2013年版,第190页。

有陪审员因病或其他原因临时不能出席审判。根据陪审员遴选及服务法,在两年内担任陪审员出席审判的时间一般不得超过 30 天。

(二) 苏俄决策型公众参与主体(陪审员)的选任程序考察

1917 年苏维埃政权成立后,为了实现人民民主和防止法官恣意判决,在刑事、民事诉讼中建立参审制度。其中,由 1 名专职法官与 2 名平民参审员组成合议庭,3 人权力相等。之后因某些案件的专业性强从而引入专家陪审制度,因而平民参审与专家参审并行。但由于平民参审员选任难以保证公平性及法官主导作用,参审制度效果不好。苏联解体后,各联邦开始进行改革。俄罗斯在 1999 年为有效落实参审制度,在法律中强化参审员的选任程序,以各地方选区的选举人名单为基础,从中选出 150 人左右年满 25 岁的候选人组成名册;而后送至各地方法院,再从中随机抽选出该法院法官名额三倍的参审员;而在具体审判案件时,再从中选出 2 名与专职法官组成合议庭。参审员的任期为 5 年,每位参审员一年最多参与 14 日的审理期间。参审员在审判期间,所属企业不仅不能扣减薪资,同时国家必须给予相当薪资与交通补助费。但实践证明参审制度难以保障公众有效参与,故而人们又呼吁建立陪审制。

在 20 世纪 90 年代,俄罗斯几个地区法院先行试点,2001 年修订的《刑事诉讼法》废除了参审制度,建立了陪审制度。俄罗斯陪审团成员的选任程序:从选举人名册中随机抽选,如未满 25 周岁、有前科,即先行剔除。从选举人名册中随机选出约 20 名候选者进入选任程序,而由当事人双方进行质问,最后选出 12 名陪审员与 2 名候补陪审员。[①]

(三) 日本决策型公众参与主体(裁判员)的选任程序考察

《日本裁判员法》第 20 条至第 40 条对裁判员的遴选程序作了详细规定。其遴选程序如下:首先,地方法院按最高法院所定规则,最迟至每年 9 月 1 日将次年所必要的裁判员候选人数,在其管辖区域内的市村按比例分配后,通知市町村选举委员会。其次,选举委员会在接到法院通知后,从登记在选举人名册中抽签选定受通知的人数(丧失选举权的除外),并依照选举名册中所记载的姓名、住所、出生年月日等以磁片形式制作成预定名册,最迟于同年 10 月 15 日前送交所属地方法院。再次,地方法院收到选举委员会

---

① 吴景钦:《国民参与刑事审判制度》,丽文文化事业股份有限公司 2010 年版,第 116 页。

送交的裁判员候选者预定名册后，以此为基础以磁片形式制作出载有裁判员候选者的姓名、住所、出生年月日情况的裁判员候选者名册，名册制作完成后即通知名册所记载之人。最后，遇有陪审案件时，即进入选任程序。法院从裁判员候选者名单中，以抽签方式选定之应传唤的裁判员人数，但该年度已经选任的，不再连任。地方法院抽签时，必须有检察官、辩护人在场。裁判员选任程序，由法官及法院书记官列席，并由检察官及辩护人出席，法院认为有必要时，由被告出席裁判员选任程序。裁判员选任程序不公开，由审判长指挥，审判长质问候选者在预定期内是否会出现不宜担任裁判员的情形或是否有不公平审理的可能，被告、辩护人、检察官需要询问前述情形的由审判长询问。裁判员候选者对前两个问题的询问，无正当理由不得拒绝陈述，亦不得虚假陈述。检察官及被告对裁判员候选者，各有 4 名不附理由的不选任请求，若在此之外还要请求不选任，则必须说明理由，由审判长判断理由是否成立，如被驳回，则必须在 24 小时内即时抗告。对候补裁判员的选任中，不附理由的不选任名额则以应选名额的一半为限。法院应依据最高法院所定之规则，用抽签的方式从未裁定不选任的裁判员候选者中，选定 6 名裁判员及最多 6 名候补裁判员。

（四）韩国决策型公众参与主体（陪审员）的选任程序考察

《韩国陪审法》第 22 条至第 30 条规定了陪审员的遴选程序。地方首长应地方法院院长要求制作陪审员候选名册，于每年度从居住于其辖区内年满 20 岁以上的国民中，随机抽取一定数目的陪审员候选预定者，将其姓名、出生年月日、住所、性别等相关情况，以电子档的方式交付法院院长，地方法院必须每年更新陪审员候选者。法院必须从陪审员候选名册中以随机方式抽选出一定数目的陪审员候选者。法院审核判断陪审员候选者是否具有法定的不适格事由、免除事由或有不公平之情形等，法院可以使用询问票进行询问。检察官、被告人或辩护人经法院为必要的询问。陪审员候选者对于第一项的质问，在无正当理由下，不得拒绝陈述或者虚伪陈述。《韩国陪审法》第 30 条规定，检察官及辩护人针对陪审员候选者，各有以下范围内的不附理由回避申请权：陪审员为 9 人的场合为 5 人，陪审员为 7 人的场合为 4 人，陪审员为 5 人的场合为 3 人。当有不附理由的回避申请时，法院不得选定为陪审员。

### （五）我国香港特区决策型公众参与主体（陪审员）的选任程序考察

我国香港特区虽然沿用英国法传统构建了陪审制度，但其陪审制度与英国有很大不同，如陪审团的构成、表决形式等。陪审团的选任程序也有地区特点。根据香港陪审团条例，香港陪审员的遴选由高等法院司法常务官负责。其遴选步骤如下：

一是形成陪审员的临时名单。即司法常务官可以向其认为具有担任陪审员资格的人员送达通知书，收到通知的人如果具有豁免条件或不具备资格的，则以书面形式向司法常务官说明，余下的名单于每隔一年的10月1日前形成临时名单。

二是确定陪审员名单。在每隔一年的10月1日或之前，司法常务官必须在宪报及在每日行销于香港的中、英文报章各一份刊登公告，说明在10月14日（包括该日在内）前可在其办事处及该公告指明的其他地址查阅陪审员的临时名单；任何人可用书面通知向司法常务官提出申请，要求加入或删除陪审员名单的理由，司法常务官根据申请，须酌情接纳或拒绝该项申请，并据此而最后确定陪审员名单。司法常务官可采用上一年的名单，作为本年的陪审员名单。每隔一年的2月1日或之前，司法常务官须在宪报刊登公告，公布最后确定的陪审员名单。人们可以通过该公告指明的日期及时间在司法常务官的办事处查阅陪审员名单，亦可在该公告指明的其他地址查寻。公告在宪报刊登日期的15天后开始生效，直至与下一份名单有关的公告在宪报刊登日期的15天后为止。司法常务官有权对已确定的陪审员名单根据申请或根据情况做出增补或剔除。

三是组成陪审员小组。若需要陪审团审理案件，司法常务官通常会以随机抽选的办法（如抽签等）从陪审员名单中选出法官要求数目的陪审员，组成一个陪审员小组。当因故未能将传票送达上述已获随机选中的陪审员时，司法常务官就需要另外选一名陪审员，用以补足该小组所需的陪审员人数。如果有去逝、无资格或豁免情形的，则从其中剔除。

四是传召陪审员。司法常务官向获挑选的人发出传票，传票送达之后，此时司法常务官需要尽快安排编订一份载有被传召人姓名、住所及头衔的名单。聆讯或可能聆讯某宗案件的法官可根据控辩任何一方的申请酌情决定陪审团只能由男性或女性组成或其他豁免申请酌情批准该项豁免的特别权力。

五是抽签决定陪审团人选。司法常务官需要将与陪审员小组中每位陪审员姓名相对应的号码分别印制在相同的卡纸上,放入票箱内,司法常务官或法庭书记主任在公开法庭内从票箱抽出带号码的卡纸,直到抽齐组成一个陪审团的数目为止。

六是将选定的陪审团集中在一起,与外界隔离(个别陪审员为私人目的告退者除外,但在告退期间须受法庭人员看管),直至法官总结证据完毕及将案件交由陪审团判断为止。

## 二、我国决策型公众参与主体的选任程序

### (一)我国决策型公众参与主体选任程序的沿革

1954年《宪法》第75条规定了"人民法院审判案件依照法律实行人民陪审员制度",1954年《人民法院组织法》第35条规定了人民陪审员的任职资格等,同时规定"各级人民法院陪审员的名额、任期和产生办法由司法部另行规定"。1957年7月司法部《关于人民陪审员的名额、任期和产生办法的指示》,首次对新中国人民陪审员的遴选程序作了规定。一是确定陪审员人数。各级法院根据法律规定需要陪审的案件数量,按照一个审判员配备两名陪审员、每名陪审员每年参加10天陪审的标准,进而确定陪审员人数。二是基本流程。法院确定名额后报司法行政部门审核、人民委员会批准。三是陪审员参加陪审时间。每年到人民法院执行职务的时间原则上不超过10天,但由于其所参加的案件尚未审理完毕可酌量延长。四是人民陪审员的任期。经过选举的,一律暂定2年。五是产生方式。有选举及推选两种。各基层人民法院的陪审员原则上由选举产生,基层法院的陪审员由乡镇、市辖区人民代表大会选举产生或居民直接选举产生;市中级人民法院和直辖市内中级人民法院的人民陪审员,可由辖区内各区人民代表大会按分配数目选举,也可在同级机关、人民团体、企业的职工内推选。各省、自治区按地区设立中级人民法院的人民陪审员,由所在地的市、县或附近的在选举人民陪审员的同时选出陪审员的全部或一部分,也可由同级机关、人民团体、企业的职工中推选一部分或全部。各高级人民法院和自治州人民法院的人民陪审员,可由同级的人民团体及企业、职工中选出。该办法特别强调,无论哪种方式产生,都应切实注意人民陪审员的代表性和广泛性。此规范性文件关于陪审员任选的规定,总体上体现了任选方式的民主性及人民陪审员的非专职性。

《关于完善人民陪审员制度的决定》对人民陪审员的选任程序作了原则规

定。其一,确定人民陪审员名额。人民陪审员名额由基层人民法院根据审判案件的需要,提请同级人民代表大会常务委员会确定。其二,确定陪审员的产生方式。符合人民陪审员条件的公民,可以由其所在单位或者户籍所在地的基层组织向基层人民法院推荐,或者本人提出申请,由基层人民法院会同同级人民政府司法行政机关进行审查,并由基层人民法院院长提出人民陪审员人选,提请同级人民代表大会常务委员会任命。其三,确定人民陪审员实行任期制。人民陪审员的任期为5年。其四,基层人民陪审员参加合议庭审判的,应当在人民陪审员名单中随机抽取确定。中级人民法院、高级人民法院审判案件依法应当由人民陪审员参加合议庭审判的,在其所在城市的基层人民法院的人民陪审员名单中随机抽取确定。其五,人民陪审员的回避。人民陪审员的回避参照有关法官回避的规定来执行。其六,基层人民法院会同同级人民政府司法行政机关对人民陪审员进行培训,用以提高人民陪审员的素质。

2004年12月,最高人民法院、司法部出台《关于人民陪审员选任、培训、考核工作的实施意见》,对选任人民陪审员进行了细化。如规定公民不得同时在两个以上基层人民法院担任人民陪审员。基层人民法院在人民代表大会任命之后,应当将任命决定书面通知人民陪审员本人及其所在单位、户籍所在地或者经常居住地的基层组织,并将任命名单抄送同级人民政府司法行政机关,同时向社会公告。2009年11月最高人民法院《关于人民陪审员参加审判活动若干问题的规定》对人民陪审员的选任方式规定如下:人民法院应当在开庭7日前采取电脑生成等方式,从名单中随机抽取用以确定人民陪审员。至于特殊案件需要具有特定专业知识的人民陪审员参加审判的,人民法院可以在具有相应专业知识的人民陪审员范围内随机抽取。如果人民陪审员确有正当理由不能参加审判活动,或者当事人申请其回避的理由经审查成立的,人民法院应当及时重新确定其他人选。

由于实践中存在人民陪审员驻庭现象普遍、陪而不审现象严重等,背离了人民陪审员制度的基本目标,因此,《关于全面推进依法治国若干重大问题的决定》明确提出:要完善人民陪审员制度,保障公民陪审权利,扩大参审范围,完善随机抽选方式,提高人民陪审员制度公信度。2015年最高人民法院、司法部发布的《人民陪审员制度改革试点方案》,对人民陪审员的选任程序作了修改,主要修改内容是增加选任主体的广泛性和随机性,从而完善人民陪审员随机抽选机制。具而言之:一是建立人民陪审员候选人信息库。基层和中级人民法院每5年从符合条件的当地选民(或者当地常住居民）名单中随机抽选至少 5 倍于当地法院法官员额数目的人员作为候选人，制作人民陪审员候选人名册。二是建立人民陪审员名册。基层和中级人民法院会同同级司法行政机关对人民陪审员候选人进行资格审查，征求候选人意见，从审核过的名单中随机抽选不低于当地法院法官员额数 3—5 倍的人员作为人民陪审员，建立人民陪审员名册。三是任命主体。人民陪审员名册需要经同级人大常委会任命。四是在案件审理过程中当事人可以申请回避，由人民法院决定。

2015 年最高人民法院、司法部的《人民陪审员制度改革试点工作实施办法》则对选任程序进一步细化：一是陪审员候选人选由法院院长提请人民代表大会常务委员会任命，相关司法行政机关应当将任命名单逐级报省级司法行政机关备案。二是人民法院可以结合本院审理案件类型情况，根据人民陪审员专业背景，建立专业人民陪审员信息库。三是人民陪审员的增补。由于人民陪审员退出等导致其人数低于人民法院法官员额数 3 倍的，或者因审判工作实际需要的，参照选任程序可以适当增补人民陪审员。经选任为人民陪审员的应当进行集中公开宣誓。四是为避免陪审员成为驻庭陪审员、专职陪审员，这需要人民法院结合本辖区实际情况，合理确定人民陪审员每人每年参与审理案件的数量上限，并向社会公告。五是参与合议庭案件审理的人民陪审员，应当在开庭前通过随机抽选的方式确定。为防止因陪审员临时缺席保障审判的顺利进行，人民法院可以根据案件审理需要，从人民陪审员名册中随机抽选一定数量的候补人民陪审员，并确定递补顺序。如果人民陪审员回避事由经审查成立的，人民法院应当及时从候补人员中确定递补人选。总的来讲，《人民陪审员制度改革试点方案》对人民陪审员选任程序的改革有显著进步。

2018 年 4 月施行的《人民陪审员法》第 8 条至第 12 条对人民陪审员的选任程序作了规定，相比《人民陪审员制度改革试点方案》和《人民陪审员制度改革试点工作实施办法》，《人民陪审员法》对人民陪审员的选任程序作了进一步的修改与完善。主要表现在：一是人民陪审员候选人信息库的建立，仅限于基层人民法院，中级人民法院不再建立人民陪审员信息库。二是人民陪审员的名额，由基层人民法院根据审判案件的需要，提请同级人民代表大会常务委员会确定，且人民陪审员的名额数不低于本院法官数的 3 倍，而不是原来的 3—5 倍。三是人民陪审员候选人的选择，是每五年从符合条件的当地常住居民名单中随机抽选至少 5 倍以上的人作为候选人于当地法院法官员额数目的人员作为候选人。四是选择机关由司法厅行政机关会同基层人民法院、公安机关进行候选，并进行资格审查。五是候选人的选任增加了征求候选人意见一项。六是规定了可以通过个人申请和所在单位、户籍所在地或者经常居住地的基层群众性自治组织、人民团体推荐的方式产生人民陪审员候选人，但此种形式产生的人民陪审员，不得超过人民陪审员名额数的1/5。七是增加规定人民陪审员经人民代表大会常务委员会任命后，应当公开进行就职宣誓。八是没有规定候补人民陪审员的选定。九是基层人民法院审判案件需要由人民陪审员参加合议庭审判的，应当在人民陪审员名单中随机抽取确定。而中级人民法院、高级人民法院审判案件需要由人民陪审员参加合议庭审判的，则在其辖区内的基层人民法院的人民陪审员名单中随机抽取确定。2019年4月25日出台的《最高人民法院关于适用〈中华人民共和国人民陪审员法〉若干问题的解释》，对《人民陪审员法》中由人民陪审员参加合议庭的组成程序和选任方式做出更加具体的阐释。例如，在选任和参审中规定了"三次随机选取"，旨在保证实现人民陪审员的广泛性和代表性。同时还规定专业陪审员参审也要贯彻个案随机抽取原则，可以根据具体案情，适当兼顾审判工作所涉专业技术知识的实际需要，从符合专业需求的陪审员名单中随机抽取确定，而不应该指派固定陪审员参审。例如，其第3条明确规定：人民法院应当在开庭7日前从人民陪审员名单中随机抽取确定人民陪审员。人民法院可以根据案件审判需要，从人民陪审员名单中随机抽取一定数量的候补人民陪审员，并确定递补顺序，一并告知当事人。因案件类型需要具有相应专业知识的人民陪审员参加合议庭审判的，可以根据具体案情，在符合专业需求的人民陪审员名单中随机抽取确定。

（二）我国决策型参与主体（人民陪审员）选任程序方案的优化

《人民陪审员法》关于人民陪审员的选任程序规定较之前更现实、更具操作性，但仍有诸多需要完善的空间，还需要进行一定优化。具体而言：

1. 需要改革人民陪审员任期制，防止异化为准法官制

根据《人民陪审员法》第13条的规定，我国人民陪审员实行任期制，任期为5年，一般不得连任。从某种意义上讲，这种任期制是导致人民陪审员专职化、驻庭陪审员的主要原因。由于法院案件爆炸式增长，在法官员额制改革的背景下，员额法官数量急剧减少，任命的人民陪审员人数系法官数的3—5倍。如此必然导致人民陪审员在任期内每一年度参与审判的案件数量较多，加之遇到疑难复杂案件审判耗时长、工作量大，势必会影响其工作与生活。从课题组调研情况来看：大部分人民陪审员都有自己的本职工作，

在"工审"矛盾发生时,大部分人民陪审员会以自己的本职工作优先,其履行职责的时间无法保证,愿意参加且有时间参加陪审的往往都是无业、退休人员。而法院基于"方便陪审"的实用考量,也倾向于有时间保障的人民陪审员,从而导致人民陪审员"专职化",人民陪审员参审成为缓解案多人少的有力手段,法院倾向于选择熟悉的、空闲的、退休的人员作为人民陪审员,法院出现众多的"驻庭陪审员"也就不奇怪了。人民陪审员"专职化"和"固定化"实际上剥夺了其他人被选为人民陪审员的机会,使得陪审成为"少数人的游戏"。而专职人员陪审员与法官在日常接触中容易建立起熟人关系,不利于其行使监督司法的权力。久而久之,人民陪审员事实上成为"编外法官"。为解决人民陪审员驻庭现象,此次改革试点方案规定各地法院适当限制人民陪审员参与审理案件的数量,但是由于任期制及人民陪审员数量限制,而在案件数量不断增长的情况下,驻庭现象并未得到有效缓解。

基于此,我们建议取消人民陪审员任期制,实行陪审员"一案一选"。在公众参与案件审理是否实行任期制的问题上,调查结果显示:26.7%的人认为必须实行,39.6%的人认为可以实行,24.7%的人认为不必实行,4.7%的人认为无所谓,3.7%的人不置可否,0.6%的人选择其他(参见表35)。从调查的情况来看,任期制并不是必须的。从世界各国的经验分析,任期制亦不可取。

**表35:公众参与案件审理是否需要规定任期调查统计表**

| | | 频率 | 百分比 | 有效百分比 | 累积百分比 |
|---|---|---|---|---|---|
| 有效 | 必须实行 | 1097 | 26.6 | 26.7 | 26.7 |
| | 可以实行 | 1627 | 39.5 | 39.6 | 66.2 |
| | 不必实行 | 1017 | 24.7 | 24.7 | 91.0 |
| | 无所谓 | 195 | 4.7 | 4.7 | 95.7 |
| | 不清楚 | 151 | 3.7 | 3.7 | 99.4 |
| | 其他 | 25 | 0.6 | 0.6 | 100.0 |
| | 合计 | 4112 | 99.8 | 100.0 | |
| 缺失 | 系统 | 9 | 0.2 | | |
| 合计 | | 4121 | 100.0 | | |

2. 改革人民陪审员由人民代表大会常务委员会任命的制度

根据《关于完善人民陪审员制度的决定》第7条、第8条和《人民陪审员制度改革人民陪审员法》第8条、第11条规定，人民陪审员的名额由基层人民法院根据审判案件的需要，提请同级人民代表大会常务委员会确定和任命。《人民陪审员制度改革试点工作实施办法》第11条和《人民陪审员法》第12条还规定：经选任为人民陪审员的应当进行公开宣誓，即人民陪审员的任命基本上与法官任命程序相同。课题组认为：人民陪审员由人民代表大会常务委员会任命，与人民陪审员制度的根据与目标并不符合。根据我国宪法规定，人民法院院长是同级人民代表大会选举产生，而审判人员由人民代表大会任命，即法官是通过人民代表大会常务委员会的任命间接产生。而人民陪审员虽然也是作为人民的代表参与案件的审判，与法官共同分享案件的裁判权，但人民陪审员参与案件审判，不是源于国家权力机关产生与授权，不是由间接民主产生，而是从人民群众中经一定程序直接产生。人民陪审员参与案件审判是公众直接参与的一种最重要形式，是通过直接民主的公众参与弥补代议制民主的不足。人民陪审制的价值目标就是通过普通民众直接参与，以普遍民众的常识、常理、常情，判断案件事实与法律，以普遍民众的智识与经间接选举的法官互动沟通，形成法官的专业智慧与技术和民众的朴素情感与诉求的交融，从而达致最大共识，增强案件的可接受性。不过，现实情况是由人民代表大会常务委员会任命人民陪审员，逐渐成为另一支"准法官"队伍，成为"编外法官"。因此，应取消人民陪审员人民代表大会任命制度，将人民陪审员的选任交由司法行政机关负责，而人民代表大会及其常委会应以监督者角色出现，加强对人民陪审员选任的监督工作。

3. 改革人民陪审员参与审判案件的数量或参与审判时间

1957年7月司法部《关于人民陪审员的名领、任期和产生办法的指示》规定：人民陪审员参与案件审判，一年参与审判的时间原则上不超过10天，如果是选举产生的，则任期为2年。而根据《关于完善人民陪审员制度的决定》规定，在任期5年的前提下，没有限制参与审判案件数量与审判时间，加之没有实行一案一抽取的随机抽取原则，从而导致实践驻庭陪审员，有的陪审员一年参与审判案件达100余件。《人民陪审员制度改革试点方案》规定完善人民陪审员参审案件机制，改变人民陪审员陪而不审、审而不议等现象，合理确定每个人民陪审员每年参与审理案件的数量，防止"驻庭陪审""编外法官"等情形，保障人民陪审员参审权利和效果。《人民陪审员制度改革试点工作实施办法》对此也有具体规定：人民法院应当结合本辖区实际情况，合理确定人民陪审员每人每年参与审理案件的数量上限，并向社会公告。至于到底多少合适，目前没有确定数量。《人民陪审员法》第24条规定：人民法院应当结合本辖区实际情况，合理确定每名人民陪审员年度参加审判案件的数量上限，并向社会公告。但没有对人民陪审员在任期内或者每年参审案件的数量进行限制。《最高人民法院关于适用〈中华人民共和国人民陪审员法〉若干问题的解释》第17条规定："中级、基层人民法院应当保障人民陪审员均衡参审，结合本院实际情况，一般在不超过30件的范围内合理确定每名人民陪审员年度参加审判案件的数量上限，报高级人民法院备案，并向社会公告。"我们认为30件案件的上限过高，如果陪审次数过高，实际上不利于体现人民陪审员的民主性、广泛性和代表性。"根据陪审员参与案件数量的问卷调查显示：总体上选择5件以下的占比最高，为31.3%（参见表36）。从身份交叉问卷看，法官则选择不限制的占比例最高，而专家学者、律师及其他人员，则选择5件以下的占比最高（参见表37）。从年龄交叉问卷表看，56岁以上的选择无数量限制的比例最高，而中青年选择5件以下的比例最高（参见表38）。从问卷调查情况显示，限制人民陪审员参与案件审判数量十分必要。《人民陪审员法》将陪审确定为公民的权利和义务，但陪审不能成为公民过度的负担。因此，比较合理的做法是借鉴国外的做法或我国20世纪50年代的做法，或者限制人民陪审员参审的时间或者限制人民陪审员参审案件数量。我们建议：原则上一年内参与案件审理不得超过2件，并且在最近两年内担任过陪审员的，不得作为陪审员候选人。

表36：关于陪审员参与审判案件的数量问卷调查统计表

|  |  | 频率 | 百分比 | 有效百分比 | 累积百分比 |
| --- | --- | --- | --- | --- | --- |
| 有效 | 5件以下 | 1289 | 31.3 | 31.4 | 31.4 |
|  | 6—10件 | 1219 | 29.6 | 29.7 | 61.1 |
|  | 11—20件 | 530 | 12.9 | 12.9 | 74.0 |
|  | 21—30件 | 238 | 5.8 | 5.8 | 79.7 |
|  | 无数量限制 | 759 | 18.4 | 18.5 | 98.2 |
|  | 其他 | 73 | 1.8 | 1.8 | 100.0 |

续表

| | | 频率 | 百分比 | 有效百分比 | 累积百分比 |
|---|---|---|---|---|---|
| 有效 | 合计 | 4108 | 99.7 | 100.0 | |
| 缺失 | 系统 | 13 | 0.3 | | |
| | 合计 | 4121 | 100.0 | | |

表37：身份＊陪审员参与审判案件的数量交叉统计表

| | | | 陪审员参与审判案件的数量 | | | | | | 合计 |
|---|---|---|---|---|---|---|---|---|---|
| | | | 5件以下 | 6—10件 | 11—20件 | 21—30件 | 无数量限制 | 其他 | |
| 身份 | 法官 | 计数 | 88 | 98 | 74 | 46 | 118 | 6 | 430 |
| | | 身份中的% | 20.5% | 22.8% | 17.2% | 10.7% | 27.4% | 1.4% | 100.0% |
| | | 陪审员参与案件的数量中的% | 6.9% | 8.1% | 14.2% | 19.7% | 15.6% | 8.2% | 10.5% |
| | 检察官 | 计数 | 110 | 115 | 52 | 28 | 70 | 8 | 383 |
| | | 身份中的% | 28.7% | 30.0% | 13.6% | 7.3% | 18.3% | 2.1% | 100.0% |
| | | 陪审员参与案件的数量中的% | 8.6% | 9.5% | 10.0% | 12.0% | 9.3% | 11.0% | 9.4% |
| | 陪审员 | 计数 | 5 | 4 | 10 | 4 | 37 | 1 | 61 |
| | | 身份中的% | 8.2% | 6.6% | 16.4% | 6.6% | 60.7% | 1.6% | 100.0% |
| | | 陪审员参与案件的数量中的% | 0.4% | 0.3% | 1.9% | 1.7% | 4.9% | 1.4% | 1.5% |
| | 律师 | 计数 | 99 | 83 | 41 | 21 | 58 | 3 | 305 |
| | | 身份中的% | 32.5% | 27.2% | 13.4% | 6.9% | 19.0% | 1.0% | 100.0% |
| | | 陪审员参与案件的数量中的% | 7.7% | 6.8% | 7.9% | 9.0% | 7.7% | 4.1% | 7.5% |
| | 公安机关人员 | 计数 | 43 | 50 | 16 | 4 | 18 | 3 | 134 |
| | | 身份中的% | 32.1% | 37.3% | 11.9% | 3.0% | 13.4% | 2.2% | 100.0% |

续表

| | | | 陪审员参与审判案件的数量 | | | | | | 合计 |
|---|---|---|---|---|---|---|---|---|---|
| | | | 5件以下 | 6—10件 | 11—20件 | 21—30件 | 无数量限制 | 其他 | |
| 身份 | 公安机关人员 | 陪审员参与案件的数量中的% | 3.3% | 4.1% | 3.1% | 1.7% | 2.4% | 4.1% | 3.3% |
| | 专家学者 | 计数 | 76 | 41 | 15 | 5 | 19 | 4 | 160 |
| | | 身份中的% | 47.5% | 25.6% | 9.4% | 3.1% | 11.9% | 2.5% | 100.0% |
| | | 陪审员参与案件的数量中的% | 5.9% | 3.4% | 2.9% | 2.1% | 2.5% | 5.5% | 3.9% |
| | 人大代表 | 计数 | 20 | 19 | 3 | 5 | 22 | 0 | 69 |
| | | 身份中的% | 29.0% | 27.5% | 4.3% | 7.2% | 31.9% | 0.0% | 100.0% |
| | | 陪审员参与案件的数量中的% | 1.6% | 1.6% | 0.6% | 2.1% | 2.9% | 0.0% | 1.7% |
| | 其他 | 计数 | 843 | 803 | 311 | 121 | 414 | 48 | 2540 |
| | | 身份中的% | 33.2% | 31.6% | 12.2% | 4.8% | 16.3% | 1.9% | 100.0% |
| | | 陪审员参与案件的数量中的% | 65.7% | 66.2% | 59.6% | 51.7% | 54.8% | 65.8% | 62.2% |
| 合计 | | 计数 | 1284 | 1213 | 522 | 234 | 756 | 73 | 4082 |
| | | 身份中的% | 31.5% | 29.7% | 12.8% | 5.7% | 18.5% | 1.8% | 100.0% |
| | | 陪审员参与案件的数量中的% | 100.0% | 100.0% | 100.0% | 100.0% | 100.0% | 100.0% | 100.0% |

表38：年龄＊陪审员参与审判案件的数量交叉统计表

| | | | 陪审员参与审判案件的数量 | | | | | | 合计 |
|---|---|---|---|---|---|---|---|---|---|
| | | | 5件以下 | 6—10件 | 11—20件 | 21—30件 | 无数量限制 | 其他 | |
| 年龄 | 25岁以下 | 计数 | 395 | 416 | 143 | 61 | 151 | 13 | 1179 |
| | | 年龄中的% | 33.5% | 35.3% | 12.1% | 5.2% | 12.8% | 1.1% | 100.0% |

续表

| | | | 陪审员参与审判案件的数量 | | | | | | 合计 |
|---|---|---|---|---|---|---|---|---|---|
| | | | 5件以下 | 6—10件 | 11—20件 | 21—30件 | 无数量限制 | 其他 | |
| 年龄 | 25岁以下 | 陪审员参与案件的数量中的% | 30.7% | 34.1% | 27.1% | 25.6% | 19.9% | 17.8% | 28.7% |
| | 26—35岁 | 计数 | 478 | 458 | 213 | 87 | 269 | 29 | 1534 |
| | | 年龄中的% | 31.2% | 29.9% | 13.9% | 5.7% | 17.5% | 1.9% | 100.0% |
| | | 陪审员参与案件的数量中的% | 37.1% | 37.6% | 40.4% | 36.6% | 35.4% | 39.7% | 37.4% |
| | 36—45岁 | 计数 | 266 | 217 | 113 | 62 | 193 | 16 | 867 |
| | | 年龄中的% | 30.7% | 25.0% | 13.0% | 7.2% | 22.3% | 1.8% | 100.0% |
| | | 陪审员参与案件的数量中的% | 20.7% | 17.8% | 21.4% | 26.1% | 25.4% | 21.9% | 21.1% |
| | 46—55岁 | 计数 | 122 | 107 | 50 | 22 | 110 | 12 | 423 |
| | | 年龄中的% | 28.8% | 25.3% | 11.8% | 5.2% | 26.0% | 2.8% | 100.0% |
| | | 陪审员参与案件的数量中的% | 9.5% | 8.8% | 9.5% | 9.2% | 14.5% | 16.4% | 10.3% |
| | 56岁以上 | 计数 | 26 | 21 | 8 | 6 | 36 | 3 | 100 |
| | | 年龄中的% | 26.0% | 21.0% | 8.0% | 6.0% | 36.0% | 3.0% | 100.0% |
| | | 陪审员参与案件的数量中的% | 2.0% | 1.7% | 1.5% | 2.5% | 4.7% | 4.1% | 2.4% |
| 合计 | | 计数 | 1287 | 1219 | 527 | 238 | 759 | 73 | 4103 |
| | | 年龄中的% | 31.4% | 29.7% | 12.8% | 5.8% | 18.5% | 1.8% | 100.0% |

4. 增强人民陪审员选任的随机性

根据《关于完善人民陪审员制度的决定》第 8 条规定，我国人民陪审员信息库的成员来源有两种方式：一种是符合人民陪审员条件的公民，由其所在单位或者户籍所在地的基层组织向基层人民法院推荐；一种是本人提出申请后，由基层人民法院会同同级人民政府司法行政机关进行审查，并由基层人民法院院长提出人民陪审员人选。由此可见，陪审员并非随机产生。至于具体案件审判中的陪审员如何选取？《关于完善人民陪审员制度的决定》并无规定，而实践中往往由法院自行确定。《中共中央关于全面推进依法治国若干重大问题的决定》提出"完善随机抽选方式"。《人民陪审员制度改革试点方案》规定，基层和中级人民法院每5年从符合条件的当地选民或者当地常住居民名单中随机抽选当地法院法官员额数倍以上的人员作为人民陪审员候选人，制作人民陪审员候选人名册，建立人民陪审员候选人信息库。经过资格审查、征求意见后，再从名单中随机抽选不低于当地法院法官员额数3—5倍的人员作为人民陪审员，建立人民陪审员名册，提请同级人大常委会任命。《人民陪审员制度改革试点工作实施办法》第16条规定："参与合议庭审理案件的人民陪审员，应当在开庭前通过随机抽选的方式确定。人民法院可以根据案件审理需要，从人民陪审员名册中随机抽选一定数量的候补人民陪审员，并确定递补顺序。"《人民陪审员法》第9条、第10条、第19条规定了人民陪审员选任的"三个随机"，即随机抽取人民陪审员候选人、随机抽取确定人民陪审员人选、随机抽取人民陪审员审理具体案件。按照这些文件的规定，一是"三个随机"使得人民陪审员选任的随机性大大提高，但仍然存在影响选任效果的情况，例如构建陪审员候选人信息库的时间为5年。但是5年时间过长，人员变动大，因各种原因可能大大减少了信息库人员数，影响随机抽取的效果，我们建议改为2年一次从选取中随机抽取。二是合格候选陪审员的数量应至少保证法官数5倍以上[①]，或者根据大致需要陪审员参与审判的案件数确定。以每一期间陪审员至多每人能参与审判1—2件案件为最低陪审员数。对随机抽取的陪审员候选人进行资格审查后不必再进行随机抽选一次。即从当地选民或常住居民中随机抽选一定数量的陪审员候选人，进行资格审查后，对不足的再抽取部分陪审员候选人补充。案件审判时从其中随机抽选所需要的陪审人员及候补陪审员。从问卷调查情况看，在参与审判的公众应当如何选定的问题上，选择随机抽选的比例高达71.1%（参见表39）。从身份交叉问卷统计及年龄交叉问卷分析来看，不同身份与年龄的受访者都普遍赞同随机抽选（参见表40和表41）。

---

[①] 《人民陪审员法》第8条第2款规定："人民陪审员的名额数不低于本院法官数的三倍。"

《人民陪审员法》将人民陪审员选任改为随机选任，既符合世界潮流，也更具合理性。

表39：参与公众如何选定调查问卷统计表

|  |  | 频率 | 百分比 | 有效百分比 | 累积百分比 |
|---|---|---|---|---|---|
| 有效 | 法院选定 | 465 | 11.3 | 11.3 | 11.3 |
|  | 随机抽取 | 2920 | 70.9 | 71.1 | 82.4 |
|  | 都可以 | 518 | 12.6 | 12.6 | 95.0 |
|  | 不清楚 | 120 | 2.9 | 2.9 | 97.9 |
|  | 其他 | 86 | 2.1 | 2.1 | 100.0 |
|  | 合计 | 4109 | 99.7 | 100.0 |  |
| 缺失 | 系统 | 12 | 0.3 |  |  |
| 合计 |  | 4121 | 100.0 |  |  |

表40：身份 * 参与公众如何选定交叉统计表

| | | | 参与公众如何选定 | | | | | 合计 |
|---|---|---|---|---|---|---|---|---|
| | | | 法院选定 | 随时抽取 | 都可以 | 不清楚 | 其他 | |
| 身份 | 法官 | 计数 | 52 | 321 | 45 | 3 | 7 | 428 |
| | | 身份中的% | 12.1% | 75.0% | 10.5% | 0.7% | 1.6% | 100.0% |
| | | 参与公众如何选定中的% | 11.2% | 11.0% | 8.9% | 2.5% | 8.1% | 10.5% |
| | 检察官 | 计数 | 20 | 308 | 37 | 8 | 12 | 385 |
| | | 身份中的% | 5.2% | 80.0% | 9.6% | 2.1% | 3.1% | 100.0% |
| | | 参与公众如何选定中的% | 4.3% | 10.6% | 7.3% | 6.7% | 14.0% | 9.4% |
| | 陪审员 | 计数 | 21 | 22 | 15 | 4 | 0 | 62 |
| | | 身份中的% | 33.9% | 35.5% | 24.2% | 6.5% | 0.0% | 100.0% |
| | | 参与公众如何选定中的% | 4.5% | 0.8% | 3.0% | 3.4% | 0.0% | 1.5% |

续表

| | | | 参与公众如何选定 | | | | | 合计 |
|---|---|---|---|---|---|---|---|---|
| | | | 法院选定 | 随时抽取 | 都可以 | 不清楚 | 其他 | |
| 身份 | 律师 | 计数 | 20 | 248 | 29 | 4 | 4 | 305 |
| | | 身份中的% | 6.6% | 81.3% | 9.5% | 1.3% | 1.3% | 100.0% |
| | | 参与公众如何选定中的% | 4.3% | 8.5% | 5.7% | 3.4% | 4.7% | 7.5% |
| | 公安机关人员 | 计数 | 10 | 101 | 18 | 4 | 1 | 134 |
| | | 身份中的% | 7.5% | 75.4% | 13.4% | 3.0% | 0.7% | 100.0% |
| | | 参与公众如何选定中的% | 2.2% | 3.5% | 3.5% | 3.4% | 1.2% | 3.3% |
| | 专家学者 | 计数 | 16 | 126 | 15 | 1 | 2 | 160 |
| | | 身份中的% | 10.0% | 78.8% | 9.4% | 0.6% | 1.3% | 100.0% |
| | | 参与公众如何选定中的% | 3.5% | 4.3% | 3.0% | 0.8% | 2.3% | 3.9% |
| | 人大代表 | 计数 | 19 | 33 | 12 | 3 | 1 | 68 |
| | | 身份中的% | 27.9% | 48.5% | 17.6% | 4.4% | 1.5% | 100.0% |
| | | 参与公众如何选定中的% | 4.1% | 1.1% | 2.4% | 2.5% | 1.2% | 1.7% |
| | 其他 | 计数 | 305 | 1748 | 337 | 92 | 59 | 2541 |
| | | 身份中的% | 12.0% | 68.8% | 13.3% | 3.6% | 2.3% | 100.0% |
| | | 参与公众如何选定中的% | 65.9% | 60.1% | 66.3% | 77.3% | 68.6% | 62.2% |
| 合计 | | 计数 | 463 | 2907 | 508 | 119 | 86 | 4083 |
| | | 身份中的% | 11.3% | 71.2% | 12.4% | 2.9% | 2.1% | 100.0% |
| | | 参与公众如何选定中的% | 100.0% | 100.0% | 100.0% | 100.0% | 100.0% | 100.0% |

表 41：年龄 * 参与公众如何选定交叉统计表

| | | | 参与公众如何选定 | | | | | 合计 |
|---|---|---|---|---|---|---|---|---|
| | | | 法院选定 | 随时抽取 | 都可以 | 不清楚 | 其他 | |
| 年龄 | 25 岁以下 | 计数 | 169 | 788 | 156 | 40 | 27 | 1180 |
| | | 年龄中的% | 14.3% | 66.8% | 13.2% | 3.4% | 2.3% | 100.0% |
| | | 参与公众如何选定中的% | 36.5% | 27.0% | 30.2% | 33.6% | 31.4% | 28.8% |
| | 26—35 岁 | 计数 | 137 | 1147 | 184 | 36 | 29 | 1533 |
| | | 年龄中的% | 8.9% | 74.8% | 12.0% | 2.3% | 1.9% | 100.0% |
| | | 参与公众如何选定中的% | 29.6% | 39.3% | 35.6% | 30.3% | 33.7% | 37.4% |
| | 36—45 岁 | 计数 | 81 | 649 | 98 | 26 | 14 | 868 |
| | | 年龄中的% | 9.3% | 74.8% | 11.3% | 3.0% | 1.6% | 100.0% |
| | | 参与公众如何选定中的% | 17.5% | 22.2% | 19.0% | 21.8% | 16.3% | 21.2% |
| | 46—55 岁 | 计数 | 54 | 280 | 64 | 10 | 15 | 423 |
| | | 年龄中的% | 12.8% | 66.2% | 15.1% | 2.4% | 3.5% | 100.0% |
| | | 参与公众如何选定中的% | 11.7% | 9.6% | 12.4% | 8.4% | 17.4% | 10.3% |
| | 56 岁以上 | 计数 | 22 | 55 | 15 | 7 | 1 | 100 |
| | | 年龄中的% | 22.0% | 55.0% | 15.0% | 7.0% | 1.0% | 100.0% |
| | | 参与公众如何选定中的% | 4.8% | 1.9% | 2.9% | 5.9% | 1.2% | 2.4% |
| 合计 | | 计数 | 463 | 2919 | 517 | 119 | 86 | 4104 |
| | | 年龄中的% | 11.3% | 71.1% | 12.6% | 2.9% | 2.1% | 100.0% |
| | | 参与公众如何选定中的% | 100.0% | 100.0% | 100.0% | 100.0% | 100.0% | 100.0% |

5. 改变对人民陪审员进行法律培训的"专业化"倾向

对人民陪审员进行法律知识的培训从某种程度上消解了人民陪审员作为普通公众判断事实与理解法律的民主价值，违背人民陪审员制度的初衷。陪审员的作用主要是根据其作为普遍公民的生活经验优势弥补法官在生活经验及相关常识、常理、常情方面判断的不足。陪审员以其最朴素的、最基本的常识、常理、常情作为检验法官对法律的解释及法官对事实的判断。"情理是法律的生命"，①"陪审团之评议案情，使法理、人情均得兼顾，且集多数人组成陪审团之智慧与意见，本于良知而为公正之评议，较之法官囿于法律之成见，可减少偏私无端之裁判"。②《关于完善人民陪审员制度的决定》规定陪审员与法官在认定事实与法律适用方面享有同等权利与义务，而且《人民陪审员法》第2条第2款规定了除法律另有规定外，人民陪审员同法官有同等权利，从第21条、第22条的规定来看，人民陪审员在参加3人合议庭时，在认定事实与法律适用方面享有同等权利与义务，而在参加7人合议庭时，只能对认定事实问题进行表决。根据第21条的规定，事实上要求人民陪审员具有一定的法律专业知识，而根据第22条的规定，人民陪审员不一定要具有一定的法律知识。《关于完善人民陪审员制度的决定》规定：基层人民法院会同同级人民政府司法行政机关对人民陪审员进行培训，提高人民陪审员的素质。最高人民法院、司法部关于印发《关于人民陪审员选任、培训、考核工作的实施意见》的通知规定："人民陪审员经任命后、依法参加人民法院的审判活动前必须经过培训，而培训内容就包括法律基础知识"。《人民陪审员法》第25条第2款规定，对人民陪审员应当有计划地进行培训。人民陪审员应当按照要求参加培训。《人民陪审员法》第21条、第22条的规定实际上对3人合议庭、7人合议庭中的人民陪审员的法律知识的要求不同，前者要求人民陪审员具有法律知识，后者则不要求人民陪审员具有法律知识。由此带来的难题是，要对3人合议庭中的人民陪审员进行法律知识的培训，而对7人合议庭中的人民陪审员则不需要进行法律知识的培训，在陪审员选任时就要区分参加3人合议庭和参加7人合议庭的人民陪审员。根据上述分析，对人民陪审员进行法律知识的培训，就是对人民陪审

---

① ［法］勒内·达维德：《当代主要法律体系》，漆竹生译，上海译文出版社1984年版，第365页。

② 蒋耀祖：《中美司法制度比较》，商务印书馆1976年版，第389页。

员的普法，事实上属于再造"法官"的行为，如此便使人民陪审员丧失了存在的意义。《人民陪审员制度改革试点方案》和《人民陪审员法》第22条规定人民陪审员只负责事实认定，不再决定法律适用，都不要求人民陪审员具有法律知识。不过，课题组建议不应将人民陪审员排除于决定法律适用，也不应对人民陪审员进行法律培训；对人民陪审员的培训仅限于程序性及履行其权利与义务等方面的培训，而有关法律问题在个案中可以给予必要的指引与解释。

6. 改革人民陪审员选任机关和程序

根据《关于完善人民陪审员制度的决定》《人民陪审员制度改革试点方案》和《人民陪审员法》的规定，目前人民陪审员的选任机关涉及人民法院、公安机关、司法行政机关和人大常委会四大机关。《关于完善人民陪审员制度的决定》第8条规定，经符合人民陪审员条件的公民所在单位或者户籍所在地的基层组织向基层人民法院推荐，或者本人提出申请，由基层人民法院会同同级人民政府司法行政机关进行审查，由基层人民法院院长提出人民陪审员人选，提请同级人民代表大会常务委员会任命。而第14条则规定，如果案件审理需要人民陪审员参加，则由案件审判的法院在基层人民法院的陪审员名单中随机提取确定。不过，《人民陪审员制度改革试点方案》则对选任机关及选择形式作了部分修改。一是增加中级人民法院可以建立陪审员信息库。二是每5年从符合条件的当地选民（或者当地常住居民）名单中随机抽选当地法院法官员额数5倍以上的人员作为人民陪审员候选人。三是陪审员候选人的选任由推荐与申请，法院会同司法行政机关审查，改为从当地符合条件的选民（或常住居民）名单中随机抽取。然而，关于选任机关仍没有修改。《人民陪审员法》第9条规定司法行政机关会同基层人民法院、公安机关随机抽取人民陪审员候选人；第10条规定司法行政机关会同基层人民法院随机抽取确定人民陪审员人选，由同级人民代表大会常务委员会任命；第11条部分保留个人申请和组织推荐产生人民陪审员的方式；第19条规定了高级人民法院、中级人民法院、基层人民法院审理案件需要由人民陪审员参审的，从辖区基层人民法院人民陪审员名单中随机抽取。

课题组建议取消人民陪审员人民代表大会任命的制度（详细理由前面已经论述），而将选任机关和选任程序修改如下：第一步，确定人民陪审员名额。由基层人民法院根据其案件的实际情况确定一定的人民陪审员名额，提交同级司法行政机关。第二步，建立人民陪审员候选人信息库。司法行政机关每一年或每两年从当地符合条件的选民（或常住居民）名单中随机抽取一定名额的人员作为人民陪审员候选人，并对其进行资格审查，制作人民陪审员候选人名册，建立人民陪审员候选人信息库，并进行公告。第三步，确立公告异议期间。如果有异议或申请免除的，可以在规定时间提出。经过公告期间，则名单具有法律效力，人民陪审员信息库的候选人在此期间有履行陪审的义务。第四步，具体案件陪审员的随机选任。人民法院审判案件需要陪审员与法官组成合议庭的，由人民法院向同级司法行政机关提出所需要人民陪审员人数及候补人民陪审员数，由司法行政机关从人民陪审员信息库中随机抽取。

# 第七章
# 刑法适用公众参与的信息与责任保障机制

刑法适用公众参与制度的有效运行必须有相应的保障制度，否则，刑法适用公众参与的有效性与有序性目标将难以实现。课题组在人民陪审员制度运行情况的调研访谈中，涉及两个普遍问题：一是人身安全问题；二是对人民陪审员的补贴问题。的确，这两个问题是影响人民陪审员参与审判的重要因素，但并不能构成影响公众参与刑法适用的基本保障制度的主要内容。因为，第一，关于人身安全问题，主要是人民陪审员担心如果判定被告人有罪，可能会遭到被告人及其家人打击报复。这一担忧是可以理解的，但却是不必要的，因为人民陪审员将与法官一起决定被告人是否构成犯罪与量刑问题，人民陪审员与法官共享国家审判权，其职务行为与法官同样受法律保护，我国《人民陪审员法》第 28 条不仅明确规定人民陪审员的人身和住所安全受法律保护，而且对其近亲属的人身安全和名誉保护问题也做了详细规定。我国关于侵犯公民人身权利的违法犯罪行为的规定，本身就构成严密责任追究体系，能够及时有效地打击相关违法犯罪行为。第二，关于补贴，也是一个重要的问题，没有必要的经费支持公民自然会冷静地选择"弃权"。①《人民陪审员法》第 30 条、第 31 条明确规定人民陪审员因参加审判活动而支出的交通、就餐等费用，由相关法院按规定给予补助，并规定相关开支费

---

① 李春燕：《公众参与的功能及其实现条件初探》，载《兰州学刊》2006 年第 9 期。

用列入人民法院和司法行政机关业务经费,由相应政府财政予以保障。实际上,我国各地法院的人民陪审员制度运行中,都根据当地的经济状况给了一定的补贴,例如,有地方按天或按件补贴数十元至二三百元不等,但仍缺乏统一合理的标准,因此,就我国当前情况看,人民陪审员制度运行的经济保障并不是问题。综上所述,人身安全保障与经费保障并不是影响公众参与机制运行的主要保障机制内容。

刑法适用公众参与的类型有决策型、咨询型与监督型三种,要保障公众参与制度能够有效运转,实现公众有序与有效的参与,三种类型的公众参与所共同的基本保障制度应当包括以下两种主要制度:第一,必须建立完善的信息保障机制。无论是决策型、咨询型还是监督型公众参与机制,把握全面、准确、完整、及时的信息是实现有序有效参与的基础,而公众在参与过程中所需要的信息必须由特定机关与人员供给,公众自身难以获得有效信息。近年来,我国一些对司法机关形成负面影响的热点案件如"药家鑫案"等,往往是公众在不完整、不准确甚至是虚假信息的基础上非理性参与,损害了司法的权威与公信。因此,信息保障机制是公众参与保障机制中的核心机制。第二,必须建立公众参与的责任追究机制。参与刑法适用是公众的一项权利,要保障公众的权利实现,必须对妨碍公众参与权利行使的行为予以责任追究,同时,公众参与刑法适用是公众的权利,但公众参与刑法适用必须正确行使权利,如果不正确行使参与权利甚至滥用参与权利就会对刑事法治造成负面影响,因此,建立公众参与刑法适用的责任追究机制就很有必要。只有从上述两个方面建立起相应的责任追究机制,才能保障公民正确地运用权利和有效地行使权利。因此,本章着重从信息保障及责任追究两方面探讨刑法适用公众参与的保障机制。

## 第一节 刑法适用公众参与信息保障机制

所谓信息保障机制,是指国家为确保公众有效有序参与决策、咨询及监督所必需的相关信息而构建的保障机制。公众及时、准确、全面掌握相关信息,是公众参与的前提,"没有任何东西比秘密更能损害民主,公民没有了解情况，所谓自治，所谓公民最大限度地参与国家事务只是一句话。"① 如果公众不能获取信息，公众参与将无从谈起，如果公众获取信息不全面甚至是虚假信息，公众在刑法适用过程中，将做出不当甚至完全错误的决策、咨询和监督，损害刑法适用效果。如"药家鑫案"，关于药家鑫家庭背景的虚假信息，导致公众非理性质疑法院的公正性，一些网友甚至得出"药家鑫不死，中国法律死"的不当断言。而针对网上一些虚假信息，法院却未给予及时的信息公开，未能给予公众正确的导向，反而在审判时向主要由药家鑫所就读学校的学生发放关于药家鑫定罪量型的问卷，进一步加大了公众对法院公正性的质疑。在舆论强大压力下，药家鑫被判死刑。相反，2015年，一则"大学生抓16只鸟被判10年"的舆情在网络上迅速引爆后，公众纷纷认为法院判刑过重，后经官方披露大学生所掏之"鸟"并非普通的鸟，而是鹰隼，为国家二级保护动物，舆情逆转并支持法院的判决。② 这充分说明，信息保障是确保公众有效有序参与的基础。基于准确、完整的信息，刑法适用中的公众参与，有助于增强司法公信力，消解公众对司法的质疑。由于信息保障的重要价值，党的十八届四中全会提出："构建开放、动态、透明、便民的阳光司法机制，进一步推进在审判、检务、警务、狱务等方面的公开……建立生效法律文书统一上网和公开查询制度。"③ 最高人民法院先后发布《关于司法公开的六项规定》《关于人民法院在互联网公布裁判文书的规定》等规范性文件；最高人民检察院发布《人民检察院案件信息公开工作规定（试行）》更是填补了审前案件信息公开的制度空白。遗憾的是，现有司法信息公开规定大多散落在不同的规范性文件中，发文机关还牵涉到不同的司法部门，各自为政的规范性文件不仅容易造成重复规定，而且部门规范性文件的效力也较低，权威性不够，到底哪些信息应该公开规定不明。鉴于司法信息公开的极端重要性，我国有必要制定一部专门的《司法信息公开法》，对司法信息公开的主体、原则、范围、方式和程序、责任等内容进行体系化的制度设计，集中解决谁来公开、向谁公开、公开什么及不公开或不适当公开应承担什么责任等系列重要问题，最大程度保障公众在刑法适用过程中对司法信息高效、精准的获取。

---

① 王名扬：《美国行政法》，中国法制出版社1995年版，第959页。
② 程振楠：《"大学生掏鸟案"是否罚当其罪》，载《检察日报》2015年12月11日。
③ 《中共中央关于全面推进依法治国若干重大问题决定》，载《人民日报》2014年10月29日。

## 一、信息主体保障

信息主体保障不仅指司法信息公开主体明确固定,而且还指司法信息公开主体工作尽职勤勉,信息公开不能马虎了事。根据我国相关法律规定,信息公开主体不仅包括传统的公检法司机关,还应包括国家监察委员会,他们应当在各自职责范围内推动本部门的信息公开,如果拟公开信息牵涉到几家单位的,还应由相关职能部门联合发布司法信息,最大程度保障公众在参与刑法适用过程中的信息知情权。实践中,负责信息公开的往往是上述主体的内设机构,并且,不少地方司法机关没有设置专门的司法信息公开的工作机构,这样做的直接后果,容易导致重要司法信息被遗漏,公开或者公开的信息不当(隐私泄露等),比如,在中国裁判文书网公布的明某某宣扬恐怖主义罪的判决书中,竟然出现了某暴恐组织活动 QQ 群号码的描述。[1] 鉴于此,可借鉴国外专门信息办公室或信息官制度,[2] 司法信息公开应由司法机构内设的专门机构与人员负责,具体承担信息的采集、整理、审核和发布等工作。

## 二、信息内容保障

在决策型与咨询型参与中,就个案的裁决与咨询而言,应当向参与者提供全面的案件事实、证据及适用法律依据或向公众提供深入了解案件事实与证据的机会,以保障参与者最大限度地获取案件相关信息,从而为其合理裁决或提供咨询意见提供坚实基础。对监督型参与而言,着重将司法信息向公众公开,保障监督者了解必要的司法信息或通过一定渠道保障参与者获取必要的信息。无论哪种形式的参与,信息是参与的前提与基础。然而,实践中对司法信息公开内容仍存在诸多问题,一是对信息的公布选择性公开现象突出,如司法整体信息公开不系统;二是对信息公开过于简单,如个案信息公开、裁判文书公开中内容删减太多,对案件争议点及处理异议没有公开,裁判文书总体公布过少、公布不及时;等等。其结果就是,公众看到的是司法机关希望其看到的信息,公众希望看到的司法信息却从公开的信息中难以寻

---

[1] 参见(2016)陕 0581 刑初 57 号判决书。
[2] 黄冀军:《公众参与呼唤程序保障》,载《中国环境报》2006 年 4 月 21 日。

觅。因此，对信息公开的内容应作明确规定，信息内容至少应包括司法机关内部文件公开、个案信息公开、整体信息公开和信息公开例外等。

（一）规范性文件公开

我国是成文法国家，罪刑法定原则是我国刑法基本原则。然而，由于语言的多义性、犯罪复杂性及我国各地经济社会发展的差异性等，刑法在适用中存在理解与解释的分歧，或各地适用存在地区差异，刑法需要或统一的解释或各地有适应当地情况的差异化标准，因而需要对刑法进行统一解释或各地出台本地的定罪量刑的地方标准，从而形成司法适用中的规范性文件，这些规范性文件也直接影响定罪量刑，这些文件也应当公开。而在我国司法实践中，刑法适用中的众多规范性文件，绝大多数及时公开了，但有些却没有及时公开。显然，这些内部规范性文件如果不能及时公开，人民群众会有司法不公、司法擅断之感，影响司法公信力。比如，最高人民检察院《司法解释工作规定》第12条明确最高人民检察院于每年初制定本年度司法解释工作计划，最高人民法院《关于司法解释工作的规定》第12条也有类似规定，但司法解释的工作计划并未及时向社会公开，公众无法及时了解司法机关拟制定哪些司法解释，难以对司法解释的必要性及合理性进行充分了解、考证、讨论，因而当司法解释制定过程中尽管有征求意见的时间，但由于征求意见时间短，仓促之间公众难以提出有价值的建议。① 因此，刑法适用公众参与的信息内容保障首先是内部文件要公开，不仅包括最高司法机关近期司法解释规划及理由公开，还包括侦查、起诉、审判、执行等刑法适用阶段其他内部文件的公开。当然，涉嫌国家机密或者商业秘密等法律依法不公开的除外。

（二）个案信息公开

个案信息公开指在检察、审判等阶段具体案件信息的可公开内容，通过个案信息的全方位依法公开，保障公众获取更多更真实的司法信息，以提升

---

① 据统计，近7年来，我国司法解释征求意见的持续时间一般就1个月左右，有的甚至只有半个月时间，例如，《最高人民法院关于适用〈中华人民共和国公司法〉若干问题的规定（四）》（征求意见稿）自2016年4月12日开始向公众征询意见，5月13日截止；《最高人民法院就专利侵权司法解释（二）》（征求意见稿）自2014年7月31日开始向公众征询意见，9月1日截止；而《最高人民法院关于修改〈最高人民法院关于限制被执行人高消费的若干规定〉》（征求意见稿）从2014年8月6日开始向公众征询意见，8月25日截止，征求意见时间仅15天。

公众参与刑法适用的质量。就刑法适用而言，在检察阶段，对个案是否批捕及其理由公开；对个案是否提起公诉及其理由公开；对法律实施监督案件的公开。在案件审判阶段，对个案开庭时间、地点等信息最大限度公开；对个案裁判文书进行公开，必要的时候，司法机关在公开司法裁判文书的同时，还可配合庭审实录、起诉书以及代理词公开，争取立体、全面地呈现裁判的事实和依据；更为重要的是，要逐步实行对个案判决结论的说理公开，早在1810年法国大革命时期法律就有规定："理由是判决的灵魂，查阅一个不写明理由的判决，等于没有灵魂的躯体"。① "在判决说理中要特别注意案件异议内容的说理公开，让公众不仅要知其然还要知其所以然。"② 目前，许多案件中虽有判决结论但对判决结论的说理却相对薄弱，这不利于公众深入了解案件分歧点并参与刑法适用；要逐步实现裁判异议公开，让公众对裁判过程中观点分歧等全面了解。当然，上述个案信息公开是建立在依法公开的前提之下，公开方式既可以是司法机关依职权公开也可以是依公众申请公开。值得注意的是，司法机关在进行个案信息公开的时候，要保障信息获得者能全面理解必要的信息。按照一般人的常识、常情和常理，如果公民要参与该案的刑法适用，需要掌握哪些司法信息，而不能凭借司法机关的偏见主观公开甚至是不公开。以"聂树斌案"为例，暂不谈该案其他信息公开的问题，仅就判决书是人民法院生效判决的文本证据，理应是司法机关最低限度的信息公开，可聂家从聂树斌一审到死刑被执行都没有收到判决书，这不仅成为聂树斌案日后申诉的障碍，③ 也让公众对该案的参与和监督沦为空话。反之，在"许霆案"中，广州中院司法信息公开就进步多了，一审判决后，司法机关及时将判决书公开并予以判决释明。同时，经过各种媒体全面报道了许霆案发的全部过程、法律对盗窃罪的规定，甚至还包括许霆个人成长经历和家庭情况，以此为起点，一场法律与民意之间的对话就顺势展开，在司法信息相对对称的语境下，许霆案不仅实现了个案正义，而且公众也在参与

---

① 沈达明：《比较民事诉讼法初论》，中信出版社1991年版，第186页。
② 2017年8月1日开始施行的《最高人民法院司法责任制实施意见（试行）》规定，除法律明确不予公开的情形外，审判委员会对案件的处理决定和理由应当在裁判文书中公开，这是对判决理由公开的积极信号。
③ 陈悦：《聂树斌案曾遇申诉难：法院拒给判决书，律师向被害人家属求得》，http://news.ifeng.com/a/20161202/50352687_0.shtml，最后访问时间：2017年3月29日。

刑法适用过程中提升了法治认同。① 新近山东"辱母杀人案"中也能看到这种在信息内容保障下公众参与刑法适用的正面效应。②

### (三) 整体司法信息公开

公众参与刑法适用所依赖的信息不仅仅是个案的关键信息，还依赖当地案件发生的整体信息情况的供给。无论是决策型、咨询型与监督型参与，公众参与刑法适用都必须全面了解个案的基本事实、证据与法律适用结果。此外，公众对刑法适用的参与，还需要对司法整体信息的了解，以实现对司法机关刑法适用整体情况的监督与评价，如特定区域内整体或不同类型犯罪等的立案情况、起诉与不起诉情况、判决情况等。刑法适用公众参与总是不可避免地要受特定历史时期的整体犯罪情势影响，整体司法信息反映了特定区域社会治安情况，决定整体或不同类型案件的司法刑事政策，也影响个案中的司法策略，影响个案的定罪量刑甚至减刑缓刑等。因此，公众参与刑法适用不仅仅是个案信息，为了保障公众更好地参与刑法适用，司法机关对案件发生地的整体司法信息情况的公开也尤为必要。当前我国对案件整体信息公开工作尚有许多不足：一是虽然每年最高人民法院与最高人民检察院及地方有的人民法院与检察院要向同级人民代表大会报告过去一年度当地案件的工作，其中包含整体司法信息情况，但向人民代表大会报告工作并非是全部司法机关，并且报告难以做到全方位信息公开。二是通过特定渠道公开的信息如通过媒体、官方网站，公开的内容也呈现出随意性，未能完全公开整体信息情况。就时间而言，司法机关对案件的整体信息公开一般都在每年人大会议期间，其他时间疏于此类信息的集中公开。鉴于此，各级司法机关应当定期按季度或者半年度通过官网、信息推送等渠道向公众集中公开当地案件整体信息情况，便于公众在参与刑法适用进行经验判断时有一个整体的司法信息支持。

### (四) 信息公开的例外

司法信息公开并不意味着所有司法信息都要公开，而是只需要公开关涉

---

① 《许霆恶意取款重审，无期改判五年》，载腾讯新闻，http://news.qq.com/zt/2007/eyqk/，2017年3月29日访问。

② 最近的山东辱母杀人案中，山东高院第一时间通报于欢故意伤害案进展；最高检派员赴山东阅卷并对案件事实证据全面审查；山东公安厅派出工作组，赴当地对民警处警和案件办理情况核查并及时公布案件信息，为公众参与于欢案的刑法适用提供了信息支持。参见长安剑：《于欢案：谁让一场可能严重冲击社会的舆论风暴改变了轨迹？》，http://mp.weixin.qq.com/s/KgDW5Ksq9xCZRn336PWrPg，2017年6月1日访问。

案件处理的规范性文件、案件所涉及的事实与证据及司法机关所处理的整体司法情况等。而对纯粹属于司法管理的文件、涉及商业秘密、国家秘密等个案信息内容及司法整体信息、内容监督与考核等数据，不必公开。从目前司法公开的情况看，需要对依法应当公开的司法信息以目录形式明确列举出来，将不可公开的信息以"例外"的方式予以排除。同时，对于哪些属于不应当公开的信息应予以明确，对司法信息中涉及敏感信息如何处理等应制定统一的技术规范，以防止借司法公开例外对应当公开的信息不予公开。例如，英国《最高法院信息公开方案》的公开范围包括了最高法院基本信息、经费使用情况、判决生成过程、案件清单和其他服务项目，而法庭记录被规定为信息公开的例外，但最高法院掌握的所有文件资料都可以由媒体或公众向登记处申请查阅，登记处可以根据国家安全、公共利益和商业秘密为由拒绝申请，应当解释不公开理由。① 总之，信息公开例外是信息内容保障的一体两面，甚至可以说，只有理解了哪些信息应当不公开，我们才能真正明白哪些信息必须公开。

### 三、信息渠道保障

信息渠道保障是指司法机关应当为公众提供获取信息的具体路径。目前，我国司法机关在司法信息公开方面努力开拓公开渠道，保障公众信息获取的权利与便利。

（一）充分利用新媒体等发布司法信息

如全国 90% 以上法院开通了门户网站；开通"中国审判流程信息公开网""中国裁判文书网"和"中国执行信息公开网"等司法信息网站，② 截至 2017 年 4 月 6 日，"中国裁判文书网"公开裁判文书数量已超过 2800 万篇，访问总量更是多达 69 亿人次，其中超过 8 亿人次的访问量来自海外，覆盖 200 多个国家和地区；2013 年 12 月，"中国庭审公开网"开通，该网站集庭审预告和庭审直播、录播为一体，公众可以更加直观地观察司法权的实际运行情况，截至 2017 年 4 月 2 日，各级法院通过互联网庭审直播累计 12 万余次，直播点击访问量达到 13 亿人次。此外，微博、微信和手机 App

---

① 谢澍：《司法信息公开：误区、澄清与展望》，载《东南学术》2015 年第 1 期。
② 比如开通全国法院减刑、假释、暂予监外执行信息网、全国企业破产重整案件信息网、中国涉外商事海事审判网、中国知识产权裁判文书网等。

软件也是司法机关信息公开的重要抓手,从 2010 年湖北恩施中院首个官方微博的开通到最高人民法院微信、新闻客户端和"全国法院微博发布厅"的建成,至今全国合计有 3200 多个法院开通了官方微博、微信,及时向社会公众传递了审判执行信息;① 建立如"公众互动"、法院新闻和"院长信箱"等网站栏目;"中国裁判文书网"还增加了蒙、藏、维、朝鲜和哈萨克等 5 种民族语言裁判文书的公开,最高人民法院还开通了英文网站,满足国际社会对中国司法认知需求,使不同公众群体以最容易的方式获取相关信息;重庆法院数据"云中心"还专门为人大代表、政协委员开通了代表委员平台,通过这个平台,人大代表、政协委员能够迅速了解案件审判信息并能同法院实时互动交流,这就是很好的司法信息公开渠道。②

(二) 建立健全司法机关新闻发布制度

通过司法机关新闻发布制度,对群众广泛关注、社会影响较大的案件信息及时发布。但目前司法大数据海量,公布渠道庞杂,为保证公众能够有效获得司法信息,课题组建议如下:第一,规定信息公开的时间,以保证信息公开的及时性,防止拖延或不公开信息。③ 第二,统一规定必要信息渠道,如建立全国及地方司法机关信息公开统一的网络平台。第三,建立公众信息查询机制,除在网络中设置可查询系统外,应当明确公众申请信息查询的机关与路径,以确保公众所需要了解的司法信息有渠道获取。

### 四、信息反馈机制

近年来,司法信息公开只讲公开不谈反馈的情况在司法信息公开实践中

---

① 周强:《关于深化司法公开,促进社会公正情况的报告》,载《人民法院报》2016 年 11 月 9 日。

② 吴晓峰:《重庆法院:"智慧"法院如何"智慧"审判》,载《中国信息化周报》2016 年 1 月 25 日。

③ 《美国电子政务法案》规定:庭审的书面记录产生后必须在 7 日内转交给书记员办公室,律师审查核实后可在 21 个工作日内提出修改请求,法院在收到修改请求后 31 个工作日内决定是否修改庭审记录,律师无异议或修改完毕后,法院应当将诉讼记录上网。《俄罗斯法院信息公开法》第 18 条第 4 款规定:"除非俄罗斯联邦法律另有规定,请求书应在其被记录之日起三十日内进行审查。如果未能在规定的时间内发布被请求信息,应在请求书被记录之日起七日内告知信息使用者有关信息发布的延期理由及时间,且此延期时间不得超过本联邦法规定回应该请求书期限的十五天。"第 5 款规定:"如果该请求书与法院、司法部、司法部机构和法官团体机构的活动无关,那么应在请求书被记录之日起 7 日内告知请求者。"

还不同程度地存在，许多司法机关虽然也主动公开司法信息，但对公众就其公开的司法信息提出疑问基本没有反馈或很少反馈。司法信息公开呈现一"开"了事的简单化做法，一些法院门户网站要么根本就没有公众留言板块，要么有留言区域但里面只有公众留言而没有法院回复；一些法院微博对网友的评论没有回复，和网友基本没有互动，部分微博在经历开设的短暂热闹后便失去生气，甚至出现了零发布的"空壳微博"。① 很明显，司法机关如果仅是像上述那样的司法信息单向公开，就无法保证公众能理解以及在多大程度上能理解所公开的司法信息，信息保障机制必须要有相应的信息反馈，单纯的司法信息公开只是公开的初级形式。只有建立在对话反馈基础上的司法信息公开才是真正的信息保障，从主体性走向主体间性，从意思决定走向公共协商，信息反馈越翔实，公众掌握信息内容就越多，刑法适用公众参与的质效就越高，至少不会沦为一知半解的"糊涂"参与。如果司法信息仅单向公开，对公众的疑惑不予化解，实质上是以信息公开的名义篡夺了公众信息知情权，具有极大的认知迷惑性，公众的实质知情权不能保障，公众将失去对司法的信任。因此，司法机关必须认真对待信息反馈机制。首先，司法机关对司法信息反馈要有强制性规定，针对司法信息公开过程中公众提出的疑惑、意见、建议和证据等，司法机关要在合理的期限内及时做出答复，同时将结果以法定方式告知公众，附上相应依据或者理由。其次，司法机关通过特定渠道向公众公开司法信息的同时，还要附上公众如对信息有疑问应向谁反映的便捷渠道，明确相应职能部门对公开信息疑惑回应的时间和方式，既可以根据个别情况进行单独回应，也可以对公众普遍关心的司法信息予以集体回应。最后，公众对司法机关的信息反馈不满意的，或者觉得自己的意见没有得到司法机关认真反馈，有权要求后者复议一次，必要的时候，还应赋予公众相应诉权，以督促司法机关积极履行信息反馈之职责。总之，司法机关绝不能口头上说欢迎公众参与司法，实际上又对公众的意见和疑惑置之不理，公开不能只是司法信息公开之形式，应是司法信息公开结果能否得到公众认同的公开，即信息反馈必须合理、翔实。

---

① 姚广宜：《对网络微博庭审直播现状的实证分析》，载《中国政法大学学报》2016年第4期。

## 五、信息公开考核与监督机制

### (一) 信息公开考核机制

当前,我国对司法信息公开的考核要么过于量化,例如,最高法院制定的《司法公开示范法院标准》,将对司法信息公开的考核指标予以量化,立案公开(15分)、庭审公开(20分)、执行公开(15分)、听证公开(10分)、文书公开(10分)、审务公开(10分)、工作机制(20分)等,各级地方人民法院也制定了相应的量化考核规则①;要么就是失于概括,通过实地考察目标司法机关的司法信息公开情况后,采用集中估摸方法对其信息公开的质量进行经验上的概括考核。显然,上述两种考核机制都存在问题,很难对目标司法机关的司法信息公开情况进行科学评价。量化终究也是人的量化,它表面上看是诉诸于客观标准,但实际上还是人对客观标准的主观量化;估摸又过于笼统和随意,不同考核主体很有可能得到不同的考核结果,一旦估摸考核不当,对被考核的司法机关公开司法信息的积极性就会起到消极作用。除此之外,现有对司法信息公开的考核大多采取的是行政化的考核方式,社会公众的考核话语权重不高;第三方对司法信息公开的考核评估也处于起步阶段,考核评估结果能否以及多大程度影响法院绩效分配的相关机制均不明朗。鉴于此,建立符合信息保障规律的司法信息公开的考核机制就显得极为紧迫。考核应当将指标考核和一票否决辩证统一起来,指标考核除了现有科层制的内部考核以外,还须逐步加大社会公众评议在司法信息公开考核中的权重,通过印发司法信息公开情况的公众意见反馈表,预设公众对司法信息反馈的评价等级,分为好、一般、差三个层次,公众所诉求的司法信息全面及时反馈的为"好",拒绝或敷衍公众的为"差",其他情形为"一般";"一票否决"指司法机关及其工作人员如果出现故意不公开或者错误公开司法信息造成严重后果的,其年度考核工作直接视为不合格,这就从反面为他们划上不能做什么的红线,引导他们积极推动本机构的司法信息公开。

### (二) 信息监督机制

《关于人民法院在互联网公布裁判文书的规定》第7条规定生效裁判文

---

① 比如江苏高级人民法院制定了《全省司法公开示范法庭标准(试行)》的规范性文件(苏高法〔2011〕45号)、浙江省高级人民法院制定了《浙江法院阳光司法指数评估体系》,其中包含7项一级指数、26项二级指数,内容涵盖人民法院审判执行工作的所有环节。

书要自生效之日起 7 个工作日内在互联网上公布,但根据我们在中国裁判文书网上查阅结果,部分法院的裁判文书最近更新时间还停留在 2015 年 8 月,个别法院公开裁判文书甚至是个位数,大大超出了规定的公布时间限制,还有些法院干脆一次性集中上传若干裁判文书之后就再也没有后续更新,司法裁判文书公开对某些法院而言就是走过场。除了司法信息公开不及时外,部分司法机关及其工作人员违反规定,不依法履行司法信息公开义务,只顾司法信息公开,不注意司法信息反馈或者公开不应当公开的司法信息,等等。这些问题均说明了建构信息监督机制的必要性,刑法适用公众参与的信息保障离不开有效的信息监督救济机制。首先,健全内部信息监督机制。司法机关及其工作人员如有不当司法信息公开行为的,由内部监督机构、上一级法院责令改正;情节严重的,对直接负责的主管人员和其他直接责任人员依法给予处分;构成犯罪的,依法追究刑事责任。其次,建构外部信息监督机制。司法机关及其工作人员如有不当信息公开行为的,公民依法享有相应诉权,例如公民、法人或者其他组织申请司法机关依法公开信息,司法机关应当在规定的时间内做出答复,如果无正当理由拒不公开司法信息的,申请人可依法向人民法院起诉或者向上级司法机关申诉。日本《关于法院司法行政文书公开的基本规则》就规定:"在申请人申请公开法院司法行政文书的场合,法院原则上应当自受理申请之日起 30 天内做出公开与否的决定。"同时,还规定了相应的救济机制,即"申请人如果对法院不公开(或部分公开)的决定不服,可依法向上级法院申诉,由上级法院来判断原法院不公开的决定是否适当。"① 此外,还可以进一步扩大人民检察院提起公益诉讼的范围②,将司法信息公开纳入检察院公益诉讼的可诉范围内,对那些依职权主动公开而不公开或者故意公开错误信息的司法工作人员,人民检察院代表国家依法提起公益诉讼,从而对司法实践中信息公开乱象产生更大的威慑力,促使相关司法职能部门勤勉地公开所有依法应当公开之信息。

---

① 全称为《裁判所の保有する司法行政文書の開示に関する事務の基本的取扱いについて》,平成 13 年(2001 年)3 月 29 日根据"最高裁総一第 82 号"颁行,平成 13 年(2001 年)4 月 1 日起实施,修改后于平成 18 年(2006 年)1 月 1 日起再次实施。

② 现有《人民检察院提起公益诉讼试点工作实施办法》第 1 条和第 28 条仅规定污染环境、食品安全领域侵害众多消费者的民事侵权行为和生态环境和资源保护、国有资产保护、国有土地使用权出让等领域负有监管职责的行政机关违法行使职权或者不作为,人民检察院有权提起公益诉讼。

## 第二节　刑法适用公众参与责任追究机制

我国《宪法》第41条规定：中华人民共和国公民对于任何国家机关和国家工作人员，有提出批评和建议的权利；对于任何国家机关和国家工作人员的违法失职行为，有向有关国家机关提出申诉、控告或者检举的权利。我国《关于完善人民陪审员制度的决定》第10条以及《人民陪审员法》第2条均明确规定：依法参加审判活动是人民陪审员的权利和义务，《人民陪审员法》第4条规定：人民陪审员依法参加审判活动，受法律保护。由此可见，公众参与刑法适用，是公众的一项基本权利，而权利必须依法正确行使。那么，权利行使涉及两个方面的问题：一是权利人必须依法行使权利，不得滥用权利，否则要承担相应的法律责任，责权一致。另一方面，权利人行使权利需要国家与社会提供相应的保障，使权利人的权利得以实现，在这个意义上说，保障权利人行使权利也是国家与社会的基本责任。上述两个方面责任都必须正确履行，权利人的权利方能实现，如果一方不履行相应的责任，就应当承担相应的法律后果。因此，为了保障公众参与有序有效，必须明确参与者与保障者的责任，建立相应的责任追究机制。

### 一、公众参与者的责任追究

由于公众参与刑法适用的类型不同，参与程度、参与方式不同，其享有的权利与承担的责任自然也有区别，为此，应根据公众参与类型不同，明确不同类型参与者的责任。

（一）决策型参与者的责任追究

决策型参与的典型制度是陪审制度，在实行陪审制度的国家都从法律上首先明确决策型参与者的权利义务。美国法律规定：每个成年的公民都有担任陪审团的义务。韩国《国民参与刑事审判法》第3条规定："大韩民国国民依本法之规定，有参与国民审判的权利与义务。"既然参与陪审是公民的义务，那么该义务必须履行，除非有法定的不适格之事由，方能免除担任陪审员的义务。如果适格的公民非因法定事由拒绝履行陪审义务，则可予以处罚。而另一方面，陪审员虽然作为普通公民参与审判，但是行使的也是公共权力，行使公共权力必须有相应的监督、制裁措施，否则公共权力就会被滥用。因此，对陪审员参与审判的履职行为必须监督，防止权力滥用，因此，如果公民拒绝担任陪审员或拒绝履行陪审员责任的，应予以相应的惩罚。而人民陪审员在刑法适用过程中，享有与法官同等的决策权，其直接影响对行为人的定罪处刑结果，如果人民陪审员不认真履行职责、滥用权力包庇或者陷害他人、涉嫌司法腐败等，不仅直接影响对案件的处理，也直接影响司法公信，因此，如果陪审员不正当履行职责，滥用权力的，应予以责任追究。此外，陪审员享有参与审判的权利，一旦参与审判即与法官一道分享国家审判权，因此，对不符合人民陪审员条件而提供虚假材料，担任陪审员的，应予以处罚。

关于决策型公众参与者的责任追究，我国法律也有相应规定。《关于完善人民陪审员制度的决定》第17条对人民陪审员的责任规定了四种情形，即：本人申请辞去人民陪审员职务的；无正当理由，拒绝参加审判活动，影响审判工作正常进行的；具有本决定第5条、第6条所列情形之一的；违反与审判工作有关的法律及相关规定，徇私舞弊，造成错误裁判或者其他严重后果的。概括而言，责任形式有两种：一是对有四种情形之一的，经所在基层人民法院会同同级人民政府司法行政机关查证属实的，应当由基层人民法院院长提请同级人民代表大会常务委员会免除其人民陪审员职务；对有第四项情形的，除免除人民陪审员职务外，构成犯罪的，依法追究刑事责任。但事实上，在司法实践中，人民陪审员不履行职务、不正确履行职务的现象时有发生，但追究责任的情况极少。为此，《人民陪审员制度改革试点方案》明确提出此次人民陪审员制度改革内容包括完善人民陪审员的退出和惩戒机制及豁免机制。《人民陪审员制度改革试点工作实施办法》第26条规定了人民陪审员的退出情形，即具有规定的五种情形之一的，免除其人民陪审员职务，并将免职决定通知被免职者本人，将免职名单抄送同级司法行政机关，并逐级报高级人民法院备案，同时向社会公告，相关司法行政机关应当将免职名单逐级报省级司法行政机关备案。该条规定的五种情形包括：因年龄、疾病、职业、生活等原因难以履行陪审职责，向人民法院申请辞去人民陪审员职务的；被依法剥夺选举权和被选举权的；因犯罪受到刑事处罚、被开除公职或者被纳入失信被执行人名单的；担任本办法第3条所列职务的；其他不宜担任人民陪审员的情形。第27条规定了七种追究责任的情形：一是在人民陪审员资格审查中提供虚假材料的；二是一年内拒绝履行陪审职责达 3 次的；三是泄露国家秘密和审判工作秘密的；四是利用陪审职务便利索取或者收受贿赂的；五是充当诉讼掮客，为当事人介绍律师和评估、鉴定等中介机构的；六是滥用职权、徇私舞弊的；七是有其他损害陪审公信或司法公正行为的。对具有前述情形之一的，经所在法院会同同级司法行政机关查证属实的，除按程序免除其人民陪审员职务外，可以采取在辖区范围内公开通报、纳入个人诚信系统不良记录等措施进行惩戒；构成犯罪的，依法移送有关部门追究刑事责任。《人民陪审员制度改革试点工作实施办法》所规定的追责情形及责任形式较《关于完善人民陪审员制度的决定》规定相对具体些。如对拒绝审判、泄露审判工作秘密、利用审判职务索贿或者受贿等都明确规定了责任。

在经过改革试点 3 年后制定的《人民陪审员法》第 27 条对人民陪审员的责任作了规定，该条规定了四种需追究责任的情形：一是本人因正当理由申请辞去人民陪审员职务的；二是具有该法第 6 条、第 7 条所列情形之一的，即不能担任陪审员或不得担任陪审员而担任人民陪审员的；三是无正当理由，拒绝参加审判活动，影响审判工作正常进行的；四是违反与审判工作有关的法律及相关规定，徇私舞弊，造成错误裁判或者其他严重后果的。有上述四种情形之一的，由所在基层人民法院会同司法行政机关查证属实的，由院长提请同级人民代表大会常务委员会免除其人民陪审员职务；如果人民陪审员有第三项、第四项所列行为的，可以采取通知其所在单位、户籍所在地或者经常居住地的基层群众性自治组织、人民团体，在辖区范围内公开通报等措施进行惩戒；构成犯罪的，依法追究刑事责任。《人民陪审员法》对人民陪审员的责任规定较《人民陪审员制度改革试点工作实施办法》所规定的追责情形减少，如对任选过程中弄虚作假、利用审判职务收受贿赂等没有作出明确规定，对追责情形未根据其违背职责类型轻重程度建构具有梯次的责任体系等。对在人民陪审员遴选过程中弄虚作假的行为目前没有行政处罚手段，也没有相应的罪名予以追究刑事责任。遴选为人民陪审员但拒绝履行陪审员义务，如拒不到庭或拒不参与审判或中途拒绝继续参与审判的，规定可以采取通知其所在单位、户籍所在地或者经常居住地的基层群众性自治组织、人民团体，在辖区范围内公开通报等措施进行惩戒，构成犯罪的，依法追究刑事责任。但采取通知其所在单位、户籍所在地或者经常居住地的基层群众性自治组织、人民团体，在辖区范围内公开通报等措施，本身不是一种责任方式；虽然规定构成犯罪的，依法追究刑事责任，但目前也没有相应的罪名予以规制。为此，建议完善公众参与者责任追究机制，针对不同情形分别规定其责任。具体而言：

1. 拒不履行陪审义务的行为

履行陪审义务是每个公民应尽的责任，如果每个公民只愿意享受权利，不愿意承担义务，则人民陪审员制度难以实现，因此，作为人民陪审员制度的保障机制，建立公民拒绝履行陪审义务的责任机制不可缺少。考察实行陪审制度的国家与地区，在美国，拒绝法院的陪审召集令即构成犯罪，如在华盛顿特区，可能入选的陪审员收到的召集令，会这样写道：根据哥伦比亚特区最高法院首席大法官的命令，你将被召集为陪审员，具体指示如下：请填写随信附带的陪审员资格表，并在5日内回传，为了完成本召集令所指示的内容，将会导致不超过300美元的罚金，或不超过7天的监禁，或者两项并罚。召集令包含严厉的措辞，并且每年确实会有法官签发逮捕令，对不理睬召集令的候选陪审员进行处罚，这样做通常是为了引起公众警觉，而非惩罚个别藐视法庭者，例如，2008年哥伦比亚特区高级法院实施此方案时，首席法官Rufus G. King Ⅲ，就说，"这样做的目的是让人们担任陪审员，而不是把他们关起来。"①《日本裁判员法》第110条规定裁判员候选者在候选询问票上作虚假记载并提交法院，或者于裁判员等选任程序中，对询问作虚假陈述的，构成裁判员候选者所为之虚假陈述罪，处50万日元以下罚金。对于受传唤之裁判员候选者无正当理由不到庭或裁判员违反规定于审判日期无正当理由不到庭者，由法院处10万日元以下罚金。《韩国陪审法》第60条则规定：有以下情形者，法院的裁定处以200万韩元以下罚金：（1）收到陪审员、候补陪审员或陪审员候选者的出席通知，无故缺席者；（2）陪审员或候补陪审员，无正当理由，而拒绝依据第42条第一项的宣誓者；（3）对成为陪审员、候补陪审员或陪审员候选者，所为的质问票为虚伪记载，或关于相关职位为虚假陈述者。对于第一项的裁定，得为及时抗告。我国《香港陪审团条例》第32条规定"陪审员因缺席等而被罚款"。其第1款规定：如任何已获妥为送达传票的陪审员，缺席；或虽已到场，但在传唤时没有出庭；或于出庭后，未经法官准许而退席，即属犯罪，可判第2级罚款。其第

---

① [美]约翰·加斯蒂尔、佩里·迪斯、菲利普·J. 维瑟、辛迪·西蒙斯：《陪审与民主》，余素青、沈洁莹译，法律出版社2016年版，第73页。

3 款规定：凡任何已获妥为送达传票的陪审员，虽已到场，但在传唤时没有出庭，或于出庭后，未经法官准许而退席，则其没有出庭或退席可作为公然在法庭内犯刑事藐视法庭罪而处罚。该条第 2 款同时规定：任何人如能就其不遵从传票规定或没有出庭或未经准许退席而提出合理因由，则不会根据第 1 款而被判罚款。

我国《关于完善人民陪审员制度的决定》第 17 条规定了两种情形，即本人申请辞去人民陪审员职务的和无正当理由，拒绝参加审判活动，影响审判工作正常进行的，对此由所在基层人民法院会同同级人民政府司法行政机关查证属实的，基层人民法院院长提请同级人民代表大会常务委员会免除其人民陪审员职务，对构成犯罪的，依法追究刑事责任。这种规定显然存在责任规定难以实现促使人民陪审员履行职责的作用。第一种情形，没有规定本人申请辞去陪审员的原因，但包括陪审员不愿意履行陪审职责而主动申请辞去陪审员职责的情形，因此，如果一旦任命为陪审员却不履行职责而申请辞去陪审员职务的，仅免除人民陪审员的职务，正符合其心愿，当然，按现有法律规定也难以追究其刑事责任。而无正当理由拒绝参加审判，影响审判正常进行的，免除其陪审员职务也不能起到惩戒作用，如无其他犯罪，事实上也难以追究其刑事责任。《人民陪审员制度改革试点工作实施办法》第 26 条将本人因年龄、疾病、职业、生活等原因难以履行陪审职责，向人民法院申请辞去人民陪审员职务的情形作为免除其人民陪审员职责的情形，而第 27 条规定的不履行陪审员职责的情形，可以说仍然为两种：一是在人民陪审员资格审查中提供虚假材料的；二是一年内拒绝履行陪审职责达 3 次的。在人民陪审员资格审查中提供虚假材料的，包括在人民陪审员遴选过程中提供虚假材料，使符合人民陪审员资格的公民不被当选或享受豁免，或者不符合人民陪审员资格而提供虚假材料当选人民陪审员。第二种情形则是一年内拒绝履行陪审职责 3 次以上的，也就是说当选人民陪审员以后一年内拒绝履行职责要达到 3 次以上。对上述两种情形，《人民陪审员制度改革试点工作实施办法》第 27 条规定了几种责任形式：一是经所在法院会同同级司法行政机关查证属实的，按程序免除其人民陪审员职务；二是可以采取在辖区范围内公开通报、纳入个人诚信系统不良记录等措施进行惩戒；三是构成犯罪的，依法移送有关部门追究刑事责任。据此规定，虽然明确了给予拒不履行职责的行为，也形成了多种惩戒措施相互衔接的体系，但仍然存在不足：首先，对一年内拒绝履行职责达 3 次以上方予以惩戒，这种规定有失妥当。拒绝履行职责，情节严重、影响恶劣的，只要 1 次即应予惩戒，拒绝 3 次以上应当只是情节严重的一种情形。[①] 如有的提供虚假材料或编造虚假事由逃避履行职责的，有的在案件中因审判费时而拒绝继续审理的，都应予以惩戒。但如果有合理事由，则不应追究其责任。其次，公开通报与纳入个人诚信不良记录，虽然也能起到惩戒作用，但其本身不是惩戒方式。构成犯罪的追究刑事责任，按现有法律的规定，也难以有合适的罪名予以追究。而《人民陪审员法》第 27 条规定"无正当理由，拒绝参加审判活动，影响审判工作正常进行的"，经所在基层人民法院会同司法行政机关查证属实的，由院长提请同级人民代表大会常务委员会免除其人民陪审员职务，同时可以采取通知其所在单位、户籍所在地或者经常居住地的基层群众性自治组织、人民团体，在辖区范围内公开通报等措施进行惩戒；构成犯罪的，依法追究刑事责任。按此条规定，该情形应当是指遴选为案件审判的人民陪审员，在参与审判过程中拒绝参与审判的情形，该规定没有包括在人民陪审员遴选过程中弄虚作假拒不担任陪审员的情形。

对公民拒绝参加陪审的，是否应当予以惩戒以及如何予以惩戒，是决策型参与中需要进行制度设计的问题。陪审既是公民的权利，也是公民的义务。因此，公民不得弄虚作假逃避陪审义务，尤其被遴选为人民陪审员的，应当尽职尽责履行相应职责。对拒绝履行陪审义务，无论是在遴选过程中提供虚假材料还是遴选后在任陪审员期间拒绝履行陪审员职责的，这一行为本身就应当受到惩罚与教育。鉴于目前我国还没有相应的制裁措施，建议对此类行为专门设定一种制裁措施。根据课题组对日本的考察，日本虽然对拒绝履行陪审义务的仅设定了行政罚款，但自 2009 年日本裁判员法实施以来，还没有一例逃避处罚的情况。借鉴其他国家与地区的规定，我们建议对拒绝参加陪审的，给予行政处罚，可处罚款或拘留。对于其手段行为触犯其他罪名的，可按刑法理论中的牵连犯予以处理。当然，根据《人民陪审员法》第 27 条规定，人民陪审员因正当原因申请辞去人民陪审员职务的，可以经法定程序免除其人民陪审员职务，不属于需追责情形。但这还需要对人民陪审员遴选过程中可以免除公民的履行人民陪审员义务的情形作出明确规定。

---

[①] 此处需要说明的是，在一年内拒绝 3 次以上的情形应属于人民陪审员任期制及审判案件较多情况下的弊端，如果人民陪审员参与案件审判实行案件随机抽选，并合理设计每个陪审员参与案件审判的数量，则不会出现一年内拒绝 3 次以上的情形。

## 2. 违背陪审职责行为的责任

如果遴选为人民陪审员，人民陪审员应当按照陪审员职责要求正当履行职责。由于陪审员一旦被遴选为人民陪审员参与案件审判时，其即享有审判权力。因此，如果陪审员滥用权力，应当予以制裁。因此，《关于完善人民陪审员制度的决定》第 17 条规定：违反与审判工作有关的法律及相关规定，徇私舞弊，造成错误裁判或者其他严重后果的，构成犯罪的，依法追究刑事责任。《人民陪审员制度改革试点工作实施办法》第 27 条第（三）至（七）项较全面地规定了陪审员在审判过程中违背职责要求的行为及应承担的法律责任。《人民陪审员法》第 27 条也明确规定：违反与审判工作有关的法律及相关规定，徇私舞弊，造成错误裁判或者其他严重后果的，不仅免除其人民陪审员职务，而且可以采取通知其所在单位、户籍所在地或者经常居住地的基层群众性自治组织、人民团体，在辖区范围内公开通报等措施进行惩戒；构成犯罪的，依法追究刑事责任。

需要注意的是，对于违背职责的行为还需要根据行为性质、侵害利益与危害程度的差异分别予以规定。

首先，《人民陪审员制度改革试点工作实施办法》规定陪审员泄露国家秘密和审判工作秘密的，要追究人民陪审员的相应责任。《人民陪审员法》第 3 条规定人民陪审员应当忠实履行审判职责，保守审判秘密，注重司法礼仪，维护司法形象。但关于人民陪审员故意泄露审判秘密的，目前我国刑法无相应的规定。因此对此类行为可增加行政处罚或独立设立罪名。如《日本裁判员法》规定：裁判员或候补裁判员泄露评议之秘密或其他职务上所知悉之秘密者，处 6 个月以下徇役或 50 万日元以下罚款。同时，对曾为裁判员或候补裁判员职务之人，泄露评议秘密或其他职务上所知悉之秘密者，也规定了相应的制裁手段。

其次，人民陪审员的责任追究机制还要同责任豁免机制紧密相连，它们是陪审员责任追究问题的一体两面，一个从正面加责，一个从反面除责。《人民陪审员制度改革试点方案》"主要内容"部分第 6 条仅是宣告了人民陪审员的职责豁免机制，因年龄、职业、生活、疾病等因素导致履行人民陪审员职责存在明显困难的，可以免除其陪审义务。但没有具体规定人民陪审员责任豁免机制，而《人民陪审员法》仅规定了因正当理由申请辞去人民陪审员职务的，可以经法定程序免除其人民陪审员职务，但没有对遴选过程中应当免除陪审义务的情形作出规定，同时没有规定审判过程的责任豁免机制,即人民陪审员在履职过程中存在哪些情形下可以免责。课题组认为,人民陪审员只要履行了相关注意义务,依据自身经验常识对刑事案件事实和法律适用做出判断即视为正当行为,不能因为该判断同上诉法院认识不一致被改判,或者以出现群体性事件、当事人自杀身亡等案外情况就认定为不当行为,进而对陪审员进行追责。从鼓励人民陪审员更加积极地履职角度考虑,设置人民陪审员的责任豁免条款是必要的。因此,在依照《人民陪审员法》第27条对人民陪审员追究责任的同时,还必须建立相应的责任豁免机制。

3. 弄虚作假担任人民陪审员的责任追究

前面规定的主要是具有人民陪审员资格而拒不履行陪审职责或不正确履行或滥用陪审职权的行为追究。在实践中也存在公民在人民陪审员遴选过程中弄虚作假,使本不具有人民陪审员资格的人冒充有资格的人从而担任陪审员,此行为是破坏人民陪审员制度、损害司法公信的行为,因此需要建立对此类行为的追责机制。根据《人民陪审员制度改革试点工作实施办法》的相关规定,对此类行为一经所在基层人民法院会同同级人民政府司法行政机关查证属实的,应当由基层人民法院院长提请同级人民代表大会常务委员会免除其人民陪审员职务,构成犯罪的,要追究刑事责任。而《人民陪审员法》第27条第(二)项仅规定"具有本法第六条、第七条所列情形之一的",即不具有担任人民陪审员条件而担任审判的,仅仅是"经所在基层人民法院会同司法行政机关查证属实的,由院长提请同级人民代表大会常务委员会免除其人民陪审员职务",取消了《人民陪审员制度改革试点工作实施办法》所规定的"构成犯罪的,依法追究刑事责任"这一规定。建议对此种情形,要分别予以规定,如果不是公民弄虚作假的,则可以经法定程序免除即可,如果是公民弄虚作假的,则不仅应当免除其人民陪审员职务,还应追究其行政、刑事责任,可对此类行为增加行政责任如罚款,如果触犯其他罪名的,应追究刑事责任。

(二) 咨询型参与者的责任追究

咨询型参与者主体类型众多,包括各级人民法院和人民检察院的专家咨询委员会、为司法机关刑法适用提供专门知识和专业意见的专家学者,例如法庭之友、司法解释公众参与听证者,等等。由于咨询型参与的作用是为刑法适用机关提供信息或提供专业理论与知识支持,所提供的相关信息与意见仅供刑法适用机关参考。因此,对咨询型参与者的责任追究不应过于严厉,应当建构符合刑法适用咨询型公众参与本质特点的责任追究体系和内容。下文以专家咨询委员会、提供专门知识的专家学者和司法解释公众参与听证者为例分别展开讨论。

1. 各级人民法院和人民检察院的专家咨询委员会中的委员

这类人员一般来自法律、保险、金融、电子、医疗等领域，主要是针对司法机关在检察、审判阶段涉及的具有典型性、普遍性和疑难性的专业问题提供专门意见，对其在正常履职过程中为司法机关适用刑法提供咨询意见的行为不宜追究责任，即便所提意见不妥当甚至是错误的。之所以如此，主要是为了保证司法机关咨询委员会成员就刑法适用提供意见的积极性，如果动辄采取责任追究，咨询委员会就容易抱着"不求有功，但求无过"的心态参与刑法适用，这势必会限制专家咨询委员会发挥本应有的功能。但是，司法机关专家咨询委员会中的委员如果有以下行为应当追责：（1）故意泄露在参与刑事案件中所知悉的国家秘密、商业秘密、个人隐私以及其他不宜公开的内容；（2）利用参与刑事案件咨询论证的机会接受他人请托，在发表对案件咨询意见时为他人谋取不正当利益；（3）故意实施其他可能影响刑事案件公正处理的情形。专家咨询委员会委员实施上述行为的，应当根据行为性质、主观恶性和造成的危害结果采取包括诸如警告、严重警告、训诫、通报批评等措施，构成违法犯罪的，依法追究行政责任或者刑事责任。

2. 刑法适用过程中提供专业咨询意见的专家

这是指运用专门知识参与司法机关办案活动，协助解决专门性问题或者提供专业意见的人，但不包括以鉴定人身份参与办案的人。同司法机关的专家咨询委员会不同，有专门知识的人既可以为司法机关提供对案件的咨询意见，也可以为犯罪嫌疑人或者被告人提供对案件的咨询意见。为了保证有专门知识的人能够更好地运用自己的专业知识服务于刑事司法，按照权责统一的原则，如果其在刑法适用过程中有下列不当行为的，应当对其追责：（1）不能保守在参与刑法适用过程中所知悉的国家秘密、商业秘密、个人隐私以及其他不宜公开的内容；（2）不能妥善保管、使用并及时退还在参与案件中所接触的证据等案件材料，并造成严重后果的；（3）违反职业道德，在同一案件中同时接受司法机关和刑事诉讼当事人、辩护人、诉讼代理人的委托；（4）故意实施可能影响案件刑法公正适用的其他情形的。对有专门知识的人实施的上述行为，如果情节显著轻微，危害不大，可以对其采取警告、严重警告、训诫、通报批评、责令改正、罚款等处罚形式，情节恶劣，但尚未造成严重后果的，可要求有专门知识的人立即停止参与案件刑法适用，司法机关可将其从专家名单库中除名或者限制、剥夺行为人从事特定职业的资格，构成违法犯罪的，还可追究刑事责任，从而建构起立体化严密的责任追究体系。

3. 刑法司法解释的公众参与听证者

对这类人群在参加刑法司法解释过程中可能出现的不当行为的责任追究要保持必要的谨慎，司法解释公众参与听证者在听证咨询过程中，如果有意见不当甚至没有提供具体咨询意见的，不宜追究其责任，因为公众参与司法解释听证会实际上是以普通公民的身份为司法解释之完善提供建议，这是我国宪法赋予公民对任何国家机关和工作人员批评、建议的宪法性权利的体现。但如果司法解释公众参与听证者故意捏造虚假信息或故意隐瞒虚假信息，或违反有关规定泄露在咨询论证过程中所了解到的秘密或利用参与咨询论证的机会，为他人谋求不正当利益而收受他人财物的，则应视其行为恶劣程度及造成的危害结果追究不同责任。具体而言，可给予警告、严重警告、训诫等处罚，必要时，可以建议其所在单位或者有关部门给予行政处分或者其他处罚，构成违法犯罪的，依法追究行政责任或者刑事责任。

（三）监督型参与者的责任追究

监督型参与者贯穿刑法适用所有环节，无论是针对某特定环节或事项设计的监督型参与，如法庭旁听者，还是个案事后监督者，如"许霆案"的普通公众参与者，甚至对司法解释的异议者，也不论是以个人名义还是以单位名义，对监督型参与者而言，对刑法适用的监督的目的是促进刑法适用公平公正公开，对刑事司法过程中可能影响案件公正合理处理或有失公正的做法提出批评、建议、控告与举报，虽然人人都是监督者，可以随时随地采取各种方式监督司法机关的刑法适用，但相关公众或者单位的监督型参与必须依法依规监督，不得滥用监督权，如果监督者通过媒体等方式滥用监督权则不仅起不到监督作用，反而会严重损害刑法适用的公正。正是在这个意义上，建立监督者责任追究机制是必要的。

首先，对于公民仅是以个人身份对司法机关的刑法适用进行监督，对其责任追究就应当慎之又慎。因为，公众对国家司法机关及其工作人员的监督，主要是基于自身经历或他人的事件做出的经验判断，而囿于其所获取的信息有限，对相关法律法规与事实了解判断可能有误，再加上刑法适用公众监督型参与的本质属性也只是一种经验判断，如果动辄就是"责任追究"，这种经验判断就容易被任何形式的外部权势或压力所控制或影响以致于不复存在。但对于公众个体如果在刑法适用的监督型参与中，基于不法目的，故意捏造事实、故意传播虚假信息并造成严重社会影响，损害刑事司法公信力，则可给予警告、严重警告、罚款等处罚，构成违法犯罪的，可追究其刑事责任。需要说明的是，如果公众是以体制内方式参与对案件刑法适用的监督型参与，例如以人民监督员方式参与检察院对案件审查起诉过程中的不当行为，则对其责任追究依据现有法规的规定执行即可，一般而言，如果通过制度化渠道就案件刑法适用的监督型参与，如果有违法行为的，对其责任追究力度要大于普通公众，但无论如何，倡导刑法适用公众监督型参与的责任追究均不宜通过"严刑峻罚"来实现，较为可行的办法就是对其中表现优秀的监督型参与者给予额外激励，例如，《人民监督员选任管理办法》第19条规定"对于在履职中有显著成绩的人民监督员，司法行政机关应当给予表扬"，这种激励责任的初步尝试，值得借鉴。对在刑法适用监督型参与中表现优异的公众个体考虑以政府的名义授予其终身荣誉市民称号、动员国家传媒力量对其先进事迹集中报道，等等，这有助于对其他不当监督型之公众参与者形成舆论压力并对其产生示范效应，引导他们在今后的刑法适用过程中有所为、有所不为，发出真正的"人民"声音，而不是在非理性情绪左右下对案件刑法适用过程和结果随意支持或者反对发声。

其次，如果公众是以社团组织名义对司法机关刑法适用行为进行监督型参与，应当对其划定"底线"。实践中，伴随社会流动性加快，单打独斗很难产生"集聚"效应，一些公众习惯于通过社团组织方式参与到案件的刑法适用中，以监督司法机关公正司法，例如，公众通过各种协会组织对案件的刑法适用进行监督。必须承认，以社团组织名义对司法机关刑法适用进行监督可以发挥比个人监督型参与更大的作用，更能促进司法公正，但如果监督不当，也会比个人监督型参与产生更大的破坏性作用，因此，对社团组织参与司法机关刑法适用的监督型参与也必须划定"底线"，如果超越了"底线"，相关社团组织就必须为自己的行为承担责任，只有这样，才能更好地发挥社团组织在刑法适用监督型参与中的作用，否则就有可能适得其反。具体来说，社团组织如果在参与司法机关就案件的刑法适用过程中，故意传播案件刑法适用的虚假信息或者捏造事实误导公众，造成严重后果或者情节严重的，应当承担责任。例如，社团组织雇佣网络水军在诸如互联网平台等各种媒介渠道上故意散布虚假案件信息，误导公众对案件刑法适用的正常判断，损害刑事司法公信力的，对此可以考虑通过建构行政责任、民事责任和刑事责任一体化的立体责任体系来应对。例如，新闻单位对各类社团组织就刑法适用监督型参与的信息来源要尽到必要的审查义务，对于明显不符合常识、常情和常理的信息不予报道，同时，按照谁提供信息，谁就要真实署名，从而保证相关主体能够为其提供信息的真实性负责。除此之外，还可对社团组织就司法机关刑法适用中不法监督型参与行为规定警告、严重警告、罚款、责令停业、暂扣或吊销许可证、执照等处罚内容，构成刑事犯罪的，还可追究刑事责任，以督促社团组织更加勤勉认真地对待企图通过它来监督参与刑法适用的主体诉求。需要说明的是，虽然我们认为，对社团组织必要的处罚措施有助于责任追究内容真正实现，可以督促社团组织在参与或者对待他人参与刑法适用中保持必要谨慎，但这绝不意味着对社团组织的处罚措施和范围可以随意扩大，相反，应当严格按照比例原则妥当地规定处罚内容，例如，对社团组织在刑法适用中实施的不当监督型参与行为，一般只处罚其组织者或首要分子，因为，公众以社团组织的方式参与刑法适用，实际上社团组织成员大多为自己的营生奔忙，无暇顾及组织内部事务和有关策略的讨论，刑法适用意见大多由组织领袖们提出，其成员的作用只不过是在形式上"批准"一下而已，不可能扮演实质的决策者角色，而这也是贯彻罪责刑相适应的现代法治原则的必然要求。

## 二、对司法机关及其工作人员的责任追究

长期以来，学界对刑法适用公众参与保障机制强调更多的还是公众参与者的责任，忽略了司法机关在保障刑法适用公众参与中的责任。司法机关在刑法适用公众参与中无疑具有先天的优势，无论是它对司法程序的了解，还是对司法知识的熟练程度都远远超过普通的公众参与者，一旦它滥用优势支配地位而又没有相应的责任约束机制，势必会给刑法适用公众参与机制造成严重影响。司法机关的行为直接影响我国公众参与刑法适用的整体水平，有必要通过规定司法机关责任来督促其正确履职，减少刑法适用公众参与机制中司法机关乱作为或者不作为的现象，保障公众真正能够有序有效地参与刑法适用。此外，《人民陪审员制度改革试点工作实施办法》第29条第4款规定："对破坏人民陪审员制度的行为，构成犯罪的，依法移送有关部门追究刑事责任。"这里的破坏行为从教义学角度分析之，它既可能是由公众实施的，也可能是司法机关为之，《人民陪审员制度改革试点工作实施办法》等于间接承认了司法机关在保障公众参与刑法适用中的责任，这就从法规范

层面为对司法机关不当行为的追责找到了依据。《人民陪审员法》第3条规定"人民陪审员依法享有参加审判活动、独立发表意见、获得履职保障等权利",据此,保障人民陪审员公众参与审判则是国家与社会的义务,如果相关机关与人员不履行或不正确履行保障义务,也应当承担相应的责任。

司法机关的责任是司法机关及其工作人员对法律规定赋予其应当履行的义务拒不履行或者不正确履行而应承担的不利后果。它既包括司法机关的整体责任也包括司法机关工作人员的个体责任,具体来说,它包括以下几种情形:(1)人身保障责任。无论公众是以决策型方式参与刑法适用,还是以咨询型、监督型方式参与刑法适用,司法机关都有责任依法保障这些人员及其近亲属的人身安全,如《人民陪审员法》第28条规定,人民陪审员的人身和住所安全受法律保护,如果有人以威胁、侮辱、诽谤、殴打、打击报复等方式妨害公众依法参与刑法适用的,构成违法犯罪的,司法机关应当依据刑法等法律追究其责任,情节较轻,危害不大的,可对行为人处以警告、批评教育和训诫等。(2)信息保障责任。为了让公众更好地参与刑法适用,司法机关对依法公开的信息应当及时、全面公开;对于依法不应公开的信息一律不得公开,前者例如司法机关应当依据规定及时公开诸如司法裁判文书等相关刑事司法信息而没有公开、不适时公开或者错误公开;后者例如司法机关违法公开人民陪审员住所及其他个人信息的。如果司法机关有违反上述刑法适用公众参与的信息保障义务的,应当承担相应责任。(3)技术保障责任。信息时代背景下,如果公众能够充分利用信息技术就能极大地提高参与刑法适用的质量和效率,司法机关有责任为公众参与刑法适用提供更好的技术体验和技术保障,进一步加快智慧司法整体推进的速度,如果司法机关有条件改善公众参与刑法适用的技术环境而不主动作为甚至还增加不便或者设置障碍,就必须承担相应责任。(4)经济补偿责任。公众参与刑法适用不仅依赖情怀式的热情,还涉及必要的物质条件的同步配套,司法机关应当为公众参与刑法适用而花费的诸如交通、住宿、就餐、误工等费用给予适当经济补偿,对运用自身专门知识为司法机关刑法适用提供咨询意见的公众参与,还可考虑给予适当报酬。例如,《人民陪审员制度改革试点工作实施办法》第29条明确规定:"人民陪审员制度实施所需经费列入人民法院、司法行政机关业务费预算予以保障。"《人民陪审员法》第30条规定:"人民陪审员因参加审判活动而支出的交通、就餐等费用,由人民法院依照规定给予补助。"第31条规定:"人民陪审员因参加审判活动应当享受的补助,人民法院和司法行政机关为实施陪审制度所必需的开支,列入人民法院和司法行政机关业务经费,由相应政府财政予以保障。"如果司法机关对公众在参与刑法适用过程中没有尽到相应的经济补偿责任,该给予补助的不予补助,就应当承担责任。(5)其他责任。例如,司法机关应当组织人民陪审员或者人民监督员进行相应业务培训而不组织的;司法机关及其工作人员无故剥夺人民陪审员或人民监督员参与刑法适用的权利的,在陪审员选择或专家咨询论证意见上不诚信的,安排人民陪审员从事与履行法定审判职责无关的工作等等。

然而,遗憾的是,目前我国虽然明确了司法机关及其工作人员在保障刑法适用公众参与中的义务,但缺乏就其违反了义务之后如何来具体追责的系统规定。对此,我们必须进一步完善对司法机关及其工作人员妨碍刑法适用公众参与的行为的追责规定,不仅要有道德责任、行政责任和刑事责任的责任阶梯,还要形成从司法机关到司法工作人员的主体责任链。具体而言,就是要根据司法机关及其工作人员妨碍刑法适用公众参与行为的情节轻重、危害程度来分配责任,如果情节较轻,危害不大的,对司法机关予以公开通报批评,对单位负责人给予相应行政处分;对直接实施不当行为的司法工作人员予以警告、记过、记大过、降级、撤职甚至是开除等行政处分,构成犯罪的,还要追究其刑事责任。例如,《日本裁判员法》第80条和第81条专门规定了包括司法工作人员在内可能触犯的泄露裁判员姓名罪、虚伪登记裁判员候选人的虚假登记罪;我国台湾地区试行的《人民观审试行条例草案》第19条第4项就有备选观审员审核小组成员因执行职务所知悉之个人资料,应予保密的规定,对违反本规定者,处1年以下有期徒刑、拘役或新台币10万元以下罚金,这些规定均值得我们思考借鉴。

### 三、对其他有关单位和个人的责任追究

对公众参与刑法适用的保障还离不开整个社会的支持系统,包括但不限于公众所在单位和基层组织的全方位支持。① 为了保障这种支持能够真正兑现,除了进行正面的舆论宣传引导以外,还必须论及相应的追责机制。只是,现有对社会组织及其成员不支持或者妨碍公众履行刑法适用参与义务的

---

① 姜伟:《保障人民群众参与司法》,载《光明日报》2014年11月27日第1版。

行为的责任追究规定还略显薄弱,以《人民陪审员制度改革试点方案》"主要内容"部分的第 7 条规定内容为例,"人民陪审员所在单位不得因人民陪审员履行陪审职责而对其实施解雇以及减少工资或薪酬待遇等不利措施。"但这个禁止性条款并没有规定相应的罚则,因此,《人民陪审员制度改革试点工作实施办法》第 29 条规定:"人民陪审员因参加培训或者审判活动,被其所在单位解雇、减少工资或薪酬待遇的,由人民法院会同司法行政机关向其所在单位或者其所在单位的上级主管部门提出纠正意见。"《人民陪审员法》吸收了《人民陪审员制度改革试点工作实施办法》的这一规定的合理内容,其第 29 条明确规定:"人民陪审员参加审判活动期间,所在单位不得克扣或者变相克扣其工资、奖金及其他福利待遇。人民陪审员所在单位违反前款规定的,基层人民法院应当及时向人民陪审员所在单位或者所在单位的主管部门、上级部门提出纠正意见"。但仍然存在的问题是,该"纠正意见"是否有以及有多大的强制执行力并不明确,即人民法院提出"纠正意见"后用人单位不听怎么办?再加上用人单位对陪审员不利行为也不一定就是对陪审员即时地公开"解雇、减少工资或薪酬待遇",用人单位潜在地影响陪审员的绩效和晋职等往往最让陪审员无奈,可见,《人民陪审员制度改革试点方案》及《人民陪审员法》试图从社会支持系统角度来保护人民陪审员充分履职的立法目的也会遇到一定困难。鉴于此,建议借鉴域外相关法律规定,对此类行为的处罚作出专门规定。例如,《日本裁判员法》附则第 3 条规定:为了保证国民更加方便地以裁判员身份参与刑事裁判,国家要努力改善各种环境。这就从总体上明确了家庭和社会支持裁判员履职的法律义务。第 77 条、第 78 条还规定:犯有请托裁判员犯罪的,处以 2 年以下惩役以及 20 万日元以下的罚金;胁迫裁判员的胁迫罪,处以 2 年以下惩役以及 20 万日元以下的罚金。《韩国陪审法》亦规定向陪审员或预备陪审员以及候选陪审员实施职务上请托行为的,可以给予 2 年以下有期徒刑或者 500 万韩元以下的罚金;对陪审员、预备陪审员、曾经从事过陪审职务的人,以及候选陪审员和上述人员的亲属,以电话、书信、见面或者其他方式进行威胁,从而使其感到不安全的,可以给予 2 年以下有期徒刑或者 500 万韩元以下的罚金。在英国如果有人在法庭内或法庭附近对陪审员使用或威胁使用暴力、使用威胁或谩骂语言的,可以直接以涉嫌行为人蔑视法庭罪予以控告。① 而依《香港陪审团条例》第 33 条之规定，对因雇员担任陪审员而歧视雇员的雇主直接认定为犯罪，可处罚款 25000 美金及监禁 3 个月。无论是日韩等国还是我国香港地区的法律实际上都将公众参与刑法适用视为一个国家民主的核心价值来对待，对诸如社会团体及其个人妨碍公众参与刑法适用的行为大多都直接将其规定为犯罪，动用国家最严厉的刑罚力量对这些行为进行制裁，以保障刑法适用公众参与机制高效运行。因此，我国在就相关单位和个人实施妨碍公众参与刑法适用行为追究其责任时，应当严格贯彻轻轻重重的原则，除了情节较轻、危害不大的行为，可由司法机关对相关单位和个人提出"纠正意见"、通报批评、罚款和限制相关单位和个人评优评先资格等处罚外，还要特别发挥刑罚手段在保障公众参与刑法适用机制中的独特作用，尤其是对于我国这样一个公众参与文化并不浓厚的国度，治重症须下猛药，只有这样，才能让其他社会组织及其成员认识到任何干扰或者妨碍公众参与刑法适用的行为都会受到强有力的制裁。例如，可比照我国香港地区的相关规定，将因雇员担任陪审员而歧视雇员的雇主的行为直接认定为犯罪，判处管制或者拘役刑罚。

---

① 参见蔡定剑、王新宇：《英国现行陪审制度》，载《环球法律评论》2001 年第 2 期。

## 附：
## 《刑法适用公众参与机制研究》调查问卷

尊敬的女士/先生：

您好！本问卷调查的目的是了解对普通公众参与刑事司法活动的看法与建议，调查结果仅用于学术研究，希望您能配合我们的调查活动，客观公正地回答每个问题。非常感谢您的配合，谢谢。

说明：

▲本问卷中所称公众是指法官、检察官、警察、专家学者、律师之外的所有公民。

▲本次调查无记名，所以您无需署名。

▲本问卷除注明为多选题的均为单选题，请在您认为合适的选项前打"√"，如果选择"其他，请注明_____"选项，请直接填写内容。如第1题：如果您选择"H. 其他"，请注明具体职业，如高校教师或公务人员。

▲如果您认为前后问题答案存在冲突的，可只回答其中一题。

国家社科基金课题《刑法适用公众参与机制研究》课题组<br>2014 年 6 月 21 日

# 调查问卷

1. 您的身份是：
A. 法官   B. 检察官   C. 陪审员   D. 律师   E. 公安机关人员
F. 专家学者（从事法学教育与研究的人员）   G. 人大代表
H. 其他，请注明_____

2. 您的年龄是：
A. 25 岁以下   B. 26—35 岁   C. 36—45 岁   D. 46—55 岁   E. 56 岁以上

3. 您的文化程度：
A. 初中   B. 高中（中专）   C. 大专   D. 本科   E. 研究生及以上

4. 您对我国刑事司法的信任度：
A. 很信任   B. 比较信任   C. 一般   D. 不太信任   E. 很不信任
F. 不清楚

5. 您对我国刑事司法的总体评价是：
A. 很公正   B. 比较公正   C. 一般   D. 不太公正   E. 很不公正
F. 不清楚   G. 其他，请注明_____

6. 您认为普通公众是否应当参与刑事司法活动？
A. 应当   B. 可以   C. 不应当   D. 无所谓   E. 不清楚
F. 其他，请注明_____

7. 您认为普通公众有无参与司法的能力？
A. 有   B. 部分有   C. 没有   D. 不清楚   E. 其他，请注明_____

8. 您认为普通公众参与司法是否有助于实现司法公正？
A. 有   B. 可能有   C. 不会   D. 难说   E. 不清楚
F. 其他，请注明_____

9. 如果您的亲朋好友是案件当事人，您是否希望普通公众参与该案件的审判？
A. 非常希望   B. 比较希望   C. 不太希望   D. 非常不希望   E. 无所谓
F. 不清楚

10. 您希望公众参与刑事司法的理由是（可多选）：
    A. 监督司法　B. 提高司法民主　C. 以大众化弥补职业化的不足
    D. 最大限制地实现共识增加裁判的可接受性　E. 反映民众诉求
    F. 其他，请注明_____

11. 您认为公众参与刑事司法是否需要具备法律知识？
    A. 必须具备　B. 可以具备　C. 不必具备　D. 不清楚
    E. 其他，请注明_____

12. 您认为刑事司法中哪些环节应当有公众参与？（可多选）
    A. 司法解释　B. 审判　C. 执行
    D. 减刑、假释、监外执行等刑罚变更执行等变更环节
    E. 其他，请注明_____

13. 关于公众参与最高人民法院及最高人民检察院刑事司法解释，您觉得是否应当？是否可行？
    A. 应当且可行　B. 应当但不可行　C. 不应当但可行　D. 不应当且不可行
    E. 不清楚　F. 其他，请注明_____

14. 您认为公众参与最高人民法院及最高人民检察院刑事司法解释的理由有哪些？（可多选）
    A. 司法解释具有普遍效力　B. 使解释更科学合理　C. 司法更民主
    D. 更广泛反映民意　E. 不清楚　F. 其他，请注明_____

15. 您认为公众参与最高人民法院及最高人民检察院刑事司法解释的形式有哪些？（可多选）
    A. 听证会　B. 网上公开征求意见　C. 书面征求意见　D. 专家论证
    E. 不清楚　F. 其他，请注明_____

16. 您认为哪种类型的案件审判应当有公众参与？（可多选）
    A. 所有案件　B. 重大、疑难案件　C. 普通一审案件　D. 上诉或抗诉案件
    E. 死刑判决案件　F. 发回重审案件　G. 申诉或涉法信访案件
    H. 被告人不认罪的案件　I. 其他，请注明_____

17. 公众参与审判案件，您认为应由法律规定还是由当事人（被告人）选择？（可多选）
    A. 在法律规定的范围内当事人选择　B. 当事人选择　C. 法律明确规定

D. 法律未明确规定的由当事人选择　E. 具体案件具体分析　F. 不清楚
G. 其他，请注明_____

18. 您认为当前我国人民陪审员制度的总体效果如何？
A. 非常好　B. 比较好　C. 一般　D. 不太好　E. 非常不好　F. 不清楚
G. 其他，请注明_____

19. 您认为我国现行的人民陪审员制度存在的问题是什么？（可多选）
A. 实质参与不足　B. 陪审员的准法官化失去了陪审的实质意义
C. 参与的广度耗费司法资源太多　D. 缺乏必要的时间和资金保障机制
E. 普通百姓没有参与的积极性　F. 陪而不审　G. 不清楚
H. 其他，请注明_____

20. 您认为我国公众参与审判的具体形式如何设计更合适？
A. 与法官共同组成合议庭　B. 独立的陪审团　C. 独立的观审团
D. 其他，请注明_____

21. 您认为如果公众与法官共同组成合议庭，下列哪种组成更合理？
A. 法官1人、陪审员2人，共3人　B. 法官2人、陪审员1人，共3人
C. 法官3人、陪审员4人，共7人　D. 法官3人、陪审员6人，共9人
E. 法官3人、陪审员9人，共12人　F. 无所谓　G. 其他，请注明_____

22. 如果陪审人员与法官共同组成合议庭审判重大、疑难案件，您认为在表决时以哪种形式更合理？
A. 参审人员过半数同意　B. 参审人员三分之二多数同意
C. 包括法官在内的过半数同意　D. 包括法官在内的三分之二多数同意
E. 一票否决　F. 其他，请注明_____

23. 如果公众参与的形式是独立的陪审团，您认为其表决形式哪种方式更合适？
A. 过半数同意　B. 三分之二多数同意　C. 一致同意　D. 其他，请注明_____

24. 您认为参与案件审判的人民陪审员的最低年龄应该是多少？
A. 18周岁　B. 25周岁　C. 30周岁　D. 不清楚　E. 其他，请注明_____

25. 您认为参与案件审判的陪审人员的最大年龄是多少合适？
A. 60周岁　B. 65周岁　C. 70周岁　D. 不需要限制　E. 不清楚
F. 其他，请注明_____

26. 您认为参与案件审判的陪审人员的文化程度最低是多少合适？
　　A. 初中　B. 高中（中专）　C. 大专　D. 本科　E. 不需要限制
　　F. 其他，请注明_____

27. 您认为公众参与审判应对下列哪些事项有决定权？
　　A. 事实认定　B. 法律适用中的定罪　C. 事实认定和定罪　D. 量刑
　　E. 事实认定、定罪与量刑　F. 其他，请注明_____

28. 您认为参与审判的公众应当随机抽取还是由法院选定？
　　A. 法院选定　B. 随机抽取　C. 都可以　D. 不清楚　E. 其他，请注明_____

29. 您认为公众参与案件审判是否需要实行任期制度？
　　A. 必须实行　B. 可以实行　C. 不必实行　D. 无所谓　E. 不清楚
　　F. 其他，请注明_____

30. 您认为一年内一名陪审人员参与案件审判的数量为多少合适？
　　A. 5件以下　B. 6—10件　C. 11—20件　D. 21—30件　E. 无数量限制
　　F. 其他，请注明_____

31. 如果选择您参与案件审判，您是否愿意参与？（法官、检察官以外的人员填写）
　　A. 愿意　B. 比较愿意　C. 不太愿意　D. 不愿意　E. 没有考虑过
　　F. 其他，请注明_____

32. 减刑、假释裁定中公众参与的作用主要是什么？（可多选）
　　A. 提高司法民主　B. 实现司法公正　C. 监督司法　D. 不清楚
　　E. 其他，请注明_____

33. 如果减刑、假释裁定予以公示，那么，减刑、假释裁定中是否还有必要建立公众参与制度？
　　A. 非常有必要　B. 有一定必要　C. 不太必要　D. 完全没必要
　　E. 视案件情况而定　F. 不清楚　G. 其他，请注明_____

34. 您认为在减刑、假释、缓刑审判过程中，公众参与的形式是什么？
　　A. 旁听审判　B. 与法官组成合议庭　C. 组成独立的委员会提出建议
　　D. 不清楚　E. 其他，请注明_____

35. 您认为公众参与审判,需要哪些条件予以保障?(可多选)
   A. 经费补贴   B. 必要时间   C. 人身安全保障   D. 不清楚
   E. 其他,请注明_____

36. 如果您作为陪审人员参与案件审判,哪种情况下您会根据良心发表真实意见?
   A. 仅您1人为陪审员时   B. 陪审员共2人时   C. 陪审员共3人时
   D. 陪审员共4人时   E. 陪审员共5人时   F. 不论多少陪审人员
   G. 其他,请注明_____

37. 您认为主审法官、合议庭负责制度审理案件,是否需要公众参与?
   A. 需要   B. 可能需要   C. 不需要   D. 不清楚   E. 其他,请注明_____

38. 您认为主审法官、合议庭负责制与公众参与是否会有冲突?
   A. 会   B. 可能会   C. 不会   D. 不清楚   E. 其他,请注明_____

39. 您认为主审法官、合议庭负责制度可能存在的问题有哪些?(可多选)
   A. 法官的业务能力   B. 法官的抗干扰能力   C. 法官的主观专断
   D. 法官腐败   E. 不清楚   F. 其他,请注明_____

40. 您认为在主审法官、合议庭负责制等独立审判的同时是否有必要加强监督?
   A. 非常有必要   B. 有一定必要   C. 不太必要   D. 完全没必要
   E. 不清楚   F. 其他,请注明_____

41. 您认为对主审法官、合议庭负责制审判案件的监督方式有哪些?(可多选)
   A. 公众观审   B. 当庭宣判   C. 判决说明并公开   D. 上诉、抗诉与申诉
   E. 其他监督制度   F. 上诉、抗诉与申诉时选择陪审团审判   G. 不清楚
   H. 其他,请注明_____

42. 您认为人大代表是否需要对个案实行监督?
   A. 必须实行   B. 可以实行   C. 不必实行   D. 无所谓   E. 不清楚
   F. 其他,请注明_____

43. 您认为人大代表对个案实行监督最恰当的环节是哪些:(可多选)
   A. 审判过程中   B. 判决生效后   C. 执行阶段   D. 其他,请注明_____

44. 您认为人大代表对个案监督的形式有哪些：（可多选）
A. 旁听　B. 参与复杂案件的旁听　C. 质询
D. 以转发民众或当事人意见或申诉形式　E. 其他，请注明_____

45. 您认为人大代表监督个案是否会损害审判独立？
A. 会　B. 可能会　C. 不会　D. 不清楚　E. 其他，请注明_____

46. 您认为新闻媒体是否可以对个案审判进行监督？
A. 可以监督　B. 不可以监督　C. 不清楚　D. 其他，请注明_____

47. 如果您认为新闻媒体可以对个案审判进行监督，那么哪个环节进行监督合适？
A. 判决生效前　B. 判决生效后　C. 无论什么时候　D. 不清楚
E. 其他，请注明_____

48. 您认为新闻媒体对个案审判进行监督报道，是否影响审判独立？
A. 会　B. 可能会　C. 不会　D. 不清楚　E. 其他，请注明_____

49. 您认为审判独立与公众参与的关系是：
A. 审判独立排斥公众参与　B. 公众参与促进审判独立　C. 不清楚
D. 其他，请注明_____

50. 您对我国当前新一轮司法改革的态度是：
A. 充满希望　B. 不太抱有希望　C. 比较失望　D. 失望　E. 不清楚
F. 其他，请注明_____

开放性问题，请您简要回答以下问题：
1. 您认为公民参与司法是否是司法改革的核心？为什么？
2. 您认为保障公民参与司法的重要措施有哪些？为什么？

# 后　记

　　《刑法适用公众参与机制研究》一书即将付梓，有丰收的喜悦，有卸下重担的轻松。然而，回顾研究思路的萌发、研究选题的确立至研究成果的完成，转瞬间十年已去。面对我国司法实践影响性刑事案件频发的现实，找寻其发生原因与破解路径成为本人的一个学术重心。2007年有幸师从陈忠林教授，恩师长期倡导刑法适用应符合"常识、常理、常情"的学术主张，引发我找到提升我国刑事司法公众认同度的研究视角。承蒙高绍先教授的引领，得以从我国古代刑法适用中充分领略刑法的人本精髓。

　　立足我国，放眼海外，察看古今，莫不追求"法律是善良与公正的艺术"。面对我国当下规则主义、机械执法现象存在的状况，本人深感既有刑法解释范式需要创新，基于科学主义与人本主义两大哲学思潮从对立到融合的流变，提出将科学嵌入人本，构建人本主义刑法解释新范式，刑法解释中实现法官与公众视域的融合，体现情理法的有机统一，从而增强刑法适用的公众认同度。教育部人文社会科学课题"以人为本与刑法解释范式创新研究"及同名著作，即是这一学术研究成果。然而该研究成果仅仅是一个宏观的理论，主要是研究刑法解释的理念、视角、立场与方法等，如何实现刑法解释的公众认同，还需要具体制度设计。为此，在完成了刑法人本主义解释范式的理论构建基础上，着力研究刑法适用中如何构建实现法官与公众视域融合的制度路径。当前世界主要国家和地区司法改革中，不断建立与完善公众参与司法成为主旋律，构建公众参与司法的制度是实现法官与公众视域融合的制度化路径。为此，2011年、2012年连续以"刑法适用与公众认同"为题申报国家社科基金课题，遗憾均未成功，2013年以"刑法适用公众参与机制研究"为题再次申报，终于如意。

"刑法适用公众参与机制研究"是一个宏大的课题，究其原因有三：第一，需要从宏观上论证公众参与基础、价值、功能等基本理论问题，论证公众参与的正当基础，消解理论与实践中关于公众参与的分歧，为公众参与的制度实践提供理论支撑。第二，需要根据刑法适用不同阶段公众参与的价值与功能，合理确定公众参与的广度与深度，设计类型化下公众参与的具体制度。第三，需要比较分析国外公众参与制度实践经验与问题，总结我国公众参与的制度实践，设计更符合时代特点具中国特色的公众参与制度。为此，课题研究采用实证研究、比较分析、多学科交叉分析等，试图破解理论研究与制度实践中的重点与难点，然而，由于本人研究视野与能力所限，在研究过程中深感力不从心。本书由袁林（引言、第一章）、姚万勤（第二章、第三章）、尹振国（第四章、第五章）、李晓磊（第六章）、王群（第七章）等人执笔，最终由本人总体修改成稿，课题研究中尚有不足甚至错误，敬请读者批评指正。

本课题的研究得到了众多理论与实务界同行的大力支持与帮助，在此一并致谢。感谢恩师陈忠林教授、高绍先教授，带给我研究的新视角、新思路；感谢西南政法大学梅传强教授、高一飞教授、陈小彪副教授、向燕副教授、刘莉老师，中央财经大学李邦友教授、重庆市高级人民法院张波庭长给予的鼎力支持；感谢重庆市、河南省、浙江省、广东省、陕西省等各级人民法院、人民检察院的法官、检察官给予的支持；感谢在百忙中回答问卷的人员及帮助调研的朋友。

《刑法适用公众参与机制研究》一书已成，但在这一框架下，还有许多问题有待进一步研究，尤其在我国全面深化司法改革的大背景下，如何实现"让人民群众在每一个司法案件中感受到公平正义"这一司法目标，对理论与实务界而言任重而道远，本人将在此领域继续深耕，为我国法治文明建设贡献绵薄之力。

袁　林<br>
2019 年 12 月